GUIDE
DU TEINTURIER

L'éditeur se réserve le droit de traduire ou de faire traduire cet ouvrage en toutes langues. Il poursuivra conformément à la loi et en vertu des traités internationaux toute contrefaçon ou traduction faite au mépris de ses droits.

Le dépôt légal de cet ouvrage a été fait à Nancy en temps utile, et toutes les formalités prescrites par les traités sont remplies dans les divers Etats avec lesquels il existe des conventions littéraires.

Tout exemplaire du présent ouvrage qui ne porterait pas, comme ci-dessous, ma griffe, sera réputé contrefait, et les fabricants et les débitants de ces exemplaires seront poursuivis conformément à la loi.

Imp. Polytechnique de E. Lacroix, à St-Nicolas-Varangéville (Meurthe).

BIBLIOTHÈQUE DES PROFESSIONS INDUSTRIELLES & AGRICOLES.
Série H, G° 14

GUIDE
DU TEINTURIER

MANUEL COMPLET

DES

CONNAISSANCES CHIMIQUES
INDISPENSABLES A LA PRATIQUE
DE LA TEINTURE

PAR

M. FRÉDÉRIC FOL

CHIMISTE

AVEC NOMBREUSES FIGURES DANS LE TEXTE

PARIS
LIBRAIRIE SCIENTIFIQUE, INDUSTRIELLE ET AGRICOLE
EUGÈNE LACROIX, IMPRIMEUR-ÉDITEUR
Libraire de la Société des Ingénieurs civils, de celle des anciens Élèves des Écoles
d'Arts et Métiers, de celle des Conducteurs des Ponts et Chaussées, etc.
54, RUE DES SAINTS-PÈRES, 54
IMPRIMERIE A SAINT-NICOLAS-VARANGÉVILLE (MEURTHE)

PRÉFACE

L'ouvrage que j'offre au public est destiné à répandre dans la population ouvrière, occupée des travaux de la teinture, des notions élémentaires des sciences sur lesquelles est basée cette industrie.

L'art de la teinture est aujourd'hui bien différent de ce qu'il était il y a seulement vingt ans ; la chimie à complétement chassé l'ancienne routine ; elle à pénétré dans les ateliers, elle a, par le grand nombre de produits qu'elle livre aux teinturiers, forcé ceux-ci à adopter en quelque sorte son langage, elle les a contraints de s'instruire malgré eux ; aujourd'hui personne dans les ateliers de teinture n'ignore les immenses services rendus par la chimie ; d'un autre côté, la mécanique, la physique et les sciences naturelles ont contribué, pour leur part, d'une manière très-efficace à l'avancement de la teinture, en perfectionnant les moyens d'action et de travail.

Pour acquérir une certaine instruction, l'ouvrier, le contre-maître teinturier éprouvent plusieurs graves difficultés ; d'abord, ils n'ont ordinairement pas reçu une instruction élémentaire suffisante pour pouvoir comprendre les ouvrages spéciaux de chimie et de physique et en tirer tout le parti possible; ensuite, ces ouvrages ne font pas assez ressortir les avantages que la teinture proprement dite doit à ces deux sciences; souvent aussi, le prix élevé de ces divers ouvrages empêche leur propagation au sein des classes ouvrières.

Il est parfaitement certain qu'une instruction élémentaire et professionnelle, répandue dans la classe ouvrière, est destinée à produire de très-heureux résultats; patrons et ouvriers ne peuvent qu'y gagner; les premiers, en confiant leur ouvrage à des hommes plus intelligents et plus aptes à l'exécuter et les seconds en acquérant la possibilité d'améliorer leur position matérielle, en augmentant leurs talents et leur habileté.

L'enseignement professionnel, créé depuis quelques années en France, dirigé habilement par M. Duruy, l'ancien ministre de l'instruction publique, appuyé par l'opinion publique et l'aide matérielle de nombreux citoyens dévoués, l'enseignement professionnel est destiné à élever le niveau intellectuel des classes ouvrières. Nul doute qu'il ne porte de bons fruits et ne réponde à l'attente générale.

PRÉFACE.

L'auteur de cet ouvrage ayant eu l'occasion d'observer l'enseignement professionnel, tel qu'il est donné et tel qu'il est reçu par les ouvriers, a acquis la conviction qu'il est cependant nécessaire de l'appuyer par des ouvrages élémentaires. L'ouvrier, bien qu'animé des meilleures intentions, arrive, fatigué par son travail, aux leçons du soir, il les écoute sans doute attentivement, mais il ne peut prendre généralement que des notes incomplètes et souvent fausses ; il oublie le lendemain ce qu'il a entendu la veille. Il faut donc qu'il ait avec lui un guide, un ouvrage simple et facile à comprendre, auquel il puisse en tout temps recourir, un ouvrage qui lui rappelle les leçons auxquelles il aura assisté.

Tel est le but de cet ouvrage ; aussi le lecteur y trouvera-t-il des notions de physique, de chimie, d'histoire naturelle, de teinture proprement dite. Il était impossible de se borner à un simple exposé de l'art de teindre. L'ouvrage eût manqué son but, qui est d'enseigner aux ouvriers, non la teinture, qu'ils apprennent pratiquement mieux que par quel ouvrage que ce soit, mais la nature des substances qu'ils emploient journellement, leurs caractères, leurs propriétés, les caractères des fibres végétales et animales, leur origine, leur nature intime. Cet ouvrage n'est pas destiné aux personnes qui savent déjà, il est écrit pour celles qui désirent apprendre. C'est ainsi qu'il doit être jugé. La fabrication proprement dite des matières colorantes n'y est pas traitée ; elle formera un ouvrage spécial ; cependant quelques notions abrégées sur la préparation des plus importantes couleurs y ont été introduites. Le lecteur qui aura l'intention de s'instruire d'une manière plus profonde pourra recourir aux ouvrages spéciaux publiés sur chaque sujet.

Le plan de l'ouvrage est des plus simples ; le voici résumé en quelques lignes :

1. Notions historiques sur l'art de la teinture.

2. Étude chimique des principaux corps simples et des composés qui jouent en teinture un rôle actif.

3. Étude spéciale de l'air et de l'eau.

4. Notions sur les principaux faits de physique qui jouent un certain rôle en teinture : chaleur, pression, pesanteur spécifique, vision.

5. Fibres textiles ; origine, caractères chimiques et physiques.

6. Étude des principales matières colorantes et des mordants.

L'ouvrage est à la fois aussi complet et abrégé que possible, de manière à offrir au lecteur le plus grand nombre de faits sous le moindre volume possible. Un plus grand développement l'eût rendu inaccessible aux personnes auxquelles il est destiné.

Quiconque a fréquenté les ateliers de teinture sait qu'encore maintenant la plupart des ouvriers, des contre-maîtres même ignorent complétement ou ne connaissent tout au plus que très-imparfaitement les propriétés, les caractères, l'origine des matières dont il se servent ; cette ignorance est la cause de fréquents accidents, de mécomptes et d'un retard certain dans le progrès général de l'art de la teinture.

Répandre les notions les plus importantes, sous la forme la plus facile à saisir, a été constamment la préoccupation de l'auteur ; il espère que le public encouragera ses efforts dans ce but. Aucun ouvrage n'est parfait, surtout celui qui traite d'un art en voie de progrès et de perfectionnement, mais il est permis de penser que celui qui est offert aujourd'hui au public répondra aux besoins actuels de l'industrie teinturière.

L'ART DE LA TEINTURE

NOTICE HISTORIQUE SUR L'ART DE LA TEINTURE.

L'origine de l'art de la teinture se perd dans la nuit des temps. Tout porte à croire que cet art suivit de près l'invention des étoffes tissées ; quoiqu'il en soit, la teinture dérive certainement du besoin qu'éprouvent les hommes de se distinguer les uns des autres par des caractères extérieurs. Les objets naturels diversement colorés font sur chacun une impression agréable, même sur les hommes les plus incultes, aussi peut-on croire que les anciens n'ont voulu, à l'origine, qu'imiter sur leurs vêtements l'harmonie naturelle des couleurs. A mesure que l'espèce humaine s'augmenta et se multiplia, ses besoins, ses affaires, son commerce s'étendirent en proportion ; les affaires civiles se séparèrent des affaires religieuses, et dans chacun de ces ordres d'affaires, on dut employer des symboles, des signes particuliers pour les distinguer et pour reconnaître en même temps les divers grades de ceux qui y prenaient part. C'est ce qui donne lieu aux différences de costume des généraux, des juges, des prêtres, etc. A cette époque, les magistrats, les pontifes et les guerriers appartenant presque toujours à la classe riche de la population, portaient seuls des vêtements colorés ou peints. Le reste de la nation, les esclaves, portaient des vêtements de la couleur du fil dont ils étaient tissés. Les étoffes bigarrées étaient en grande estime dans l'antiquité ; on lit dans un des livres de Moïse (Genèse, chap. 37), à propos de l'histoire de Joseph, que son père Jacob lui avait donné une robe bigarrée ; ce présent excita au plus haut degré la jalousie de ses frères qui, pour se venger, le vendirent comme esclave.

Les détails sur la teinture et sur les couleurs dont on se servait dans l'antiquité sont si rares et toujours si vagues et incomplets, qu'il est difficile d'en tirer de grandes lumières. La première couleur dont il soit fait mention, semble avoir été la pourpre, qui aurait été inventée par un certain Hercule Tyrien. On place ordinairement l'invention de cette couleur sous le règne de Phénix X, roi de Tyr, et frère de Cadmus, qui vint en Grèce l'an 1519 avant J.-C. D'autres historiens ne la font remonter qu'au règne de Minos, roi de Crète, environ 1439 ans avant J.-C.

Les Phéniciens étaient un peuple très-commerçant, aussi n'est il pas étonnant de voir l'usage et la fabrication de la pourpre se répandre par leurs voyages en Gaule, à Carthage, et sur tout le pourtour de la Méditerranée.

On est loin d'être d'accord sur la manière dont les anciens préparaient la pourpre et encore moins sur la nuance à laquelle on donnait ce nom. L'opinion la plus vraisemblable est celle qui attribue cette couleur à un liquide extrait d'un coquillage, fort abondant sur les côtes de la Méditerranée et de l'Océan Atlantique jusqu'en Angleterre. On a découvert et pêché, depuis quelques années, sur ces côtes, un coquillage qui y paraît très-répandu, et qui renferme un liquide se colorant rapidement au contact de l'air, le liquide a une grande analogie avec les produits dérivés de l'aniline.

La pourpre ancienne était de diverses couleurs ; selon les anciens auteurs, on donnait souvent indistinctement le nom de pourpre à toutes les belles couleurs foncées. Il y avait ainsi les pourpres : noire, grise, violette, bleu foncé, bleu clair, jaune, rougeâtre, blanchâtre. Les plus belles étaient réservées pour les ornements pontificaux et ceux des divinités païennes. Les villes de Tyr et de Tarente avaient acquis, par leurs fabriques de pourpres, une renommée universelle. Cette couleur avait une si grande valeur, que les tissus qui en étaient teints entraient souvent pour une forte part dans les présents que les princes se faisaient mutuellement et dans les rançons des villes destinées au pillage. Au temps de l'empereur Auguste, il y a près de dix neuf siècles, un kilogramme de laine teinte en pourpre de Tyr, se payait 2000 deniers de cette époque, soit 1235 francs de notre monnaie actuelle.

Il se dépensait alors des sommes si fabuleuses pour l'acquisition des étoffes de luxe, que l'on dut promulguer des lois sévères pour en restreindre l'emploi. Au temps de l'empereur Théodose-le-Grand (390 ans après J.-C.), on ne comptait plus en Orient, que deux teintureries en pourpre ; l'une à Tyr, fût détruite par les Sarrasins ; l'autre à Constantinople, les Turcs l'anéantirent. Ainsi se perdit l'art de la pourpre.

Chez les Romains, l'art de la teinture fut dès l'origine tenu en grand honneur ; ainsi, le deuxième roi de Rome, Numa, en organisant les métiers et les corporations créa une corporation des maîtres teinturiers ; la teinture en pourpre y jouait le principal rôle. Plus tard, les couleurs se développèrent davantage à Rome, et on les distinguait suivant le sexe ou la catégorie des personnes qui les portaient ; ainsi, le jaune était réservé au sexe féminin, puis venaient le vert, l'aurore, la couleur cendre, portée par les marins et le blanc, qui s'obtenait déjà par les vapeurs sulfureuses.

Chez les Grecs, l'art de la teinture fut importé, en grande partie, par les peuples de l'Asie. Au temps d'Alexandre-le-Grand, les Grecs apprirent en Asie à teindre les toiles en noir, bleu, jaune et vert, et paraît-il même d'une manière assez solide.

L'historien Pline, rapporte que les peuples de la Gaule, savaient teindre en pourpre et autres couleurs au moyen de certaines plantes ; tout porte à croire que ces plantes n'étaient autre chose que l'orseille de terre, ou parelle d'Auvergne ; mais ils ne savaient pas fixer les couleurs ainsi obtenues, tandis que les Egyptiens, chez lesquels les arts florissaient depuis bien plus longtemps, savaient rendre les couleurs solides en trempant préalablement les étoffes dans des bains incolores par eux-mêmes, puis ensuite dans le mélange colorant. Cette opération, qui n'est sans doute qu'un mordançage, montre que ces peuples avaient déjà atteint par tâtonnement des résultats assez avancés.

Hérodote raconte que certains peuples, habitant les bords de la mer Caspienne, savaient, au moyen des feuilles de divers arbres, former sur leurs étoffes des images de fleurs, d'animaux, etc. Il ne dit pas de quelle couleur, mais on a présumé que ces arbres étaient des indigotiers. Les Indiens de l'Amérique ont aussi le même usage.

La teinture a été aussi depuis longtemps cultivée en Perse, mais ce ne fut qu'à partir de notre ère qu'elle y fit des progrès sensibles.

Angéli de la Brosse, dans son *Dictionnaire Persique*, rapporte à ce sujet une vieille légende persane fort curieuse, d'après laquelle Jésus-Christ aurait été, dans son enfance, apprenti dans un atelier de teinture. Le maître teinturier, en lui remettant un certain nombre de pièces, lui ordonna de les teindre en diverses couleurs. Jésus les plongea toutes à la fois dans le même bain et les en ressortit diversement colorées, au grand étonnement du teinturier; ce fait montre qu'à cette époque l'emploi des mordants était déjà en vigueur. En Perse, un atelier de teinture portait le nom d'atelier chrétien.

Si nous remontons à une antiquité plus reculée, nous voyons qu'en Chine l'empereur Hong-ti, environ 3000 avant Jésus-Christ, porta le premier un vêtement bleu (couleur du ciel), teint, selon toute apparence, avec l'indigo et un vêtement jaune (couleur de la terre). Il distingua les diverses castes de la population d'après les couleurs des vêtements. En général, l'art de teindre était la propriété de corporations qui conservaient avec le plus grand soin le secret de leurs opérations, et qui peut-être même recevaient leurs produits tinctoriaux des mains de la classe sacerdotale, seule en possession de la science.

Sur la nature des matières employées et les procédés de teinture, il ne nous est rien resté, et l'on ne sait rien de positif à cet égard. Il est cependant certain que, sous les empereurs romains, l'art de la teinture dut arriver comme tous les autres arts à une certaine hauteur, car le luxe était excessivement développé à cette époque ; mais cette perfection fut de courte durée. Le militarisme impérial, qui dévora jusqu'aux moindres ressources de tout l'empire, détruisit peu à peu toute espèce d'industrie ; l'agriculture même, n'existait plus que de nom, car il n'y avait personne pour cultiver les champs. Le monde ancien, vermoulu, miné, incapable de conserver ses arts, ses sciences, ses découvertes, disparut sans résistance devant l'invasion des peuples du Nord et de l'Asie. Ces peuples n'apportaient avec eux aucune industrie, l'art de la teinture se trouva irrévocablement perdu ; il fallut plusieurs siècles pour le voir renaître. Lorsque les nations barbares eurent fini leurs ravages et se furent fixées d'une manière définitive dans les pays de l'Occident, on vit reparaître l'industrie, élément nécessaire à tout peuple stable. L'Orient, qui souffrit moins que l'Occident des bouleversements de cette époque, avait conservé çà et là quelques vestiges de l'art ancien. Au onzième siècle, on teignait encore assez bien en pourpre en Orient, mais peu à peu le goût changea, surtout par la découverte de l'écarlate. Cette nouvelle couleur n'était pas à l'origine ce que nous nommons aujourd'hui écarlate ; ainsi on distinguait l'écarlate rouge, l'écarlate brun et l'écarlate bleu. Les croisés rapportèrent en Occident l'art de la teinture ; les guerriers chrétiens eurent souvent l'occasion d'étudier cet art en Grèce et en Syrie et ramenèrent avec eux de ces pays des ouvriers intelligents et habiles avec leurs procédés.

L'Italie et les Pays-Bas eurent d'abord le monopole de la teinture ; les couleurs alors en usage étaient l'écarlate rouge, le bleu, le jaune et le vert ; elles étaient spécialement destinées aux vêtements des chevaliers, aux costumes ecclésiastiques et à ceux de la cour. On employait la cochenille du chêne vert, qui portait le nom de graines d'écarlate ; la valeur en était considérable et l'on en voit souvent figurer certaines quantités dans les présents des princes et les rançons des chevaliers, comme nous l'avons déjà vu pour la pourpre antique.

A la même époque, la garance était déjà cultivée dans tout le Midi de l'Europe ; elle croissait aussi à l'état sauvage dans beaucoup de localités et portait ordinairement le nom de *varance*.

Au temps du roi Dagobert, elle était déjà frappée d'un impôt qui fournissait d'assez beaux revenus. On se servait aussi des bois de Santal, nommé aussi bois de sapan et bois de Brasil. Ce dernier nom signifie couleur de feu, de *braise*. Après la découverte de l'Amérique, le bois rouge qu'on y trouva fit donner le nom de Brésil au pays où on le rencontre en grande abondance. Le sumac, le fustel et le carthame, importés en Espagne, déjà en 1194, par les Maures, étaient aussi employés en teinture. Les lois sur la falsification des drogues tinctoriales étaient très-sévères ; ainsi, en 1429, un marchand fut puni de mort pour avoir falsifié du carthame.

La vertu tinctoriale de l'orseille fut découverte accidentellement par un Florentin.

La découverte de l'Amérique amena les bois colorants, mais ces bois furent à l'origine très-mal reçus en Europe, car leurs couleurs n'étant pas très-solides, ne fournissaient que du *petit teint*, comme on disait alors, car elles avaient besoin, pour être fixées, de divers sels dont on ignorait encore l'action. Plusieurs gouvernements d'Europe en interdirent l'emploi par des défenses très-sévères, qui furent abolies plus tard.

Le bleu s'obtenait au moyen du pastel ; cette plante, très-anciennement connue en France, en Allemagne et en Bretagne, joua un très-grand rôle dans la teinture au moyen âge. Le commerce qu'on en faisait était des plus importants et dans plusieurs villes étaient instituées des foires annuelles pour la vendre. Mais peu à peu les relations toujours plus fréquentes de l'Europe avec l'Inde amenèrent un produit bleu de même composition, mais bien plus riche, qui devait chasser le pastel, ce produit était l'indigo, anciennement désigné par Pline sous le nom d'indicum, ce qui indique suffisamment son origine indienne. On le nommait au moyen âge *pierre des Indes*. La concurrence que l'indigo fit au pastel dès son apparition, fut telle que pour protéger les cultivateurs et le commerce du pastel, on interdit l'emploi de l'indigo sous peine de mort ; l'indigo est désigné, dans ces décrets barbares, sous le nom de « *nourriture du diable* » ; mais on ne tarda pas à s'apercevoir des grands avantages que présente ce bleu et on permit de l'associer au pastel en certaines proportions. Plus tard le pastel disparut et l'indigo resta maître des ateliers de teinture.

Jusqu'à la fin du dernier siècle et pendant une partie du dix-neuvième, la teinture resta une profession éminemment routinière ; elle ne sortit de cet état de langueur et de stérilité que par les nouvelles conquêtes de la chimie moderne, qui amenèrent le perfectionnement des méthodes d'analyse, l'isolement et la purification des principes colorants et la connaissance réelle de la nature des fibres textiles et des mordants indispensables pour la fixation des couleurs. Sous l'impulsion donnée par la science chimique et avec l'aide de la vapeur et des machines mues par cet agent, la teinture et l'impression des tissus, entrèrent dans une voie nouvelle, et atteignirent un degré de perfection et de bon marché extrêmement remarquable, en même temps qu'une variété considérable de nuances et de dessins. La première moitié de notre siècle est caractérisée par d'immenses progrès réalisés dans cette intéressante industrie, qui a illustré et enrichi de nombreuses villes, telles que Lyon, Mulhouse, Saint-Etienne, Wesserling, Thann, Rouen pour la France, Bâle et Glaris pour la Suisse Manchester, Bradford, Glascow pour la Grande-Bretagne, Crefeld, Barmen, Elberfeld, Chemnitz pour l'Allemagne. La seconde moitié de notre siècle forme une époque remarquable dans l'histoire de la teinture. Elle est caractérisée par la découverte et l'application des matières colorantes artificielles.

Jusqu'à cette époque, on s'est servi de couleurs formées par le règne végétal et le règne animal ; on les a utilisées telles quelles avec leur nuance propre ou en modifiant cette nuance par un mordançage préalable de l'étoffe, au moyen de divers sels ou oxydes métalliques. Ces couleurs naturelles sont toutes formées dans les plantes ou dans les insectes tinctoriaux (garance, bois jaune, cochenilles, etc.), tandis que les couleurs artificielles sont obtenues par voie chimique au moyen de substances qui n'ont rien de colorant et sur lesquelles on fait réagir certains agents chimiques qui en modifient essentiellement la constitution.

La révolution immense que la teinture a subie, par

la découverte des couleurs artificielles, est si importante, que nous devons retracer ici l'ordre dans lequel ces couleurs ont été inventées, mais seulement d'une manière générale, n'ayant nullement l'intention d'entrer dans des détails trop circonstanciés sur des inventions dont la propriété est encore et sera longtemps l'objet de nombreuses contestations.

L'aniline, cette substance si remarquable par l'immense variété de matières colorantes auxquelles elle a donné naissance, fut découverte en 1826 par Unverdorben, chimiste allemand, en étudiant les produits de la distillation sèche de l'indigo. Il la nomma *cristalline*, à cause de sa grande facilité à former des composés cristallins avec les acides.

En 1835, un autre chimiste allemand, M. Runge, découvrait dans l'huile brute de goudron de houille une huile douée des mêmes propriétés que la cristalline, mais il observa en même temps que cette huile donnait naissance, par l'action du chlorure de chaux, à une autre matière colorée en bleu violet; il nomma cette huile *Kyanol* ou huile bleue.

Plus tard, un autre chimiste allemand, M. Fritzche, découvrait la même substance huileuse dans les produits de l'action de la potasse caustique sur l'indigo ; le nom portugais de l'indigo étant *Anil*, l'inventeur donna à cette huile le nom *d'aniline*. Cette matière serait sans doute restée longtemps sans emploi industriel, à cause de son prix élevé (en 1842), si une nouvelle découverte, due à un chimiste russe M. Zinin, n'était venue jeter un jour nouveau sur sa constitution chimique, en fournissant un moyen déjà industriel pour la préparer au moyen de la nitrobenzine ; ce procédé fournissait en même temps la facilité de produire d'une manière analogue d'autres huiles basiques, douées de propriétés très-rapprochées. M. Zinin donna au produit qu'il avait découvert le nom de *Benzidam*, nom qui rappelle l'origine du produit préparé par la benzine.

La cristalline, le kyanol, l'aniline et le benzidam furent pendant un certain temps considérés comme des produits distincts, mais ce fut M. Hofmann, encore étudiant dans le laboratoire de M. Liebig qui, par une étude approfondie et minutieuse de ces quatre composés, démontra le premier leur identité ; le nom seul d'aniline resta pour les désigner.

C'est donc la benzine (ou huile légère de goudron de houille) transformée en nitrobenzine par l'acide nitrique, qui permet d'obtenir industriellement l'aniline. Mais cette benzine elle-même, si abondante et si connue maintenant, eut aussi quelque peine à sortir de l'obscurité qui entourait son origine, sa constitution chimique et ses propriétés. Découverte à Londres, dans le gaz d'éclairage, par le célèbre Faraday, en 1825, retrouvée plus tard dans les produits de décomposition de l'acide benzoïque, par Mitscherlich, à Berlin et enfin signalée positivement par M. Hofmann dans l'huile de goudron de houille, la benzine ne devint un produit industriel que par les travaux de Mansfield, qui démontra, en 1847, qu'on en pouvait retirer du goudron des quantités considérables et prit un brevet pour l'exploiter (11 novembre 1847.)

Une fois en possession de la benzine industrielle, et d'un procédé praticable pour obtenir l'aniline, les chimistes se livrèrent partout à de nombreux travaux sur ces deux corps. Je passe sous silence les procédés divers imaginés pour transformer la benzine en nitrobenzine.

Le procédé de M. Zinin, pour obtenir l'aniline par l'action de l'hydrogène sulfuré sur la nitrobenzine, fut remplacé plus tard, en 1854, par un procédé beaucoup plus industriel, dû à M. Béchamp. Ce procédé consiste à traiter la nitrobenzine par la limaille de fer, et l'acide acétique ; il se produit un abondant dégagement de gaz hydrogène naissant, qui transforme la nitrobenzine en aniline. Ce procédé reçut lui-même des perfectionnements qui le rendent actuellement le seul en usage.

C'est au moyen de l'aniline ainsi obtenue, que se préparent toutes les matières colorantes d'aniline, si riches et si variées que consomme la teinture.

Revenons maintenant à l'historique de l'application de l'aniline à la teinture. Nous avons dit qu'en 1835, Runge découvrit, par l'action du chlorure de chaux sur l'aniline, une matière colorante d'un bleu violet. Ce fait resta assez longtemps dans l'oubli ; il fut négligé pendant bien des années, mais il n'en avait pas moins excité la curiosité et l'attention de plusieurs chimistes, qui plus tard cherchèrent à en tirer parti.

M. Fritzsche, trouva que l'acide chrômique en solution dans l'eau, donnait naissance à un précipité d'un bleu noirâtre, et plus tard, en 1853, M. Beissenhirtz, décrivait la couleur bleue produite par l'aniline et le bichromate de potasse additionné d'acide sulfurique. La difficulté d'épurer ces matières colorantes, leur caractère fugace lorsqu'elles sont mal préparées (ce qui était le cas à l'origine), découragèrent sans doute de nombreux expérimentateurs, mais on doit à l'habileté et à la persévérance d'un chimiste anglais, M. W.-H. Perkin, la découverte d'un procédé sûr et pratique pour obtenir le violet d'aniline par le bichromate de potasse (brevet

Perkin du 26 août 1856). On peut dire qu'à dater de ce jour, la cause des matières colorantes d'aniline fut gagnée. On chercha bien à ressusciter la réaction de Runge, par le chlorure de chaux, le chlore gazeux, divers oxydes, etc., mais les couleurs ainsi obtenues ne purent résister au violet par le bichromate, à cause de la difficulté à les obtenir pures et surtout aussi à cause de l'infériorité reconnue de leur teinte.

Les choses en étaient là, lorsque M. Hofmann (qui, en 1843, avait déjà observé la production d'une coloration rouge foncé par l'action de l'acide nitrique fumant sur l'aniline) se trouva appelé en 1858 à étudier l'action du tétrachlorure de carbone sur l'aniline. Dans le mémoire qu'il publia à cette occasion, (20 septembre 1858), il signale un principe colorant rouge cramoisi d'une grande richesse, qui prend naissance dans la réaction ci-dessus indiquée.

En 1859, Verguin, chimiste français, modifia et perfectionna la réaction d'Hofmann, dans le but d'obtenir la matière colorante rouge signalée par ce célèbre chimiste. A cet effet, il substitua plus économiquement, mais en restant dans l'esprit de la réaction d'Hofmann, le tétrachlorure d'étain au tétrachlorure de carbone, dont la préparation était bien plus coûteuse. Il fut assez heureux pour produire le rouge d'aniline en quantité assez forte, et vendit son procédé à MM. Renard frères, manufacturiers lyonnais, qui le brevetèrent immédiatement en France (8 avril 1859). Sous l'impulsion de ces hardis manufacturiers, la fabrication du rouge d'aniline fut assurée et atteignit bientôt des proportions immenses. On vit alors surgir un assez grand nombre de moyens divers, pour obtenir ce rouge, tels que le nitrate de mercure proposé et appliqué par M. Gerber Keller, l'acide nitrique par MM. Lauth et Dépouilly, etc., mais le principal et le seul employé maintenant consiste dans l'action de l'acide arsénique sur l'aniline à une température voisine du point d'ébullition de cet alcaloïde. Ce procédé fut découvert en Angleterre par Medlock (brevet du 18 janvier 1860), et par M. Nicholson (brevet du 28 janvier 1860). MM. Girard et Delaire se firent breveter en France pour le même procédé, quatre mois plus tard (26 mai 1860).

Mais, ce n'était pas encore tout ce que l'on pouvait attendre de la fécondité de l'aniline. MM. Girard et Delaire, découvrirent (brevet du 2 janvier 1861) qu'en chauffant le rouge d'aniline à une certaine température, avec un excès d'aniline, ce rouge passe au bleu en parcourant successivement toutes les nuances violettes intermédiaires. Ils donnèrent à leur produit le nom de Bleu de Paris, ou Bleu de Lyon. Entre les mains d'habiles fabricants allemands et anglais, ce bleu bien dépouillé de matières rougeâtres, occupa bientôt la place principale entre toutes les couleurs d'aniline ; d'abord uniquement employé en teinture, à cause de sa solubilité dans l'alcool seulement, il ne tarda pas à être appliqué à l'impression des étoffes, après la découverte de M. Nicholson (brevet du 24 juin 1862), qui le rendait soluble dans l'eau.

A la même époque, on préparait déjà un vert par l'action du chlore, sur divers sels d'aniline. Ce vert, dû à MM. Calvert, C. Lowe et S. Clift (juin 1860), portait le nom d'Eméraldine, mais il fut bientôt remplacé par un autre vert beaucoup plus avantageux, découvert par MM. Cherpin et Usèbe, à Saint-Ouen, près de Paris, en faisant réagir l'aldéhyde sur une solution, acide de sulfate de rosaniline. Ce vert se prépare avec facilité, même dans les ateliers de teinture, quelques heures avant de l'utiliser. Il a rendu de grands services, jusqu'au moment où il fut presque remplacé par un vert d'une plus grande beauté, dont nous parlerons plus loin.

Les violets d'aniline obtenus par le procédé de MM. Girard et Delaire ont, malgré leur richesse, une teinte un peu grisâtre, aussi M. Hofmann rendit à la teinture un véritable service par la découverte du violet dit lumière, qu'il obtint en faisant réagir l'iodure d'éthyle sur le rouge d'aniline. La découverte de ce nouveau violet, qui est susceptible de former des teintes entre le violet rouge et le violet bleu, est à juste titre considérée comme un des faits les plus importants de l'histoire des couleurs d'aniline. L'étude des circonstances dans lesquelles se forme ce violet permit de découvrir une matière verte d'une admirable beauté qui s'y tenait pour ainsi dire cachée et qui maintenant, à force de persévérants travaux, a pris place au nombre de nos plus belles couleurs.

Dans ces dernières années, d'habiles manufacturiers, MM. Poirrier et Chappat fils, à Saint-Denis, ont introduit dans le commerce de nouveaux violets solubles dans l'eau, qu'ils obtiennent en faisant réagir des composés oxydants sur des anilines composées, c'est-à-dire des anilines renfermant, combinées avec elles, les radicaux alcooliques tels que l'éthyle, le méthyle, etc. Ces violets se distinguent par une grande pureté de teinte et une facilité considérable d'application.

Le jaune, le ponceau, le brun n'ont pas non plus été négligés et de nombreuses tentatives, souvent couronnées de succès, ont mis au jour ces diverses couleurs dans un état plus ou moins propre à l'application.

Le noir enfin, si important dans l'impression des étoffes, est aussi maintenant, grâce à une série de travaux remarquables d'habiles chimistes, à classer au nombre des produits colorants dus à l'aniline et tout porte à croire que le moment n'est pas éloigné où son application à la teinture proprement dite sera réalisée par la découverte d'une variété de ce noir soluble dans l'eau.

Voilà, en quelques pages, et sans vouloir anticiper sur le texte de cet ouvrage, ce que la chimie moderne a su retirer de quelques faits isolés annoncés depuis 40 ans ; cette esquisse, bien que très-incomplète, suffira cependant à faire voir quels secours la teinture a reçus de la chimie et quelles découvertes elle en peut encore attendre.

Nous ne terminerons pas cependant sans dire quelques mots des autres couleurs artificielles, car l'aniline n'est pas le seul produit dérivé du goudron qui ait reçu une application en teinture.

Le goudron renferme encore une longue série de substances qui, la plupart, avec l'aide de la science, ont donné ou donneront lieu à d'importantes industries. Le phénol (acide phénique) traité par l'acide nitrique, produit depuis longtemps le jaune nommé acide picrique. La naphtaline produit des couleurs qu'on avait au premier abord cru identiques à celles que fournit la garance. Cette manière de voir ne s'est pas justifiée, mais on espère cependant pouvoir les appliquer un jour avec succès.

Citons enfin la murexide qui, à une certaine époque, a joué un rôle important ; c'est encore un produit artificiel résultant de l'action de l'acide nitrique et de l'ammoniaque sur l'acide urique que renferme le guano.

Bien que les couleurs d'aniline aient considérablement diminué l'importance des couleurs végétales et animales naturelles, il est vrai de dire qu'elles n'ont pas chassé entièrement ces dernières du domaine de la teinture. Notre époque a vu, au contraire, paraître les plus beaux travaux chimiques sur les matières colorantes anciennes. Ces couleurs ont été décrites sous un jour nouveau, elles ont été étudiées avec soin et leur application, surtout dans l'impression des tissus, a considérablement gagné en netteté et en certitude. Il est bien certain que quelques-unes d'entre elles succomberont à la redoutable concurrence des couleurs d'aniline mais il y a encore beaucoup à faire pour les remplacer toutes par des produits artificiels.

De nombreux chimistes ont travaillé à l'importante industrie de la teinture moderne par les couleurs d'aniline et il serait ingrat de ne pas proclamer leur nom avec tout l'éclat qu'ils méritent. Un grand nombre ont tiré de leurs découvertes et de leurs travaux de grands avantages matériels et ont déjà ainsi reçu leur récompense, mais c'est à l'illustre professeur Hofmann que reviennent non-seulement la gloire de la première découverte du rouge d'aniline, mais aussi le mérite d'en avoir, depuis son application par Verguin, étudié et décrit en maître la formation, la constitution chimique et d'avoir révélé aux savants et aux industriels une admirable théorie qui est devenue la source des plus remarquables inventions.

PREMIÈRE PARTIE

Notions élémentaires de chimie.

1. Le développement des sciences et des arts a fait de la chimie une science des plus importantes ; elle est la clef des sciences naturelles et l'on peut affirmer que, sans elle, les sciences les plus utiles à l'humanité seraient encore dans l'enfance. Pratiquée par les anciens, la chimie était réduite à d'étroites limites et l'absence presque totale de saines méthodes de recherches, en a longtemps arrêté le développement. Il appartenait à l'époque de la grande Révolution du siècle dernier, de voir renverser les erreurs du monde savant, comme celles du monde politique et de les voir remplacer par des principes féconds en résultats heureux. Cette époque de tumulte scientifique produisit à la fois une foule d'hommes de génie, qui, dans toutes les branches de l'industrie, des sciences et des arts, devint la gloire de leur siècle et de leur patrie. C'est de ce moment, c'est-à-dire de quatre-vingts ans environ, que date la véritable chimie ; dès ce moment elle s'élança dans la route progressive qu'elle suit encore aujourd'hui.

2. En ouvrant les yeux sur les objets qui nous entourent, nous éprouvons le besoin de trouver dans ces objets des signes, des caractères qui nous permettent de les différencier, de les classer, de les arranger, pour en comprendre l'ensemble et les relations qui les unissent dans le grand concert de la nature

La description de la nature, ou la science naturelle, a cette tâche à remplir ; elle se divise en zoologie (étude des animaux), botanique (étude des plantes) et minéralogie (étude des pierres ou minéraux). La zoologie et la botanique étudient les êtres de la nature, animée ou vivante et, par des caractères communs et extérieurs, séparent les animaux et les végétaux en classes, familles et espèces, assignant à chaque individu des caractères qui lui sont propres. La minéralogie s'occupe des objets inanimés qui, n'appartenant pas à la nature vivante, forment la masse de notre globe ; cette science décrit les espèces minérales répandues dans les couches qui constituent la terre ; elle sépare ces espèces minérales par leurs caractères extérieurs et les présente comme des individus parfaitement distincts. Cependant, aucune de ces trois sciences ne peut expliquer par elle-même et par ses propres forces la nature intime des phénomènes qui se passent dans l'organisme animal ou végétal, par la naissance, la nutrition ou la mort, ni même la composition des minéraux.

Tout change et se meut en nous et autour de nous ; la nature est dans un perpétuel mouvement de transformation et les phénomènes naturels qui en résultent sont de deux ordres distincts, dont il importe de bien connaître la différence pour comprendre l'objet réel de la chimie en particulier. Ainsi, nous voyons que par le froid de l'hiver l'eau se convertit en glace, que les changements de température font monter ou descendre le mercure dans le thermomètre, que les minéraux répandus à la surface du sol se délitent et tombent en poussière et que les êtres organisés tombent après leur mort en putréfaction. Comme nous l'avons dit, ces changements sont de deux ordres bien différents ; en effet, nous voyons ou bien un changement dans l'état, la forme ou la position relative des objets, ou bien un changement dans leur substance intime. Quand le mercure monte ou descend dans le thermomètre, il n'en reste pas moins mercure ; quand l'eau gèle ou que la glace fond, c'est toujours de l'eau ; l'aspect extérieur seul a changé ; mais quand, sous l'influence atmosphérique, les minéraux se délitent, quand les êtres organisés tombent en décomposition ou sont consumés par le feu, il se passe des changements bien plus profonds que les précédents et d'où résultent de nouveaux corps. L'étude des premiers de ces changements naturels appartient à la physique. La chimie, au contraire, s'occupe des changements intimes dans la nature des corps, changements qui en modifient complétement l'essence.

Voici quelques exemples : le soufre est un minéral très-connu et très-répandu dans la nature. La minéralogie décrit la forme cristalline de ce minéral, sa couleur, sa structure et en général les caractères extérieurs qui permettent à simple vue de le distinguer des autres minéraux.

Lorsque le soufre est frotté, il s'électrise, il entre dans un état qui lui permet d'attirer de petits objets légers. Le phénomène d'attraction que l'on observe alors est du domaine de la physique ; mais si l'on fait brûler le soufre dans l'air, il se réduit en vapeurs, que l'on peut condenser et amener à l'état liquide ; le nouveau corps formé, l'acide sulfureux ne possède plus aucune des propriétés du soufre et la chimie indique les lois de sa formation. Si le fer subit l'action du feu, qu'il soit chauffé, fondu ou refroidi, son essence intime n'a subi aucune modification, mais lorsque, exposé à l'air humide, il se recouvre d'une couche mince d'un corps jaune, que l'on nomme la rouille, une partie de ce fer a subi une modification complète dans sa nature intime. Ce dernier phénomène est encore du ressort de la chimie. Cette science s'occupe donc des modifications intimes des corps, elle recherche les lois qui régissent ces modifications et étudie les phénomènes qui les accompagnent. Elle prête son concours à presque toutes les sciences, elle en est la base et l'appui le plus précieux. La médecine a besoin de son secours pour étudier et reconnaître les modifications que subissent nos organes et les liquides qui les injectent, dont la nature indique la présence de telle ou telle maladie. Les remèdes nécessaires à la guérison sont préparés le plus souvent par des moyens chimiques et sans la chimie on n'aurait pu reconnaître dans les végétaux qui servent à notre nourriture ou à l'entretien de notre santé les principes actifs qui en font le mérite et l'utilité. Combien d'accidents funestes proviennent de la profonde ignorance de toute notion de chimie ! Aidée par elle, la physique a détruit les espaces immenses qui séparaient les nations en créant la télégraphie électrique ; la métallurgie s'est enrichie de nombreux procédés d'extraction des métaux ; la teinture et le blanchiment des fibres textiles, la photographie, la dorure, l'argenture et bien d'autres industries doivent à la chimie leur origine et une grande partie de leur développement. La chimie industrielle ou appliquée est l'art de transformer à peu de frais, par l'emploi des données de la chimie théorique, des composés naturels de peu de valeur ou des composés artificiels d'une valeur plus élevée ; elle a en même temps la mission de supprimer ce que l'on nomme habituellement les résidus de fabrication, en transformant ces résidus, le plus souvent sans valeur, en matières utiles au moyen des forces les plus économiques, savoir le concours raisonné et bien appliqué de l'air, de l'eau, de la chaleur atmosphérique et des réactions chimiques susceptibles de prendre naissance par le mélange en dose convenable des résidus qui resteraient improductifs. Considérée à ce point de vue, la chimie industrielle a un rôle éminemment créateur de richesses sociales. En un mot, elle est l'art de grouper les éléments sous la forme qui donne à leur association la plus grande valeur suivant les circonstances de lieu, de moment et d'application. Ajoutons enfin que c'est à la chimie que l'art de la teinture doit les immenses progrès réalisés dans ces dernières années, pendant lesquelles les plus magnifiques couleurs ont été comme miraculeusement extraites des matières les plus abjectes et jusqu'alors les plus méprisées, telles que les goudrons, résidus de la fabrication du gaz.

3. La nature matérielle est composée de corps pondérables, c'est-à-dire de corps dont nous pouvons par nos sens constater matériellement l'existence et le poids. La diversité que nous observons dans les formes sous lesquelles se présente la matière, provient de ce que divers agents, diverses forces en modifient les caractères. Le fer, l'air, le soufre, etc., sont des corps pondérables (c'est-à-dire pesables), tandis que la chaleur, la lumière, l'électricité ne sont que les modifications d'une même force: le mouvement dont nous pouvons constater l'existence et mesurer l'intensité et les effets, sans lui attribuer un poids. (Voir plus loin, parag. 37, 38, 43.)

4. Il existe donc dans la nature des corps, dont la

différence matérielle ne provient que de l'action des agents impondérables qui en modifient l'essence intime ; on les nomme corps simples, ou éléments. La grande variété des autres corps, provient de l'union de ces corps simples entre eux.

On divise donc les corps, dont l'étude fait l'objet de la chimie, en corps simples et corps composés. Plusieurs des noms donnés aux corps simples sont des noms anciens, déjà employés par les alchimistes, d'autres sont modernes, tirés du grec et rappellent l'origine ou une propriété principale du corps qu'ils désignent. Bien que ces noms paraissent passablement barbares aux personnes qui n'ont pas l'habitude de les employer et qu'il semblerait bon au premier abord de les remplacer par des noms empruntés à la langue usuelle, nous sommes obligés de les maintenir, car leur suppression entrainerait, dans la nomenclature, un désordre et une confusion sans bornes et l'on ne pourrait, du reste, les remplacer que par des phrases plus ou moins longues et embrouillées, la langue française ne se prêtant pas facilement à la création des mots composés. Voici le tableau des éléments connus qui peuvent être actuellement considérés comme tels :

Tableau des corps simples.

Hydrogène.	Chlore.	Phosphore.
Oxygène.	Azote.	Silicium.
Soufre.	Brôme et Iode.	Carbone.
Selenium et Tellure.	Fluor.	Arsenic et Bore.
Potassium.	Thallium.	Aluminium.
Sodium.	Baryum.	Glucinium.
Cœsium.	Strontium.	Zirconium.
Rubidium.	Calcium.	Thorium.
Lithium.	Magnésium.	Yttrium.

Cerium.	Nikel.	Antimoine.
Lanthane.	Cobalt.	Urane.
Didyme.	Zinc.	Mercure.
Erbium.	Cadmium.	Argent.
Terbium.	Cuivre.	Or.
Manganèse.	Plomb.	Platine
Chrôme.	Bismuth.	Palladium.
Tungstène.	Etain.	Rhodium.
Molybdène.	Titane.	Iridium.
Vanadium.	Tantale.	Ruthénium.
Fer.	Niobium.	Osmium.

De la combinaison des corps simples entre eux dérive la grande variété des composés que nous étudierons. L'union de ces corps forme des combinaisons définies et constantes, il s'ensuit naturellement que les composés chimiques ne sont pas de simples mélanges dus au hasard. Il y a une différence très-importante à saisir entre la véritable combinaison de deux ou plusieurs corps et un mélange plus ou moins parfait de ces éléments. Dans un mélange on peut distinguer plus ou moins facilement les divers corps qui le constituent et souvent de simples moyens mécaniques suffisent pour les séparer. Ainsi un mélange de soufre et de limaille de fer, tous deux en poudre fine, peut se reconnaître au microscope; on distinguera ainsi très-bien les grains de soufre qui sont jaunes de ceux de fer qui sont gris. Un barreau aimanté attirera vers lui tout le fer et laissera le soufre. Les dissolvants agissent de même sur un tel mélange. Les uns, tels que l'acide sulfurique, dissoudront le fer, en laissant le soufre; d'autres, tels que le sulfure de carbone, dissoudront le soufre en laissant le fer intact. Il en sera tout autrement si ce fer et ce soufre sont réellement en combinaison; d'abord, le nouveau corps formé (sulfure de fer) aura perdu tout l'aspect physique des éléments qui le constituent, on n'y reconnaîtra, par les moyens que nous avons indiqués, ni soufre ni fer, mais bien une substance homogène, c'est-à-dire égale dans toute l'étendue de sa masse; tous les moyens mécaniques seront impuissants pour séparer le soufre du fer; l'acide sulfurique ne dissoudra pas seulement l'un des deux corps constituants, mais la totalité du nouveau corps; le barreau aimanté attirera toute la masse et le microscope le plus puissant ne distinguera ni fer, ni soufre. Mais ce qui caractérise vraiment une combinaison, ce qui en fait la différence la plus réelle d'avec le mélange, c'est la proportionnalité constante des éléments qui y entrent. Ainsi, pour nous servir encore de l'exemple déjà cité du fer et du soufre, qu'on mêle trois parties et demi de fer avec 1, 2, 3, 4, 5, etc. parties de soufre et qu'on ne fasse intervenir aucune force pour combiner ces deux corps, on n'obtiendra jamais que des mélanges contenant les proportions indiquées de fer et de soufre; mais si l'on chauffe trois parties et demi de fer avec deux parties de soufre, on aura une combinaison possédant les caractères que nous avons indiqués déjà comme appartenant au sulfure de fer. Si, au lieu de 2 parties de soufre, on en avait employé 3, 4, ou 5 parties, la combinaison qui en serait le résultat ne contiendrait cependant que deux parties de soufre pour 3 1/2 de fer et le soufre employé en excès resterait mélangé mécaniquement au nouveau corps. Sans multiplier davantage ces exemples, nous dirons qu'il a été reconnu que les corps ne se combinent pas en proportions quelconques mais en proportions toujours les mêmes pour former une même substance.

7. Le fait que deux éléments se combinent l'un avec l'autre n'est pas l'effet du hasard, mais bien le

NOTIONS ÉLÉMENTAIRES DE CHIMIE.

résultat de diverses forces naturelles, telles que l'attraction universelle des atomes les uns par les autres, selon leur volume, leur masse et leur forme, l'état calorifique ou électrique sous lequel ils se trouvent en présence, etc. On a donné à l'ensemble de ces forces agissant pour produire des combinaisons, le nom général et très-commode d'affinité chimique. Malheureusement ce terme n'explique rien. Les savants ne sont du reste pas encore tombés d'accord au sujet de ce qu'on nomme affinité chimique, et nous sommes obligés de nous contenter de cette expression, jusqu'à ce que la science soit plus avancée sur ce point. De même que nous avons distingué les phénomènes naturels en deux classes (phénomènes physiques et phénomènes chimiques), de même nous voyons la force d'attraction se manifester partout sous deux formes différentes : l'attraction physique de tous les corps dans la direction du rayon terrestre leur donne ce qu'on nomme la pesanteur (p. 32.), l'attraction chimique se manifeste entre les atomes des différents corps et leur donne la faculté de s'unir les uns aux autres. Cette force (l'attraction chimique ou affinité) ne s'exerce pas au loin comme l'attraction physique, mais elle se manifeste seulement au contact intime des corps, et même cette force ne produit son effet que lorsque les corps mis en présence sont dans un état qui permet la division extrême de leurs atomes c'est-à-dire lorsque la force qui les retient unis est vaincue.

8. Cette force, qui lutte ainsi contre l'affinité chimique, tend à en paralyser les effets, est la cohésion. C'est cette force qui retient serrés ensemble les atomes des corps solides et liquides dans un équilibre et qu'ils affectent la forme que nous leur connaissons.

La matière se présente sous trois états: l'état solide, l'état liquide et l'état gazeux. Pour expliquer les phénomènes chimiques, on admet que tous les corps, quel que soit leur état, sont composés d'un nombre excessivement grand, illimité même de parties naturellement infiniment petites, entre lesquelles les combinaisons ont lieu. Ces parties si fines, si ténues que l'on ne peut même se les représenter, sont nommées atomes, ce qui signifie partie indivisible même par la pensée. Dans les corps solides, les atomes sont rapprochés par une force qui ne permet de les séparer que par un certain effort ; dans ce cas, les corps sont limités par une forme qui ne dépend point du milieu dans lequel ils sont plongés; ils ont leur forme à eux-mêmes ; ils donnent leur forme à l'air qui les entoure et à l'eau qui les baigne. C'est dans cet état que la force nommée cohésion agit le plus énergiquement sur la matière. Dans les corps liquides, la cohésion agit déjà plus faiblement sur les atomes ; ils roulent pour ainsi dire sur eux-mêmes sans avoir de liaison énergique et sans pouvoir cependant s'écarter spontanément ; la pesanteur semble être la seule force qui les retienne ; la forme extérieure des corps liquides dépend de la forme des vases qui les renferment.

Dans les corps gazeux, la cohésion est nulle, c'est-à-dire que les atomes se séparent et s'écartent à l'infini; ces corps ne sont assujettis à aucune forme particulière; répandus dans l'atmosphère, ils s'y divisent, s'y fondent entièrement sans affecter aucune forme visible et pour les retenir on est obligé de les emprisonner dans des vases entièrement clos. L'affinité augmente à mesure que la cohésion diminue. Il en résulte que l'état liquide et l'état gazeux sont ceux qui favorisent le plus les combinaisons chimiques. Deux corps ne sauraient se combiner si l'un d'eux au moins n'affecte l'état liquide ou l'état gazeux. Un corps solide peut ainsi se combiner avec un gaz, parce que les atomes de ce dernier, baignant comme un liquide la surface du corps solide, les deux corps se trouvent en contact immédiat et intime et leurs atomes sont constamment sollicités par l'affinité chimique. La fusion et la dissolution sont les moyens les plus usités pour détruire la cohésion ou plutôt pour la diminuer ; mais si l'extrême division des atomes est indispensable pour effectuer la combinaison des éléments, un mélange intime de deux corps liquides ou gazeux ne donne pas obligatoirement lieu à une combinaison et souvent d'autres conditions sont nécessaires pour y arriver. L'action combinée de la chaleur et de la lumière et l'action de l'électricité sont les moyens les plus usuels. Ainsi, l'air est un mélange de deux gaz, l'oxygène et l'azote. Bien que ce mélange soit parfaitement intime et constamment remué et exposé aux rayons solaires et aux décharges électriques, leur combinaison n'a lieu qu'en très petite quantité relativement à leur masse.

9. L'état actuel de la science permet de séparer tous les éléments constituants de chaque corps composé, mais il ne fournit pas encore les moyens de reconstituer tous les corps connus, en combinant directement les éléments qui les forment. La partie de la chimie qui s'occupe de la décomposition des corps pour en déterminer les éléments, leur quantité relative et la manière dont ils sont groupés se nomme *chimie analytique*. La partie de la chimie qui, moins avancée encore, mais non moins intéressante, s'occupe de reformer les corps composés, se nomme *chi-*

mie synthétique. Un grand nombre de composés appartenant à la nature minérale peuvent être et sont en effet journellement reproduits artificiellement; il n'en n'est pas de même des productions de la nature organisée, dont la formation échappe le plus souvent à nos moyens d'observation. La synthèse chimique a une tâche immense à remplir pour plonger dans les secrets de la nature et, malgré les nombreuses difficultés qui entravent sa marche, des résultats très-remarquables ont déjà été obtenus et autorisent les plus grandes espérances. Je citerai deux exemples seulement : l'alcool ou esprit de vin peut être obtenu par la transformation du gaz de la houille, et dans ces derniers temps l'alizarine, le principal produit colorant de la garance, a été obtenu artificiellement au moyen du goudron de gaz.

10. La différence d'aspect et de mode de formation qui existe entre les composés du règne minéral d'une part et ceux des règnes végétal et animal d'autre part, c'est-à-dire entre les composés sans vie et ceux qui sont le résultat de la force vitale, cette différence a fait depuis longtemps diviser les corps composés en deux grandes classes au point de vue chimique. Mais cette division n'est en réalité qu'apparente puisqu'après tout, les mêmes éléments ou corps simples concourent à la formation de tous les corps composés quels qu'ils soient. On a donc divisé les composés en *organiques* et *inorganiques*. Tous les composés organiques contiennent du carbone et ne sauraient exister sans lui, d'où il résulte qu'ils appartiennent simplement aux combinaisons du carbone et que leur étude ne forme autre chose qu'un chapitre très-étendu de la chimie dite minérale ou inorganique.

11. En voyant le nombre immense et sans cesse

croissant des composés chimiques, on serait tenté de croire que les corps simples peuvent se combiner en proportions très-nombreuses, quoique bien définies. Il n'en n'est cependant pas ainsi. L'expérience a démontré que les nombres qui représentent les diverses combinaisons de deux corps sont peu élevés. Les combinaisons du carbone, dites organiques, font seules exception.

12. Lorsque les éléments se combinent entre eux, il se produit des composés que l'on peut classer, suivant leurs propriétés principales, en différents groupes. C'est ainsi que l'on distingue les acides, les bases, les sels, etc.; nous ne nous occuperons ici que des principaux groupes de combinaisons. Quand les métalloïdes se combinent avec l'oxygène, ils forment habituellement des composés auxquels on a donné le nom d'acides ; ces corps sont pour la plupart solubles dans l'eau et doués de la saveur aigre connue sous le nom *d'acidité*. Si les métalloïdes se combinent entre eux autrement qu'avec l'oxygène, ils forment des composés particuliers dont nous aurons peu à nous occuper dans cet ouvrage, leurs applications étant très-restreintes. Ce ne sont que leurs combinaisons avec l'hydrogène qui peuvent être considérées comme des acides, car elles en ont les principales propriétés ; tels sont l'acide chlorhydrique, l'acide fluorhydrique, combinaisons du chlore et du fluor avec l'hydrogène.

13. Les métaux, à leur tour, peuvent se combiner avec les métalloïdes. Tantôt c'est avec l'oxygène et alors ils forment une grande classe de composés, connus sous le nom d'oxydes (oxyde de fer, oxyde de plomb, oxyde de zinc, etc.). Tantôt ils se combinent avec les autres métalloïdes et forment des composés doués de propriétés très-différentes, tels que les sulfures, les iodures, les chlorures (sulfure de mercure ou cinabre, chlorure de sodium ou sel marin, etc.). Les oxydes ont une propriété qui leur est commune presque à tous et qui est la propriété inverse des acides; lorsqu'ils sont solubles, les oxydes ont une saveur particulière et alcaline ou caustique, tels que la soude, la potasse, la chaux, et mêlés avec les acides en quantité suffisante ils en détruisent les propriétés en formant une nouvelle classe de composés, auxquels on a donné le nom de sels.

14. On nomme *sels* les composés résultant de l'union d'une base ou d'un oxyde avec un acide. Ainsi, le vitriol vert ou sulfate de fer est un sel, car il est résulté de la combinaison de l'acide sulfurique avec une base, qui est l'oxyde de fer; le gypse est un sel formé d'acide sulfurique et de chaux ou oxyde de calcium; c'est donc un sulfate de chaux. La pierre calcaire est un sel formé d'acide carbonique et d'une base qui est la chaux. Tous les sels ne sont pas également solubles dans l'eau; il y en a même qui ne le sont pas du tout ou tout au moins d'une manière inappréciable. Certains sels solubles dans l'eau le sont plus à chaud qu'à froid; c'est le cas le plus général, exemple: sulfate de fer, sulfate de cuivre; d'autres, moins nombreux, sont presque aussi solubles dans l'eau froide que dans l'eau chaude, exemple: sel marin ou chlorure de sodium, dont l'eau prend environ 35 pour 100 de son poids. D'autres sels sont plus solubles à froid qu'à chaud et se séparent de leur solution lorsqu'on chauffe celle-ci. Le sulfate de chaux ou gypse est dans ce cas. De l'eau qui en contient se trouble si on la chauffe et redevient claire par le refroidissement. Le sulfate de plomb, le sulfate de baryte sont des sels insolubles dans l'eau pure.

L'insolubilité dans l'eau de certains sels est mise à profit pour leur préparation ou pour celle d'autres sels solubles. En effet, lorsqu'on mélange les solutions de deux sels formés d'acides et d'oxydes différents, ces sels échangent ordinairement leurs bases et leurs acides et s'il y a possibilité à la formation d'un sel insoluble, celui-ci se sépare de la liqueur, se précipite comme on dit à l'état pulvérulent, cristallin ou quelquefois gélatineux. Un exemple fera comprendre le parti que l'on peut tirer de la connaissance de la solubilité des sels. Supposons qu'on veuille préparer, par ce principe, de l'acétate d'alumine, sel très-soluble, employé comme mordant. On mélangera deux solutions, l'une d'acétate de plomb, l'autre de sulfate d'alumine. Ces deux sels échangeront bases et acides ; il se formera du sulfate de plomb insoluble, qui se précipitera aussitôt en poudre blanche et de l'acétate d'alumine soluble, qui restera en solution et que l'on séparera par filtration.

Il y a des sels neutres, des sels acides et des sels basiques. Dans les sels neutres, la base et l'acide se neutralisent réciproquement, c'est-à-dire que leurs caractères essentiels sont annulés l'un par l'autre ; dans les sels acides, l'acide est en excès ; il y en a plus qu'il n'en faut pour saturer la base, mais cet excès est un multiple exact de celui qui a servi à saturer la base ; le sel a alors le caractère et la réaction acides. Dans les sels basiques, c'est la base qui domine et le sel réagit comme une base ou un alcali, s'il est soluble. Ainsi, le sulfate de magnésie, le sulfate de soude, sont des sels neutres ; la crème de tartre, ou bitartrate de potasse, est un sel acide contenant le double de l'acide tartrique nécessaire à saturer la potasse qu'il renferme. Le sous-acétate de plomb ou extrait de Saturne, comme on le nommait autrefois, est un acétate de plomb basique, dans lequel la base, l'oxyde de plomb domine.

15. Tous les éléments ne sont pas en état de former entre eux des combinaisons avec une égale facilité ; ainsi ceux des corps simples, dont les propriétés caractéristiques sont très-rapprochées, se combinent difficilement. Les métaux, qui tous sont liés par des caractères très-communs, ne forment entre eux qu'un nombre restreint de combinaisons. Il n'y a que peu d'alliages qui soient de véritables combinaisons.

16. Le carbone, l'hydrogène, l'oxygène et l'azote, qui forment à eux quatre la totalité des corps organisés, peuvent se grouper d'une manière très-compliquée, et qui permet une quantité innombrable de combinaisons ; ils peuvent former ainsi des acides, des bases, des sels. La complication de leur composition leur donne un caractère particulier d'instabilité, c'est-à-dire de facilité à être décomposés.

17. Plusieurs causes déterminent ou facilitent la combinaison et la décomposition des corps. Nous diviserons ces causes en cinq classes : 1° la chaleur ; 2° l'électricité ; 3° la fermentation ; 4° la différence d'affinité ; 5° les actions de contact ou de présence.

18. *Action de la chaleur.* — Il existe pour chaque corps composé un degré de chaleur maximum au-dessous duquel ce corps existe doué de toutes ses propriétés et au-dessus duquel la décomposition a lieu. Si la composition du corps soumis à l'action de la chaleur est très-compliquée, il se formera d'abord des composés d'un ordre plus simple et d'une stabilité plus grande ; ces composés à leur tour, par une chaleur plus intense, se sépareront en leurs éléments primitifs. En général, on peut dire que plus un corps est composé d'une nombreuse réunion d'atomes, plus il sera rapidement décomposé par la chaleur ou tout au moins plus basse sera la température nécessaire pour le décomposer. Les corps de la composition la plus simple sont ceux qui résistent le mieux aux températures élevées. Le marbre ou carbonate de chaux, composé d'acide carbonique et de chaux, est assez facilement décomposé par la chaleur en acide carbonique gazeux, qui s'échappe et en chaux qui reste à l'état solide. Il faut une température beaucoup plus élevée pour décomposer l'acide carbonique et la chaux elle-même, qui est un oxyde de calcium, composé d'un ordre très-simple, résiste aux plus hautes températures que nous puissions produire. Le sucre, qui renferme un grand nombre d'atomes de carbone, hydrogène et oxygène, se décompose facilement par la chaleur et laisse un résidu spongieux de carbone. L'oxyde de mercure, chauffé à l'abri de l'air, perd son oxygène et laisse le mercure à l'état métallique. En revanche, le mercure métallique chauffé fortement, en présence de l'air, absorbe l'oxygène de celui-ci et se transforme en oxyde. Enfin, vers 1200 degrés centigrades, l'eau se décompose en ses éléments, qui sont l'hydrogène et l'oxygène. L'abaissement de la température ou le froid agit aussi comme décomposant sur les êtres organisés végétaux ou animaux. Elle les transforme d'une manière singulière en ceci que les caractères de décomposition deviennent surtout appréciables lorsque la température s'élève de nouveau.

3.

19. *Action de l'électricité.* — L'électricité décompose les combinaisons chimiques et en recompose un certain nombre. Ainsi, l'eau se décompose, sous l'influence d'un courant électrique, en deux gaz, l'hydrogène et l'oxygène. La même influence produit de l'eau au moyen de ces deux gaz. C'est par l'action de l'électricité que l'on découvrit, au commencement de ce siècle, que la potasse, la soude, la chaux, etc., ne sont autre chose que des oxydes métalliques, c'est-à-dire des composés de divers métaux (potassium, sodium, calcium, etc.), avec l'oxygène. La décomposition des sels par l'électricité a reçu une importante application dans la dorure et l'argenture au moyen de procédés qui ont permis de renoncer, dans un grand nombre de cas, à l'emploi du mercure, dont les effets sont si terribles sur la santé des malheureux ouvriers appelés à en faire usage.

20. *Différence d'affinité.* — La différence dans le degré d'affinité des corps les uns pour les autres est encore une cause de décomposition des corps composés et de formation des corps nouveaux entre les éléments qui les constituent. Ainsi, un corps simple ou composé, mis en présence de plusieurs corps, n'a pas pour chacun d'eux la même tendance à s'unir chimiquement. Exemple : prenons du sulfure de mercure et mélangeons-le avec du fer métallique en poudre. Ce mélange, exposé à l'action de la chaleur, subira un grand changement. En effet, le fer ayant pour le soufre plus d'affinité que le mercure, ce dernier sera chassé par le fer, qui prendra sa place et se combinera avec le soufre ; on dit alors que le fer s'est substitué au mercure. Des solutions de sels de plomb ou de cuivre seront décomposées par des lames de zinc ou de fer et ces métaux prendront la place du plomb et du cuivre qui se sépareront à l'état métallique de leur solution. L'expérience est facile à répéter avec un sel de plomb par exemple. Prenez une solution concentrée mais bien limpide d'acétate de plomb (vulgairement nommé sel de Saturne) et suspendez dans cette solution un morceau de zinc bien propre ; en laissant le tout en repos, le plomb du sel de Saturne viendra cristalliser autour du morceau de zinc sous forme de paillettes brillantes en forme de branches. Le zinc lui-même aura diminué de volume et sera entré partiellement en dissolution pour remplacer le plomb qui s'est séparé de la liqueur. Les décompositions par substitution sont très-fréquentes dans les arts et la fabrication des produits chimiques, car non-seulement un corps simple peut décomposer un corps composé et s'allier avec celui des éléments pour lequel il a le plus d'affinité, mais encore deux composés peuvent échanger une partie de leurs éléments et former deux composés nouveaux.

21. *Action des ferments.* — Les ferments sont des êtres organisés et vivants dont la présence opère souvent, dans les liquides où on les plonge et surtout dans les substances carbonées organiques, des phénomènes de décomposition qui varient suivant la température et la nature des substances que l'on soumet à leur action. Les ferments n'agissent pas comme les composés chimiques ; ils n'entrent pas en combinaisons avec les substances qu'ils décomposent et ce n'est que par leur mouvement excessivement rapide et leur développement, qu'ils opèrent le dédoublement des corps. C'est ainsi que la levure de bière dédouble le sucre en acide carbonique gazeux et en alcool dont les poids réunis représentent exactement les poids du sucre soumis à la fermentation.

22. *Actions de contact.* — On donne ordinairement ce nom qui, du reste, n'explique rien, à une catégorie d'actions chimiques qui résultent du contact ou de la présence de plusieurs corps sans que ces corps paraissent influencés par les substances qu'on soumet à leur action. Cet ordre de phénomènes n'a pas reçu jusqu'ici de solution satisfaisante. C'est ainsi que le platine à l'état spongieux et même, dans certains cas, à l'état laminé, accumule dans ses pores une quantité assez grande de gaz hydrogène qui finit par s'enflammer. Le charbon de bois fraîchement porté au rouge et refroidi dans l'eau pure, plongé dans une solution de nitrate d'argent en sépare le métal, sous forme de paillettes cristallines.

23. *Loi des proportions multiples.* — Les éléments ne se combinent pas entre eux en proportions quelconques, mais souvent deux éléments forment ensemble plusieurs combinaisons dans lesquelles le poids d'un des éléments, par rapport à l'autre, est exprimé par des nombres différents. L'expérience a démontré que ces nombres, quoique différents, sont entre eux dans des rapports très-simples. Cette vérité, qui est le résultat de l'expérience seule, est exprimée par la loi des proportions multiples que l'on peut énoncer ainsi : « *Lorsque deux éléments s'unissent en plusieurs proportions, le poids de l'un de ces éléments étant pris pour unité, le poids de l'autre élément sont entre eux dans des rapports simples.* » Un excellent exemple de cette loi est fourni par les combinaisons de l'azote avec l'oxygène. Ces deux corps forment entre eux cinq combinaisons. Si nous représentons par 14 le poids de l'azote, dans chacune de ces combinaisons, nous obtiendrons pour l'oxygène les nombres 8, 16, 24, 32, 40.

Azote.	14.	14.	14.	14.	14.
Oxygène.	8.	16.	24.	32.	40.

Il est facile de voir que les nombres qui représentent le poids de l'oxygène sont entre eux dans le rapport des nombres 1, 2, 3, 4, 5, c'est-à-dire une fois 8, deux fois 8, trois fois 8, etc.

24. *Equivalents chimiques.* — Nous allons maintenant examiner en quelle proportion quantitative les éléments s'unissent entre eux. Un exemple déjà cité, le sulfure de mercure, nous fournira la base de notre explication. Nous avons vu (§ 20) qu'en chauffant du fer avec ce composé, le mercure est mis en liberté et que le fer se combine avec le soufre. Le sulfure de mercure se compose en poids de 100 parties de mercure et 16 parties de soufre. Quelle est donc la quantité exacte de fer qui doit être employée pour décomposer entièrement le sulfure de mercure et combiner tout le soufre sans être elle-même en excès ? L'expérience a démontré que pour combiner les 16 parties de soufre il faut 28 parties de fer. Si au lieu de combiner ce fer avec du soufre, il nous convient de le faire entrer en combinaison avec l'oxygène, le chlore ou l'iode, nous trouvons que pour ces mêmes 28 parties de fer il faudra 8 d'oxygène, 35 1/2 de chlore, 127 d'iode. Nous aurions pu aussi combiner nos 16 parties de soufre avec le zinc, il aurait fallu pour cela 32 parties de ce métal. Pour unir maintenant ces 32 parties de zinc avec l'oxygène, le chlore ou l'iode nous trouverons qu'il faudra (de même que pour les 28 de fer)

8 parties d'oxygène, 35 1/2 de chlore, 127 d'iode. Ces nombres sont donc exactement les mêmes que ceux qui représentaient tout à l'heure les poids des corps que nous voulions combiner à 28 parties de fer. Donc, dans le sulfure de mercure à 100 de mercure, se substituent ou équivalent 28 de fer, 32 de zinc, etc. et à 16 de soufre se substituent ou équivalent 35 1/2 de chlore, 127 d'iode, 8 d'oxygène pour former des chlorures, des iodures ou des oxydes. Ces nombres, qui représentent la quantité d'atomes d'un corps qui peut se substituer à un autre pour former une combinaison de même ordre, ces nombres, disons-nous, sont nommés *Équivalents chimiques*. En d'autres termes, les équivalents sont les poids relatifs suivant lesquels ou suivant les multiples desquels les éléments se combinent entr'eux. L'hydrogène ayant, relativement aux autres corps, l'équivalent chimique le plus faible, on le choisit pour unité et on lui rapporte les autres. Voici le tableau des équivalents chimiques des corps simples que nous étudierons plus spécialement. A côté des équivalents sont placés des signes ou symboles désignant d'une manière abrégée les corps simples qu'ils représentent (voy. § 29.)

Tableau des équivalents chimiques.

MÉTALLOÏDES.

Hydrogène	H = 1
Oxygène	O = 8
Azote	Az = 14
Soufre	S = 16
Chlore	Cl = 35,5
Iode	I = 127
Fluor	Fl = 19

Phosphore . . . . P = 31
Arsenic . . . . As = 75
Bore. . . . . B = 10,9
Silicium . . . . Si = 14,2
Carbone. . . . . C = 6

MÉTAUX.

Potassium . . . . K = 39,2
Sodium . . . . Na = 23
Baryum . . . . Ba = 68,5
Calcium . . . . Ca = 20
Magnésium . . . . Mg = 12
Aluminium . . . . Al = 13,7
Manganèse . . . . Mn = 27,6
Fer . . . . Fe = 28
Chrôme. Cr = 26,7
Zinc. . . . . Zn = 32
Cuivre. Cu = 31,7
Plomb . . . . Pb = 103,6
Etain. . . . . Sn = 58
Antimoine . . . . Sb = 129
Mercure . . . . Hg = 100
Argent . . . . Ag = 108
Or . . . . Au = 196,4
Platine . . . . Pt = 98,6

25. *Nomenclature chimique.* — Nous ne parlerons pas de la nomenclature ancienne, qui n'était nullement méthodique et dont il reste cependant quelques traces dans le langage usuel ; nous décrirons seulement la nomenclature actuelle, dont la fondation par les illustres chimistes, Guyton-Morveau, Lavoisier, Berthollet et Fourcroy, date de la fin du siècle dernier. Cette nomenclature a pour but d'indiquer rationnellement, par des termes aussi exacts que possible, la composition des combinaisons chimiques et les liens de parenté qui les unissent entre elles.

26. *Principaux genres de combinaisons.* Nous

avons classé les éléments en métaux et métalloïdes ; il y a donc deux genres de combinaisons sous le rapport de la nomenclature : les combinaisons des métalloïdes entre eux et les combinaisons des métalloïdes avec les métaux. Dans le premier genre, on tend à désigner les classes diverses par le nom du métalloïde qui les caractérise spécialement, on place ce nom le premier et on en change la fin par la terminaison : *ure*. Ainsi, on dit sulfure de carbone, sulfure d'azote pour désigner des combinaisons du soufre avec le carbone, l'azote ; on dit chlorure de soufre, chlorure d'iode, chlorure d'azote, pour désigner les combinaisons du chlore avec le soufre, l'iode, l'azote. L'oxygène seul fait exception. Ainsi on dit oxyde de carbone, oxyde d'azote pour désigner les combinaisons de l'oxygène avec l'azote, le carbone, etc. De la même manière, dans les combinaisons d'un métalloïde avec les divers métaux, le nom du métalloïde se place le premier en prenant la terminaison *ure* et on la fait suivre du nom des métaux auxquels il est combiné. Ainsi, on dit chlorure de fer, chlorure d'argent, chlorure d'étain, sulfure de fer, sulfure de plomb ; l'oxygène faisant la même exception que nous avons déjà indiquée, on dit oxyde de fer, oxyde de cuivre, oxyde de zinc, etc.

27. L'oxygène forme, avec les autres éléments, deux séries principales de combinaisons ; avec les métalloïdes, il forme généralement des composés acides ; avec les métaux, il forme des composés basiques ou oxydes donnant des sels par leur union avec les acides, quelquefois aussi l'oxygène et les métaux forment des acides. Les acides et les composés basiques ou oxydes formés par l'oxygène et un autre élément présentent souvent plusieurs degrés d'oxygénation, c'est-à-dire qu'un même élément peut former quelquefois avec l'oxygène plusieurs acides ou plusieurs oxydes, différents par la proportion d'oxygène qu'ils renferment. On a dû recourir, pour distinguer ces différences, à des terminaisons différentes. On a formé le nom des acides en remplaçant la fin du nom de l'élément par la syllabe *eux* pour les acides les moins oxygénés ; par la terminaison *ique* pour ceux qui le sont le plus. Ainsi, on dit acide sulfu*reux* pour désigner l'acide formé par un équivalent de soufre et *deux* d'oxygène, tandis qu'acide sulfu*rique* désigne l'acide composé d'un de soufre avec *trois* d'oxygène. De la même manière, les acides phosphoreux, azoteux, contiennent respectivement moins d'oxygène que les acides phosphorique, azotique. Cependant, les terminaisons *eux* et *ique* ne désignant que deux degrés d'oxygénation, et ce degré s'élevant quelquefois à cinq et même à sept, on a dû recourir à l'aide de quelques particules qui indiquent les degrés intermédiaires. Ainsi, un degré d'oxydation inférieur à l'acide sulfureux est l'acide *hypo*sulfureux. La particule *hypo*, signifiant *sous* ; c'est comme si l'on disait acide *sous-sulfureux*. L'acide *hypo*azotique est un degré d'oxydation de l'azote compris entre l'acide azoteux et l'acide azotique. Dans le cas où il existe un degré d'oxydation plus élevé que celui désigné par la terminaison *ique*, on se sert du mot *hyper* signifiant au-dessus ou simplement *per* que l'on place devant le nom de l'acide ; on dit ainsi acide hyperchlorique ou simplement perchlorique, acide plus oxydé que l'acide chlorique.

Pour distinguer les divers degrés d'oxydation des oxydes basiques, on se sert des mots proto (premier) bi (second), sesqui (une fois et demi), tri (trois fois), hyper ou per (au-dessus), et on place ces mots devant le mot oxyde ; on dit ainsi protoxyde de mercure, bioxyde de mercure, protoxyde de fer, sesquioxyde de fer, bioxyde de manganèse, peroxyde de manganèse.

28. Les sels provenant de la neutralisation d'un acide par un oxyde portent aussi les noms génériques des acides qui les ont formés. Pour les désigner, on change la terminaison *eux* en *ite* et la terminaison *ique* en *ate*. Ainsi un sel formé par l'acide *sulfurique* est un *sulfate*, tel que le sulfate de soude (acide sulfurique et soude), un sel formé par l'acide *sulfureux* et une base, est un *sulfite*, tel que le sulfite de soude (acide sulfureux et soude). L'hyposulfite de soude est formé d'acide hyposulfureux et de soude ; le tartrate de potasse est formé d'acide tartrique et de potasse, etc.

Quelques expressions irrégulières ont passé dans le langage usuel de la chimie ; ainsi l'on dit : *sulfate de potasse*, *sulfate de soude*, *carbonate de magnésie*, tandis qu'on devrait dire sulfate *d'oxyde de potassium*, sulfate *d'oxyde de sodium*, carbonate *d'oxyde de magnésium*, etc. les mots soude, potasse, magnésie indiquant les oxydes des métaux cités, on peut se permettre cette abréviation. On dit aussi : sulfate de fer, carbonate de zinc, etc. On ne doit pas oublier, en usant de ces termes abrégés que ce ne sont ni le fer, ni le zinc qui sont combinés aux acides sulfuririque, carbonique, etc., mais bien les oxydes de ces métaux et que la régularité et l'exactitude obligerait à dire et à écrire *sulfate d'oxyde de fer*, *carbonate d'oxyde de zinc*, etc.

29. *Formules chimiques.*—Pour pouvoir traduire plus facilement et plus rapidement dans le langage écrit les phénomènes qui résultent de l'action réciproque des corps, on a dû donner à chaque élément un symbole, un signe qui, par sa brièveté, permit de comprendre d'un seul coup d'œil l'ensemble d'une réaction et la composition des corps qui y prennent part. Ces signes se composent d'une ou deux lettres, ordinairement des lettres initiales du nom de chaque corps. Ces signes sont inscrits à côté du nom des équivalents dans le tableau que nous en avons donné déjà (§ 24). Les corps composés reçoivent également des signes qui sont formés de la réunion des symboles exprimant leurs éléments constituants. Ainsi l'hydrogène étant représenté par H et l'oxygène par O, on représente l'eau en oxyde d'hydrogène par HO. On nomme formule chimique la réunion des symboles qui expriment un corps composé. Lorsqu'un élément entre en proportion multiple dans un composé, on inscrit à droite et en haut du symbole qui le représente, le nombre de ses équivalents. Ainsi, l'azote se combine avec l'oxygène en cinq proportions et, comme nous l'avons vu déjà (§ 23), le poids de l'azote restant le même égal à un équivalent, celui de l'oxygène varie selon les nombres 1, 2, 3, 4, 5. Ces cinq combinaisons reçoivent donc pour formule AzO AzO^2 AzO^3 AzO^4 AzO^5. L'azotate d'oxyde de potassium ou salpêtre étant formé d'acide azotique et d'oxyde de potassium, sa formule sera KO. AzO^5. Les chiffres placés à droite et en haut servent donc à indiquer le nombre des équivalents d'un corps contenu dans une combinaison. Quelquefois on multiplie deux symboles ensemble ; alors on place le chiffre multiplicateur à gauche en bas des symboles, que l'on a soin d'enfermer dans une parenthèse, afin de ne pas les confondre avec ceux qui ne sont pas multipliés. Ainsi, l'on écrit le sulfate de potasse : $KO.SO^3$ et le bisulfate de potasse, sel qui contient deux fois plus d'acide que le précédent, s'écrit $KO.2(SO^3)$.

30. *Emploi des équivalents et des formules.* — Les formules chimiques jointes aux équivalents permettent de calculer avec rapidité et exactitude la composition centésimale d'un composé, ainsi que les quantités relatives des corps que l'on doit employer pour obtenir une réaction donnée. Voici quelques exemples : combien 100 parties de sulfate de fer (vitriol vert) contiennent-elles de fer métallique ? La formule du sulfate de fer cristallisé, est $FeO.SO^3$. 7HO. D'après le tableau des équivalents, nous trouvons que l'addition de tous les équivalents des corps entrant dans cette formule donne le chiffre 139 pour l'équivalent du sulfate de fer. 139 de ce sel renferment donc 28 de fer, ce qui revient à dire que 100 parties en renferment 20 et 1/10. Combien faut-il de sucre pour obtenir un hectolitre d'alcool pesant 82 kilogrammes ? La formule du sucre est $C^{12}H^{11}O^{11}$, l'équivalent en est donc 171. La formule de l'alcool est $C^4H^6O^2$ et son équivalent 46. Un équivalent de sucre donne deux équivalents d'alcool pur, c'est-à-dire que 92 parties d'alcool exigent 171 parties de sucre, donc 100 parties d'alcool exigent 186 en poids de sucre soumis à la fermentation.

On pourrait multiplier à l'infini ces exemples, mais ce n'est pas dans le cadre de notre ouvrage et les lecteurs curieux de s'instruire sur ce sujet, trouveront les détails nécessaires dans tous les traités de chimie proprement dite.

Nous terminerons ici cette première esquisse des principes chimiques et passerons de suite à l'exposé de plusieurs principes de physique dont l'intelligence est nécessaire à l'étude qui va suivre.

DEUXIÈME PARTIE

Notions élémentaires de physique.

CHAPITRE PREMIER.

DE LA PESANTEUR.

31. *Attraction universelle.* — Il existe entre tous les corps dont se compose l'univers une attraction réciproque, c'est-à-dire une force qui les sollicite constamment à se réunir ; cette force agit non-seulement sur les corps de grande dimension, tels que le soleil, la lune, la terre, les étoiles, mais encore sur les moindres molécules de chaque objet. Cette attraction agit à toutes les distances, mais son action est d'autant plus forte que la distance est moindre ; elle est aussi en rapport avec la masse des corps. En vertu de cette force d'attraction, tous les corps célestes se réuniraient en un seul s'ils n'étaient retenus éloignés les uns des autres par leur attraction mutuelle. Ainsi, par exemple, la lune est, entre la terre et le soleil, à une distance assez rapprochée de la terre, tandis qu'elle est très-loin du soleil ; elle est attirée avec une certaine force par la terre, qui est beaucoup plus volumineuse qu'elle, et irait se précipiter sur cette planète, si le soleil, en l'attirant aussi de son côté, ne la maintenait en équilibre. La distance du soleil à la lune est très-grande, mais la masse du soleil est considérable, relativement à celle de la lune et agit avec une grande force.

32. *Pesanteur.* — On nomme ainsi la force qui oblige les corps à tomber à la surface de la terre, dès qu'ils ne sont plus soutenus. Cette attraction exercée par la terre sur les matières qui se trouvent à sa surface, provient de ce que la masse de la terre est considérable, relativement à celle de ces objets, et exerce son influence à une très-faible distance, tandis que les corps célestes, tels que la lune, le soleil, sont à une distance si grande de la surface de la terre, que les petits objets ne peuvent être attirés par eux, au point de quitter cette surface. La pesanteur agit sur tous les corps, qu'ils soient solides, liquides ou gazeux, et si quelques-uns, tels que les gaz, la fumée, semblent échapper à son action en s'élevant dans l'atmosphère, il est facile de montrer qu'ils lui sont cependant soumis, car ils ne font que se déplacer pour occuper une position conforme à leur densité (33) et nécessitée par elle. Si la lune, qui est le corps céleste le plus rapproché de la terre, n'exerce pas une attraction très-violente sur elle, son action se fait cependant sentir d'une manière très-remarquable. C'est la lune, en effet, qui par son attraction soulève les flots de la mer, les attire à elle chaque jour et produit le phénomène de la marée ; la masse liquide de l'Océan se trouve ainsi déplacée chaque jour d'une manière invincible ; la lune facilite même très-probablement dans le sein de la terre, des mouvements irréguliers, analogues au flux et reflux de la mer ; elle tend à attirer à elle la masse en fusion qui constitue encore la plus grande masse de notre globe, et dont les mouvements subits et les secousses terribles sont nommés tremblements de terre. A bien plus forte raison, la lune doit agir sur notre atmosphère et y produire des déplacements plus ou moins réguliers, qui se traduisent sous forme de vents, dont le retour périodique coïncide avec la position de notre satellite.

33. *Densité ou poids spécifique.* — Toutes les substances n'ont pas le même poids sous le même volume; ainsi on dit à chaque instant, le plomb est plus lourd que le bois, le verre est plus lourd que l'eau, celle-ci est plus lourde que l'alcool, etc. L'eau pure ayant toujours la même composition et le même poids sous un volume fixe et à une température constante, a été prise pour unité et l'on rapporte le poids des matières solides et liquides à celui de l'eau, qui est du reste le liquide le plus commode pour expérimenter, vu son abondance et son caractère inoffensif. Un litre d'eau pèse 1 kilogramme ou 1000 grammes ; un litre d'alcool pèse 800 grammes environ ; un litre d'acide sulfurique pèse 1842 grammes ; un litre de fer pèse $7^k,700$ grammes ; un litre de mercure pèse $13^k,600$ grammes ; un litre d'or pèse près de 20 kilog. On appelle *densité* d'un corps, le poids d'un volume de ce corps comparé au poids d'un même volume d'eau. Ainsi quand on dit que la densité de l'acide sulfurique est 1840, on veut dire par là que si un litre d'eau pèse 1000 grammes, un litre d'acide sulfurique en pèsera 1840. Les corps liquides et gazeux qui ne peuvent se mêler se superposent selon leur densité lorsqu'on les place en contact les uns avec les autres ; ainsi, l'huile nage sur l'eau parce qu'elle est plus légère et ne peut s'y mêler ; les bulles d'air traversant un liquide, montent rapidement à sa surface et se fondent dans l'atmosphère ; les gaz ont la propriété de se mélanger intimement, mais si on enferme un gaz très-léger, l'hydrogène par exemple, dans un ballon, ce gaz beaucoup plus léger que l'air montera et s'arrêtera au moment où il aura atteint dans l'atmosphère une couche de même densité que lui.

34. Aréométrie. — Lorsqu'on fait dissoudre dans l'eau des substances solubles, telles que le sel, le sucre, l'alun, etc., on observe que le liquide qui en résulte est plus lourd que l'eau pure, si la substance dissoute est elle-même plus lourde que l'eau pure; c'est ainsi qu'un litre d'eau chargée de sel marin pèse environ 1150 grammes au lieu de 1000. Si l'eau était chargée de sel en quantités diverses son poids relativement au poids du même volume d'eau pure serait plus ou moins grand ; sa densité, en un mot, serait plus ou moins grande. On comprend donc qu'un instrument indiquant la densité des liquides, c'est-à-dire leur poids comparé à celui de l'eau pure, permettra souvent de reconnaître rapidement la quantité de matières solubles qu'il renferment. C'est dans ce but que sont construits les instruments nommés aréomètres, auxquels on a donné aussi, selon l'usage auquel on les destine, les noms de pèse-sel, pèse-acide, pèse-alcool, pèse-éther, pèse-lait, etc. Ces instruments sont ordinairement des tubes en verre fermés aux deux bouts et portant à leur extrémité inférieure une boule remplie de grains de plomb ou de mercure, de manière à les faire enfoncer plus ou moins dans les liquides où on les plonge. Vers le milieu, le tube de verre est renflé et plein d'air et construit régulièrement, de manière à descendre verticalement dans les liquides. La tige porte des divisions qui sont collées à l'intérieur, afin de n'être pas exposées à l'action plus ou moins destructive des liquides à essayer. Ainsi construits, les pèse-acides s'enfoncent d'autant moins dans un liquide que celui-ci est plus lourd, relativement à l'eau pure et comme nous avons vu que le poids spécifique des liquides augmentait avec la quantité des matières en dissolution, il en résulte qu'un plus ou moins profond enfoncement de l'appareil indiquera la force du liquide où il est plongé.

35. *Aréomètres.* — On peut diviser les aréomètres employés en teinture en deux classes : 1° ceux destinés aux liquides plus lourds que l'eau ; 2° ceux destinés aux liquides plus légers que l'eau. Les premiers sont les pèse-acides ou pèse-sels ordinaires (fig. 1). Les degrés commencent en haut de la tige par o, et vont en descendant. Ce pèse-acide marque o dans l'eau pure, c'est-à-dire dans l'eau qui ne contient rien en dissolution. Pour les acides concentrés, on construit l'instrument de manière à porter les degrés jusqu'à 80 environ. Cet instrument, connu sous le nom de Baumé, son inventeur, porte des divisions arbitraires, c'est-à-dire que les chiffres marqués sur la tige n'indiquent ni la densité, ni les centièmes des matières dissoutes dans un liquide. Les chiffres du pèse-sel sont simplement utiles dans la pratique pour préparer des liquides à une densité déterminée ou pour vérifier le poids et jusqu'à un certain degré d'exactitude le titre des liquides que l'usage commercial exige à un degré convenu. On construit cependant pour l'usage de certaines industries des aréomètres dont les divisions indiquent la proportion des matières dissoutes.

Fig. 1.

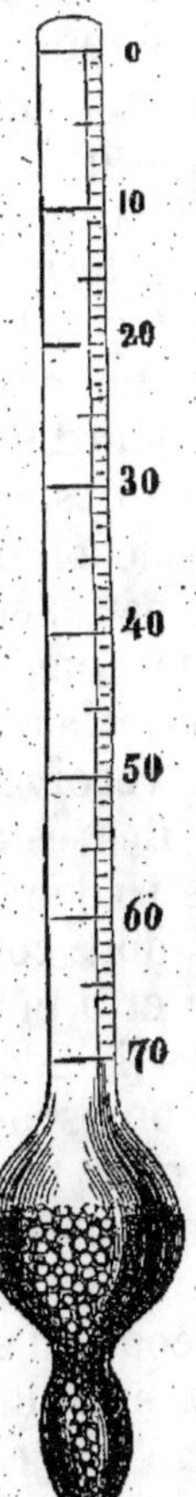

Les aréomètres destinés à titrer les liquides plus légers que l'eau sont de plusieurs formes; nous ne nous occuperons que de celui connu sous le nom de pèse-alcool. L'alcool pur est plus léger que l'eau, donc plus on mêlera d'eau à l'alcool pur, plus son poids se rapprochera de celui de l'eau. Un pèse-alcool est l'inverse d'un pèse-sel, pour la division des degrés. Plongé dans l'alcool pur, le pèse-alcool s'enfonce entièrement; dans l'eau pure, il ne s'enfonce que jusqu'à un certain point fixe. Entre ces deux points on a gradué la tige en cent parties, en degrés qui indiquent le titre centésimal de l'alcool. La figure 2 représente un pèse-alcools tel qu'il est employé aujourd'hui. Cet appareil est dû au célèbre physicien français Gay-Lussac. Un pèse-alcool qui s'enfonce, dans une eau-de-vie, par exemple, jusqu'à 45 degrés indique que ce produit renferme 45 pour cent d'alcool pur. L'alcool commercial que reçoivent les teinturiers doit marquer 95 degrés au pèse-alcool à la température de 15 degrés centigrades, c'est à dire qu'il doit contenir 95 pour cent d'alcool pur et 5 pour cent d'eau. La chaleur dilatant les liquides, c'est-à-dire leur faisant occuper un espace plus grand pour le même poids et le froid les contractant, c'est-à-dire leur faisant occuper un espace moindre, il est important, lorsqu'on titre un alcool, d'en noter la température. En effet, un litre d'alcool à la température de 25 degrés centigrades, en été, par exemple, pèsera moins qu'à la température de 15 degrés; si donc on le titre sans avoir égard à la

Fig. 2.

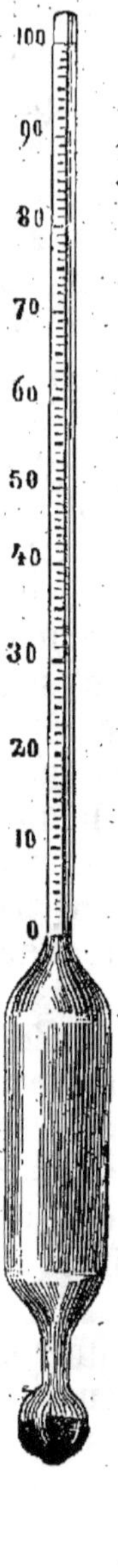

température, on le trouvera plus riche en alcool qu'il n'est en réalité, et si en hiver on le titre à la température de 5 degrés, on le trouvera plus faible. Dans le but de faire concorder les degrés du pèse-alcool avec les centièmes réels d'alcool pur, contenus dans un esprit quelconque, on a construit une table de corrections qui sert à ramener le degré de l'alcool observé à une certaine température à son titre réel.

36. *Poids et mesures.* — Avant la révolution de la fin du siècle passé, on se servait encore en France de poids et de mesures qui n'avaient d'autre raison d'exister que leur extrême ancienneté. On a substitué aux mesures anciennes une mesure unique, dont la base et l'élément se trouvent dans la nature même. La mesure du méridien terrestre a fourni cet élément. Son développement, divisé en 40 millions de parties, a donné une longueur qui a été prise pour unité de mesure et reçu le nom de mètre (d'un mot grec qui signifie mesure). Un mètre est donc la quarante millionnième partie du méridien de la terre; cette mesure est aussi invariable que notre globe lui-même. Sur cette unité prise pour base, on a construit toutes les autres mesures. Le mètre a été divisé en 10 parties, nommées *décimètres*; chaque décimètre compte 10 *centimètres* et chaque centimètre 10 *millimètres*. Au-dessus du mètre, on a donné le nom de *kilomètre* à une longueur de 1000 mètres et celui de *myriamètre* à une longueur de 10000 mètre. De ces mesures de longueur voici comment on est arrivé aux poids, car il ne faut pas oublier que les mesures métriques ont la plus étroite parenté avec les poids. Un décimètre cube d'eau, distillée à la température de 4 degrés centigrades, c'est-à-dire un volume d'eau représenté par un corps ayant un décimètre sur tous ses côtés, a reçu le nom de *kilogramme* comme poids et de litre comme mesure de capacité. La millième partie du kilogramme est nommée le *gramme* ; c'est l'unité de poids ; un centimètre cube d'eau pèse un gramme. Le gramme se divise en dix *décigrammes*, ceux-ci en 10 *centigrammes* et ces derniers en dix *milligrammes*. Pour établir ces mesures, on a pris l'eau pure à 4 degrés centigrades comme unité, car c'est la température à laquelle elle occupe le plus petit volume. Au-dessus et au-dessous elle augmente de volume. Chacun sait que l'eau en gelant se dilate, ce que démontre assez la rupture des bassins et des conduites d'eau pendant les froids de l'hiver (42).

CHAPITRE II.

DE LA CHALEUR.

37. *Nature de la chaleur.* — Quand nous sommes exposés directement aux rayons du soleil ou à l'ardeur du feu, nous éprouvons une sensation particulière à laquelle on a donné le nom de chaleur. En hiver, quand le vent souffle et que la terre est couverte de glace, nous éprouvons une sensation opposée, à laquelle on a donné le nom de froid. Mais il est facile de comprendre qu'entre ces deux sensations il y a une foule de degrés intermédiaires, c'est-à-dire qu'il nous semble qu'il fait plus ou moins froid ou plus ou moins chaud. Nous sommes habitués, dans nos pays tempérés, à des froids quelquefois assez vifs mais qui ne dépassent pas une certaine limite supportable; il y a en revanche des pays tels que la Sibérie du Nord et certaines contrées polaires où le froid est considérablement plus vif que dans nos régions. L'on peut dire alors que nous avons chaud, même en hiver, comparativement aux habitants de ces tristes contrées. De même en été nous avons froid comparativement aux habitants de l'Afrique centrale et de l'Amérique méridionale, où les forêts s'enflamment parfois sous l'influence des rayons solaires. On voit donc que la sensation de chaleur est la même que la sensation du froid, elle est seulement relative.

38. *Origine de la chaleur.* — Pendant longtemps, les physiciens ont été divisés sur l'origine et les causes de la chaleur et une grande obscurité a régné sur ce point de la science; mais depuis une vingtaine d'années, quelques travaux remarquables de savants illustres ont mis au jour une théorie nouvelle de la chaleur qui paraît aujourd'hui universellement adoptée, bien qu'elle n'ait été introduite dans l'enseignement qu'avec lenteur et d'une manière peu générale. Autrefois, la cause de la chaleur était attribuée à un fluide excessivement léger, impondérable même, qui aurait été contenu en proportions différentes dans les divers corps et en sortait ou y rentrait dans certaines conditions. Aujourd'hui, on sait positivement que le calorique (ainsi qu'on nommait ce fluide) n'existe pas et que la chaleur n'est pas autre chose que la manifestation extérieure d'un état particulier de la matière.

Il existe, en effet, dans la nature une force unique et initiale, qui est le mouvement; tout se meut, aussi bien les astres pris dans leur ensemble que la matière dont ils sont composés, considérée dans ses atomes les plus petits. Ce mouvement ne s'opère jamais librement, car il y a toujours une certaine résistance qui s'y oppose; cette résistance paraît détruire une partie du mouvement, mais en réalité elle ne fait que le modifier et le transformer en chaleur, car rien n'est destructible dans la nature. Quelques exemples feront mieux comprendre ce fait que les plus longues explications.

Lorsqu'un marteau froid tombe sur une enclume également froide, la résistance de l'enclume immobile et dure l'arrête dans sa course; le mouvement du marteau est arrêté, mais la force avec laquelle ce marteau a frappé l'enclume est transformée en chaleur et en effet il est facile de constater dans ce cas un développement de chaleur. Lorsqu'on tire à balle contre une cible en fer, on peut constater, au moment où la balle atteint la cible et perd son mouvement, un dégagement assez considérable de chaleur; là encore le mouvement arrêté brusquement par une résistance invincible s'est transformé en chaleur. Une partie de la chaleur acquise par la balle provient aussi du frottement de l'air qu'elle traverse; cet air fait résistance au trajet de la balle, qui se ralentit ainsi un peu et cette perte de mouvement est compensée dans la balle par une augmentation de chaleur.

Quand on scie du bois, chacun a vu que la scie s'échauffe, car il y a perte de force, par suite du frottement; cette force perdue se traduit en chaleur et pour la diminuer, on a coutume de graisser la scie, opération qui diminue le frottement. Le cas des essieux de voiture qui s'enflamment n'est pas rare, et le cheval qui traîne un char, dont les essieux ne sont pas graissés a beaucoup plus de force à dépenser, (et de nourriture à consommer pour l'entretenir), que lorsque les essieux sont graissés; la force supplémentaire que le cheval dépense alors, sert à remplacer la force transformée en chaleur dans le frottement des essieux.

Si le mouvement, en se ralentissant ou en s'arrêtant tout à fait, se transforme en chaleur, celle-ci est à son tour la meilleure source de mouvement ; son application aux machines à vapeur suffit à le démontrer. Dans ces machines, la chaleur en se perdant, se transforme en mouvement. Il n'entre pas dans notre plan de donner une description détaillée de ces phénomènes ; il suffira de ces quelques explications pour faire comprendre que la chaleur n'est pas un corps, ni un agent, mais une force naturelle, le mouvement dans un état particulier. Le mouvement n'ayant pas de limite supérieure, on peut supposer que la chaleur peut s'accroître indéfiniment, tandis que le repos absolu étant la limite inférieure du mouvement, le froid peut s'accroître jusqu'à cette limite seulement et ne peut la franchir.

39. *Propagation de la chaleur.* — Lorsqu'un corps froid est mis en contact avec un corps chaud, on remarque que le corps froid ne se réchauffe pas dans toute sa masse en une seule fois, mais que la chaleur se communique à lui par couches ; c'est-à-dire que la couche la plus voisine du corps chaud se réchauffe la première et communique ensuite la chaleur à la couche suivante, et ainsi de suite. La chaleur entre ainsi progressivement dans l'intérieur des corps, et de plus elle y voyage en ligne droite. Le corps chaud en contact avec le corps froid, perd de sa chaleur jusqu'à ce que les deux soient arrivés à l'état d'équilibre réciproque, c'est-à-dire à la même température. Un corps chaud peut cependant répandre de la chaleur sans être en contact immédiat avec un corps froid solide et visible ; l'air et les gaz transmettent la chaleur ; c'est ce qu'on observe très-bien près d'un poêle ; si nous nous plaçons à une certaine distance d'un poêle chaud, nous recevons une chaleur qui est bien supérieure à celle de l'air qui est entre nous et le poêle. Si nous interposons un écran entre nous et le poêle, l'arrivée de la chaleur est subitement interrompue, ce qui montre que la chaleur a été transmise du poêle à nous, au travers de l'air, sans réchauffer considérablement ce dernier. Le poêle chaud rayonne de la chaleur comme le soleil rayonne de la lumière. Cet astre répand, en même temps que sa lumière, une immense quantité de chaleur qui rayonne dans l'espace ; dans toutes les directions même en hiver, alors que l'air est très-froid, nous ressentons facilement la chaleur des rayons solaires. La chaleur peut traverser diverses substances sans les réchauffer d'une manière sensible; au nombre de ces substances on peut citer le sel gemme, le verre, etc. Tous les corps, même les plus froids, rayonnent de la chaleur et en reçoivent à leur tour ; il est clair que les plus chauds en émettent le plus, et il s'établit ainsi un échange de rayons calorifiques qui tend à amener entre tous un état d'équilibre.

Pour qu'un corps émette de la chaleur, il n'est pas nécessaire qu'il soit lumineux, ce que démontrent bien clairement les poêles dont on se sert pour chauffer les appartements.

La surface des corps n'est cependant pas sans influence sur le rayonnement de la chaleur. Ainsi, un objet métallique dont la surface est polie, perd beaucoup moins de chaleur que le même objet dont la surface serait raboteuse ou même simplement rayée. La propagation de la chaleur dans l'intérieur des corps, dépend en outre, de leur nature même. Ainsi, il y a des substances qui ne laissent pénétrer la chaleur qu'avec peine ; ce sont les corps mauvais conducteurs de la chaleur ; parmi ces corps, on peut citer en général, les métalloïdes, le bois, le verre, la glace, l'alun, etc.; d'autres conduisent bien la chaleur et la transmettent rapidement; les métaux possèdent au plus haut degré cette propriété. On entoure les conduites de vapeur de sciure de bois, de sable fin, etc., pour empêcher la perte de chaleur qui résulterait des courants d'air froid, frappant sur ces tubes, car chaque perte de chaleur dans ce cas, se traduit par une augmentation de combustible à brûler sous la chaudière. Dans les pays froids, dans les contrées montagneuses, on construit les maisons en bois. Cette disposition maintient en hiver la chaleur dans l'intérieur de la maison, et en été protége l'habitation contre l'ardeur du soleil. Enfin, l'eau se conserve chaude bien plus longtemps dans un vase de verre ou de porcelaine, que dans un vase métallique, parce que la chaleur passe facilement de l'eau à l'enveloppe métallique, d'où elle rayonne aussitôt dans l'air, et cela d'une manière assez rapide, jusqu'à ce que le liquide, le vase et l'air soient arrivés à la même température.

40. *Mesure de la chaleur. Thermomètres.* — Un des principaux effets de la chaleur est d'augmenter le volume des corps qui sont soumis à son action. On utilise cette augmentation ou dilatation pour mesurer la température au moyen d'un appareil nommé *thermomètre*. La dilatation augmente avec la température, c'est-à-dire que plus on chauffe un objet, plus il se dilate et plus on le refroidit, plus il se contracte ou se resserre.

Faisons maintenant la description du thermomètre, instrument généralement trop négligé dans les ateliers où il rendrait cependant des services importants. J'ai vu tant de fois des ouvriers et même des contre-maîtres confondre les thermomètres avec les baromètres et les pèse-sels, qu'un certain développement, ne me paraît pas superflu. Ce que nous allons dire s'applique au thermomètre à mercure.

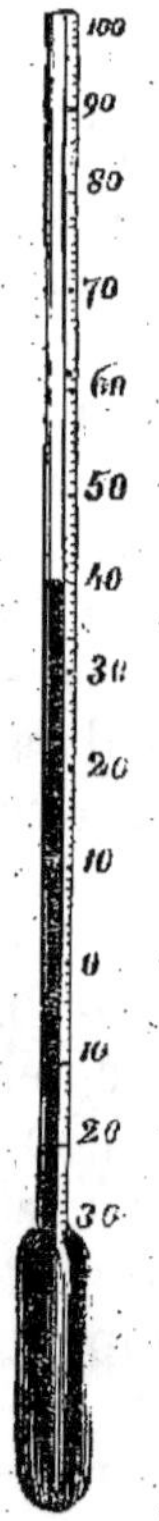

Fig. 3. Le thermomètre (fig. 3) est une baguette de verre, percée dans toute sa longueur d'un trou excessivement fin et de même diamètre d'un bout à l'autre de la baguette. Au bas, ce tube est renflé ; ce renflement est plein de mercure et ce métal continue même dans une partie du tube, de l'endroit où s'arrête le mercure jusqu'en haut, l'espace vide a été entièrement privé d'air et l'extrémité du tube fermée à la lampe. Cette opération a lieu de la manière suivante : Lorsqu'on a introduit dans la partie renflée du thermomètre la quantité nécessaire du mercure, on expose avec précaution cet instrument à une chaleur, que l'on augmente progressivement jusqu'à la température d'ébullition de ce métal. Celui-ci se dilate, monte dans le tube jusque tout en haut et en sortirait si l'on n'arrêtait subitement l'opération, tout en scellant le haut du tube par un coup de chalumeau. De cette manière, toute trace d'air a disparu du tube ; le mercure se refroidit et redescend ; à la température ordinaire le mercure occupe dans le tube une certaine hauteur. La tige du thermomètre porte des divisions ou degrés gravés à la surface. Lorsqu'on plonge un thermomètre dans la glace fondante, le mercure qui remplit le tube descend et s'arrête toujours à un même point, où il demeure stationnaire tant qu'il reste placé dans la glace fondante, c'est à ce

point fixe qu'on a marqué le chiffre 0. Si l'on plonge le même thermomètre dans la vapeur d'eau bouillante, le mercure monte dans le tube et finit par s'arrêter à un autre point fixe, où il reste immobile tant qu'il est exposé à l'action de cette vapeur bouillante. C'est à ce second point fixe qu'on a marqué le chiffre 100. L'espace compris entre ces deux points fixes est divisé en cent parties égales, qu'on nomme degrés. On reporte les mêmes degrés au-dessous de 0 jusqu'à 40 environ et au-dessus de 100 jusqu'à 360. Un thermomètre construit dans ces conditions constitue le thermomètre centigrade employé actuellement pour mesurer la température. Le thermomètre employé autrefois et portant le nom de *Réaumur*, son inventeur, était construit d'après les mêmes principes, avec cette seule différence que l'espace compris entre le zéro et le second point fixe était divisé en 80 parties au lieu de l'être en cent. Le thermomètre centigrade a l'avantage d'être conforme au système décimal. Le thermomètre à mercure peut servir depuis 40 degrés au-dessous de zéro jusqu'à près de 360 au-dessus. Passé ces limites, il ne peut être employé, car le mercure devient solide à 40 degrés au-dessous de zéro et entre en ébullition à 360 degrés au-dessus de zéro. Pour les thermomètres qui doivent servir à mesurer des températures très-basses, on se sert d'alcool, parce que ce liquide ne peut geler, même par le froid le plus vif. Quelquefois et c'est même le cas le plus fréquent pour les thermomètres bon marché (fig. 4), les divisions ne sont pas marquées sur le thermomètre lui-même, mais bien sur une plaque de bois ou de métal, à laquelle est fixé le thermomètre. Ces instruments sont moins exacts que ceux qui portent les degrés sur la tige, mais leur usage est fréquent dans les bains, les serres, les étuves, les hôpitaux, etc. En teinture le thermomètre sert à amener les bains à certaines températures souvent nécessaires pour obtenir de bons résultats dans diverses opérations ; en chimie l'usage du thermomètre est très-précieux, surtout dans les distillations, qui deviennent ainsi d'un règlement plus facile.

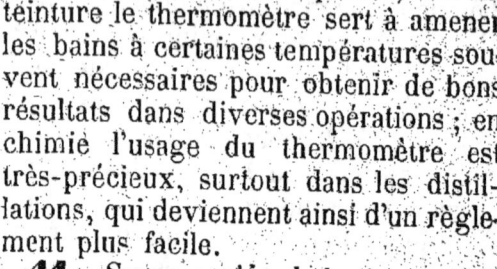

Fig. 4.

41. *Sources de chaleur*. — Pour notre globe la principale source de chaleur est le soleil qui réchauffe la surface de la terre, selon que ses rayons tombent plus ou moins verticalement sur elle. Mais il y a encore d'autres sources de chaleur, qui sont les suivantes : La combustion, les autres actions chimiques, la vie animale et les actions mécaniques.

1° *Combustion*. — On nomme ainsi, comme nous le verrons en détail plus loin, la combinaison des corps avec l'oxygène. Cette combinaison ou combustion s'accomplit avec ou sans dégagement de lumière, mais toujours avec dégagement de chaleur. Dans plusieurs cas, la chaleur développée est si forte, que la substance en train de s'oxyder devient incandescente et lumineuse (voir § 134). Toutes les substances en brûlant, c'est-à-dire s'oxydant, ne produisent pas la même quantité de chaleur. De tous les corps, c'est l'hydrogène pur qui produit par sa combustion la plus grande somme de chaleur ; le charbon de bois et la houille en dégagent près de 4 fois moins et le soufre 15 fois moins que l'hydrogène gazeux.

2° *Autres actions chimiques.* — La combustion n'est autre chose qu'une action chimique ; nous en avons parlé séparément, car elle est peut-être la plus importante quant à la production de chaleur. Les actions chimiques donnant naissance à un dégagement de chaleur sont très-nombreuses ; ainsi, lorsqu'on mêle divers acides avec de l'eau, notamment l'acide sulfurique concentré, lorsqu'on humecte la chaux vive, lorsqu'on sature les acides par les alcalis, etc., il se dégage une plus ou moins grande quantité de chaleur.

Le froid peut aussi être produit par des moyens chimiques et l'on connaît des mélanges susceptibles de produire un abaissement considérable de température. Voici quelques-uns des mélanges les plus connus :

1° Sel ammoniac, 5 parties ; salpêtre, 5 parties et eau 16 parties ; abaissement de température de 22 degrés centigrades ;

2° Sel marin, 1 partie ; neige, 1 partie ; abaissement de température de 17 degrés ;

3° Sulfate de soude cristallisé, 8 parties ; acide chlorhydrique, 5 parties ; la température s'abaisse de 17 degrés.

4° Acide sulfurique étendu d'eau, 1 partie ; neige, 1 partie ; les deux refroidis préalablement à 6 degrés au-dessous de zéro produisent un froid de 51 degrés au-dessous de zéro.

3° *Chaleur animale.* — Le corps de l'homme et des autres animaux est le siége d'une source de chaleur incessante qui maintient ces êtres à une température plus élevée que l'air dans lequel ils vivent. Ainsi, la température du corps humain est à peu près de 37 degrés centigrades soit dans les pays chauds, soit dans les pays froids ; la température des autres mammifères varie entre 37 et 40 degrés et celle des oiseaux de 41 à 44 degrés. Les animaux dits à sang froid, tels que les serpents, les poissons, ont une température qui ne dépasse que de 1 à 2 degrés celle du milieu dans lequel ils vivent.

Le corps étant le foyer d'une chaleur assez considérable puisqu'elle dépasse d'environ 17 degrés celle de l'air environnant, doit nécessairement céder constamment de la chaleur à cet air ; le corps rayonne de la chaleur à la manière d'un poêle et comme il se maintient pendant toute la vie à la même température, on est obligé d'admettre que la chaleur du corps y est continuellement renouvelée par l'acte de la nutrition et de la respiration (134).

Les vêtements que l'on porte en hiver ne sont pas destinés à produire de la chaleur, mais à empêcher, par leur faible pouvoir conducteur, la chaleur du corps de s'échapper librement. En été, les vêtements ont une autre destination, qui est de s'opposer à l'action directe des rayons solaires qui échaufferaient le corps bien au-dessus de sa température normale si on n'était pas vêtu. Après la mort, la circulation du sang et les actions chimiques ayant cessé, le corps ne renouvelle plus sa chaleur et se refroidit jusqu'à ce qu'il ait atteint la température de l'air environnant.

4° *Chaleur des actions mécaniques.* — Nous avons déjà mentionné cette source de chaleur (38) aussi n'y reviendrons-nous pas.

42. *Effets de la chaleur.* — Comme nous l'avons

déja vu, la principale action de la chaleur sur les corps est d'en faire varier le volume. La dilatation ou augmentation de volume n'est pas la même pour chaque substance et quant aux corps liquides et solides en particulier, la chaleur non-seulement les dilate mais en modifie l'état ; les liquides se réduisent en vapeurs, les solides fondent et dans certains cas, se vaporisent aussi.

Quand on chauffe l'eau jusqu'à son point d'ébullition, c'est-à-dire jusqu'à 100 degrés centigrades, elle augmente d'environ 4 pour cent du volume qu'elle occupait à zéro, si l'on continue l'action de la chaleur, l'eau se réduira en vapeur, qui se mêlera à l'atmosphère ; de plus, la température restera la même c'est-à-dire à 100 degrés centigrades pendant tout le temps que l'eau sera en ébullition, si le vase qui la renferme est ouvert. Mais si c'est un vase clos, une chaudière à vapeur, par exemple, et que la vapeur ne puisse s'échapper, alors la température s'élève au-dessus de cent degrés, proportionnellement à la pression dans l'intérieur du vase. On peut chauffer de l'eau froide et c'est le moyen en usage dans les teintureries, en faisant arriver dans cette eau un courant de vapeur. Si cette vapeur n'avait que la température de 100 degrés, il en faudrait une grande quantité pour chauffer les bains de teinture souvent d'un grand volume. Mais la vapeur qui vient des générateurs a ordinairement une température de 120 à 125 degrés.

L'eau, en se refroidissant, se contracte, c'est-à-dire diminue de volume jusqu'à ce qu'elle ait atteint la température de 4 degrés. En se refroidissant davantage, elle augmente de volume jusqu'au moment où elle se transforme en glace, ce qui occasionne fréquemment en hiver la rupture des bassins ou des tuyaux qui sont pleins d'eau. Un volume donné de glace produit en fondant un volume moindre d'eau; par la même raison, un volume de glace est plus léger que le même volume d'eau et c'est pour cela que la glace surnage. La figure 5 indique une expérience facile à répéter pour démontrer la dilatation des corps par la chaleur. Soient une boule métallique et un anneau dans lequel la dite boule passe juste à la température ordinaire. Si l'on chauffe la boule un peu fortement, on peut s'assurer qu'elle ne passe plus dans l'anneau, son volume ayant augmenté. Elle y passe de nouveau en refroidissant.

La plupart des substances solides augmentent de volume par la chaleur, puis se liquéfient. Les corps simples, tels que le soufre, le phosphore, les métaux, ne subissent aucune altération chimique s'ils sont purs ; tandis que les corps composés, surtout les matières organiques se décomposent. Les métaux commencent par augmenter de volume, puis ils se ramollissent, se liquéfient complétement et quelquefois se réduisent en vapeurs, tels que le zinc, le cadmium, le potassium, le sodium, etc., ce qui permet de les purifier par distillation.

Il y a cependant des matières solides qui, par l'action de la chaleur, passent de l'état solide à l'état gazeux sans se liquéfier. Tels sont le camphre, l'iode, etc. (60).

Les vapeurs et les gaz sont aussi dilatés considérablement par la chaleur et si une enveloppe solide vient s'opposer à cette dilatation, il se produit une pression considérable, cause fréquente d'explosions.

Pour résumer, nous dirons que le changement d'état et de volume par l'application de la chaleur est mis à profit dans les arts en une foule d'occasions ; c'est ainsi que par le moyen de l'eau nous produisons la vapeur nécessaire au mouvement des machines et au chauffage ; par la fusion nous purifions les métaux et nous les amenons à un état utilisable ; la préparation des produits chimiques de tous genres, des matières colorantes, etc., ne pourrait avoir lieu sans l'aide de la chaleur.

Enfin, par suite de l'inégalité des saisons, l'homme ne pourrait se passer de chaleur pendant l'hiver et cette chaleur est produite par la combustion du bois ou du charbon. Le jour n'est pas éloigné peut-être où la chaleur produite pour le chauffage des machines et des appartements et la cuisson des aliments sera produite par l'électricité ; ce sera un immense progrès que l'état actuel de la science nous permet d'espérer pour un avenir prochain.

CHAPITRE III.

DE LA LUMIÈRE.

43. La lumière est la force physique au moyen de laquelle les corps matériels sont visibles à nos yeux. Les objets sont lumineux ou obscurs, ils sont lumineux par eux-mêmes ou par la lumière qu'ils reçoivent des autres objets, et alors nous les voyons ; ils sont obscurs ou invisibles lorsqu'ils n'émettent point de lumière ou n'en reçoivent point à leur surface. Dans le système planétaire dont notre globe fait partie, et dont le soleil est le centre, c'est ce dernier corps qui est la source principale de la lumière qui éclaire l'espace ; quant à la cause de l'état lumineux du soleil, la question n'est pas encore assez nettement résolue, pour que nous en parlions ici. Le soleil n'est pas la seule source de lumière ; ainsi, nous pouvons créer la lumière au moyen de l'électricité, au moyen des actions chimiques, surtout au moyen de la combustion. La combustion ou oxydation du carbone et des matières qui en renferment est la source la plus ordinaire de la lumière artificielle au moyen de laquelle nous nous éclairons.

44. *Nature de la lumière.* — La lumière n'est pas une substance matérielle ; ce n'est pas comme on le croyait autrefois un fluide très-léger traversant l'espace avec rapidité ; la lumière n'est qu'une modification d'une seule et même force, du mouvement qui agite constamment tous les objets, et dont la chaleur, l'électricité, ne sont que des métamorphoses. La lumière n'est pas une matière mais un état particulier de la matière.

45. *Vitesse de la lumière.* — L'impression de la lumière se transmet avec une rapidité extraordinaire, en effet, la lumière parcourt 77000 lieues par seconde, de telle sorte qu'elle nous arrive du soleil en 8 minutes et 16 secondes, car le soleil est éloigné de la terre de 38 millions de lieues. La lumière d'un grand nombre d'étoiles visibles à l'œil nu, met plus de trois ans pour nous parvenir, et celle des divers astres visibles seulement à l'aide du télescope reste plusieurs milliers d'années pour franchir l'espace qui nous sépare d'eux. La lumière parcourt l'espace beaucoup plus vite que le son, aussi peut-on facilement mesurer la vitesse avec laquelle le son se transmet dans l'air. On se place la nuit à une distance de quelques kilomètres d'une pièce de canon à laquelle on fait tirer, en notant exactement le nombre de secondes écoulées entre le moment où l'on voit la lumière et celui où l'on entend le coup. On obtient ainsi facilement le nombre de mètres que le son parcourt en une seconde. Ce nombre a été estimé à 337 mètres.

46. *Réflexion de la lumière.* — Lorsque des rayons lumineux *a* tombent sur une surface polie *dd* (fig. 6), en un point *o*, par exemple, on voit que ces rayons sont arrêtés dans leur marche, mais non détruits ; ils ne font que changer de direction, ils se relèvent et quittent la surface polie avec une inclinaison égale

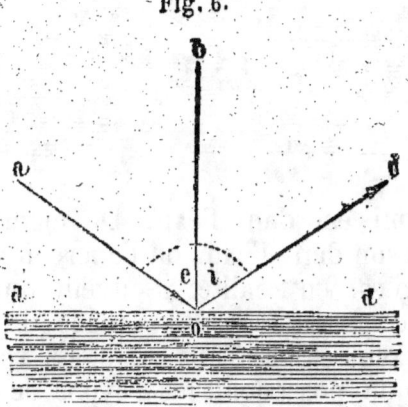

Fig. 6.

à celle qu'ils avaient en y tombant. Ils suivent ainsi la direction *oc* ; on énonce cette vérité en disant que l'angle d'incidence *aeb* est égal à l'angle de réflexion *bic*. Toutefois, bien que les surfaces polies aient à un haut degré la faculté de réfléchir la lumière, le rayon lumineux ainsi réfléchi est un peu moins vif que celui qui frappe la surface polie, car celle-ci absorbe un peu de lumière. Les corps noirs et mats absorbent toute la lumière et ne la réfléchissent pas du tout ; les corps polis, tels que les miroirs, les métaux, sont de très-bons réflecteurs.

47. *Réfraction de la lumière.* — Quand on plonge un bâton dans l'eau (fig. 7), il semble qu'il est brisé au contact de l'eau, la partie du bâton *a* qui est hors de l'eau semble ne pas suivre la même direction

Fig. 7.

que celle qui est dans l'eau. De même lorsqu'on voit un poisson dans l'eau, on l'aperçoit moins profond qu'il n'est en réalité. Souvent on se trompe sur la vraie profondeur d'une pièce d'eau, dont le fond paraît plus élevé. Tous ces effets sont dus à la propriété que possèdent les rayons de lumière de changer de direction en passant dans un milieu de densité différente. Ainsi, le rayon lumineux se brise en passant de l'air dans l'eau ou de l'eau dans l'air, il se brise aussi en passant du verre dans l'air ou de l'air dans le verre, etc. Un rayon lumineux ainsi brisé est nommé rayon réfracté ; la propriété des corps de modifier la direction des rayons lumineux est appelée réfraction, et on nomme réfringents les corps qui brisent les rayons lumineux ; le diamant est le corps le plus réfringent que l'on connaisse. Un des exemples les plus remarquables de la réfraction est le changement de direction des rayons du soleil, de la lune et des astres en traversant notre atmosphère. Cela fait que nous ne voyons jamais ces corps célestes à leur véritable place ; les rayons qu'ils nous envoient changent de direction en entrant dans notre atmosphère et ils sont toujours plus bas que nous les voyons. C'est pourquoi nous voyons le soleil avant son lever réel, et nous le voyons encore un instant après qu'il est couché derrière l'horizon.

48. *Décomposition de la lumière.* — Les substances transparentes terminées par des surfaces planes inclinées entr'elles ont la propriété remarquable de changer la direction des rayons lumineux, et de plus de les décomposer en un certain nombre de rayons diversement colorés ; ainsi les facettes d'un verre de cristal, produisent cet effet singulier. La lumière du soleil est blanche par elle-même, mais si on la fait traverser un objet comme ceux que nous venons d'indiquer, on peut voir facilement se produire une image colorée comme l'arc-en-ciel. L'expérience est facile à faire dans une chambre bien close, aux volets de laquelle on perce un petit trou (fig. 8), par lequel on peut faire passer un rayon de soleil DP. Si ce rayon au lieu d'aller frapper librement le sol au point P, rencontre dans sa marche le prisme de cristal E, la lumière se décomposera au point R en sept rayons, qui iront s'étaler, en s'écartant sur la paroi opposée A. La lumière blanche donne ainsi sept rayons colorés, qui dans l'ordre où ils apparaissent sont les suivants : violet, indigo, bleu,

vert, jaune, orangé, rouge. Ces sept rayons colorés ne peuvent plus être décomposés de nouveau lorsqu'on les fait tomber isolément sur un prisme ; on les considère donc comme simples, et on les nomme couleurs primitives. L'arc-en-ciel, où l'on distingue très-bien ces sept couleurs primitives, se forme lorsque la lumière solaire traverse les innombrables gouttelettes de pluie qui peuvent être géométriquement considérées comme autant de petits cristaux.

Fig. 8.

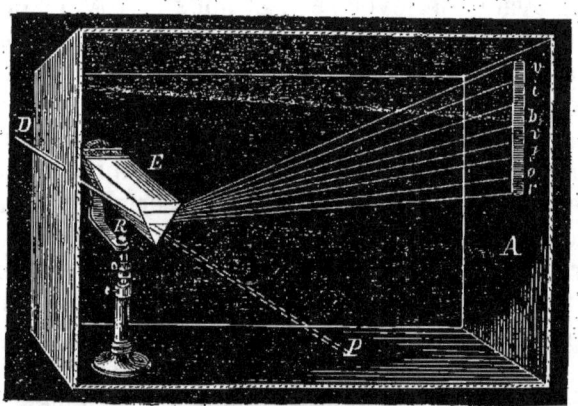

49. *Recomposition de la lumière.* — Lorsqu'on a décomposé la lumière en sept couleurs, comme nous venons de le voir, on peut faire tomber l'image colorée, produite sur une lentille de verre biconvexe. Les rayons lumineux en sortant de cette lentille vont se réunir un peu plus loin, et si l'on place à leur point de réunion un écran, on voit se former sur cet écran une image circulaire parfaitement blanche. Il est donc bien certain que la lumière se compose de 7 couleurs, et que la réunion de ces 7 couleurs forme le blanc. On peut aussi démontrer d'une manière plus simple que le blanc se compose des 7 couleurs primitives. On prend un disque de carton comme une cible (fig. 9), et on colle dessus des bandes de papier colorées comme les 7 couleurs

Fig. 9.

primitives et se suivant dans le même ordre. Ces bandes de papier sont disposées du centre à la circonférence comme les rayons d'une roue. Si on imprime un rapide mouvement de rotation à ce disque, on voit les couleurs se fondre, disparaître et former le blanc parfait.

50. *Contraste des couleurs* (1). — Les couleurs placées l'une près de l'autre, ou considérées l'une après l'autre d'une manière rapide, produisent sur le sens de la vue une impression différente de celle qu'elles produisent si on les regarde isolément ou a de courts intervalles.

On nomme couleurs complémentaires, c'est-à-dire couleurs qui se complètent, celles dont le mélange forme du blanc. Ainsi, le vert est la couleur complémentaire du rouge, le bleu est la couleur complémentaire de l'orangé et le violet du jaune. Quand on regarde fixement pendant un certain temps un objet vert, par exemple, les objets environnants que l'on regardera aussitôt après, paraîtront rouge ou rose. Comme le rouge et le jaune produisent l'orangé, que le jaune et le bleu produisent le vert, que le rouge et le bleu produisent le violet, on peut admettre, pour simplifier, l'existence de trois couleurs primitives seulement, dont en réalité la réunion produit le blanc. Ce sont le jaune, le rouge et le bleu. C'est là un fait bien connu des teinturiers qui produisent le blanc par le rouge de cochenille, le bleu d'indigo et le jaune naturel à la soie ou à la laine.

Le contraste entre les objets colorés est de deux natures différentes, que l'on ne doit pas confondre. Nous distinguerons, en effet, le contraste entre deux couleurs semblables, mais de hauteurs différentes, c'est le *contraste de ton*, et celui qui résulte du voisinage de deux couleurs différentes, mais de même ton, c'est le *contraste de couleur*.

1° Lorsque deux écheveaux de soie de même couleur, mais de ton différent sont placés l'un à côté de l'autre, la couleur paraît changée au point de

---

(1) Voir l'ouvrage de M. Chevreul, intitulé : *Loi du contraste simultané des couleurs*, etc.

contact. L'écheveau le moins haut en couleur paraît vers la ligne de contact plus clair qu'il n'est en réalité, et la couleur semble augmentée d'intensité à mesure qu'on s'écarte de cette ligne. L'écheveau le plus foncé paraît plus foncé qu'il n'est réellement là, où il touche le plus clair, et sa couleur semble diminuer d'intensité jusqu'à un certain point de sa largeur. Ce sont là des phénomènes que les ouvriers qui teignent des ombrés, sont à même de vérifier facilement.

Lorsqu'on place l'un à côté de l'autre deux écheveaux de soie, de couleur essentiellement différente, mais de même hauteur, les deux écheveaux absorbent certains rayons et réfléchissent, c'est-à-dire renvoient les rayons complémentaires ; ces derniers modifient alors l'impression communiquée à l'organe de la vue.

Voici quelques exemples de ces contrastes de couleurs :

1° VERT ET BLEU.

Le vert se trouve modifié par la couleur complémentaire du bleu, qui est l'orangé ; il paraît donc plus jaune ; le bleu modifié par la couleur complémentaire du vert, qui est le rouge, tire vers l'indigo.

2° ROUGE ET BLEU.

Le rouge modifié par la couleur complémentaire du bleu, qui est l'orangé, vire à l'orangé, et le bleu modifié par la couleur complémentaire du rouge, qui est le vert, paraît verdâtre.

3° JAUNE ET BLEU.

Le jaune modifié par la couleur complémentaire

du bleu, qui est l'orangé, paraît plus orangé, et le bleu modifié par la couleur complémentaire du jaune, qui est l'indigo violet, vire à la nuance indigo.

4° VERT ET JAUNE.

Le vert modifié par la couleur complémentaire du jaune paraît plus bleu, et le jaune modifié par la couleur complémentaire du vert paraît plus orangé.

Ces impressions visuelles font comprendre l'importance de l'art du compositeur qui organise les dessins destinés aux indiennes, aux châles, etc., dessins dont les couleurs jouent un grand rôle, surtout par leur contraste.

Les personnes qui vérifient ou reçoivent les étoffes teintes en diverses couleurs, doivent se prémunir contre les jugements plus ou moins erronés que la présence de diverses couleurs ou la vue successive de pièces teintes diversement, pourraient leur faire porter. Lorsqu'on a regardé pendant un certain temps une seule couleur, l'œil demande à voir sa couleur complémentaire; si alors on examine une nuance différente, la couleur complémentaire de la nuance précédente vient s'y ajouter et fait voir tout autre chose que la réalité. Il y a des personnes chez lesquelles les impressions colorées persistent plus longtemps dans l'œil que chez d'autres et c'est à ce fait qu'on peut attribuer souvent des erreurs commises dans les ateliers de teinture.

51. *Mélange des couleurs.* — Nous avons vu que le mélange des couleurs primitives produit le blanc et que l'addition deux à deux de ces couleurs en produit quatre autres qui sont l'orangé, le vert, le violet et l'indigo. Si ce fait est vrai pour les couleurs du spectre et les résultats du contraste des diverses couleurs, on ne doit pas en conclure que l'on puisse obtenir des couleurs bien déterminées par le mélange des matières colorantes que le teinturier ou le peintre ont à leur disposition. En effet, ces couleurs ne sont jamais pures (théoriquement parlant) et leur mélange ne peut alors donner que des teintes plus ou moins rapprochées des véritables couleurs du spectre.

52. *Organe de la vue. Oeil.* — L'œil étant l'organe le plus essentiel à la pratique de l'industrie

Fig. 10.

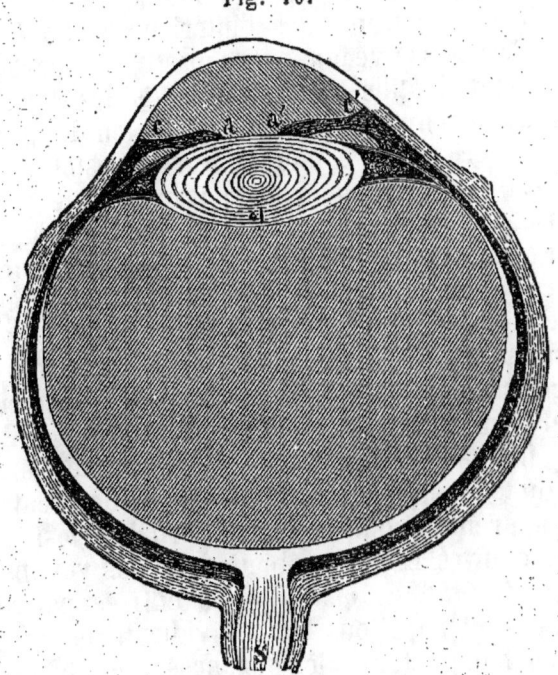

à laquelle est destiné cet ouvrage, il ne paraîtra pas sans intérêt d'en donner au moins une description abrégée. L'œil est un globe presque rond (fig. 10), enveloppé de diverses membranes nécessaires à sa protection contre les intempéries de l'air, l'excès de trop de lumière à la fois, etc. ; la partie antérieure que l'on nomme ordinairement le blanc de l'œil ou cornée transparente est une membrane diaphane derrière laquelle se trouve au milieu de l'œil, une cloison membraneuse ronde cc', et de couleur diverse, selon les individus ; cette cloison porte le nom d'iris ; au centre de l'iris est un trou rond aa', que l'on nomme prunelle ou pupille. C'est par ce trou seulement que les rayons lumineux et l'impression des objets pénètrent dans l'intérieur de l'œil. Derrière l'iris se trouve une petite masse transparente I, en forme de lentille, qui laisse passer les rayons visuels et en renverse l'image. Cette lentille porte le nom de cristallin. Toute la partie postérieure de l'œil est remplie d'une matière transparente et gélatineuse. Le fond est tapissé par une membrane qui est l'épanouissement d'un nerf S, qui transmet au cerveau l'impression de la vue. Cette membrane porte le nom de rétine. Les objets qui nous apparaissent envoient leur image par la pupille ; cette image traverse le cristallin et va se dessiner en miniature sur la rétine qui tapisse le fond de l'œil ; cette image est renversée et très-petite, mais le sens du toucher, développé chez nous dès l'enfance, nous apprend à comprendre la véritable position et la grandeur relative des objets que nous voyons.

53. *Défauts de vision.* — L'œil n'est pas également parfait chez tous les individus ni apte à voir distinctement à toutes les distances. Les défauts les plus ordinaires sont la myopie et le presbytisme. La myopie, qui est surtout répandue chez les jeunes gens, consiste en ce que les personnes qui en sont atteintes ne voient pas clairement les objets éloignés et ne voient bien distinctement que ceux qui sont très-rapprochés. La cause de ce défaut tient à la forme du cristallin qui, n'étant pas assez aplati, forme l'image en avant de la rétine : le faisceau nerveux qui tapisse le fond de l'œil ne reçoit alors qu'une impression confuse. On remédie à ce vice en portant des lunettes qui écartent les rayons visuels et en portent l'image un peu plus loin, ce qui fait qu'elle arrive sur la membrane du fond de l'œil. L'habitude des observations microscopiques, de la lecture continuelle de caractères trop fins, peut faire naître la myopie ou l'augmenter, si elle existe naturellement, en faisant contracter le cristallin par un mouvement continuel et involontaire de l'œil.

Le presbytisme est, au contraire, l'affection visuelle fréquente chez les vieillards, et qui consiste en ce que ceux-ci voient mieux de loin que de près. Ce défaut provient de ce que le cristallin n'étant pas assez sphérique ou trop aplati, l'image des objets dépasse la rétine lorsqu'ils sont trop près. Les presbytes portent des lunettes qui rapprochent les rayons et en projettent l'image exactement sur la membrane du fond de l'œil.

Les lunettes employées par les myopes sont concaves, celles des presbytes sont convexes. La concavité ou la convexité de ces lunettes sont en proportion de la faiblesse de la vue.

54. *Télescopes et microscopes.* — Les yeux, même dans l'état le plus parfait, ne peuvent apercevoir distinctement les objets très-éloignés ou les objets rapprochés dont le volume est excessivement petit. Pour vaincre ces difficultés, on a construit pour voir à de grandes distances les lunettes dites télescopes (fig. 11), au moyen desquelles on a pu faire les découvertes les plus importantes sur les astres plus ou moins éloignés de notre système planétaire. Ces instruments maintenant très-perfectionnés, appartiennent à un autre ordre de connaissances que celles dont nous avons à nous occuper.

Fig. 11.

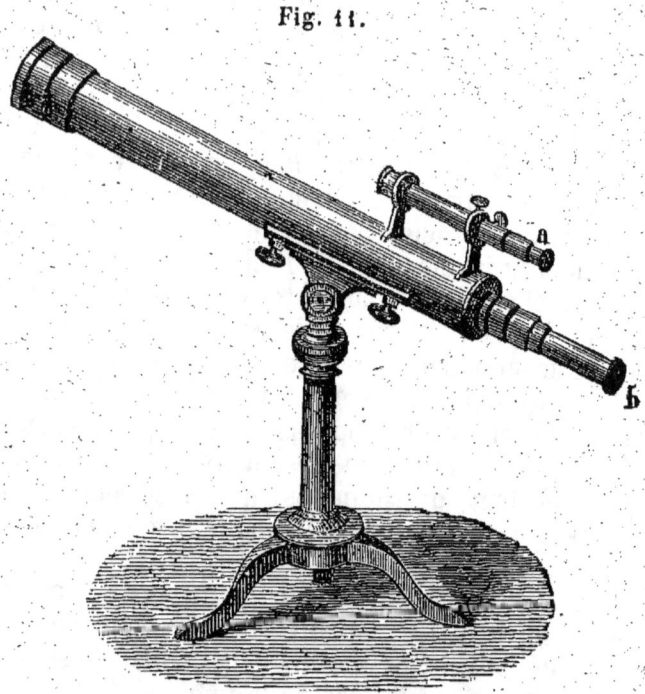

Pour observer les objets de très-petite dimension et en étudier les détails les plus intimes, on a recours à d'autres appareils nommés loupes, compte-fils, microscopes, etc. ils sont formés de lentilles convexes, seules ou combinées ensemble, de manière à obtenir un grossissement plus ou moins fort des objets que l'on considère.

On peut arriver, par des combinaisons bien réussies, à un grossissement d'environ 400 fois le diamètre des petits objets. C'est ainsi que l'on peut étudier les animaux infusoires qui existent en abondance

Fig. 12.

dans les eaux croupies et les parties les plus délicates des végétaux et des animaux. La figure 12 représente une loupe ordinaire de poche à deux lentilles superposables à volonté.

La fig. 13 représente un microscope.

L'œil se place à la partie supérieure du tube n et regarde dans la direction i, au travers d'un jeu plus ou moins compliqué de lentilles, les objets placés sur une lame de verre. Cette lame de verre repose sur le porte-objet oo, dont on peut faire varier la position par le moyen de la vis t. Le tube du microscope peut monter ou descendre par une vis P. Au-dessous du porte-objet se trouve un miroir mobile a qui sert à éclairer les objets transparents placés sur le porte-objet. Le microscope a rendu d'immenses services à la chimie tinctoriale, en per-

Fig. 13.

mettant la connaissance exacte des fibres textiles et de la manière dont elles absorbent les couleurs.

55. *Action chimique de la lumière.* — Les rayons lumineux qui nous arrivent du soleil n'agissent pas seulement par la chaleur qu'ils produisent dans les objets qu'ils éclairent ; mais encore ils produisent certaines réactions chimiques propres aux divers rayons colorés dont se compose la lumière blanche. C'est sur l'action chimique de la lumière qu'est basée la photographie. En effet, les rayons lumineux sont capables de décomposer l'acide nitrique, de noircir le chlorure d'argent (une partie du chlore se dégage et la quantité correspondante de l'argent reste à l'état métallique), de blanchir les toiles de lin et de coton qu'on expose à leur action, etc. Chacun sait que les plantes placées dans l'obscurité blanchissent, s'étiolent et que les fleurs privées de lumière perdent beaucoup de leur éclat.

Les matières colorantes, surtout les matières artificielles sont sujettes à être altérées par la lumière surtout la lumière directe du soleil. Les couleurs d'aniline, si vives et pures, se décomposent assez rapidement au soleil et acquièrent une teinte fanée. Enfin, la lumière n'est pas sans influence sur la vie et la santé des animaux, qui ne pourraient pas plus s'en passer que les végétaux sans subir une notable altération.

CHAPITRE IV.

EXPLICATION DE PLUSIEURS EXPRESSIONS FRÉQUEMMENT USITÉES.

56. — *Dissolution.* On nomme ainsi l'opération qui consiste à faire passer un corps de l'état solide à l'état liquide, au moyen d'un liquide auquel il reste dès lors mélangé intimement. La dissolution se fait à froid ou à chaud ; elle est le plus souvent facilitée par la chaleur. Tous les corps solubles dans l'eau ne le sont pas dans les mêmes proportions. Ainsi, il faut 100 parties d'eau pour dissoudre 38 parties de sel marin, tandis qu'il en faut 6440 pour dissoudre la même quantité de crême de tartre. La dissolution est complète lorsque le liquide obtenu passe entièrement au travers d'un filtre sans laisser de résidu ; la dissolution est incomplète ou partielle lorsqu'il reste un résidu sur le filtre.

57. *Saturation.* — Ce terme s'applique à l'état où se trouve un liquide qui refuse de continuer à dissoudre la matière qu'on lui présente. Ainsi lorsqu'on met dissoudre du sel dans de l'eau, on voit que lorsque cette eau en a pris 38 pour cent, elle refuse d'en dissoudre davantage. On dit alors que cette eau est saturée de sel marin. La solubilité des matières varie avec la température et la nature des liquides. En général, les substances solubles se dissolvent mieux à chaud qu'à froid. Un liquide saturé d'un sel à chaud par exemple, laisse déposer par le refroidissement l'excès de ce sel que la chaleur lui a permis de dissoudre ; ordinairement ce dépôt se fait d'une manière régulière et sous forme de corps géométriques nommés cristaux. On dit alors que la solution bien saturée à chaud a cristallisé par le refroidissement. Les cristaux qui se séparent ainsi sont généralement plus purs que la solution qui les a fournis ; c'est là un moyen de purification. Il existe des sels qui sont plus solubles à froid qu'à chaud ; le gypse est dans ce cas, c'est pourquoi les eaux qui en con-

NOTIONS ÉLÉMENTAIRES DE PHYSIQUE.   85

tiennent se troublent par la chaleur et redeviennent claires par le refroidissement.

58. *Filtration.* — C'est l'opération qui consiste à faire passer au travers d'un papier, d'un linge, etc., un liquide qui contient en suspension des matières dont les grains sont d'une dimension plus grande que les pores des filtres que l'on emploie. Les filtres sont de diverse nature et sont employés à toutes sortes de degrés de finesse, selon la nature des liquides à cla-

Fig. 14.

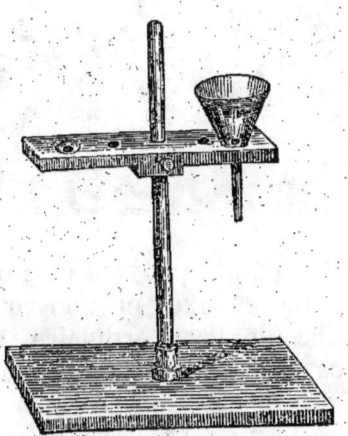

rifier et du dépôt que l'on veut séparer par le filtre. Ainsi on a des filtres de papier non gommé, que l'on place dans un entonnoir (fig. 14), on a également des filtres de drap, de feutre, de coton, de charbon.

59. *Distillation.* — C'est une opération par laquelle on fait passer un liquide à l'état de vapeurs que l'on conduit dans un vase suffisamment refroidi pour les ramener à l'état liquide. La fig. 15, représente une cornue de verre m, chauffée sur un petit fourneau,

86 GUIDE DU TEINTURIER.

et son récipient *n*, placé dans un vase plein d'eau froide. Les substances volatiles, c'est-à-dire que l'on

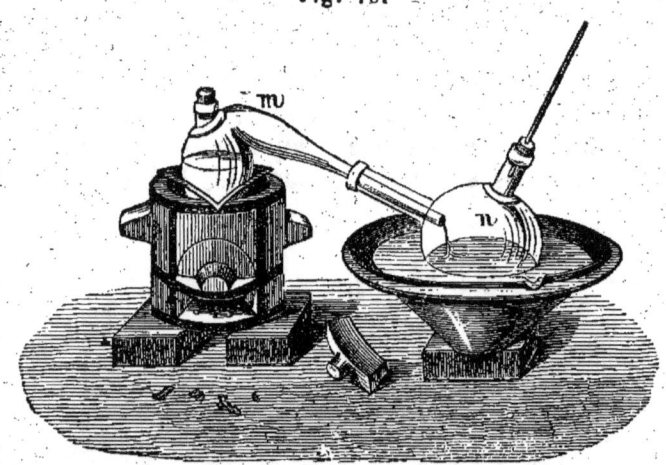

peut réduire en vapeurs, peuvent être par ce moyen séparées des matières fixes ou non volatiles. Ainsi, lorsqu'on distille de l'eau ordinaire, contenant en dissolution des sels calcaires non volatiles, l'eau seule se vaporise et les impuretés non volatiles restent comme résidus dans l'alambic. Les matières les plus usitées pour la construction des cornues des alambics, sont le verre, le cuivre rouge et le platine, comme on le verra plus loin pour la distillation de l'acide sulfurique.

60. *Sublimation.* — Certaines substances se réduisent en vapeurs sous l'influence de la chaleur, sans se liquéfier auparavant. Les vapeurs formées ainsi se condensent de nouveau par le refroidissement à l'état solide. Ce genre de distillation sèche est nommé sublimation. C'est ainsi qu'on purifie le camphre,

NOTIONS ÉLÉMENTAIRES DE PHYSIQUE. 87

l'iode, le sublimé corrosif, etc. La fig. 16, représente un appareil simple de sublimation, consistant en un petit foyer chauffé au charbon de bois et recouvert d'une feuille de tôle ou de carton percé de trous. La matière à sublimer est placée entre le

Fig. 16

feu et la feuille de tôle ; la vapeur qu'elle produit passe au travers des trous et vient se condenser dans un chapeau conique que l'on peut faire en carton ou en papier fort.

61. *Précipitation.* — Lorsqu'une matière est dissoute dans un liquide on peut l'en séparer par divers moyens ; le plus souvent, c'est en versant dans la solution un liquide qui forme avec elle une combinaison insoluble ; ainsi, quand on verse de la potasse dans une solution de couperose verte, il se sépare un dépôt de carbonate de fer que l'on nomme un précipité. Quand on mélange une solution de sel de saturne avec une d'alun, il se forme un dépôt blanc, qui est un précipité de sulfate de plomb. On obtient aussi des précipités en ajoutant à une solution un liquide dans lequel la matière dissoute n'est pas soluble ; ainsi, quand on mêle de l'eau à de l'alcool dénaturé par de la benzine, cette benzine qui est soluble dans l'alcool mais non dans l'eau, se précipite et vient surnager à la surface alcoolique.

62. *Condensation.* — Lorsqu'un fluide arrive par une cause quelconque à occuper un espace moindre, on dit qu'il se condense ; ainsi la vapeur d'eau en se condensant, occupe un volume 1700 fois moindre et devient de l'eau à l'état liquide.

63. *Fusion.* — On nomme ainsi le passage d'une substance de l'état solide à l'état liquide ; ce changement d'état est provoqué par la chaleur qui détruit la force de cohésion qui relie les molécules des corps ; la température nécessaire pour opérer la fusion des diverses matières, varie selon leur cohésion. Ainsi, la cire fond à 65 degrés, l'étain à 210 degrés, le zinc à 370, l'argent à 1000 degrés.

Tous les corps ne peuvent pas fondre ; les corps simples sont fusibles sans altération puisqu'ils ne peuvent être décomposés, mais un grand nombre de substances composées se dédoublent par la chaleur au lieu de fondre ; telles sont le papier, le bois, la laine, le marbre, etc.

64. *Volatilité.* — C'est la propriété que possèdent diverses matières de se réduire en vapeurs sans s'altérer à une température plus ou moins élevée.

Ainsi le camphre est volatil, ce que l'on reconnaît à son odeur ; le mercure est volatil quoique si lourd, puisque des feuilles d'or placées au-dessus de lui, se recouvrent rapidement d'une surface mercurielle. L'eau, l'éther, la benzine, l'alcool, etc., sont volatils, car ces substances se réduisent facilement en vapeurs et recouvrent par la condensation toutes leurs propriétés primitives.

65. *Dureté.* — La dureté est la résistance qu'offrent les corps solides à être rayés par d'autres. Le diamant est le corps le plus dur, car il raye tous les autres, et n'est rayé par aucun. Les corps les plus durs ne sont pas les moins cassants; ainsi le diamant, qui est plus dur que le fer, se brise par le choc avec la plus grande facilité.

66. *Ductilité.* — On entend par là une propriété des corps solides qui leur permet de se déformer par une certaine pression, sans revenir d'eux-mêmes à leur forme primitive quand cette pression cesse ; ces corps, suivant leur ténacité (67) peuvent quelquefois être tirés en fils ; la cire, l'or, l'argent, le cuivre le platine, sont des corps ductiles. La ductilité varie avec la température, qui, ordinairement, la favorise. Plusieurs sont plus ductiles à froid, tel que le cuivre.

67. *Ténacité.* — C'est la résistance que les solides opposent à la rupture sous l'effort d'un poids ; la ténacité est très-variable dans les différents corps; elle est un caractère très-précieux des métaux et des fibres textiles. Les principaux bois peuvent se classer sous le rapport de la ténacité dans l'ordre suivant, en allant du plus fort au plus faible : Prunier, hêtre, chêne, pommier, sapin, noyer, saule, tilleul et peuplier. Les principaux métaux, peuvent se classer également dans l'ordre suivant : Fer, bronze, cuivre battu, cuivre laminé, cuivre fondu, platine, argent, or, zinc, plomb. La soie étant rompue par un poids égal à 100, le crin l'est par 85, le chanvre par 47 et le lin par 30. Ces nombres représentent donc la ténacité relative de ces quatre substances.

68. *Elasticité*. — C'est la propriété que présentent les corps de reprendre d'eux-mêmes leur forme primitive lorsque la force qui l'avait modifiée vient à cesser. L'élasticité se manifeste de plusieurs manières ; les gaz sont élastiques et lorsqu'ils ne sont plus comprimés reprennent le volume qu'ils occupaient avant la pression ; certaines substances, comme l'acier, par exemple, en lames plus ou moins minces et droites, peuvent se ployer et reprendre leur forme spontanément ; les fils de chanvre et de coton se détordent d'eux-mêmes après avoir été tordus ; les cordes de guitare, de violon, se détendent dès que la force qui les avait tendues vient à cesser. La gomme élastique dite caoutchouc, est une matière qui jouit au plus haut degré de l'élasticité, aussi a-t-elle reçu de nombreuses applications.

69. *Porosité*. — Tous les corps sont percés de petits trous quelquefois visibles, quelquefois invisibles à l'œil nu et que l'on nomme pores. Plus ces trous ou ces pores sont grands, plus facilement les liquides les traversent. La porosité est la propriété commune à tous les corps d'être percés ainsi d'une multitude de trous. Le papier, le charbon, sont très-poreux, aussi emploie-t-on souvent ces substances pour en faire des filtres. Les métaux eux-mêmes sont poreux et dans certains cas, on en a vu qui suintaient extérieurement l'eau que l'on comprimait avec une grande force, à leur intérieur.

70. *Transparence.* — La lumière en frappant les corps, les traverse plus ou moins bien, ou s'arrête entièrement à leur surface; les corps que traverse la lumière sont appelés transparents, lorsque la lumière peut assez bien les traverser pour que l'on voie distinctement un objet au travers. La transparence, qui est la propriété de certains corps de laisser passer les rayons lumineux, s'affaiblit cependant à mesure que l'épaisseur des corps augmente; ainsi le verre, l'eau, sont des corps transparents, mais une grande épaisseur finit par arrêter totalement la lumière qui s'y trouve entièrement absorbée. Les corps au travers desquels on ne peut voir, sont dits opaques.

71. *Translucidité.* — On dit qu'une substance est translucide lorsqu'elle ne laisse pas passer d'une manière parfaite les rayons lumineux; ainsi, au travers des corps translucides, la lumière passe en certaine quantité, mais on ne peut voir distinctement au travers; le verre dépoli, le papier huilé, la gélatine, la corne sont des matières translucides.

72. *Éclat.* — Les corps qui sont bien polis ou dont la cassure présente des surfaces parfaitement polies, ont la propriété de renvoyer à l'œil, dans diverses directions, une grande quantité de lumière qui produit l'impression que l'on nomme éclat; il y a des corps qui ont l'éclat gras, comme certaines variétés de charbon de terre, de résine; d'autres ont l'éclat dit métallique, qui caractérise spécialement les métaux et quelques matières colorantes artificielles dérivées de l'aniline. L'éclat des métaux a reçu une importante application dans la fabrication des miroirs métalliques.

CHAPITRE V.

PRESSION ATMOSPHÉRIQUE ET PRESSION DE LA VAPEUR.

73. *Pesanteur de l'air.* — L'air qui nous entoure et que nous respirons a un poids, quoique nous ne nous en apercevions pas directement. Un hectolitre d'air pèse à très-peu de chose près 130 grammes. On donne le nom d'atmosphère à la couche d'air qui entoure la terre, cette couche a une épaisseur d'environ 80 kilomètres et pèse constamment sur tous les objets terrestres; chaque homme de taille ordinaire porte en moyenne sans s'en douter une colonne d'air dont le poids dépasse 16000 kilogrammes.

74. *Pression atmosphérique. Baromètre.* — Pour démontrer l'existence de la pression atmosphérique et la mesurer, on se sert d'un appareil très-simple nommé baromètre. Remplissez entièrement de mercure un tube de verre d'un mètre de longueur et fermé par un bout; bouchez-le avec le doigt et plongez-le en le retournant dans un vase rempli du même métal; ainsi que le représente la figure 17; vous observerez alors deux phénomènes; d'abord le mercure descendra seulement partiellement et de plus sa hauteur restera constante dans une même localité; elle atteindra au bord de la mer 76 centimètres. Pourquoi cette colonne de mercure ne redescend-t-elle pas entièrement dans le vase inférieur? Par ce que la pression des 80 kilomètres d'air qui pèsent sur le niveau du vase maintient la colonne dans le tube et l'empêche de descendre; en d'autres termes parce que la colonne d'air qui presse sur le mercure pèse autant que le métal qui est dans le tube et lui fait équilibre. Au bord de la mer et à la température de zéro,

NOTIONS ÉLÉMENTAIRES DE PHYSIQUE. 93

le mercure occupe dans le tube une hauteur de 76 centimètres. Le poids du mercure qui est dans
Fig. 17 le tube barométrique est donc égal au poids d'une colonne d'air de même diamètre et de la hauteur de l'atmosphère ; comme l'on connaît le poids du mercure, on peut savoir quel est le poids d'une telle colonne d'air et déterminer exactement la pression que l'atmosphère exerce sur chaque centimètre carré de surface ; cette pression a été trouvée égale à 1033 grammes. A mesure que l'on quitte le bord de la mer pour s'élever sur les montagnes, l'épaisseur de l'atmosphère diminue et naturellement son poids diminue aussi. Le mercure qui, au bord de la mer, s'élevait à 76 centimètres, s'élèvera donc moins à mesure que l'on monte, c'est-à-dire à mesure qu'il rencontre une force moindre pour lui faire équilibre. Ainsi, sur le sommet du Mont-Blanc, à 4772 mètres au-dessus du niveau de la mer, le mercure ne monte plus qu'à 41 centimètres. La hauteur du mercure dans le tube barométrique est proportionnelle à la pesanteur de l'air et comme la pesanteur de l'air diminue à mesure qu'on s'élève, on peut employer le baromètre à mesurer la hauteur des montagnes. Les vents froids ou chauds, la présence des nuages, etc., en dilatant ou condensant l'air, font varier le poids des couches atmosphériques ; le baromètre accuse ces variations par le mouvement du mercure qui monte quand l'air est lourd et qui

descend quand il est léger. C'est pour cela qu'on se sert vulgairement de cet instrument (fig. 18) pour annoncer la pluie ou le beau temps, mais il arrive souvent que sous ce rapport, les indications du baromètre sont inexactes.

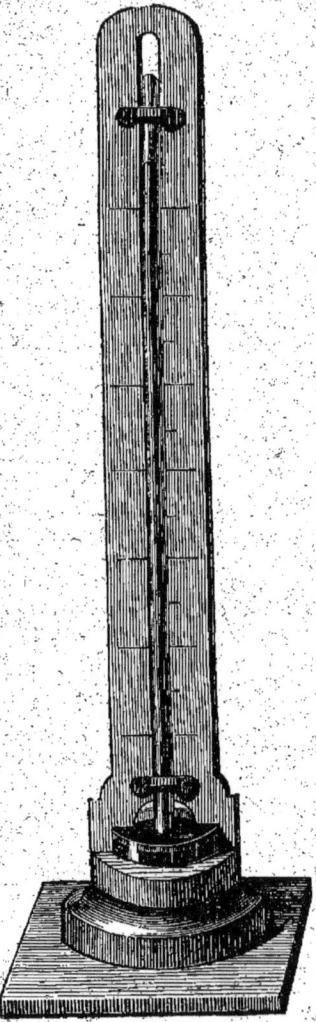
Fig. 18.

Lorsqu'on chauffe un vase rempli d'eau, celle-ci ne tarde pas à bouillir et a se vaporiser. Le thermomètre marque alors cent degrés, si l'on se trouve au bord de la mer. L'atmosphère presse de tout son poids sur la surface de l'eau qu'on fait bouillir ; si l'on répète la même opération sur le sommet d'une montagne, du Mont-Blanc, par exemple, le thermomètre ne marquera que 84 degrés quand l'eau sera en ébullition ; car à cette hauteur la surface de l'eau subit une pression moindre qu'au bord de la mer, puisque la colonne d'air qu'elle supporte se trouve diminuée de 4772 mètres (hauteur du Mont-Blanc au-dessus de la mer). Plus la pression diminue, moins il faut de chaleur pour vaporiser les liquides; aussi l'on peut se servir du thermomètre pour mesurer la hauteur d'une localité au-dessus de la mer, en notant exactement la température de l'ébullition de l'eau. Dans le vide, c'est-à-dire dans un espace absolument privé d'air et de toute pression, les liquides volatils se vaporisent d'eux-mêmes instantanément. C'est aussi à cause de la différence de la pression atmosphérique que la respiration est plus facile sur le sommet des montagnes, que dans la plaine, parce que la colonne d'air qui presse sur nos poumons est considérablement diminuée.

57. *Pression dans les chaudières à vapeur. Manomètres.* — Lorsqu'on fait bouillir de l'eau en vase ouvert, la vapeur qui s'en dégage ne subit que la pression ordinaire de l'atmosphère, mais si l'on empêche cette vapeur de sortir librement, comme cela arrive dans les chaudières à vapeur, alors la vapeur produite s'accumule et exerce une pression de plus en plus grande sur la surface du liquide et sur les parois de la chaudière; pour continuer à former de la vapeur, on est obligé d'augmenter le feu, car la pression intérieure ayant augmenté, la vaporisation de l'eau devient plus difficile; il en résulte que l'eau contenue dans la chaudière atteint une température bien supérieure à cent degrés. Les parois des chaudières à vapeur doivent être solidement construites; en tout cas, leur solidité est en raison de la pression qu'elles sont appelées à supporter. Pour ne pas dépasser cette pression et connaître à chaque instant sa force à l'intérieur de la chaudière, on se sert d'appareils nommés *manomètres* qui indiquent la pression intérieure comparée à celle de l'atmosphère prise pour unité. Ces manomètres sont construits sur le principe suivant. La figure 19 représente un tube fermé aux deux bouts et dans lequel on fait entrer de la

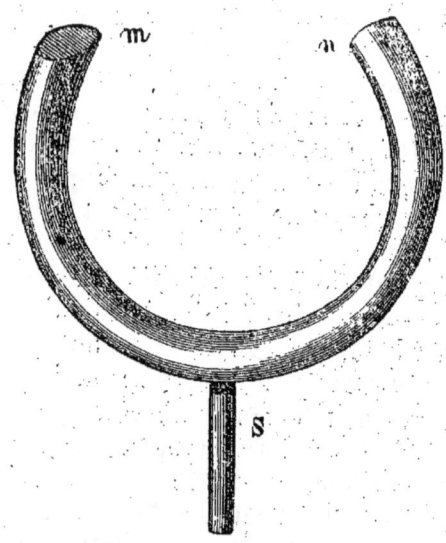

Fig. 19.

vapeur par le tube S. Cette vapeur cherche à s'échapper par les extrémités des branches m et n, mais celles-ci étant closes, la pression exercée à leur intérieur par la vapeur se traduit par un certain écartement, qui est d'autant plus grand que la pression est plus forte. Comme de juste, le tube est construit en métal et assez élastique, ce qui lui permet de rendre exactement l'effet de la pression. Si donc au lieu d'avoir, comme dans la figure 19, un tube en forme d'arc, on a un tube comme celui représenté dans la figure 20, dont une des extrémités sert à l'introduction de la vapeur et l'autre est close et disposée de manière à faire mouvoir une aiguille tournant sur un cadran, l'écartement ou la contraction du tube indiquera la pression de la vapeur. Un appareil ainsi construit et en communication directe avec la chaudière à va-

Fig. 20.

peur constitue un manomètre. Le mécanisme de l'appareil est renfermé dans une boîte et l'on ne voit que le cadran et l'aiguille indicatrice. Le cadran porte des chiffres qui indiquent le nombre d'atmosphères de pression acquis par la vapeur, c'est-à-dire de combien de fois cette pression surpasse celle l'atmosphère.

Comme nous l'avons dit, la chaleur de la vapeur augmente avec la pression à laquelle elle s'est formée. Dans les manomètres ordinaires, on marque du chiffre 0 la pression atmosphérique et du chiffre 1 une pression double, etc. Voici quelle est la température de la vapeur aux diverses pressions habituellement en usage.

1 atmosphère, température, 122 degrés.
2 — — 135 —
3 — — 145 —
4 — — 154 —
5 — — 162 —
6 — — 168 —
7 — — 173 —

Le manomètre est un instrument très-précieux et très-important, car sans lui on s'exposerait à des explosions terribles qui, malheureusement, ont un grand nombre de causes ; aussi ne saurait-on trop recommander un soin extrême dans le choix et l'entretien d'un objet aussi important pour la sécurité de tout le personnel des usines à vapeur et encourager parmi les chauffeurs de chaudières la connaissance exacte de la théorie et de la pratique de cet appareil.

TROISIÈME PARTIE

Fibres textiles.

CHAPITRE PREMIER.

COTON.

76. *Fibres textiles en général.* — On donne le nom de fibres textiles aux fils plus ou moins fins et d'une solidité suffisante pour pouvoir être convertis en tissus. On en trouve dans les trois règnes de la nature ; mais les végétaux et les animaux sont la source unique des matériaux dont l'industrie des tissus se sert actuellement. Le règne minéral fournit l'amianthe, matière minérale filamenteuse, incombustible, dont les anciens fabriquaient des tissus pour brûler les morts et en recueillir les cendres. Les végétaux nous donnent le coton, le chanvre, et le lin ; les animaux nous fournissent la laine et la soie. Dans ces dernières années, de nombreux essais ont été tentés pour utiliser d'autres fibres végétales et animales ; on peut espérer que plusieurs de ces tentatives seront couronnées de succès ; mais dans cet ouvrage nous ne nous occuperons que des principales espèces de fibres que nous venons de nommer.

77. *Coton. Son origine.* — Le coton est une matière fine, soyeuse, filamenteuse, qui enveloppe les graines de plusieurs espèces de végétaux qui appartiennent à la famille bien connue des mauves. Ces végétaux croissent à l'état sauvage en Arabie et en Perse et ont été transportés en Chine et aux Indes-Orientales à une époque très-reculée. Il paraît même que le cotonnier croît aussi spontanément en Amérique, car à la découverte de ce pays, les Espagnols trouvèrent les Indiens habillés de vêtements de coton. Cependant ce ne fut que vers la fin du siècle dernier que la culture du cotonnier prit une grande importance en Amérique. De nos jours, l'Égypte et l'Algérie ont introduit avec succès cette culture, qui est pour ces deux pays une grande source de richesses.

78. *Culture et récolte du coton.* — Le cotonnier se présente sous deux formes principales : tantôt c'est

Fig. 21.

une plante herbacée, annuelle, qui atteint de 60 centimètres à un mètre de hauteur, tantôt c'est un arbre dont la hauteur arrive quelquefois à six mètres. C'est la première forme (fig. 21), qui est la plus ordinaire ; c'est alors une belle plante aux feuilles d'un vert foncé et brillant qui rappelle surtout par ses fleurs l'aspect du camélia. On sème la graine de coton en février et mars ; la floraison a lieu en mai et la récolte en juillet et août. Quand la fleur est tombée, il se forme à sa place des capsules de la grosseur d'une noix. Lorsque le coton qui est à leur intérieur est mûr, son effort élastique fait éclater les capsules, on voit alors de tous côtés, dans les plantages de coton, apparaître de petites balles, éclatantes de blancheur et rappelant les flocons de neige. Le moment de la récolte commence ; le coton doit être recueilli à mesure qu'il apparaît pour éviter sa perte par le vent et la pluie. Ainsi ramassé, le coton renferme à son intérieur la graine qui doit servir à produire la récolte de l'année suivante. On choisit avec soin les graines de la meilleure apparence et le reste sert à fabriquer une huile qui est souvent assez bonne pour servir d'aliment. Au moment de la floraison et de la maturation du coton, il peut survenir des temps pluvieux, des ouragans répétés, dont les pays cotonniers sont souvent victimes. La récolte du coton est souvent compromise par ces variations de température et la valeur du produit soumise à des fluctuations considérables.

79. *Sortes diverses du coton.* — On distingue plusieurs sortes de coton, selon la longueur des brins ou leur finesse. Les cotons longue soie ont des filaments longs de 2 à 4 centimètres, tandis que les cotons courte soie atteignent une longueur de 1 1/2 à 2 centimètres seulement. On a remarqué en outre, que les brins les plus courts n'ont jamais l'éclat soyeux des longs. Il y a aussi des cotons dont la couleur naturelle est jaune chamois ; c'est avec ces cotons que l'on fait les étoffes dites Nangking véritable. Les meilleures sortes de coton viennent des États-Unis d'Amérique. Les cotons de Cayenne, de Bahia et de Fernambouc sont longs, mais grossiers ; les cotons d'Égypte sont actuellement d'une qualité excellente et arriveront sans doute, par une culture assidue et des soins intelligents, à la hauteur des meilleures sortes d'Amérique.

Fig. 22.

80. *Caractères physiques du coton.* — Le brin de coton, lorsqu'il est mûr, présente avant d'être desséché l'apparence d'un tube cylindrique fermé aux deux bouts, et creux intérieurement ; par la dessiccation, ce tube s'aplatit et se tord. La figure 22 représente des brins de coton vus sous un fort grossissement au microscope. Ces brins sont dans la forme qu'ils possèdent lorsqu'ils sont parvenus à une parfaite maturité. Les sections de ces brins de coton font voir le canal intérieur plus ou moins aplati. Un caractère remarquable du brin de coton vu au microscope est qu'il apparaît toujours tordu, ce qui permet de le distinguer à première vue des autres fibres. Le coton qui n'a pas mûri n'est pas creux à

FIBRES TEXTILES. 103

n'est plus que le coton malade. Il est plat
comme un homme doublé mort. La figure 23 représente ces cellules de bois, c'est-à-dire un coton
mort vu au microscope.

Fig. 23.

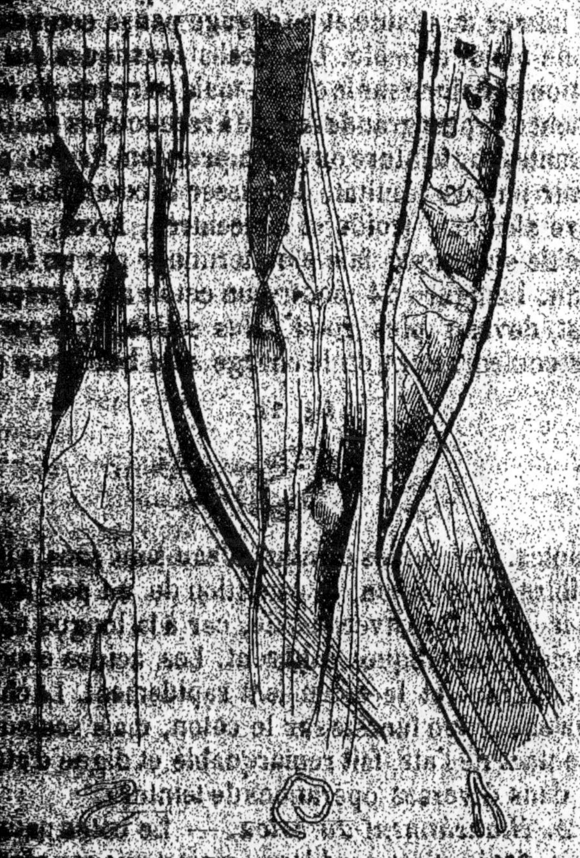

Les brins de coton dans cet état défectueux,
mort ne peut se teindre; il reste avec sa
couleur dans tous les bains de teinture.
Il est très léger; au moyen d'un seul kilogramme de cette fibre, on a pu filer un fil de 260 ki-

81. *Propriétés chimiques du coton.* — Le coton, par sa composition chimique, est identique à la matière cellulaire du bois; c'est-à-dire qu'il se compose de charbon et d'eau ; il brûle par conséquent sans laisser de résidu et ne dégage par sa combustion aucune odeur animale. Les alcalis caustiques ont peu d'action chimique sur le coton, mais en revanche ils lui donnent une plus grande facilité à recevoir les matières colorantes par teinture ou par impression. Il suffit, pour obtenir un bon résultat, de passer le coton dans une lessive alcaline, froide et concentrée, laver, passer en acide sulfurique faible et terminer par un lavage à l'eau. La figure 24 montre un coton ainsi préparé; il est devenu plus rond, plus solide, très-poreux et les couleurs dont on le charge sont beaucoup plus

Fig. 24.

brillantes. Les acides étendus d'eau sont sans action sensibles sur le coton, à condition de ne pas laisser sécher cette fibre avec l'acide, car à la longue même les acides organiques l'altèrent. Les acides concentrés l'altèrent et le détruisent rapidement. La chaux vive a une action funeste sur le coton, mais seulement au contact de l'air, fait remarquable et digne d'attention dans diverses opérations de teinture.

82. *Blanchiment du coton.* — Le coton naturel, filé ou tissé, n'est pas blanc, mais toujours plus ou moins coloré en jaune, jaune verdâtre, ou rougeâtre. Il importe, pour beaucoup d'usages, de faire disparaître cette coloration, soit que le coton doive être employé à l'état blanc, soit qu'il doive recevoir certaines couleurs plus ou moins tendres, dont la pureté serait altérée par la teinte naturelle de la fibre.

Le mode de blanchiment le plus usité est le passage en chlorure de chaux. Par cette opération, les matières colorantes naturelles du coton sont décomposées en produits solubles qui passent dans le bain et sont entraînées par les lavages à l'eau. On emploie dans ce but des solutions faibles de chlorure de chaux (voy. § 161) marquant de 1 à 2 degrés à l'aréomètre de Baumé. Une trop forte concentration détruirait le coton. On facilite considérablement l'action du chlorure de chaux en faisant bouillir pendant plusieurs heures le coton dans une lessive alcaline de soude à 1 degré Baumé; les matières grasses et résineuses forment un savon soluble, facile à enlever par l'eau courante. On passe alors en chlorure de chaux, on expose à l'air, où l'action s'achève, puis on rince à l'eau courante; on passe dans de l'eau aiguisée d'acide sulfurique et on lave. Si les cotons sont destinés à être teints en blanc, on les passe alors dans un bain d'azurage au bleu de Prusse, ou d'outre-mer. Ce procédé s'applique aux cotons tissés ou non, mais non aux tissus de laine avec chaîne-coton. Ces derniers, qui présentent les genres les plus variés, par les diverses teintures que peut recevoir la laine, tout en réservant le fond blanc de coton, ou en teignant celui-ci, ne peuvent être blanchis dans tout les cas par le chlorure de chaux, comme le coton pur, car le chlorure de chaux non-seulement est nuisible à la laine et lui communique une couleur fauve, mais aussi le le blanchiment dans ces tissus mélangés se fait après la teinture de la laine et doit être exécuté de manière à obtenir un coton pur, sans altérer les nuances déjà déposées sur la laine.

Exemple : Si l'on a à teindre un tissu en laine et chaîne-coton en damas avec fleurs blanches formées par la chaîne, on doit, autant que possible, blanchir avant la teinture. Mais quelquefois la couleur teint non-seulement la laine (rouge d'aniline), mais encore légèrement le coton. On est donc obligé d'enlever par un bain faible de blanchiment la couleur déposée sur le coton sans nuire à celle déposée sur la laine. C'est dans des opérations délicates de ce genre là que la connaissance exacte des réactions est nécessaire au maître teinturier.

83. *Application du coton. Importance commerciale.* — Le coton a acquis, dans notre siècle, une importance toute spéciale. Il entre pour une immense part dans l'industrie du vêtement ; car il est non-seulement employé seul, mais en mélange avec la laine; il permet d'obtenir des étoffes d'un prix inférieur et des dessins d'un genre très-varié. Sa culture s'est répandue dans tous les pays où le climat a pu le permettre; le nombre des personnes employées à la culture, au triage, au filage, au tissage et à la teinture du coton, est immense. C'est pour cela que les années de mauvaise récolte du coton sont désastreuses pour une immense population ouvrière et commerçante. La dispersion de la culture du coton sur tous les points du globe où il est possible de le cultiver, aura naturellement pour résultat direct d'atténuer les pertes provenant des circonstances de température, car il est à présumer que toutes les récoltes ne manqueront pas partout en même temps. On peut se faire une idée de l'importance de l'industrie cotonnière par le chiffre de l'exportation du coton des Etats-Unis d'Amérique. Cette exportation représente une valeur annuelle de plus de neuf cents millions de francs. L'industrie cotonnière du monde entier est évaluée à une somme annuelle de près de 4 milliards.

CHAPITRE II.

CHANVRE.

Le chanvre est une plante qui appartient à la famille des orties.

Fig. 25.

Il est originaire de la Perse ou des Indes-Orientales, mais il peut croître en Europe partout où le climat est assez chaud pendant une partie de l'année. Aussi s'est-il répandu en France, en Allemagne, en Italie, dans la Prusse méridionale, et même en Amérique. La fig. 25 représente le chanvre ordinaire. La culture du chanvre n'est pas très-facile ; elle réclame certains soins, un bon terrain, profond et bien fumé. La matière textile du chanvre ou filasse, comme on la nomme ordinairement, est renfermée dans la

Fig. 26.

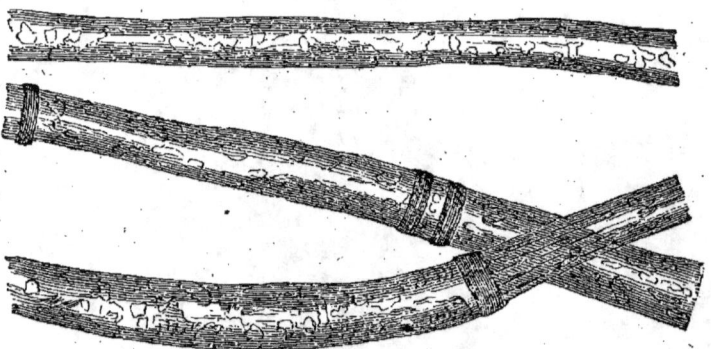

tige de ce végétal. La graine fournit une huile siccative d'un vert foncé.

85. *Caractères physiques du chanvre.* — Les fils de chanvre sont des tubes cylindriques, creux à l'intérieur ; la surface en est lisse, mais porte de distance en distance, des nœuds irrégulièrement espacés (fig. 26)[1]. Leur diamètre varie entre un ving-

---

[1] La fig. 26 bis représente le chanvre vu au moyen d'un microscope ordinaire, avec un grossissement bien moindre que pour la fig. 26.

tième et un trentième de millimètre. En outre de ces caractères, les fils de chanvre ne sont pas tordus comme ceux du coton.

86. *Caractères chimiques du chanvre.* — L'action des réactifs chimiques est, à peu de chose près, la même sur le chanvre que sur le lin ; c'est de la cellulose presque pure, que n'altèrent ni les alcalis concentrés, ni les acides étendus d'eau. A ce point de vue, le chanvre, le lin et le coton présentent la plus grande ressemblance. Mais, ainsi que nous le verrons plus loin (104 et 105), ces trois fibres ne présentent pas la même résistance vis-à-vis d'autres réactifs.

Fig. 26 bis.

87. *Traitement du chanvre.* — Lorsqu'il est mûr, le chanvre est arraché du sol; on en sépare les racines, le sommet et les tiges latérales. On forme des paquets au moyen des tiges principales, et on les couche dans une eau presque courante; cette opération donne au chanvre la belle coloration qui le caractérise lorsqu'il est bien préparé. Il se produit alors une demi-putréfaction qui engendre toujours des vapeurs et des miasmes très-nuisibles à la santé. L'eau dans laquelle s'accomplit le *rouissage* (c'est ainsi qu'on nomme cette opération), ne doit pas être trop courante, car alors la fibre du chanvre n'est ni souple ni soyeuse. Dans de l'eau tout à fait stagnante, dans un marais, par exemple, la putréfaction est trop active, le chanvre devient brun, et les exhalaisons qui s'en dégagent sont très-dangereuses pour le voisinage. Après le rouissage, on sèche le chanvre et on procède à une autre opération nommée *teillage*, qui consiste à séparer l'écorce de la matière ligneuse. Si le rouissage et le séchage ont été bien exécutés, cette séparation s'accomplit facilement; on obtient ainsi la fibre textile, que l'on carde comme la laine. Le blanchiment a lieu comme pour le coton, par des passages successifs et répétés au chlorure de chaux, lessive alcaline, et eau acidulée. Ces détails suffisent pour donner une idée du traitement du chanvre, dont l'importance en teinture est loin d'atteindre celle de la soie, qui fixera plus particulièrement notre attention.

88. *Application du chanvre.* — Le chanvre présente diverses variétés provenant, soit de l'espèce végétale qui n'est pas identique dans tous les pays, soit du climat, soit de la culture. La fabrication des cordes absorbe plus des trois cinquièmes de la production. Le reste est employé à la fabrication des des toiles, des voiles de bateaux, des filets de pêche; une partie est directement employée à l'état de filasse. Le Dauphiné, l'Auvergne, l'Alsace, la Lorraine et la Bretagne produisent beaucoup de chanvre. On estime le commerce annuel du chanvre en France à environ dix millions.

CHAPITRE III.

LIN.

89. Bien que le lin soit peu employé dans la teinture car il est réservé ordinairement pour la confection des toiles blanches, nous devons, pour être complet décrire successivement son histoire. Le lin (fig. 27) est une plante annuelle qui atteint quelquefois jus-

qu'à un mètre de hauteur. Il est originaire de la partie centrale de l'Asie et dès les temps les plus anciens il a servi à la fabrication des vêtements. Sa culture et son emploi se sont répandus dans une grande partie de l'Europe. Ainsi l'Italie, le Nord de la France, l'Irlande, la Belgique, la Hollande, la Vestphalie, la Saxe, la Silésie, la Russie occidentale, cultivent le lin en quantité considérable soit pour sa graine, soit pour sa fibre textile. Il y a deux variétés principales de lin, l'une nommée *lin d'hiver*, semée en automne, est une plante forte, robuste, fournissant des graines grosses et abondantes et une fibre également grosse et rude; elle est surtout cultivée dans le Midi de la France; l'autre variété, dite *lin d'été*, produit une fibre plus abondante, mais de qualité supérieure. La culture du lin est loin d'être sans difficulté; le choix du terrain et sa fertilité contribuent beaucoup à la qualité du lin; en outre, cette plante est surtout dans la première période de sa croissance très-impressionnable aux agents atmosphériques, tels que le vent, la pluie, la grêle, qui peuvent anéantir facilement la récolte ou en diminuer considérablement la qualité. On sème le lin d'été en avril et en mai; quant à la récolte, elle a lieu plus ou moins tôt, suivant l'intention du planteur. Si l'on se propose de récolter une filasse particulière, au détriment de la graine, on arrache le lin déjà vers la fin de juin; mais le plus souvent on veut récolter les deux produits; alors il faut attendre la maturité complète de la plante, c'est-à-dire environ jusqu'au milieu d'août. Alors les tiges jaunissent, les feuilles tombent, les capsules qui renferment les graines sont tout à fait développées et les graines commencent à brunir. On arrache le lin par poignées et on le laisse faner 24 heures sur le sol. Après ce temps, on le relève en forme de petits paquets, que l'on met debout en faisceaux, il achève ainsi de se dessécher et on le rentre.

90. *Traitement du lin*. — On sépare la graine par le battage et en faisant passer le lin dans des peignes de fer; puis on procède avec les tiges à l'opération du rouissage, qui est la même que celle du chanvre. Les fibres textiles du lin qui sont sous l'écorce, sont agglutinées entre elles par diverses matières résineuses, gommeuses, etc., avec tant de force, qu'on ne pourrait les séparer sans le rouissage. Cette opération gonfle les fibres, établit une fermentation utile dans toute la plante, ainsi qu'une filtration continuelle qui enlève les matières que la fermentation a décollées, transformées et fondues. Dans plusieurs localités, on pratique maintenant un rouissage artificiel qui ne dure que 48 heures et qui présente l'avantage de ne donner aucune émanation dangereuse, tout en fournissant des produits plus égaux, moins colorés et plus abondants.

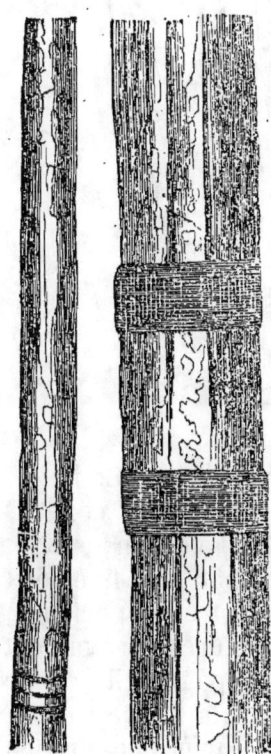

Fig. 28.

91. *Caractères physiques du lin.*—Les fibres de lin sont fines, déliées, roides et cylindriques, portant des anneaux de distance en distance comme le chanvre et vides intérieurement (fig. 28); elles sont cependant d'une très-grande finesse. Une livre de filasse peut donner jusqu'à 76 kilomètres de fil. La figure 28 bis représente le lin vu sous un grossissement moindre que dans la figure 28.

92. *Caractères chimiques du lin.* — Le lin, comme le chanvre et le coton, se compose de cellulose presque pure et en a tous les caractères chimiques. Aussi, pour cette fibre, le blanchiment repose sur les mêmes principes que pour le chanvre et pour le coton.

Fig. 28 bis.

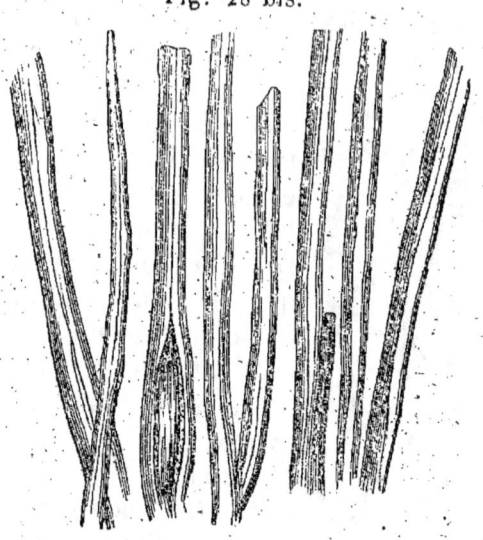

93. *Applications et commerce du lin.* Le lin est employé pour la confection des toiles fines connues sous le nom de batiste, des dentelles, etc.; en général, les tissus de lin son remarquables par leur finesse et leur solidité. L'industrie du lin est très-importante; non-seulement de grandes manufactures le travaillent mécaniquement, mais dans les campagnes il occupe des bras nombreux qui, pendant la morte saison, resteraient sans travail. L'industrie linière en France atteint annuellement une valeur de plus de cinquante millions.

CHAPITRE IV.

LAINE.

94. On donne le nom de laine aux poils qui recouvrent la peau des moutons et plusieurs autres animaux, tels que le castor, la chèvre, le lama, etc. Ces poils diffèrent les uns des autres par leur aspect général et quelques-uns de leurs caractères physiques, mais leur structure et leurs propriétés chimiques sont les mêmes. Les bêtes à laine, notamment les moutons, sont tondues une fois par année, en été ; la laine fournie par un animal est nommée *toison*. Les gros moutons fournissent en moyenne de 5 à 6 kilogr. de laine et les petits de 1 1/2 à 2 1/2 kilogrammes. La laine peut être classée en sortes très-nombreuses, selon sa finesse, sa longueur, sa force, la race des bêtes qui la fournissent et les parties du corps sur lesquelles elle a crû. Sous le rapport de la finesse, les laines de Prusse, de Silésie, de Hongrie et de Moravie tiennent le premier rang ; viennent ensuite les laines de Saxe, de Hanovre, du Roussillon, d'Australie et les laines mérinos de France et d'Espagne ; les moins fines sont celles de Russie, de la Beauce, de l'Angleterre, du Centre et du Nord de la France. La longueur des fils de laines varie de 40 à 180 millimètres ; les moutons les plus petits sont ceux qui fournissent la laine la plus fine. Si l'on a égard aux parties du corps d'où vient la laine, on voit que la première qualité est celle qui recouvre le dos, la base du cou et les flancs ; la seconde qualité est fournie par les côtés du corps, les cuisses, les hanches, la dernière qualité provient de la partie inférieure des jambes, du ventre, de la tête, etc.

Les laines blanches sont les plus estimées et sont celles qui prennent le mieux la teinture ; les laines colorées naturellement, sont ordinairement moins fines, moins douces que les laines blanches.

On distingue aussi les laines provenant des animaux vivants, des laines recueillies sur les animaux morts ; les premières sont nommées laines de toison, les secondes laines mortes. Ces dernières sont très-inférieures en qualité, car pour les détacher de la peau, on emploie la chaux vive qui leur enlève une partie de leur élasticité et de leur toucher moelleux. Les laines qui viennent de moutons malades ou morts de maladie, ne prennent que peu ou même pas du tout la teinture.

Fig. 29.

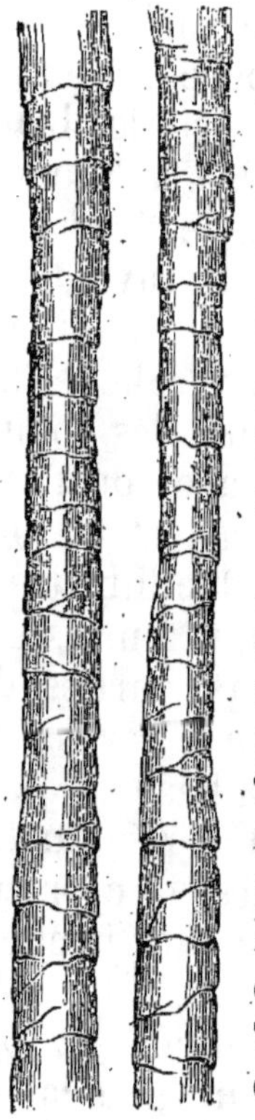

Le climat, la nourriture, et le genre de vie ont une grande influence sur la qualité des laines ; aussi, quoique les races de moutons communs d'Europe aient été considérablement perfectionnées dans ces dernières années, elles tendraient à dégénérer laissées à elles-mêmes ; aussi s'oppose-t-on à cette diminution de qualité par des croisements de races bien entendus.

95. *Caractères physiques de la laine.* — La laine brute est un produit animal très-complexe. On peut la considérer comme composée de trois parties principales ; 1° le brin de laine pur ; 2° le suint ; 3° les impuretés terreuses. Ces trois parties sont en proportion presque égale dans la plupart des laines. Le brin de laine proprement dit est un tube presque cylindrique (fig. 29) formé de cornets entrant les uns dans les autres, ce qui lui donne, vu au microscope, l'aspect d'un tube recouvert d'écailles légèrement recourbées en dehors. Le canal intérieur du brin de laine est rempli d'un liquide plus ou moins coloré et plus ou moins épais. La fig. 30 représente la coupe longitudinale b d'un brin de laine, a. Les brins de laine vont en s'amincissant de la racine à la pointe, mais cet amincissement n'est pas toujours régulier. La laine est très-élastique et lorsqu'elle est dégraissée, elle est

Fig. 30.

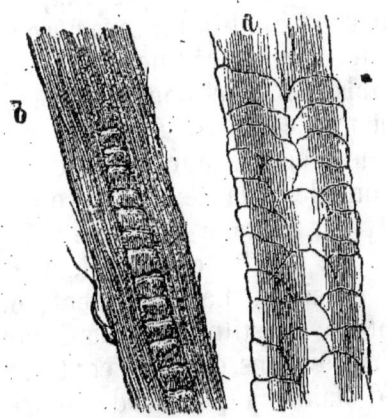

aussi très-hygroscopique, c'est-à-dire qu'elle attire l'humidité de l'air avec beaucoup de facilité ; elle peut même en absorber jusqu'à 48 0/0 de son poids sans paraître mouillée. Elle absorbe les matières colorantes avec avidité et en exige ordinairement plus que la soie pour être teinte à la même hauteur. Dans l'état naturel, le brin de laine est imprégné d'une matière grasse nommée le suint (§ 97) et de matières terreuses qu'un simple lavage à l'eau enlève facilement. Dans la laine brute de mérinos, ces impuretés terreuses entrent pour environ 27 0/0 ; il va de soi que leur proportion varie avec l'état de propreté des animaux.

96. *Composition chimique de la laine. Action*

des réactifs. — La laine bien débarrassée des matières étrangères qui l'accompagnent, telles que le suint et les impuretés terreuses, se compose d'une substance animale filamenteuse, et de deux matières grasses qui l'imprègnent, l'une solide, l'autre liquide, comme une huile. La matière filamenteuse, le brin de laine proprement dit, brûle avec une odeur animale caractéristique rappelant l'odeur de la corne brûlée ; c'est là un caractère très-important qui sert à déceler sa présence, comme nous le verrons plus tard. Brûlée complétement, elle ne laisse que très-peu de cendres. Chauffée à sec à 100 degrés, elle ne dégage aucune odeur particulière, mais si l'on élève la température à 130 degrés, elle jaunit, et dégage de l'ammoniaque ou alcali volatil. Chauffé plus fortement, elle dégage une odeur sulfureuse sensible. La laine renferme du soufre comme matière constituante ; aussi, noircit-elle lorsqu'on la chauffe dans de l'eau contenant des sels de plomb ou d'étain. La quantité de soufre que contient la laine est de 18 parties pour mille en poids. Les acides faibles ou les sels acides dissous dans beaucoup d'eau sont sans action nuisible sur la laine, à l'exception de l'acide nitrique et de plusieurs nitrates qui l'attaquent surtout à chaud et la jaunissent. En revanche, les alcalis concentrés la dissolvent et même dans un état assez faible, ils exercent sur elle une action énervante ; on ne doit donc employer les alcalis et les sels alcalins, tels que la soude et la potasse du commerce, qu'avec la plus grande prudence. Cette propriété établit entre la laine et le coton une différence très-saillante, que nous utiliserons dans l'analyse des tissus (104 et 105). La laine attire avec énergie une grande quantité de divers sels en solution dans l'eau ; elle absorbe les uns sans les décomposer, et les retient seulement mécaniquement ; elle en absorbe d'autres en les décomposant ; ordinairement elle les désoxyde. On utilise cette propriété dans le mordançage des laines, qui consiste à les imprégner de substances douées de la faculté d'attirer à leur tour les matières colorantes et de les fixer d'une manière plus intime que ne le ferait le brin de laine pure.

97. *Nettoyage de la laine. Suint.* — Le suint est une matière grasse, douce au toucher, d'une odeur particulière connue de chacun et qui provient de la transpiration du mouton ; cette matière, que l'on peut comparer à une espèce de savon à base de potasse, forme quelquefois jusqu'à 40 0/0 du poids de la laine brute ; le suint enduit la laine à un point tel que la teinture ne saurait prendre sur une laine non dessuintée ; on comprend donc que le teinturier doit attacher une grande importance à un dessuintage parfait ; d'autre part, comme le suint lui-même a une valeur notable par la potasse qu'il renferme, l'industriel qui accomplit cette opération a intérêt à la rendre aussi complète que possible et les laines sont par cette raison généralement bien dessuintées.

Comme la majeure partie du suint est une matière grasse, le meilleur moyen pour l'éloigner est l'emploi de solutions alcalines qui forment avec lui un savon soluble qui entraîne avec lui les autres matières. Seulement, comme nous avons vu que les alcalis altèrent facilement la laine, ces solutions doivent être très-faibles et l'on ne doit employer que la quantité strictement nécessaire d'alcali pour combiner la matière grasse du suint. Des lavages à l'eau pure achèvent la purification de la laine. Dans cet état, cette fibre est prête à être filée et tissée ; mais, sa couleur n'est pas suffisamment blanche pour obtenir immédiatement des écheveaux ou des tissus devant rester blancs ou recevoir des couleurs tendres. Une autre opération est nécessaire pour donner à la laine la couleur blanche exigée ordinairement. Cette opération est le blanchiment. Nous allons le décrire tel qu'il est appliqué dans la plupart des établissements. Comme le travail principal du blanchiment des laines consiste dans le soufrage, il est utile de rappeler que l'on doit éviter avec soin l'emploi d'instruments, outils, supports, etc., de cuivre ou de plomb qui produiraient inévitablement sur la laine des taches noires, difficiles à enlever.

La première opération consiste dans un passage de la laine en bain de savon et de cristaux de soude à une température qui ne doit pas dépasser 50 degrés. On sort la laine pour la rincer à l'eau tiède, puis on la remet de nouveau dans un bain savonneux et alcalin comme le premier. Au sortir de ces bains alcalins, dont la teneur en savon et en soude dépend de la quantité de la laine et de la quantité d'eau employée, on tord les laines et on les passe au soufrage pendant un jour entier. Le soufrage consiste à suspendre les laines dans des chambres en bois, hermétiquement fermées, où l'on fait arriver de la vapeur de soufre en combustion. L'acide sulfureux ainsi dégagé imprègne la laine, la décolore et rend solubles les matières jaunâtres qu'elle renfermait. Au sortir du soufrage, on rince la laine à l'eau pure, pour écarter l'acide dont elle est imprégnée, et on la passe dans un bain de savon et de soude ; on rince et on renouvelle le soufrage et le bain alcalin. On repète ordinairement le soufrage et le passage en bains alcalins trois fois ; après quoi on rince à l'eau claire et courante, et on azure les laines destinées à rester blanches. Dans quelques établissements on remplace le soufrage en chambres par une immersion dans l'acide sulfureux liquide ; mais les résultats obtenus par ce dernier moyen ne sont pas si parfaits que par les vapeurs sulfureuses. (Voy. § 145.)

98. *Applications de la laine.* — L'industrie du vêtement en consomme la plus grande partie ; les étoffes d'ameublements en emploient aussi beaucoup. On fait avec la laine des étoffes très-épaisses et des feutres qui servent de filtres dans les fabriques de produits chimiques, de couleurs, de bougies, etc. L'industrie de la laine est d'une grande importance et représente, pour la France seulement, une valeur annuelle de plus de 500 millions de francs.

CHAPITRE V.

SOIE.

99. *Origine de la soie. Éducation du ver à soie.* — La soie est de toutes les fibres textiles la plus belle, la plus résistante et la plus apte à se couvrir des couleurs les plus brillantes ; elle est aussi de beaucoup la plus chère. Cette précieuse substance est est le produit d'un ver, nommé ver à soie et qui se nourrit, comme chacun sait, des feuilles du mûrier. Le ver à soie est originaire de l'Asie orientale, où il vit à l'état libre et sauvage sur les mûriers à baies blanches ; la soie était connue et employée en Chine déjà plus de 3000 ans avant l'ère chrétienne ; de la Chine elle se répandit dans les Indes et en Perse ; ce ne fut qu'au milieu du sixième siècle de notre ère que deux moines rapportèrent d'Orient à Constantinople des œufs de ver à soie. Ils les multiplièrent avec soin et rapidité, et dès lors l'industrie de la soie se répandit successivement en Grèce, en Espagne, en Italie, puis en 1275 dans le voisinage d'Avignon. Les rois de France protégèrent cette industrie naissante et l'introduisirent même dans plusieurs provinces. Les persécutions religieuses contre les protestants eurent pour résultat de faire passer en Angleterre une multitude d'ouvriers en soie qui y transportèrent leur industrie. Aujourd'hui, l'éducation du ver à soie et l'industrie des tissus de soie sont d'une importance extraordinaire. En France, un grand nombre de départements cultivent le mûrier. La soie, autrefois le privilége exclusif des classes riches, est devenue actuellement accessible à toutes les classes de la société.

L'éducation du ver à soie, qui a lieu en Chine et aux Indes en plein air, grâce au climat, ne peut se faire en Europe, et surtout en France, qu'à l'intérieur de bâtiments spéciaux, que l'on nomme *magnanneries*, du mot *magnan*, qui signifie ver à soie dans le dialecte languedocien. On se procure des œufs de ver à soie, dits graines, et on les étale dans des chambres dont la température est maintenue à 18 degrés centigrades. Ces œufs éclosent (fig. 31) et produisent des larves que l'on place aussitôt sur des claies garnies de feuilles de mûrier. Ces feuilles doivent être renouvelées trois ou quatre fois par

Fig. 31.

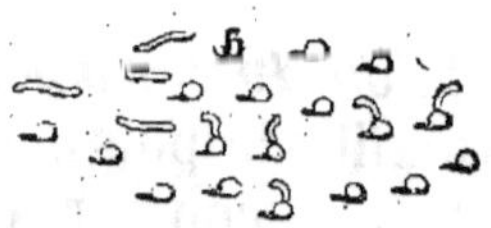

jour, et les claies débarrassées des excréments, des tiges et restes de feuilles partiellement dévorées. La plus stricte propreté et une aération convenable sont indispensables pour obtenir un bon résultat. Les vers grandissent peu à peu (fig. 32) et mangent beaucoup, même avec une certaine voracité.

Fig. 32.

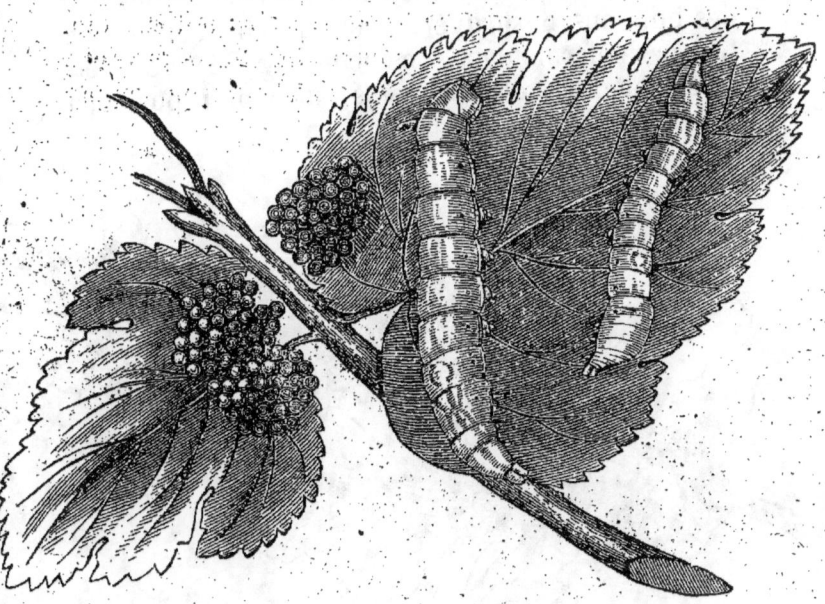

Pendant leur croissance, les vers changent 4 fois de peau, la première mue a lieu après le cinquième jour, la deuxième après le dixième jour, la troisième après le quinzième jour et la dernière après le 22e jour. Un peu avant chaque mue, les vers paraissent fatigués et perdent l'appétit qui les caractérise; mais dès que la peau est renouvelée, ils recommencent à manger avec avidité. Du 28e au 30e jour, la larve est arrivée à son entier développement (fig. 33).

Elle commence à filer le cocon qui doit l'envelopper. La figure 34 représente le ver à soie arrivé à cet état, il est presque translucide et parait bourré de liquide. Il est inquiet, agité et cherche à s'accrocher instinctivement aux objets placés verticalement. On facilite ses projets en plaçant sur les claies, soit des buissons de bruyère, soit des baguettes, etc. Le ver s'enferme dans son cocon (fig. 34) *h* et *g* et y reste immobile ou du moins, dans un repos appa-

Fig. 33.

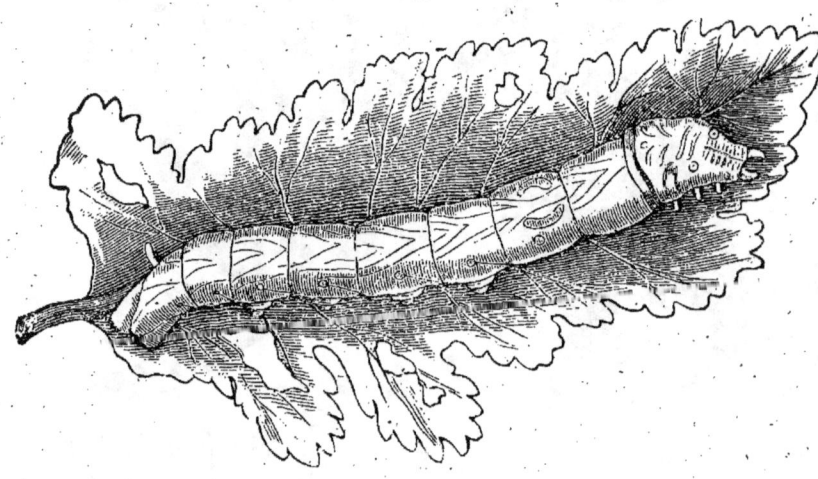

rent pendant 20 jours ; au bout de ce temps, il est transformé en papillon, qui est le terme extrême du développement de cet insecte. La figure 35 représente la chrysalide contenue dans le cocon et le papillon au moment de sortir du cocon. Lorsque le papillon est animé de toute la vitalité nécessaire, il

FIBRES TEXTILES.

Fig. 34.

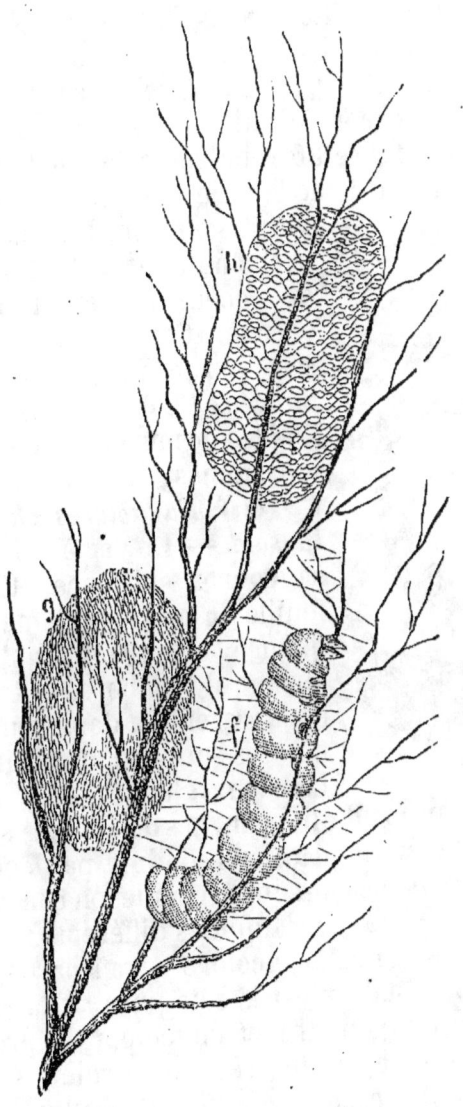

perce le cocon pour en sortir et déposer ses œufs ; mais à ce moment, on empêche cette sortie qui couperait en mille pièces le brin de soie en tuant dans l'eau bouillante tous ceux qui sont destinés à être filés. On laisse se développer librement et éclore les cocons destinés à la reproduction de la graine. La figure 36 représente le papillon de ver à soie, mâle et femelle. Un kilogramme d'œufs de ver à soie, produit dans de bonnes conditions 2000 kilogrammes de cocons, soit environ 1150000 cocons. Ceux-ci fournissent 160 kil. de soie filée, sans compter la bourre. La consommation des feuilles de mûrier est de 50000 kilogrammes.

Fig. 35.

100. *Caractères physiques de la soie.* — Le ver à soie, pendant sa courte existence, tire de la feuille du mûrier, la matière visqueuse et soyeuse qu'elle renferme ; il l'élabore, la transforme et la rassemble dans deux glandes placées sous son appareil digestif; ces deux glandes sont terminées chacune par un tube très-fin. Les deux tubes se réunissent à l'extrémité en un seul conduit, par lequel passe la matière soyeuse lorsque le ver file son cocon. Chaque glande renferme deux liquides différents : l'un forme un noyau central, incolore, transparent et pur comme le cristal : c'est la soie pure ; l'autre liquide est blanc ou jaunâtre et enveloppe le premier de toutes parts : c'est le grès de la soie ; sa couleur varie avec les espèces de ver. Il résulte de ces dis-

FIBRES TEXTILES. 127

positions, d'abord que le fil de soie est toujours double, mais entièrement agglutiné, car chaque glande produisant un fil séparé, les deux fils se soudent à l'endroit où le conduit devient unique ; de plus, chaque fil est composé de deux matières : le fil de soie

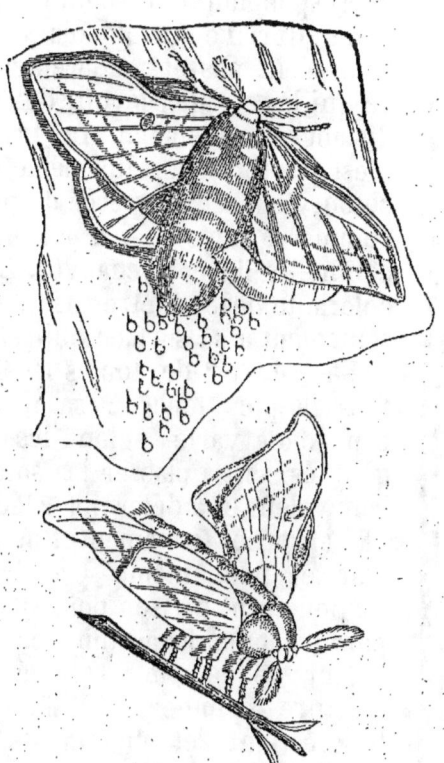

Fig. 36.

pur à l'intérieur, et l'enveloppe de grès à l'extérieur. Les deux fils étant collés ensemble dans toute leur longueur, l'enveloppe extérieure ne disparaît jamais en entier, même par la cuite en savon bouil-

8.

lant. Le brin de soie d'un cocon est d'une seule pièce ; sa longueur moyenne est de 350 mètres ; il va en diminuant de diamètre, à mesure qu'il s'approche de l'intérieur du cocon ; c'est-à-dire du moment où la matière à filer commençait à tarir dans le ver. Vu au microscope (fig. 37), il présente l'aspect d'un tube plein, aplati, avec une rainure correspondant à la soudure des deux brins. Il arrive quelquefois que ces deux brins n'ont pas été entièrement soudés, ce qui laisse apercevoir des vides de distance en distance. Le brin de soie n'est pas tordu sur lui-même comme le coton. Il n'est pas percé de petits trous comme la laine et n'a pas de cloisons comme le lin et le chanvre. La matière colorante ne le pénètre pas, mais adhère seulement à sa surface qui est lisse.

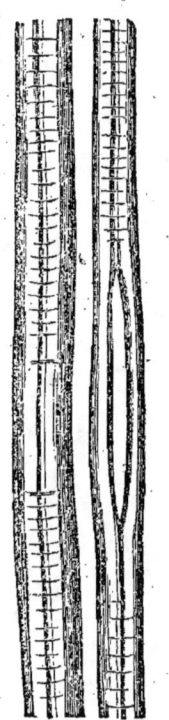

Fig. 37.

La soie est de toutes les fibres textiles la plus tenace ; sa ténacité, qui cependant varie selon les diverses qualités, sert à classer les soies, à fixer leur valeur et à déterminer leur emploi. Elle absorbe facilement l'humidité de l'air et peut même prendre jusqu'à 30 pour cent de son poids d'eau, sans paraître humide au toucher. La haute valeur de la soie a obligé de fixer un titre commercial d'humidité, et la création d'établissements spéciaux, où cette humidité est mesurée officiellement, a eu lieu dans les principaux centres industriels de cette matière. Ces établissements portent le nom de *Condition des soies.* On admet en général un degré d'humidité normal de 12 pour cent.

101. *Propriétés chimiques de la soie.* — La soie est une matière végétale, animalisée par le travail intérieur du ver à soie. Elle est attaquée et dissoute par les acides concentrés et par un certain nombre de sels, dont le principal est le chlorure de zinc ; les acides faibles ou étendus de beaucoup d'eau ne l'altèrent pas sensiblement et servent à lui faire absorber les matières colorantes. Les alcalis concentrés la détruisent et même à l'état dilué, ils ont sur elle une action nuisible et énervante, surtout à chaud ; la pratique a démontré que de tous les corps alcalins, le savon (de bonne qualité) est le seul au traitement duquel on puisse soumettre la soie sans inconvénient. La soie répand en brûlant une odeur animale particulière, qui rappelle celle de la corne brûlée. Elle possède ce caractère en commun avec la laine. De toutes les fibres textiles, la soie est celle qui attire le plus facilement les matières colorantes.

102. *Préparation de la soie.* — Je n'ai pas l'intention de donner dans les lignes qui vont suivre, des conseils sur le traitement à faire subir aux soies grèges pour les rendre propres à recevoir la teinture. En général, les opérations qui précèdent la teinture, sont convenablement exécutées et la routine des ateliers supplée au manque de connaissances théoriques. Il est facile de comprendre, par la lecture du paragraphe 100, que la soie brute recouverte de son grès, c'est-à-dire d'un enduit plus ou moins coloré et plus ou moins opaque, est impropre à recevoir la teinture. Il faut donc éliminer cet enduit au moins en partie ; le grès de la soie n'est pas soluble dans l'eau pure, mais il se dissout ou plutôt se délaie avec facilité dans l'eau de savon bouillante et concentrée, tandis que le brin de soie intérieur résiste à l'action de ce produit. Comme la soie contient une forte proportion de grès, c'est toujours une perte assez grande que le fabricant supporte en éloignant cette matière ; aussi ne le pratique-t-on pas entièrement dans toutes les opérations de la teinture. On distingue à cet effet les soies en trois catégories principales, selon les quantités de grès que l'on en sépare : 1° les soies teintes à l'état grége, c'est-à-dire sans perte de poids ; 2° les soies souples, dont on enlève environ de 5 à 10 0/0 de grès ; 3° les soies cuites qui perdent jusqu'à 25 0/0 en moyenne. Il va de soi que plus une soie a perdu de grès, plus elle est brillante, pure et fine. Aussi les soies cuites à 25 0/0 de perte sont-elles réservées pour former la chaîne des tissus ou aussi la chaîne et la trame des étoffes d'un prix élevé. L'opération par laquelle on prépare les soies souples, se nomme le dégommage ; elle s'effectue dans de vastes chaudières ordinairement en cuivre fort et chauffées par des serpentins de vapeur. Ces chaudières sont remplies d'un bain de savon renfermant 30 0/0 de savon, relativement au poids de la soie. On y promène et lisse les écheveaux de soie, plus ou moins longtemps à une température d'environ 65 degrés centigrades. Le bain devient bourbeux, par suite des impuretés de la soie qui s'y délaient. Outre le grès naturel de la soie, celle-ci contient une certaine quantité de matières gommeuses, appliquées pendant les opérations du filage et du moulinage. Ces matières gommeuses et résineuses, se détachent dans le bain ; lorsque le dégommage est suffisamment accompli, ce que la pratique seule peut indiquer, on sort les soies et on les tord à la cheville, pour en exprimer le liquide. On les lave et on les passe au soufre dans des chambres de même construction que celles employées pour le soufrage des laines (voy. § 97). Le soufrage non-seulement blanchit les soies, mais leur donne un certain maniement désiré pour la plupart des emplois de cette matière.

Lorsqu'on veut obtenir une soie cuite, c'est-à-dire dépouillée de presque tout son grès, on met les écheveaux de soie dégommés dans des sacs ou poches en toile, que l'on coud solidement et que l'on fait cuire à l'ébullition, dans des chaudières en cuivre contenant un bain de savon à 20 0/0 du poids de la soie. Par cette opération, la soie perd 25 0/0 du poids qu'elle avait étant grége. Elle est immédiatement prête à être teinte, après avoir été dégorgée à l'eau claire de la majeure partie du savon qu'elle retient. Les bains de savon de cuite et de dégommage ne sont pas jetés, mais utilisés dans diverses opérations de teinture, où les praticiens croient les employer avec avantage, de préférence à du savon neuf. Les soies cuites attirent plus avidement les matières colorantes que les soies souples, ce qui fait qu'on est obligé, pour teindre à une hauteur donnée, d'employer plus de couleur pour une soie souple que pour une soie cuite.

103. *Commerce et industrie de la soie.* — La grande valeur de la soie et ses applications si étendues, en font une branche d'industrie des plus importantes. La Chine, le Japon, l'Italie, la France et d'autres pays encore rivalisent dans la production de ce magnifique produit, qui peut s'élever, pour le monde entier, à la somme annuelle de plus de mille millions. Les difficultés de l'éducation des vers à soie et les variations du prix de la soie, par suite de la plus ou moins bonne réussite des cultures annuelles, ont encouragé plusieurs personnes à rechercher si l'on ne pourrait pas obtenir de la soie, au moyen de vers propres à nos climats, et pouvant vivre librement en plein air. De nombreuses expériences tentées dans ce but, ont démontré la possibilité de l'atteindre, mais on n'est pas encore parvenu à réaliser économiquement la production de la soie par ce nouveau moyen.

CHAPITRE VI.

ANALYSE DES TISSUS MÉLANGÉS.

104. *Caractères distinctifs des diverses fibres.* — Les fibres textiles se divisent naturellement en deux classes : les fibres végétales et les fibres animales. Ces deux classes ont des caractères différents très-importants. Ainsi, les premières répandent par la combustion, une odeur caractéristique et comme de bois brûlé, tandis que les secondes répandent l'odeur non moins facile à reconnaitre de corne brûlée. Les fibres végétales résistent à l'action des alcalis; au contraire, les fibres animales s'y dissolvent, surtout quand ils sont concentrés et chauds. Les acides détruisent les premières et les convertissent en sucre et n'altèrent pas les secondes, quand ils sont étendus d'eau. Ces caractères permettent donc de déterminer si une fibre est d'origine animale ou d'origine végétale, mais lorsqu'il s'agit de distinguer entre elles les fibres d'une même classe, la difficulté est plus grande. Ainsi, les fibres végétales que nous avons considérées dans les chapitres précédents, savoir le coton, le chanvre et le lin, ont des propriétés chimiques identiques, et l'on a recours au microscope pour les distinguer ; de la même manière, il y a des cas où certaines qualités de laine ont été si bien travaillées, qu'elles imitent la soie au point de tromper l'œil le plus exercé ; dans ce cas, le microscope et les réactifs permettent de distinguer avec exactitude la laine de la soie. Nous avons vu, en effet, que la laine contient une notable proportion de soufre ; si donc nous faisons bouillir le tissu de soie, soupçonné de contenir de la laine, avec une solution de potasse et d'oxyde de plomb, cette solution noircira bientôt si le tissu contient de la laine, par suite de la formation de sulfure de plomb composé noir et insoluble. De plus, après avoir enlevé, autant que faire se pourra, l'apprêt de l'étoffe, on en examinera les brins au microscope, et on les reconnaîtra par leur forme, leur origine et leur nature.

105. *Marche à suivre pour analyser un tissu.* — Ce que nous avons dit dans le précédent paragraphe ne s'applique qu'aux tissus les plus simples, ou même seulement aux fils que l'on peut soupçonner de mélange. Aujourd'hui, les fabrications commerciales des tissus sont arrivées à un point d'extrême perfection et l'on peut dire sans trop d'exagération que les tissus non falsifiés sont très-rares. Nous examinerons les mélanges qui peuvent se présenter au moyen des trois substances suivantes : soie, laine et coton. Il peut se présenter les quatre cas suivants de mélanges :

1° Soie, laine et coton ;
2° Soie et laine ;
3° Soie et coton ;
4° Laine et coton.

Examinons les moyens de les vérifier.

Premier cas. — Tissu vendu comme tout soie et supposé contenir de la laine et du coton, ou seulement l'un de ces deux produits. Divisons le tissu à essayer en trois parties ; deux pour l'essai chimique, et une pour l'observation microscopique. On trempe un morceau de l'étoffe dans une solution bouillante et concentrée de potasse ou de soude caustique. Si l'étoffe est pure soie, elle se dissout entièrement ; si elle est composée de laine et de soie, elle se dissout également tout à fait ; mais si elle renferme du coton, celui-ci ne se dissout pas et peut être recueilli, lavé, séché et pesé. Son poids, comparé à celui du morceau d'étoffe, donne la proportion dans laquelle il était mélangé au tissu. S'il n'y a pas de coton, ou si l'on soupçonne la présence de la laine, on fait bouillir un second morceau de l'étoffe avec de l'eau, de la potasse et de l'oxyde de plomb. La laine, s'il y en a, est décelée par la couleur noire que prend bientôt le mélange.

Deuxième cas. — Soie et laine. Dans ce cas, on détermine également la présence de la laine par la solution alcaline d'oxyde de plomb qui noircit.

Troisième cas. — Soie et coton. On traite un fragment du tissu par la potasse caustique bouillante, qui dissout la soie seulement, et laisse le coton s'il y en a ; on lave et sèche le résidu ; on en brûle une partie et on constate l'odeur de coton brûlé.

Quatrième cas. — Laine et coton. Cet essai se fait comme le précédent. Dans tous les cas, on doit si l'on peut, corroborer les essais chimiques par l'observation au microscope ; les formes des diverses fibres étant assez distinctes pour permettre de les reconnaître facilement.

QUATRIÈME PARTIE.

Etude spéciale des éléments et des composés chimiques.

CHAPITRE PREMIER.

PRINCIPAUX ÉLÉMENTS CHIMIQUES.

106. Peu de corps simples sont employés à l'état isolé dans les opérations de la teinture ; mais il est indispensable cependant de connaitre leurs principales propriétés, car ils entrent dans la composition d'un grand nombre de produits chimiques très-usités en teinture. Du reste, pour ne pas sortir des limites de cet ouvrage élémentaire, nous ferons connaître les propriétés et les caractères de chaque corps de la manière la plus simple.

107. *Oxygène.* — Autrefois, l'air que nous respirons était considéré comme un élément, et sa nature véritable était inconnue. Mais, depuis la fin du siècle dernier, l'air a été reconnu pour être un gaz composé, un mélange de deux gaz de nature différente, et de propriétés contraires, l'oxygène et l'azote. Le gaz oxygène entre pour un cinquième dans la composition de lui et c'est à l'air que ce dernier doit la faculté d'entretenir la vie des animaux et la combustion.

Lorsqu'il est pur, le gaz oxygène est plus lourd que l'air; un hectolitre de ce gaz pèse 143 grammes, tandis qu'un hectolitre d'air ne pèse que 130 grammes. Il n'est pas inflammable, mais en revanche, il active la combustion d'une manière si énergique, que les substances que l'on y fait brûler répandent une lumière que l'œil peut à peine supporter. On prépare facilement le gaz oxygène en chauffant avec précaution dans une cornue de verre le chlorate de potasse; 10 grammes de ce sel en donnent 2 litres et demi environ.

108. *Hydrogène.* — Pendant longtemps aussi l'eau a été considérée comme un élément.

Vers la fin du siècle dernier, il fut démontré que l'eau n'est autre chose que le produit de la combinaison de deux gaz, l'hydrogène et l'oxygène. L'hydrogène entre dans la composition de l'eau pour un neuvième en poids; c'est un gaz incolore, inodore, sans saveur et très-léger; c'est même le plus léger des gaz connus; de là son emploi pour gonfler les ballons. Le gaz hydrogène est inflammable; il brûle avec une flamme bleue, peu éclairante; par sa combustion, il produit nécessairement de l'eau, car la combustion n'est pas autre chose que la combinaison avec l'oxygène et nous venons de voir que l'eau se compose d'hydrogène et d'oxygène. Quand il est mêlé avec de l'air, il détone à l'approche d'un corps enflammé. Il produit par sa combustion une chaleur excessivement forte, quoique sa flamme soit à peine visible. Rien de plus facile que d'obtenir ce gaz. Il suffit de mettre dans de l'eau des morceaux de zinc ou de fer et d'ajouter un peu d'acide sulfurique; il se dégage bientôt une quantité de bulles de gaz qui ne sont autre chose que de l'hydrogène.

109. *Azote*. — C'est un gaz incolore, inodore, sans saveur, non inflammable et qui diffère essentiellement de l'oxygène en ce sens qu'il éteint les corps en combustion ; seul il est impropre à entretenir la vie des animaux qui périraient asphyxiés s'ils respiraient ce gaz pur. Il entre dans la composition de l'air pour quatre cinquièmes et a pour effet de modifier, c'est-à-dire d'amoindrir l'action de l'oxygène qui, respiré seul, exciterait d'une manière très-violente les fonctions vitales. Il entre dans la composition de toutes les matières animales, de beaucoup de matières végétales et d'un grand nombre de produits chimiques importants, tels que l'acide nitrique, l'ammoniaque, le prussiate de potasse, les couleurs d'aniline, etc.

110. *Le chlore*. — (Qu'il ne faut pas confondre avec le produit commercial qui porte vulgairement ce nom et qui est l'hypochlorite de chaux) est un gaz d'une couleur verte, d'une odeur pénétrante, désagréable et suffocante ; il est très-dangereux à respirer, car il peut provoquer des crachements de sang et même causer la mort. Il est près de deux fois et demi plus lourd que l'air. Le gaz chlore a une telle affinité pour la plupart des corps simples qu'il ne se trouve jamais à l'état libre ou isolé dans la nature. Il ne se rencontre qu'à l'état de combinaison en grande abondance et universellement répandu. Il forme les 60 centièmes du sel marin et les 97 centièmes de l'acide chlorhydrique. Le chlore se combine avec tous les métaux et forme avec eux des combinaisons que l'on nomme chlorures. Il a la propriété de décolorer toutes les matières colorantes organiques, ou tout au moins de les détruire en produisant des matières moins colorées, mais son action sur les fibres textiles est souvent très-dangereuse, car en détruisant les couleurs fixées sur un tissu, le chlore attaque fréquemment la matière même du tissu et lui donne une couleur jaune indestructible. Le chlore gazeux ne doit donc être employé qu'avec prudence dans le blanchiment des fibres textiles. On obtient le chlore en chauffant l'acide chlorydrique en présence de l'oxyde de manganèse, dont nous parlerons plus loin (§. 121). Le chlore entre dans la composition de substances importantes, telles que l'acide chlorhydrique, le chlorure de chaux, l'eau régale, le sel d'étain, le sel marin, etc.

111. *Brôme, Iode, Fluor.* — Bien que ces trois corps n'aient pas un emploi direct en teinture, il est bon d'en connaitre les principaux caractères. Le *brôme* est un corps simple, liquide, plus lourd que l'eau ; il se trouve combiné au magnésium dans les eaux de la mer, et dans celles de divers lacs salés, et de sources minérales. Il est employé en photographie et en médecine.

L'iode est un corps simple, solide, d'un gris métallique, près de cinq fois plus lourd que l'eau ; d'une saveur âcre et d'une odeur qui rappelle celle du chlore. Il est volatil et donne en sublimant des vapeurs violettes. Il se trouve combiné au potassium dans les cendres des plantes marines. Son emploi est très-fréquent en médecine et en photographie. Depuis quelques années, la fabrication des couleurs d'aniline, notamment des violets-lumière et du nouveau vert de nuit, en consomme une quantité considérable comme simple moyen chimique d'obtenir ces couleurs, mais non point comme beaucoup de gens l'ont cru à cause de la couleur violette de sa vapeur.

Le fluor se trouve combiné avec le calcium (méta

dont la chaux est l'oxyde) sous forme de dépôts et de montagnes immenses. On nomme ce composé spath fluor. Cette pierre sert fréquemment de fondant, surtout dans les fonderies où l'on traite les minerais de plomb. Mais son application la plus remarquable et la plus curieuse est l'extraction d'un acide nommé acide fluorhydrique, parce qu'il est composé d'hydrogène et de fluor ; cet acide a la propriété de graver le verre. On enduit le verre à graver de cire et on dessine avec un burin, de manière à mettre le verre à nu aux endroits du dessin. Cela fait, on expose le verre à l'action de l'acide fluorhydrique liquide ou gazeux et partout où la cire a été enlevée par le burin, le verre est gravé. Les vitraux d'église et en général une foule de dessins exécutés sur verre sont obtenus par ce moyen. Comme l'acide fluorhydrique ronge le verre, la porcelaine et les métaux, on ne peut le conserver dans des vases fait de ces matières ; on le conserve dans des vases de caoutchouc qu'il n'attaque pas sensiblement. Pour obtenir le gaz fluorhydrique, on prend une capsule épaisse de plomb, on y met du spath fluor pilé, et on le mélange avec de l'acide sulfurique, de manière à former une pâte épaisse. On chauffe doucement et le gaz fluorhydrique se dégage. On l'emploie directement ou on le condense dans des bouteilles de caoutchouc contenant de l'eau froide.

112. *Phosphore et Arsenic.* — Le phosphore est un corps simple, blanc, transparent, lorsqu'il a été récemment fondu et lumineux dans l'obscurité. Il s'enflamme très-facilement à l'air, aussi le conserve-t on sous l'eau. C'est un très-violent poison ; il est très-corrosif et produit des brûlures très-dangereuses. On a trouvé déjà en 1849 le moyen de rendre le phosphore presque inoffensif sans lui retirer ses qualités les plus utiles. C'est en le transformant par une chaleur longtemps prolongée à l'abri du contact de l'air, qu'on parvient à l'obtenir en une poudre rouge qui ne s'enflamme plus à l'air qu'à une température élevée. En outre, un phosphore ainsi préparé n'est plus vénéneux et ne cause aucun accident aux ouvriers qui le manipulent. On fabrique à Lyon des allumettes ordinaires sous le nom d'allumettes au phosphore amorphe. Ces allumettes ne peuvent s'enflammer qu'au contact d'une surface préparée à cet effet, ce qui diminue les dangers d'incendie ; le phosphore qu'elles contiennent n'étant pas vénéneux, on n'a plus à craindre les accidents redoutables et si fréquents arrivés à des enfants qui ont l'habitude de ronger les allumettes qu'on laisse imprudemment à leur portée. Il est impossible de comprendre pourquoi des allumettes qui offrent tant de sécurité ne sont pas universellement employées. Les allumettes ordinaires au phosphore blanc devraient même être légalement interdites, à l'instar de beaucoup d'autres substances qui sont certainement moins dangereuses. Le phosphore est très-abondant dans la nature ; mais sous forme de phosphate de chaux; c'est ainsi qu'il est contenu dans les os des animaux en proportion de 50 0/0 en moyenne. Aussi c'est des os qu'on le retire le plus économiquement. Il a été découvert dans l'urine, en 1669, par un marchand de Hambourg et seulement un siècle plus tard dans les os. A cette époque, son prix était très-élevé, tandis qu'actuellement il vaut à peine 5 francs le kilogramme. Son principal emploi est la fabrication des allumettes. Il est aussi appliqué en médecine.

L'Arsenic pur est un corps simple gris d'acier, lourd et sans emploi direct ; mais ses combinaisons ont reçu de grandes et importantes applications.

Combiné à l'oxygène, il forme les acides arsénieux (arsenic blanc) et arsénique. Le premier est très-employé dans la verrerie et dans la préparation d'une couleur verte, connue sous le nom de vert de Schweinfurt. Ce vert qui est appliqué aux papiers peints destinés aux appartements, se détache facilement des tapisseries, et peut causer de graves empoisonnements. L'acide arsénique est employé en immense quantité, dans la fabrication du rouge d'aniline dit fuchsine. A l'état d'arséniate de soude et d'arséniate d'alumine, il entre dans la composition de plusieurs mordants. L'arsenic est assez répandu dans la nature, et un grand nombre de minerais en renferment des quantités notables ; tels sont les minerais d'étain, de cuivre, de plomb, etc.

113. *Soufre.* — Ce corps est un des plus importants par ses nombreuses applications industrielles et son abondance dans la nature. Il se trouve tantôt à l'état libre, tantôt en combinaison. Le soufre naturel se rencontre dans tous les pays volcaniques. En Sicile, où il est le plus abondant, le soufre forme des amas très-considérables sous le sol ; mais il n'a pas dans cet état la belle couleur jaune qu'il possède quand il est raffiné. Au contraire, il est gris, terreux et très-impur. Le soufre purifié est un corps jaune, solide, friable, il peut cristalliser en prismes et en octaèdres (fig. 38 et 38 bis), il s'électrise par le frottement, et peut alors attirer à lui des objets légers. Il conduit mal la chaleur. Sa densité est égale à 2, c'est-à-dire qu'à volume égal, il pèse deux fois plus que l'eau. Le soufre fond à 107 degrés centigrades, il devient alors très-fluide ; il reste jaune et liquide jusqu'à 140 degrés. Chauffé davantage, il s'épaissit vers 160 degrés et devient rougeâtre ; entre 200 et

250 degrés, il devient si épais qu'on peut retourner le vase qui le contient sans le verser. Vers 400 degrés, il entre en ébullition et distille. Lorsqu'on re-

Fig. 38.

Fig. 38. bis.

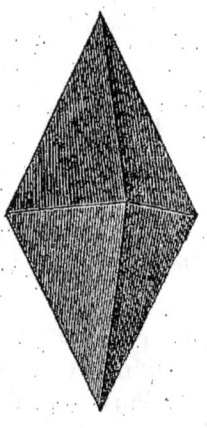
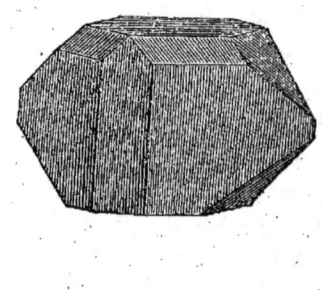

froidit brusquement en le plongeant dans l'eau froide le soufre fortement chauffé, il reste mou pendant plusieurs jours. On peut alors en faire des moules de médailles ou d'autres objets destinés à être reproduits par la galvanoplastie.

Extraction du soufre. — Le soufre employé aujourd'hui dans les arts a deux origines : 1° les mines de soufre natif; 2° les sulfures métalliques traités dans le double but d'obtenir le soufre et le métal qu'ils renferment. Le soufre naturel est mélangé à des matières terreuses, de l'argile, des pierres, etc., et l'exploitation s'en fait à ciel ouvert. On sépare par des moyens mécaniques la majeure partie des matières étrangères que l'on rejette. On ne purifie ordinairement pas les soufres naturels dont la richesse est au-dessous de 10 0/0 en soufre pur ; la première purification se fait sur les lieux mêmes de l'extraction ; elle consiste à fondre le soufre naturel tiré aussi soigneusement que possible dans de vastes chaudières en fonte, ou dans des fours construits sur les lieux d'extraction, à la manière des fours à chaux. Souvent le soufre impur trop pauvre, sert lui-même de moyen de chauffage. Les matières terreuses vont au fond de la chaudière et le soufre liquéfié est reçu dans des moules en tôle où il se solidifie. On le casse en blocs et on l'expédie aux raffineries sous le nom de soufre brut ; dans cet état, il n'est pas encore assez pur pour les besoins ordinaires de l'industrie. Dans les raffineries, on lui fait subir une distillation qui donne deux produits différents, selon la manière dont l'opération est conduite. On distille le soufre dans des chaudières chauffées à feu nu (fig. 39), ou dans des vases de forme cylindrique V au moyen du foyer Q. Les vapeurs de soufre se rendent par un canal dans une chambre très-spacieuse F, construite en maçonnerie, et là se refroidissant subitement, tombent en fine poussière jaune, connue sous le nom de fleur de soufre. L'air chauffé par la chaudière V passe par un canal X, et aboutit à un réservoir Z, contenant du soufre qui sert à alimenter la chaudière V d'une manière continue en passant par le tuyau ob. Le foyer q est en communication avec la cheminée U. Lorsqu'on a fait plusieurs distillations successives sans retirer la fleur de soufre de la chambre de condensation, l'air de cette chambre s'est considérablement échauffé ; c'est alors le moment d'arrêter la distillation et de laisser refroidir pour pouvoir retirer la fleur de soufre, si l'on veut avoir ce produit. Cela se pratique par l'ouverture A placée au bas de la chambre. Si au contraire on veut

Fig. 39.

obtenir le soufre fondu en bâtons, on n'a qu'à continuer les distillations. La température de la chambre finit par dépasser le point de fusion du soufre, et celui-ci au lieu de tomber en poussière se liquéfie et forme une couche plus ou moins profonde sur le sol de la chambre O. On le fait alors couler par un trou fermé pendant l'opération par la clé I, dans une chaudière entretenue à la température du soufre en fusion. De cette chaudière on le verse dans des moules coniques en bois plongés dans des baquets d'eau N. Ces moules de la forme indiquée en L laissent sortir facilement le soufre par un léger choc lorsqu'il est refroidi. La chambre de condensation porte à sa partie supérieure une ouverture munie d'une soupape MR.

Le raffinage du soufre dans le but de l'obtenir en canons se pratique aussi en fondant le soufre dans de vastes pots OO' chauffés dans un four EE' avec cheminée d'appel A. De ces pots le soufre distille dans d'autres pots extérieurs PP', d'où on le coule en bâtons comme dans le cas précédent (fig. 40).

Nous avons dit que le soufre peut s'obtenir aussi de plusieurs combinaisons naturelles dans lesquelles il est engagé. En effet, le soufre se rencontre fréquemment et abondamment combiné avec le fer ou le cuivre à l'état de sulfure de fer ou de sulfure de cuivre. Ces combinaisons portent le nom de pyrites ; si on les chauffe à l'air libre, elles s'enflamment et une partie de leur soufre brûle en formant de l'acide sulfureux ; mais, si la décomposition de ces minerais a lieu dans des fours à l'abri de l'air, une grande partie du soufre distille sans s'oxyder. On purifie le soufre ainsi obtenu par les moyens indiqués plus haut, mais malgré le meilleur mode de purification, ce soufre obtenu des pyrites renferme toujours de l'arsenic.

Les principales applications du soufre sont : la fabrication de l'acide sulfurique, de la poudre à tirer des allumettes et le blanchiment des laines, des soies et

Fig. 40.

des pailles. En médecine, le soufre et les composés où il entre sont employés avec succès contre les maladies de la peau. C'est au soufre qu'elles contiennent, que certaines eaux minérales doivent leur efficacité telles que les eaux de Barèges, de Bagnères, d'Aix, d'Uriage etc.

114. *Carbone.* — Sous ce nom, l'on désigne en chimie le charbon à l'état de pureté; c'est un des plus importants éléments de notre globe. Outre que tous les corps organisés animaux et végétaux contiennent du charbon comme élément essentiel à leur existence, c'est au charbon que nous devons jusqu'à présent la chaleur et la lumière et par conséquent toutes les principales conquêtes de l'industrie moderne. Le charbon existe à l'état libre plus ou moins pur et à l'état de combinaison. A l'état libre, il se présente sous des formes diverses que l'on peut classer en cinq catégories que nous étudierons successivement, ce sont : le diamant, le graphite, l'anthracite, la houille et le lignite ; le charbon de bois, le noir de fumée, le noir animal, le coke sont des produits artificiels, nous les examinerons après les premiers. En combinaison, le charbon se trouve uni à l'oxygène sous forme d'acide carbonique dans l'atmosphère ou dans le calcaire dont il constitue près des quatre dixièmes. Combiné à l'eau, il forme les tissus végétaux, le bois, une grande partie des matières animales, etc.

Diamant. — Le charbon à l'état de pureté absolue n'est autre chose que cette pierre si précieuse qui forme de si riches parures et qui, malgré son incontestable beauté, ne doit la plus grande partie de sa valeur qu'à son excessive rareté ; il paraît au premier abord bien extraordinaire que le diamant ne soit autre chose que du charbon pur ; mais on doit s'incliner devant la preuve évidente que l'analyse chimique en a donnée. En effet, le diamant comme le plus pur charbon de bois, brûle dans l'oxygène avec une vive lumière et produit du gaz acide carbonique ; il présente toutes les réactions du charbon et aucun doute ne peut s'élever sur sa nature. Le diamant se trouve au Brésil, dans l'Inde et divers autres pays ; dans des dépôts sablonneux amoncelés par des rivières; il n'a pas été formé dans les lieux où on le trouve, mais il y a été amené par les eaux. Dans les sables diamantifères, les diamants les plus abondants sont les plus petits ; ceux qui ont le plus d'éclat sont conservés pour être taillés; ceux qui sont laids sont pulvérisés pour tailler les autres par frottement. Le diamant est le corps le plus dur que l'on connaisse ; aussi sert-il à couper le verre et à faire des pièces d'horlogerie inusables. Il doit être transparent, pur, éclatant de lumière, sa couleur varie, mais ses qualités essentielles sont la pureté d'abord et la grosseur ou le poids. Le prix du diamant n'est pas proportionnel à son poids, mais il augmente dans des proportions énormes avec l'accroissement du poids et de la beauté. Les plus beaux diamants connus sont la propriété des couronnes princières, ce sont les suivants :

1° Celui du prince de Bornéo (Indes orientales) ; il pèse 65 grammes et sa valeur est de 13 millions de francs.

2° Le Koh-i-Noor (montagne de lumière) ; il pèse 21 grammes et la valeur en est fixée à 11 millions. Il appartient à la couronne d'Angleterre.

3° Le diamant de l'Empereur de Russie ; il pèse 40 grammes et a été payé deux millions et demi, avec une pension viagère de cent mille francs.

4° Le diamant de l'Empereur d'Autriche, pesant 29 grammes et valant deux millions et six cent mille francs.

5° Le Régent appartenant à la couronne de France ; il pèse 28 grammes et vaut 8 millions.

6° L'Étoile du Sud, trouvée au Brésil ; il pèse 26 grammes et vaut environ 7 millions. Il appartient à

ÉTUDE DES COMPOSÉS CHIMIQUES. 149

un joaillier de Paris. De nombreuses tentatives ont été faites pour obtenir le diamant artificiellement ; c'est-à-dire par des procédés chimiques : le succès n'a pas encore couronné ces efforts, mais les résultats obtenus permettent cependant de croire que ce but sera atteint un jour ou l'autre. Il est bien évident que le jour où cette grande découverte aura lieu, le diamant perdra la valeur que lui donne actuellement sa rareté ; mais l'industrie s'en emparera, lui donnera maintes applications utiles et l'on n'aura plus le ridicule spectacle de sommes énormes enfouies sans rien produire dans quelques kilogrammes de charbon cristallisé.

Fig. 41.

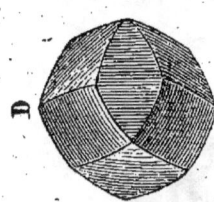
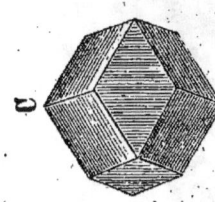
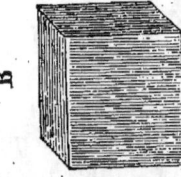
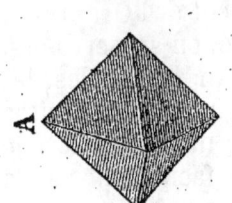

La figure 41 représente les formes diverses sous lesquelles le diamant se présente naturellement. A est la forme octaédrique, B le cube, C le dodécaèdre rhomboïdal et D un dodécaèdre dont les surfaces sont courbes. La figure 42 représente les formes acquises au diamant par la taille.

Graphite ou Plombagine. — On désigne sous ces noms une qualité de charbon plus ou moins pure qui se présente sous la forme de masses d'un gris noirâtre, quelquefois noires, au toucher gras et onctueux. Cette substance est opaque, tendre et facile à couper; malgré le nom de plombagine qu'elle a reçu, elle ne renferme point de plomb : les qualités les

Fig. 42.

plus pures contiennent environ 85 0/0 de charbon. Ses applications sont variées; elle sert à former l'intérieur des crayons dont l'industrie est due spécialement à Conté (de Séez, département de l'Orne), qui la créa vers la fin du siècle passé; on se sert aussi de ce produit pour noircir et polir les poêles, les fourneaux, etc. On mêle la plombagine avec la graisse destinée aux essieux de voiture ; dans ce cas, elle empêche la graisse de couler trop facilement par la chaleur due au frottement des roues : on fait avec le graphite, des creusets infusibles destinés à fondre l'alliage d'or et de cuivre destiné aux monnaies d'or ; enfin la galvanoplastie a recours à la plombagine pour rendre conducteurs de l'électricité les moules et objets qui ne le sont pas naturellement et ne pourraient recevoir le dépôt métallique qui doit les reproduire. Il existe une mine de graphite dans le département des Hautes-Alpes; c'est la seule exploitée en France. Le plus beau graphite vient de Sibérie, mais beaucoup d'autres pays en fournissent, tels que la Bavière, l'Angleterre, l'Ecosse, la Suède, la Norvège, le Nord de l'Amérique, l'Ile de Ceylan, etc.

Anthracite. — On donne ce nom à une variété de charbon naturel employé dans quelques pays comme combustible. L'anthracite est en masses compactes et friables, s'allume avec difficulté, mais une fois enflammé donne une chaleur très-forte, utilisée avec avantage dans les fonderies. Ce charbon éclate au feu, se fendille et intercepte le courant d'air, ce qui est la cause de la lenteur de sa combustion. Il contient de 70 à 90 0/0 de charbon pur. On le trouve répandu et disséminé dans beaucoup de pays, tels que les Alpes du Dauphiné, les Pyrénées, l'Ecosse, l'Irlande, l'Angleterre, la Saxe, etc.

Houille ou charbon de terre. — Cette variété bien connue du charbon est la plus importante par l'immense consommation qu'en fait l'industrie. La houille doit son origine à de grandes quantités de végétaux qui, à une époque ancienne de l'existence du globe, ont été enfouis successivement et recouverts par des sédiments de diverses natures. Recouverts par des couches de grès, de calcaire, etc; qui se sont formées par-dessus, ces végétaux ont subi à l'abri de l'air une carbonisation lente et incomplète; l'eau qu'ils contenaient s'est échappée en vapeurs sous l'influence de la chaleur terrestre. Le charbon seul est resté conservant encore très-fréquemment la forme des arbres qui ont servi à le produire et l'empreinte de leur écorce et de leurs

Fig. 43.

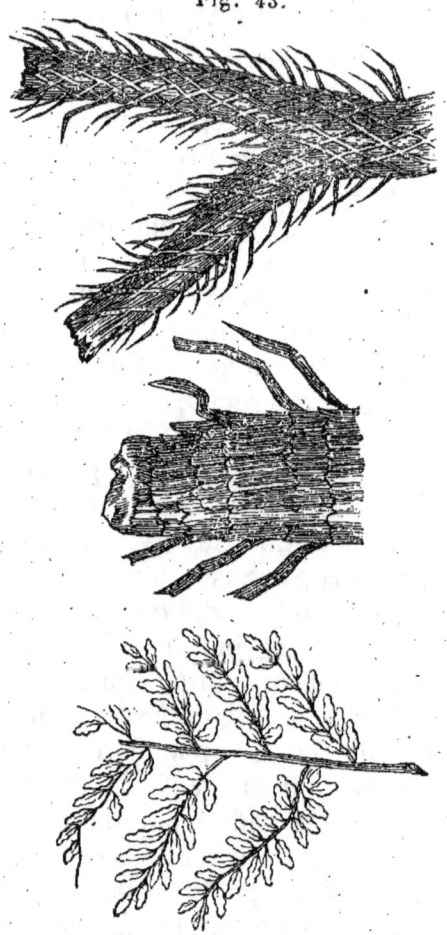

feuille (fig. 43). Le charbon de terre était connu des anciens qui en exploitaient quelques mines ; mais plus tard l'extraction en fut oubliée et ce n'est que vers le treizième siècle de notre ère que cette exploitation recommença, mais d'une manière très-lente. Au quatorzième siècle, des négociants français transportaient du blé en Angleterre et en ramenaient du charbon en échange. Dans les temps modernes, les progrès de l'industrie métallurgique et la disparition graduelle des forêts ont activé l'exploitation des charbons, qui est arrivée de nos jours à un chiffre considérable. Ainsi, l'Angleterre en extrait annuellement plus de cent millions de tonnes; la France, la Belgique, et la Prusse réunies, environ 30 millions de tonnes, etc. Malgré l'énorme consommation de ce combustible, on ne peut avoir aucune crainte pour l'avenir, car tous les gisements de houilles sont loin d'être connus et ceux qui le sont en renferment une si prodigieuse quantité, que l'on a calculé que l'Angleterre, en consommant le double de houille de ce qu'elle en emploie aujourd'hui, en a encore pour plus plus de 40 siècles. La France, l'Amérique, la Russie, la Belgique et bien d'autres pays en possèdent des masses considérables. Du reste, l'état de la science permet d'espérer que bien avant l'épuisement de ces ressources on aura découvert des moyens de chauffage et d'éclairage qui permettront de se passer de charbon et permettront aux malheureux mineurs si exposés de quitter leurs souterrains.

La valeur de la houille est proportionnelle à la quantité de charbon pur et d'hydrogène qu'elle renferme. Il est rare de voir une houille dépasser 95 0/0 de charbon pur. Habituellement, elle contient de 80 à 90 0/0. Les applications sont les suivantes : chauffage des appareils à vapeur et des appartements;

production du gaz d'éclairage; fusion des métaux ; fabrication des soudes, etc. Le transport de la houille, surtout par les chemins de fer, en augmente rapidement le prix ; aussi n'est-il pas étonnant que la majeure partie des industries qui ont besoin de ce combustible pour produire la chaleur et la force motrice se soient groupées dans les régions houillères. En Angleterre, le prix du charbon est très bas, environ 45 centimes les cent kilog., tandis qu'en France, même dans les régions houillères, ce prix atteint jusqu'à 1^f, 20 centimes. Les contrées tout à fait privées de charbon par la nature, le paient bien plus cher encore. Ainsi les filatures de Naples, qui sont alimentées de combustible par les navires anglais, payent la houille jusqu'à 5 francs les 100 kil.

Lignite. — Cette variété de combustible n'est autre chose que du bois enfoui sous le sol à une époque postérieure à la houille. Ce bois a subi une décomposition moins avancée que celui qui a formé la houille, ce qui permet de distinguer ordinairement les fibres et l'espèce végétale à laquelle elles appartiennent. On trouve des lignites dans beaucoup de localités ; le département des Bouches-du-Rhône en renferme beaucoup. C'est dans le lignite que se rencontre une matière noire, dure, facile à polir et qui porte le nom de jais ou jayet. On s'en servait beaucoup autrefois pour faire des colliers, des croix, des chapelets, etc.

Charbon de bois. — Le bois contient en moyenne, quand il est suffisamment sec, 38 0/0 de carbone ou charbon pur, le reste se compose d'eau et d'une petite quantité de matières minérales. Si donc par la chaleur on chasse l'eau combinée du bois, le charbon restera seul avec les matières minérales non volatiles qui l'accompagnent. La fabrication du charbon de bois se base sur ce principe. Si l'on chauffait le bois à l'air, la température nécessaire pour en séparer l'eau combinée suffirait pour faire enflammer le charbon obtenu et ce charbon se trouverait ainsi transformé en gaz acide carbonique et perdu.

On forme donc des meules se composant de bûches de bois placées verticalement, et on recouvre ces meules de gazon ou de terre pour empêcher l'air de pénétrer trop librement. Quelques petites ouvertures laissent pénétrer lentement l'air nécessaire à entretenir une faible combustion qui, par la chaleur produite, chasse l'eau à l'état d'épaisses vapeurs. Malgré les précautions employées pour éviter la perte du charbon, une partie en est toujours consumée, et on n'obtient en moyenne que 25 parties de charbon sur 38 que contient le bois. Les Chinois, par un procédé ancien qui consiste à carboniser le bois dans des fours souterrains en obtiennent jusqu'à 35 de charbon bien préparé.

Charbon de Paris. — On fabrique, depuis 1850, un charbon moulé sous diverses formes et que l'on obtient en carbonisant en vase clos une foule de débris végétaux mélangés à du poussier de coke, du tan, etc. La poudre que l'on obtient en pulvérisant ce mélange sous des meules, est alors agglomérée par du goudron ou du brai et comprimée en cylindres, ou en blocs rectangulaires. Ce charbon donne environ 20 0/0 de cendres.

Noir de fumée. — Ce produit est une variété de charbon qu'on obtient en faisant condenser la fumée qui provient de la combustion incomplète de diverses matières dans des chambres closes et construites en maçonnerie (fig. 44).

Fig. 44.

Le noir de fumée se dépose contre les parois et sur le sol de ces chambres en une poudre excessivement fine et légère. On laisse parfaitement refroidir les chambres avant d'en retirer le noir, car sans cette précaution, l'air risquerait de l'enflammer, car étant très-divisé, il admet avec une grande facilité l'oxygène et l'oxydation favorisée par la chaleur, mettrait tout le produit en feu. Les plus beaux noirs de fumée sont obtenus en brûlant des rognures de liège, des sarments de vigne, etc. On obtient aussi en grand une excellente qualité de noir de fumée, par la combustion incomplète des matières goudronneuses ou huileuses, résidus de l'épuration des goudrons de gaz, naphtaline, etc.

Noir d'os ou Noir animal. — Ce produit, nommé aussi noir d'ivoire, charbon animal, s'obtient en chauffant au rouge dans des fours clos des os et autres débris animaux. Il ne contient que peu de charbon, 10 0/0 environ seulement ; le reste est formé des matières minérales contenues dans les os, telles que phosphate de chaux, carbonate de chaux, etc. Ce charbon jouit de propriétés décolorantes très-actives, aussi est-il appliqué à la clarification des sucres. Le vin rouge filtré sur ce noir y laisse sa couleur complétement.

Coke. — Quand on décompose la houille dans les fours à gaz, la majeure partie du carbone se dégage en combinaison avec l'hydrogène; il reste comme résidu une masse spongieuse relativement légère, grise et sonore ; cette masse est ce qu'on nomme le coke. Ce combustible contient plus de cendres que le charbon qui a servi à le produire ; mais quand il est de bonne qualité, il n'en laisse pas plus de 15 0/0 Le coke donne 3 à 4 fois plus de chaleur par sa combustion que le charbon de bois ordinaire; aussi trouve-t-il de nombreuses applications en métallurgie et sur les lignes de chemins de fer.

115. *Silicium. Bore* — Il nous reste à étudier

pour finir les métalloïdes, deux corps dont les combinaisons, pour le premier surtout, ont une grande importance ; ces deux éléments, le silicium et le bore, ne se trouvent jamais à l'état libre dans la nature : mais c'est sous forme de combinaisons avec l'oxygène qu'on les rencontre. Commençons par le silicium.

Tout le monde connaît l'espèce de pierre vulgairement nommée pierre à fusil ; cette pierre n'est autre chose que de l'acide silicique, combinaisons de cilicium et d'oxygène. Le silex ou pierre à fusil est très-abondamment répandu ; il y a des départements en France où son exploitation a été une fois très-active (Indre, Loir-et-Cher, Seine-et-Oise, etc.) ; mais ce genre d'industrie a naturellement beaucoup diminué depuis l'invention des fusils à capsule. Le silex n'est pas la seule forme de l'acide silicique ; l'agathe, l'opale, l'améthyste, la cornaline sont des variétés de la même pierre employées par les lapidaires.

Les grès ne sont autre chose qu'une agglomération de grains d'acide silicique ; les espèces qui viennent d'être citées renferment presque toujours l'acide silicique à l'état opaque ou translucide, mais on trouve aussi, surtout dans les Alpes, l'acide silicique en magnifiques cristaux transparents, incolores ou diversement colorés ; on le nomme alors cristal de roche ou quartz. Une grande partie du granite n'est autre chose que du quartz plus ou moins bien cristallisé. Cette matière est si répandue, qu'il est peu de localités où on ne la rencontre, soit dans les sables, soit dans les roches, soit enfin dans les cours d'eau sous forme de cailloux roulés. Le quartz, le silex, etc., sont plus durs que le verre qu'ils rayent facilement ; l'acide silicique est peu soluble dans l'eau, mais cependant presque toutes les eaux naturelles en contiennent un peu en dissolution.

L'extrême abondance de cette matière n'est rien encore relativement à l'importance de ses applications industrielles. En effet, le verre, cette substance si utile et si anciennement connue, n'est autre chose qu'une combinaison de l'acide silicique avec diverses bases, telles que la potasse, la soude, la chaux, l'oxyde de plomb, l'oxyde de fer, etc. L'invention du verre est due aux anciens Egyptiens ou aux Phéniciens, leurs voisins. Ils en conservèrent longtemps le monopole et ce ne fut que dans les premiers siècles de notre ère que la fabrication du verre pénétra en Italie et en France. L'invention des vitres date du treizième siècle. L'emploi en était devenu fréquent au sixième; après cette époque, il fut adopté en Angleterre et en Allemagne. Ce fut la ville de Venise qui fabriqua pendant des siècles presque exclusivement les glaces et les verres de toute espèce. Au seizième siècle, cette industrie passa en Bohême, où elle atteint une grande perfection. De nos jours, les verreries de Bohême ont encore une réputation justement méritée. La manufacture de Saint-Gobain fut fondée en 1691.

L'acide silicique seul est infusible au feu le plus violent de nos fourneaux, mais mélangé à divers oxydes, il fond avec facilité, se combine avec eux et forme ainsi un verre qui est plus ou moins coloré et en nuances diverses, selon la nature des oxydes employés. Ainsi, l'oxyde de manganèse colore le verre en violet améthyste, l'oxyde de cobalt en bleu, l'oxyde d'urane en jaune, etc. C'est par l'emploi de ces divers oxydes en dose convenable qu'on est arrivé à imiter les pierres précieuses, et maintenant cet art d'imitation a atteint une telle perfection, que l'œil du connaisseur le plus habile est souvent trompé. Le verre est plus ou moins dur, plus ou moins fusible, plus ou moins lourd, selon les oxydes employés pour le faire ; en variant ces oxydes et leur proportion, on est arrivé à obtenir des qualités diverses du verre conformes aux usages auxquels on les destine. C'est ainsi qu'on obtient le verre à vitres, le verre à gobeletterie, le crown-glass, employé pour les lunettes, le verre à bouteilles, le cristal, etc. L'émail n'est pas autre chose qu'une vitrification obtenue à la surface de diverses pâtes infusibles, par un mélange convenable de divers silicates.

Le verre n'est que peu attaqué par l'eau, lorsqu'il est bien fabriqué ; il résiste facilement aux réactifs chimiques ; de là, son importance pour l'industrie qui fabrique ou emploie les produits chimiques. On peut, en variant les doses d'acide silicique et d'oxyde alcalin, ainsi que le mode d'opérer, obtenir un verre soluble dans l'eau. Ce verre, nommé *verre soluble* ou *silicate*, est très-employé pour enduire à l'extérieur les constructions en pierre calcaire. La chaux de ces pierres forme bientôt avec le silicate un enduit insoluble et imperméable qui les fait résister à l'injure du temps et même à l'action prolongée de l'eau.

Le *bore* ne nous fournit que deux produits importants. Ce sont l'acide borique, produit par sa combinaison avec l'oxygène et le borax, qui est l'acide borique saturé par la soude. Le borax se trouve naturellement dans les eaux de divers lacs en Perse, en Chine, dans la Tartarie méridionale, dans l'Inde, etc. Il cristallise sous deux formes (fig. 45), l'une en cristaux à huit faces renferme 30 0/0 d'eau, l'autre en prismes allongés, en contient 47 0/0.

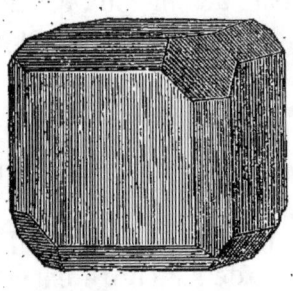 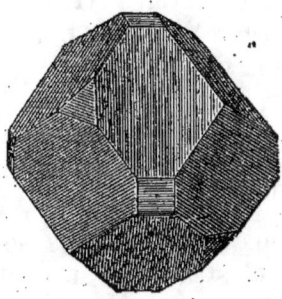

— Fig. 45.

L'acide borique est aussi un produit naturel qui se trouve dans les pays volcaniques. C'est la Toscane qui en fournit le plus. Il sort des fissures naturelles du sol, entraîné par des vapeurs d'eau bouillante. On le recueille et le purifie sur les lieux de production.

116. *Métaux.* — Les métaux connus jusqu'à présent sont au nombre d'une cinquantaine environ, mais beaucoup d'entr'eux ne sont que peu ou point employés à l'état métallique, à cause de leur rareté qui en élève trop le prix, ou à cause de leurs propriétés spéciales, qui ne permettent pas toujours d'en faire une application étendue. Nous nous bornerons donc à étudier ceux qui, par eux-mêmes ou par leurs combinaisons, sont devenus d'un emploi fréquent, surtout dans l'industrie de la teinture.

Les métaux forment une grande classe de corps simples qui sont liés ensemble par certains caractères communs, quoique ne les possédant pas tous au même degré, tels que l'éclat dit métallique, la fusibilité, etc. Ils ont tous des couleurs comprises entre le blanc et le blanc bleuâtre; l'or et le cuivre font exception à cette règle. Les métaux amenés à un état très-mince par le laminage ou le battage sont transparents; ainsi, l'or très-mince, vu par transparence, paraît vert. La densité des métaux est très-variable. Voici les poids d'un litre des principaux métaux connus :

Platine 21^k,00	Argent 10^k,470	Zinc, 6^k,900
Or 19,00	Cuivre 8,900	Antimoine 6,700
Mercure 13,600	Fer 7,800	Aluminium 2,670
Plomb 11,350	Étain 7,300	Potassium 0,865

Tous les métaux ne sont pas également malléables, c'est-à-dire susceptibles de s'étendre en lame sous le marteau ou au laminoir. Les plus malléables en allant du plus au moins sont: Or, argent, cuivre, étain, platine, plomb, zinc, fer, d'autres sont cassants, c'est-à-dire ne peuvent s'obtenir en feuilles; tels sont l'antimoine et le bismuth. L'or peut être amené par le battage à une épaisseur si faible qu'avec seulement 30 grammes de ce métal on a pu produire une feuille couvrant plus de 500 mètres carrés de surface. Tirés en fils de même épaisseur et de même longueur, les métaux ne portent pas tous les mêmes poids sans se rompre. De tous les métaux, le fer est celui qui porte le poids le plus lourd, c'est le plus tenace; viennent après lui et par ordre du plus au moins le cuivre, le platine, l'argent, l'or, le zinc, l'étain et le plomb.

La dureté est aussi différente dans tous les métaux, c'est-à-dire qu'ils offrent plus ou moins de résistance à être rayés ou entamés par certains corps.

Ainsi, le fer et le zinc sont rayés par le verre; le platine, l'or, le cuivre, l'argent et l'étain sont rayés par le marbre qui est moins dur que le verre ; le plomb est rayé par l'ongle ; le potassium et le sodium sont deux métaux mous comme la cire, et le mercure est liquide à la température ordinaire. De tous les corps solides, ce sont les métaux qui augmentent le plus de volume par la chaleur et en même temps ceux qui la transmettent le plus facilement. Plusieurs sont volatils à une haute température, c'est-à-dire peuvent être réduits en vapeurs et distillés, tels sont le mercure, le potassium, le zinc. Tous peuvent être fondus, c'est-à-dire amenés à l'état liquide par la chaleur. Ils présentent cependant de grandes différences entre eux dans leurs points de fusion, c'est à dire dans les températures qu'ils possèdent lorsqu'ils passent de l'état solide à l'état liquide. Ainsi, le potassium fond à 58°, le sodium à 90°, l'étain à 210°, le plomb 260°, le zinc à 370°, tandis que l'argent, l'or, le cuivre, le fer, le platine exigent une température au-dessus du rouge et qui ne se mesure pas avec le thermomètre ordinaire.

117. *Alliages.* — On donne ce nom à des mélanges de deux ou plusieurs métaux. Les alliages jouent un rôle très-important dans les arts, car il est peu de métaux que l'on puisse affecter directement à l'état de pureté aux besoins de l'industrie. Le platine a été longtemps employé pur ; actuellement on commence à l'allier à des métaux du même genre que lui et on obtient de meilleurs résultats : le fer, le cuivre, le plomb, l'étain, l'or, l'argent et le zinc sont quelquefois employés purs, mais lorsqu'on veut avoir un certain degré de dureté, ou empêcher l'oxydation trop rapide de quelques-uns, on est forcé d'en faire des alliages. Un exemple suffira : supposons que nous voulions faire des caractères d'imprimerie avec des métaux ; nous pourrions employer, le fer, le cuivre, l'étain, et le plomb ; les deux premiers sont trop durs et créveraient le papier, les deux derniers sont trop tendres et s'écraseraient sous la presse. Pour éviter ces inconvénients, il faudrait ramollir les uns et durcir les autres ; on y parvient en alliant à 80 parties de plomb 20 parties d'antimoine, métal qui, seul, est très-cassant. L'alliage de 90 de cuivre et 20 d'étain sert à faire les canons, les médailles, les statues de bronze, etc. ; l'alliage de 80 de cuivre avec 10 d'étain constitue un mélange très-sonore employé pour les cloches. Il va de soi que ces chiffres ne sont pas fixes et peuvent être variés suivant le but qu'on se propose. Un alliage dans lequel entre le mercure porte le nom d'amalgame. Dans les alliages, les propriétés particulières à chaque métal disparaissent et font place à une propriété nouvelle qui diffère souvent considérablement de celles des métaux constituants. Ainsi, le bismuth, le plomb, et l'étain sont des métaux qui chacun isolément, fondent à une température supérieure à 200 degrés ; lorsqu'on les allie en diverses proportions, on obtient des alliages qui fondent à une température beaucoup plus basse ; les proportions de 8 de bismuth, 5 de plomb, et 3 d'étain forment un alliage qui fond dans l'eau presque bouillante à 94 degrés centigrades.

118. *Potassium et Sodium.* — Jusqu'au commencement de ce siècle, la potasse et la soude sous le nom d'alcalis végétaux fixes, passaient pour des corps indécomposables ; ce ne fut qu'en 1807 que ces substances furent connues sous leurs véritables caractères et que l'on découvrit qu'elles sont des oxydes métalliques, c'est-à-dire des combinaisons de deux métaux avec l'oxygène ; ces deux métaux nouveaux reçurent le nom de Potassium et de Sodium des alcalis qui leur avaient donné naissance ; la découverte de ces métaux fut le point de départ de la découverte des métaux contenus dans d'autres bases importantes, tels que le calcium dans la chaux, le magnésium dans la magnésie, le baryum dans la baryte, l'aluminium dans l'alumine, etc.

Le potassium est un métal plus léger que l'eau, mou comme la cire et qui, par sa combinaison avec l'oxygène, forme la potasse. Il s'oxyde avec la plus grande rapidité et attire très-avidement l'oxygène des corps oxygénés avec lesquels il est en contact ; lorsqu'on le coupe avec un couteau, la tranche fraiche et brillante se recouvre aussitôt d'une mince couche de potasse ; il décompose l'eau sur laquelle il nage avec une telle violence pour en absorber l'oxygène, qu'il devient incandescent et brûle avec une vive lumière. On le conserve dans l'huile de pétrole, qui ne renferme pas d'oxygène et qui est plus légère, de telle manière qu'il en est toujours recouvert. Le sodium est aussi plus léger que l'eau, mais un peu moins que le précédent. Il est un peu moins oxydable, mais présente cependant à l'air et dans l'eau les mêmes caractères.

119. *Calcium et Magnésium.* — De même que la potasse et la soude sont les oxydes de deux métaux, de même la chaux et la magnésie contiennent respectivement le calcium et le magnésium en combinaison avec l'oxygène ; la découverte de ces deux métaux a été la conséquence de la découverte des précédents. Le calcium est plus lourd que l'eau ; un litre d'eau pesant un kilog., un litre de calcium pèse $1^k,700$. C'est un métal blanc d'argent, très-oxydable et jusqu'ici sans emploi dans les arts. La chaux en renferme 71 pour cent de son poids.

Le magnésium est un métal qui a beaucoup de ressemblance avec le précédent, seulement il est moins oxydable. Il ne s'oxyde pas à l'air sec à la température ordinaire et ne décompose que lentement l'eau froide ; on peut le tirer en fil ; si l'on chauffe au rouge l'extrémité d'un fil de magnésium, il continue à brûler en dégageant une lumière si vive que l'œil ne peut la supporter. On a mis à profit cette propriété pour éclairer l'intérieur des pyramides d'Égypte et de diverses cavernes, afin d'en obtenir des vues photographiques.

120. *Aluminium.* — L'argile et beaucoup d'espèces de terres et de minéraux sont composées en grande partie d'un oxyde métallique nommé alumine, qui est la base de l'alun. Cet oxyde est composé d'oxygène et d'un métal blanc, dur et léger, qu'el'on a nommé aluminium. Ce curieux métal, découvert en 1827, n'a commencé à être fabriqué industriellement qu'en 1854 ; sa dureté, sa légèreté et son immense abondance dans la nature lui assurent un emploi des plus fréquents dans les arts, soit à l'état pur, soit surtout à l'état d'alliage avec divers métaux, tels que le cuivre, le fer, etc. L'aluminium ne pèse que deux fois et demie plus que l'eau. Il est inaltérable à l'air et dans l'eau et il n'y a même que peu d'acides qui l'attaquent. Les applications de ce métal commencent à être déjà très-étendues, et s'étendront toujours davantage. Les principales combinaisons de l'aluminium qui nous intéressent spécialement sont l'alumine et l'alun ; nous les étudierons plus tard (§ 164).

121. *Manganèse.* — Ce métal, qu'il ne faut pas confondre avec la magnésie, comme le font encore beaucoup de personnes, ne nous intéresse que par ses combinaisons avec l'oxygène ; il forme en effet, avec ce gaz. plusieurs oxydes que l'on rencontre dans la nature et dont un surtout a la propriété de perdre facilement l'oxygène qu'il renferme par l'application de la chaleur ou de divers acides. Cette propriété est mise à profit pour préparer l'oxygène et le chlore gazeux, qui doit servir à la fabrication du chlorure de chaux. Pour obtenir le chlore, on chauffe l'acide chlorhydrique avec l'oxyde de manganèse ; cet oxyde perd une partie de son oxygène, qui se fixe sur l'hydrogène de l'acide ; le chlore de l'acide se trouve mis en liberté ; l'oxyde de manganèse qui a perdu une partie de son oxygène est dans un état qui lui permet de se dissoudre avec facilité dans l'excès d'acide chlorhydrique employé ; il en résulte un chlorure de manganèse qui est utilisé de diverses manières, entr'autres dans l'impression des étoffes pour produire par précipitation de l'oxyde de manganèse des dessins couleur bistre.

122. Voici encore un métal, le *chrôme*, qui n'est pas appliqué à l'état métallique, mais dont les combinaisons sont d'un emploi très-fréquent et d'une grande utilité. Les composés oxydés principaux du chrôme sont l'oxyde vert de chrôme, employé dans la peinture et la verrerie et l'acide chrômique. Cet acide, combiné avec la potasse, donne naissance au bi-chrômate de potasse (§ 160), dont les applications seront étudiées plus loin.

123. — *Le fer*. Est un métal connu de tous et malgré sa dispersion extrême, un métal dont les propriétés, les combinaisons et leurs applications sont encore très-mal comprises des lecteurs auxquels sont destinées ces lignes.

Traçons en quelques mots ses principaux caractères physiques. Le fer est un métal gris-blanc ; la cassure en est quelquefois cristalline, il est plus ou moins dur, suivant la manière dont il a été préparé et par conséquent plus ou moins apte à recevoir le poli. Sa pesanteur spécifique varie aussi un peu, mais est en moyenne d'environ 7,78, c'est-à-dire qu'un litre de fer pèse 7 kil. 780 grammes. Nous verrons en parlant de la fabrication du fer, quelles sont les causes des variations citées tout à l'heure et la nature des différences qui en résultent. Quant aux propriétés chimiques du fer, nous dirons qu'il est assez facilement oxydable, surtout à l'air humide ou dans l'eau bien aérée : il se dissout facilement dans les acides étendus d'eau; celle-ci se trouve alors décomposée et le fer prend la place de l'hydrogène gazeux qui s'échappe. Plongé dans les alcalis ou l'eau de chaux, le fer conserve son brillant.

Tout le monde sait qu'un morceau de fer, une feuille de tôle exposée à l'air humide se recouvre bientôt d'une mince couche d'un corps jaunâtre et pulvérulent que l'on nomme rouille. Si l'on détache cette croûte de rouille formée à la surface du fer, on voit de nouveau la surface métallique du métal; mais de nouveau l'air agit bientôt et il se forme une nouvelle quantité de rouille et ainsi de suite, jusqu'à ce que le morceau de fer, la feuille de tôle soient entièrement transformés en rouille. Cette rouille, ainsi que nous l'avons vu (§ 2) n'est autre chose que de l'oxyde de fer, c'est-à-dire une combinaison de fer et d'oxygène dans la proportion de 70 de fer pour 30 d'oxygène. Si donc par un moyen quelconque nous parvenons à enlever à cette rouille à cet oxyde de fer l'oxygène qui y est contenu, il est clair que le fer restera à l'état métallique et qu'il suffira d'employer une chaleur suffisante pour l'obtenir à l'état fondu. C'est sur ce principe que repose l'extraction du fer que l'on obtient presque toujours de minerais naturels, qui ne sont autre chose que de l'oxyde de fer. On voit donc d'emblée que la fabrication du fer brut consiste en deux opérations principales : la désoxydation et la fusion.

Les minerais de fer présentent plusieurs variétés, mais celles qui sont le plus généralement exploitées, sont le peroxyde de fer sous plusieurs formes, un mélange ou plutôt une combinaison de peroxyde et de protoxyde de fer et le carbonate de protoxyde de fer. Ces minerais sont très-répandus ; on les rencontre tantôt en masses compactes et formant des montagnes entières, comme au Brésil, en Suède, à l'île d'Elbe, dans les Vosges ; alors il a l'éclat métallique; tantôt en masse rouges compactes, fibreuses, ou terreuses ; ces dernières variétés alimentent la plupart des hauts-fourneaux de France. Le carbonate de fer, tel qu'il se rencontre près de Saint-Etienne, à Anzin, etc., se trouve aussi en énormes quantités en Angleterre, dans les mêmes localités que le charbon, ce qui facilite singulièrement son exploitation et sont traitement.

Nous avons dit que la fabrication du fer brut repose d'abord sur deux opérations principales, la désoxydation du minerai et la fusion du minerai désoxydée, c'est-à-dire du métal. Ces deux opérations, quoique distinctes l'une de l'autre par leur nature, se passent cependant dans le même fourneau et d'une manière continue, comme nous allons le voir. L'appareil dans lequel a lieu la décomposition du minerai se nomme un haut-fourneau (fig. 46), à cause des dimensions assez étendues et de la forme qu'on lui donne généralement. A l'intérieur le haut-fourneau représente assez bien une cheminée de forme conique, c'est-à-dire plus étroite en haut qu'en bas ; un

Fig. 46.

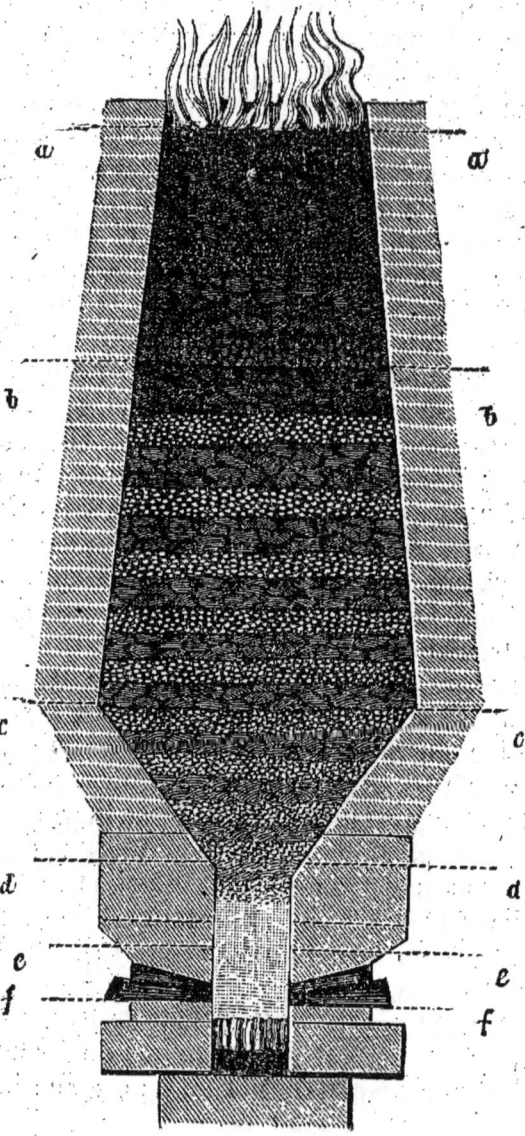

peu plus bas que le milieu, cette cheminée est renflée considérablement; on nomme cette partie le ventre de b à c; en descendant jusqu'en bas, elle va en se rétrécissant considérablement et se termine par un espace en forme de bassin, que l'on nomme le creuset, entre d et e. Directement au-dessus du creuset et un peu plus haut sur les côtés, se trouvent des ouvertures par lesquelles arrivent des courants d'air chassés avec violence par une machine soufflante. Dans beaucoup de fourneaux, cette machine lance plus de cent mètres cubes d'air par minute. On nomme gueulard le haut du fourneau $a\ a$. Celui-ci est entièrement construit en briques ou en pierres entièrement infusibles au moins à la température nécessaire pour provoquer la décomposition du minerai. On charge le fourneau par le gueulard, c'est-à-dire qu'on y jette le minerai de fer et le charbon qui doit produire la chaleur nécessaire, ainsi que les gaz destinés à désoxyder le minerai. Mais ces deux corps ensemble seuls ne fondraient pas avec facilité, on est obligé, pour aider la fusion, d'ajouter un troisième corps qui est ordinairement la pierre calcaire ou de l'argile; le choix et les quantités de ces diverses matières se règlent d'après la nature du minerai de fer à décomposer. On mêle le minerai au fondant et on met le charbon à part. La charge du haut-fourneau consiste donc en couches superposées et alternant régulièrement de charbon et de minerai mêlé au fondant; lorsque la charge est complète, on y met le feu par en bas et on met en marche la machine soufflante. La combustion produite par un courant d'air aussi violent détermine bientôt une température très-élevée; la réaction commence par les couches inférieures; le charbon, par sa combustion, forme un gaz nommé oxyde de carbone ; ce gaz avide d'oxygène enlève ce corps à l'oxyde de fer placé au-dessus et le réduit à l'état métallique ; l'oxyde de carbone passe à l'état d'acide carbonique gazeux et sort par le gueulard; peu à peu le mélange s'affaisse et descend; le fer arrivant à l'endroit du fourneau où la combustion est la plus active, fond et tombe dans le creuset ; la chaux de la pierre calcaire attaque les parties étrangères non métalliques du minerai et forme avec elles des scories fondues nommées laitiers ; ces laitiers tombent également dans le creuset et comme ils sont plus légers que le fer, nagent à sa surface ; il se forme toujours une très-grande quantité de ces scories et lorsqu'elles ont atteint au-dessus du creuset une certaine élévation, elles sortent d'elles-mêmes par une ouverture pratiquée à cet effet. Lorsque le creuset est plein de fonte de fer, on procède à la coulée. Pendant tout le temps de l'opération, on continue toujours à charger le haut-fourneau par le gueulard; les matières fondues descendent toujours et l'opération est continue. Le fer fondu obtenu de cette manière est nommé fonte ; il est dur, cassant, non malléable et impropre à beaucoup d'usages ; c'est la fonte de première fusion ; pour être appliquée aux besoins de l'industrie, elle a besoin de recevoir encore d'autres traitements. Suivant la nature des minerais employés et la température à laquelle a eu lieu la fusion, on obtient deux sortes différentes de fonte.

La fonte blanche, est très-dure, cassante, difficile à travailler ; on la réserve pour la fabrication du fer en barres et de l'acier ; la *fonte grise*, est douce, grenue, moins cassante, se laisse tourner et forer, et s'emploie pour les objets moulés.

La fonte grise, par une nouvelle fusion qui la purifie considérablement, est immédiatement propre à la confection des objets moulés, tels que chaudières, marmites, piliers, pièces de machines, conduites d'eau et de gaz, etc.

La fonte blanche, moins fusible, est amenée par la chaleur en consistance pâteuse, puis battue sous d'énormes marteaux qui en font sortir de tous côtés les impuretés ; cette opération est répétée successivement plusieurs fois, en ayant soin de tourner, retourner et brasser la masse pâteuse pour permettre à l'air d'oxyder les corps étrangers qui s'y trouvent, tels que le phosphore, le soufre, le carbone, le silicium, etc. Cet affinage se pratique de diverses manières, suivant les usages des pays où il se fait et suivant la qualité de fer qu'on désire obtenir. La fonte blanche ainsi battue, laminée, rebattue, etc., est enfin mise en barres et constitue le fer proprement dit. Ce fer se distingue donc de la fonte dont il provient par une moindre quantité de matières étrangères qui le rendaient plus ou moins cassant. L'acier n'est autre chose qu'une variété de fer contenant moins de carbone que la fonte. On obtient l'acier ordinaire en chauffant fortement le fer en barre dans une poussière de charbon et de divers sels; refroidi brusquement dans l'eau ou dans d'autres liquides, il acquiert une grande dureté et une élasticité remarquable. Il est alors nommé acier trempé et propre à la confection des ressorts, des limes, des burins, des armes, etc.

Nous n'ajouterons rien à cette description déjà trop longue pour un ouvrage comme celui-ci et nous dirons seulement encore quelques mots des propriétés chimiques du fer avant de quitter l'étude de ce métal si important.

Le fer est un métal si répandu, que l'on peut dire qu'il se rencontre partout à l'état de combinaison. La plus grande partie des minéraux des roches, des sables et des terrains en contiennent; les cendres des végétaux, le sang des animaux, un grand nombre d'eaux de sources, de rivières, de lacs, en renferment plus ou moins ; cette dissémination du fer est telle que dans un grand nombre de cas la fabrication des produits chimiques purs rencontre de grandes difficultés par la présence de petites traces de ce métal.

Deux combinaisons du fer sont surtout importantes à connaître pour nous, car elles sont la base de produits très-souvent employés en teinture. Ces deux combinaisons sont le *protoxyde de fer* et le *peroxyde de fer*.

Le sulfate de fer, ou vitriol vert, mêlé avec de la soude ou de la potasse caustique, donne un précipité blanc verdâtre de protoxyde de fer ; ce précipité devient bientôt rougeâtre à l'air, car il en absorbe l'oxygène avec avidité, et se transforme en peroxyde de fer. Cet oxyde est la base du sel liquide que les teinturiers nomment *le rouille* et qui n'est autre chose que du sulfate de peroxyde de fer. Mêlez ce sel avec de la potasse et vous aurez un précipité rouge de rouille, qui est du peroxyde de fer. C'est le corps qui reste sur la soie destinée à être teinte en noir lorsqu'elle a subi les opérations du rouillage. Cet oxyde est inaltérable à l'air, mais divers réactifs le ramènent à l'état de protoxyde, qui est beaucoup plus soluble dans les acides; au nombre de ces réactifs, se trouve surtout le protochlorure d'étain, nommé aussi sel d'étain. Les principaux et importants composés du fer dont nous parlerons plus loin sont le sulfate de fer, le bleu de Prusse, le prussiate de potasse et le tannate de fer, c'est-à-dire la couleur obtenue par l'action des sels de fer sur la noix de galle, le cachou, le dividivi, etc.

124. *Zinc.* — Ce métal est blanc bleuâtre, très-éclatant, presque cassant à froid, ce qui l'empêche d'être laminé à la température ordinaire. Il faut le chauffer pour pouvoir le mettre en feuilles. Son poids spécifique est de 7,21. Il fond à 412 degrés ; à la chaleur rouge il distille et si l'air peut pénétrer dans l'appareil, il s'enflamme et brûle avec une lumière blanche éclatante, en se convertissant en oxyde de zinc. Les artificiers ont mis à profit cette propriété pour préparer les feux blancs au moyen du zinc en poudre. Il se dissout avec facilité dans les acides. Il laisse presque toujours un résidu en se dissolvant, car il est très-difficile de l'obtenir pur. Les sels de zinc sont vénéneux par eux-mêmes et comme le zinc renferme toujours une certaine quantité d'arsenic, ce métal ne doit jamais être employé pour contenir les substances alimentaires.

Le zinc ne se trouve pas dans la nature à l'état métallique, mais bien en combinaison ; les principaux minerais qui le fournissent sont le sulfure de zinc ou blende, et le carbonate de zinc ou calamine ; on exploite aussi le silicate de zinc. Ces minerais sont d'abord grillés pour en chasser l'eau, l'acide carbonique ou le soufre puis mêlés à du charbon ; le mélange est porté dans des fours à une haute température ; l'oxyde de zinc est désoxydé par le charbon et le zinc rendu métallique distille. On le coule en plaques pour les besoins du commerce. Les pays qui fournissent le plus de zinc sont : la Silésie, la Belgique, l'Angleterre et la Carinthie. On rencontre aussi des minerais de zinc en France dans les départements du

Lot et du Gard. Le zinc est depuis une dizaine d'années devenu d'un emploi très-étendu pour confectionner une foule d'objets servant aux usages domestiques et à l'ornementation. Allié au cuivre, il forme le laiton. Son oxyde est devenu d'une grande importance en peinture où sous le nom de blanc de neige ou blanc de zinc il tend à remplacer le blanc de plomb, dont la préparation et l'emploi sont si funestes.

125. *Cuivre.* — Ce métal, connu depuis les temps les plus anciens, car son usage a devancé de beaucoup celui du fer, se rencontre tantôt à l'état métallique, tantôt en combinaison, surtout avec le soufre. Il n'est jamais pur, car à l'état métallique il renferme toujours de l'or, de l'argent ou du fer ; et à l'état de combinaison, souvent du fer, du zinc, du plomb, etc. Les pays qui le fournissent surtout sont : l'Angleterre, la Suède, l'Autriche, la Saxe, le Mexique, le Chili, l'Amérique du Nord. En France, les mines de Chessy et de Saint-Bel, près de Lyon, sont les plus importantes.

Le cuivre métallique a une couleur rouge, une saveur assez sensible et une odeur particulière lorsqu'il est frotté. Il est très-ductile et malléable. Le zinc s'oxyde facilement à l'air, surtout sous l'influence des acides, ce qui rend son usage très-dangereux pour les ustensiles de cuisine. Aussi a-t-on pris l'habitude d'étamer, c'est-à-dire de recouvrir d'étain ces ustensiles ; on doit renouveler souvent l'étamage ; car l'usage l'enlève assez facilement. Tous les sels et composés du cuivre sont de dangereux poisons. Les principales applications du cuivre sont la fabrication du sulfate de cuivre ou vitriol bleu, dont il sera parlé plus loin (§ 167), et celle d'une foule d'ustensiles employés dans les arts et l'industrie, soit en cuivre pur, soit en alliage de cuivre avec le zinc, le plomb, l'étain, etc.

126. *Plomb.* — Le plomb est connu depuis les temps les plus anciens. Les alchimistes lui avaient donné le nom de saturne, nom qui a été conservé jusqu'à nous dans le produit appelé sel de saturne, qui est un acétate de plomb. Le minerai qui fournit ce métal est un sulfure connu sous le nom de galène ; il se rencontre dans beaucoup de localités, en Angleterre, en Allemagne, en Autriche, en Espagne et en France. L'extraction du plomb de ses minerais est assez simple ; les minerais sont d'abord grillés au contact de l'air, ce qui transforme la majeure partie du soufre en acide sulfureux ; le résidu du grillage mêlé avec de la chaux et du spath fluor en diverses proportions et soumis à une haute température, donne du plomb fondu métallique et des scories. On fait couler le plomb par un trou pratiqué dans ce but. Le plomb est connu de tout le monde ; il est blanc bleuâtre, brillant lorsqu'il est récemment fondu ou coupé ; il est mou et très-malléable. Il sert à faire des conduites d'eau, de gaz, des couvertures de toitures, etc. Le plomb renferme toujours de l'argent, car les minerais de plomb, surtout le sulfure, sont toujours argentifères. Les fonderies de plomb en extrayent l'argent ; dans ce but, on fait arriver sur le plomb, en fusion et porté au rouge, un vif courant d'air ; le plomb s'oxyde et forme un composé bien connu qui porte le nom vulgaire de litharge ; l'argent qui n'est pas oxydable à l'air reste inaltéré. On enlève, à mesure qu'elle se produit, la litharge de la surface du bain de plomb et l'on procède ainsi jusqu'à ce qu'il ne s'en forme plus ; ce qui reste est de l'argent fondu encore impur.

Le plomb sulfuré renferme souvent jusqu'à quatre pour mille d'argent ; l'exploitation en est très-lucrative si elle est bien dirigée. Le plomb forme avec l'oxygène plusieurs combinaisons dont les principales sont la litharge et le minium. La litharge est employée dans l'industrie des vernis, car elle rend les huiles siccatives, et le minium est bien connu par les services qu'il rend à l'industrie des machines ; il préserve de l'oxydation, la tôle qui en est recouverte par peinture, et sert à préparer des joints solides entre les diverses pièces des machines ; enfin il entre dans la composition du cristal, auquel il donne une limpidité parfaite, et dans les vernis des poteries communes.

127. *Étain.* — L'Angleterre, l'Inde et le Brésil fournissent à eux seuls presque tout l'étain consommé dans le monde. Le minerai de ce métal, qui est un oxyde d'étain, est cependant répandu dans beaucoup d'autres pays, mais en moindre quantité en Bohême, en Saxe, au Chili, en Espagne et un peu en France.

L'étain est un métal mou, malléable, très-fusible ; il a une structure cristalline, ce que démontre le craquement particulier qu'on entend lorsqu'on ploie les baguettes de ce métal. Plus l'étain est pur, plus ce craquement est fort. Il est à remarquer que la baguette d'étain devient très-chaude à l'endroit ployé, surtout si on répète le ploiement plusieurs fois.

L'étain fond à la température de 210 degrés, mais si on le maintient longtemps en fusion au contact de l'air, il se recouvre d'une crasse grisâtre qui n'est autre chose que de l'oxyde d'étain ; si on enlève cette crasse, il s'en forme bientôt une nouvelle et cela dure jusqu'à ce que tout l'étain ait été transformé en oxyde aux dépens de l'oxygène de l'air. Cet oxyde, nommé potée d'étain, servait beaucoup autrefois à polir les glaces. Si on le chauffe avec du charbon, il rend à l'état métallique l'étain qu'il contient. L'étain est attaqué par l'acide chlorhydrique surtout à chaud ; l'acide sulfurique étendu d'eau ne l'attaque presque pas ; l'acide azotique ou nitrique l'oxyde avec une grande violence et il se forme une poudre blanche insoluble, l'acide staniquc. Si on le dissout dans l'acide chlorhydrique, on obtient le protochlorure d'étain ou sel d'étain (§ 169) et en ajoutant à la liqueur de l'acide nitrique, il se forme du bi-chlorure d'étain aussi nommé composition d'étain (§ 170), ces deux sels sont d'un emploi fréquent en teinture. L'étain métallique entre dans la composition d'une quantité d'alliages dont on fabrique des vases de tous genres, des plats, des feuilles pour envelopper les comestibles, des théières, cafetières, des bronzes de diverses qualités, etc.

128. *Mercure.* — Ce métal remarquable est le seul qui soit liquide à la température ordinaire. Il devient solide par un froid de 40 degrés au dessous de zéro. Il bout à 360 degrés centigrades et distille ; mais, même à la température ordinaire, il répand des vapeurs mercurielles sensibles, ce qui rend sa manipulation dangereuse, car l'absorption de vapeurs ou de composés de mercure produit à la longue un tremblement général du corps. Quelques composés de mercure ont été pendant un certain temps employés dans la teinture et la fabrication des couleurs nouvelles ; mais heureusement que les progrès de la chimie ont permis de le remplacer par d'autres substances moins dangereuses. Le mercure se trouve dans la nature soit à l'état métallique, soit en combinaison avec le soufre formant alors cette belle matière rouge employée en peinture et nommée cinabre. Le mercure, sous l'une ou l'autre de ces formes, se rencontre en plusieurs pays, tels que la Hongrie, la Transylvanie, le Mexique, le Pérou, la Chine et le Japon, mais les mines les plus célèbres sont celles d'Almaden, en Espagne, et d'Idria près de Trieste. Le mercure dissout avec facilité plusieurs métaux tels que l'or, l'argent, l'étain, le zinc, le plomb, etc. ; on peut cependant le conserver dans le fer et c'est dans des bouteilles de ce métal qu'on l'expédie. Outre son application fréquente à de nombreux produits chimiques très-utiles, le mercure est employé à la construction des thermomètres, des baromètres, à l'étamage des glaces, etc.

129. *Argent.* — Ce métal est bien le plus connu de chacun, par suite de l'usage étendu que la monnaie lui a donné ; nous devons en dire quelques mots, quoique de même que le mercure, l'or et le platine, l'emploi n'en soit pas entré dans l'industrie qui nous occupe spécialement. L'argent se trouve dans la nature le plus habituellement combiné au soufre ; on le rencontre aussi fréquemment dans ses mines à l'état métallique, mais alors il est allié à une certaine quantité d'or, de cuivre, d'antimoine, d'arsenic et de plomb.

Les mines d'argent sont assez répandues ; on en trouve au Mexique, au Pérou, au Chili, aux Etats-Unis, en Hongrie, en Norwége, en Suède, en Saxe, en Westphalie. On rencontre aussi fréquemment des plombs sulfurés argentifères que l'on exploite alors au double point de vue du plomb et de l'argent, comme cela a lieu en Saxe, en Silésie, en Bretagne, dans la Lozère, dans l'Isère et en Auvergne. Les sulfures de cuivre sont aussi quelquefois argentifères, comme dans les monts Altaï, la Silésie, le Tyrol, l'Espagne, le département des Basses-Pyrénées, etc.

L'argent pur extrait de ces divers minerais est d'un beau blanc ; il est plus dur que l'or, très-malléable et très-ductile ; il est malléable au point que dans l'épaisseur de 2 millimètres et demi, on peut superposer jusqu'à 8000 feuilles d'argent et qu'avec un gramme on peut tirer un fil de deux kilomètres et demi. A l'état de pureté, l'argent est trop mou pour en faire des médailles, des monnaies, des ouvrages d'orfévrerie, etc. ; il serait trop vite rayé par l'usage ; aussi l'allie-t-on toujours à une certaine proportion de cuivre. Nécessairement, l'addition du cuivre en diminue la valeur intrinsèque et comme dans certaines limites on ne peut reconnaître à simple vue la proportion de cuivre qui y entre, on a dû, pour éviter les fraudes, déterminer légalement les proportions d'argent et de cuivre destinées à confectionner les divers alliages du commerce. Ainsi, les médailles et l'argenterie doivent contenir : Argent 950 et cuivre 50. La monnaie : Argent 900, cuivre 100. Les pièces d'ornement, petite bijouterie, etc. : Argent 800, cuivre 200. Toutes ces pièces sont contrôlées par des employés spéciaux et reçoivent un poinçon qui indique leur titre, c'est-à-dire la quantité d'argent qu'elles contiennent. Les objets non poinçonnés sont interdits. La monnaie, l'orfévrerie, etc., ne sont pas les seules applications de l'argent. Dissout dans l'acide nitrique, ce métal fournit un sel, le nitrate d'argent, qui rend à la fois d'immenses services en médecine, pour cautériser diverses plaies et à la photographie qui en emploie des quantités considérables; la galvanoplastie et la fabrication des miroirs en consomment aussi de grandes quantités.

130. *Or*. — Ce métal est le plus précieux par sa rareté et par ses propriétés chimiques qui en font un des corps les moins altérables. Son emploi en chimie est très-restreint, il ne sert que dans les laboratoires. On fait cependant usage d'une de ses combinaisons pour colorer en pourpre les verres et les émaux. Son principal emploi consiste dans la fabrication des monnaies, des médailles, de la bijouterie et de l'orfévrerie, des objets dorés par la galvano plastie, etc. De même que les ouvrages d'argent, ceux d'or sont aussi soumis à un contrôle qui sert de garantie à l'acheteur. Les monnaies sont au titre de 900 millièmes; les bijoux ont trois titres : 920, 840, et 750 millièmes. L'or ne se dissout, ni dans l'acide nitrique, ni dans l'acide chlorhydrique isolément, mais bien dans un mélange de ces deux acides, auquel on a donné le nom d'eau régale. L'or est assez répandu dans la nature, mais les localités où il est abondant sont rares. On le trouve en filons dans des roches dures et cristallines, telles que le quartz au Pérou, au Mexique, au Brésil, en Piémont, etc., plus fréquemment il se trouve avec l'argent dans les mines de ce métal ; mais les gisements les plus productifs de l'or sont les sables provenant de la décomposition des roches aurifères ; ces sables renferment l'or en paillettes, en petits grains, qui atteignent quelquefois la grosseur d'une noisette ; on y rencontre aussi des grains d'un plus grand volume, mais plus rarement, ce sont des pépites. On en a trouvé du poids de 50 kilogrammes. Les gisements les plus abondants de ces sables aurifères se trouvent dans les pays suivants : Brésil, Chili, Colombie, Mexique,

Chine, Afrique centrale, Californie, Australie, Russie (dans les monts Ourals), un grand nombre de rivières et de fleuves charrient des paillettes d'or, tels que le Rhône, l'Isère, la Garonne, le Rhin, le Tage en Portugal, le Gange dans l'Inde ; dans ces derniers temps, on a découvert de nouveaux et abondants gisements d'or en Australie.

Ce métal, si précieux aujourd'hui à cause de sa rareté, cessera peut-être un jour d'être le métal conventionnel de la monnaie, lorsqu'on aura découvert dans le sein de la terre les gîtes qui le recèlent en abondance.

131. *Le platine.* — Le dernier des métaux dont nous ayons à nous occuper est un métal blanc tirant sur le gris, il est tendre, mais très-lourd ; un litre pèse 21 kilogrammes. Il est inattaquable par les acides sulfurique, nitrique et chlorhydrique seuls, mais soluble comme l'or dans l'eau régale. On le trouve au Pérou, au Brésil, mais surtout en Sibérie. Depuis qu'on est parvenu à le travailler et cette industrie a fait de grands progrès depuis 15 ans, on en fait des vases à concentrer l'acide sulfurique et divers appareils de chimie. Le platine se trouve toujours à l'état métallique, mais allié à d'autres métaux, ce qui présente certaines difficultés pour son épuration. Nous avons terminé l'étude des métaux ; avant de passer à celle de leurs principales combinaisons, nous reviendrons, dans le chapitre qui va suivre, sur les propriétés physiques et chimiques de l'air et de l'eau, deux corps qui dans toutes les circonstances de la vie et de l'industrie jouent un rôle si important.

CHAPITRE II.

L'AIR ET L'EAU.

132. *De l'atmosphère ; sa nature chimique.* — L'air que nous respirons, qui par ses mouvements plus ou moins brusques produit la brise ou les ouragans, cet air, a été pendant longtemps considéré comme un élément ; il est vrai que l'importance de ce fluide reconnue de tout temps, bien que mal comprise, le mettait à juste titre au nombre des quatre éléments connus alors et qui étaient l'eau, l'air, la terre et le feu. Souvent les alchimistes et les savants du moyen âge avaient entrepris l'étude chimique de l'air, mais l'imperfection de leurs moyens d'analyse fit constamment échouer leurs efforts ; ce ne fut que vers la fin du siècle passé, qu'il réussit à Lavoisier de démontrer expérimentalement que l'air est un mélange de deux gaz doués de propriétés chimiques contraires, auxquels il donna les noms d'oxygène et d'azote. Cette découverte eut une portée immense, car elle permit d'expliquer d'une manière certaine les phénomènes chimiques que les anciennes théories tenaient enveloppés dans un vague mystérieux ; ce fut une illumination soudaine dans toutes les branches de la science ; l'oxydation, la respiration des animaux, la combustion devenaient des actes simples à comprendre, tandis que jusqu'alors ils étaient restés inexplicables. De cette grande découverte faite en 1774, date toute la chimie moderne ; mais revenons à la description de l'atmosphère.

L'atmosphère est donc une enveloppe de deux gaz

mélangés qui entourent complétement notre globe. Cette atmosphère a une épaisseur d'environ 80 kilomètres, ce qui est très-peu de chose, si nous considérons l'épaisseur totale du globe, qui est environ 160 fois plus grande.

A mesure qu'on s'élève dans l'air, celui-ci devient plus léger jusqu'à ce qu'on atteigne sa limite supérieure où son poids est infiniment petit. Malgré ces différences dans la densité de l'air, la composition chimique en est toujours la même, à part, bien entendu les impuretés accidentelles et locales. Il est composé de deux gaz, l'oxygène et l'azote dont nous avons décrit (§ 107 et 109), les principaux caractères. Dans ce mélange dont l'azote forme près des trois quarts, c'est l'oxygène seul qui est la matière active. Si l'oxygène seul constituait l'atmosphère, les phénomènes d'oxydation, de combustion auraient une très-grande intensité; l'azote qui agit comme dissolvant de l'oxygène, en modère et en ralentit l'action; c'est un fait très-important à bien saisir, que si l'oxygène de l'air entretient la vie et la combustion, l'azote produit l'effet contraire; les objets enflammés s'arrêtent immédiatement de brûler, les animaux cessent de vivre, lorsque l'air vient à manquer ou si on les plonge dans l'azote seul ou dans d'autres gaz qui n'alimentent pas la combustion.

133. *Impuretés de l'air. Miasmes. Humidité.* — Bien que la composition de l'air soit toujours la même, il n'en est pas moins vrai qu'il renferme aussi, surtout près de la surface du sol, d'autres gaz et des vapeurs qui, malgré leur faible quantité, ont cependant sur les végétaux et sur les animaux une action assez prononcée, quelquefois nuisible, d'autres fois aussi d'une utilité incontestable. Les matières organiques contenant du charbon produisent par leur oxydation lente au contact de l'air de l'acide carbonique gazeux ; les combustibles que l'homme brûle partout pour se chauffer ou pour produire la force nécessaire aux machines ou aux travaux métallurgiques produisent également de grandes quantités de ce gaz ; l'acide carbonique entre donc en dissolution dans l'air et comme il y joue un rôle important, nous devons le caractériser en quelques mots. L'acide carbonique gazeux est un fluide incolore, plus lourd que l'air auquel il se mêle cependant avec facilité et qui se produit toutes les fois que des matières contenant du charbon se trouvent exposées à l'action directe et active de l'oxygène. Il est inodore et irrespirable ; il ne peut entretenir ni la vie, ni la combustion. C'est le gaz qui se dégage dans les caves où le vin est en fermentation après la vendange et chacun sait combien d'accidents sont arrivés déjà aux personnes imprudentes qui ont voulu pénétrer trop tôt dans les caves, avant que celles-ci aient été purifiées par un aérage suffisant. C'est ce même gaz qui, forcé dans des bouteilles nommées siphons donne la saveur légèrement piquante aux eaux de seltz, limonades, etc. La pierre calcaire, le marbre, ne sont autre chose que de la chaux combinée à l'acide carbonique ; aussi la fabrication de la chaux consiste-t-elle simplement à calciner la pierre calcaire à une température suffisante pour chasser à l'état gazeux le gaz carbonique. Lorsqu'on arrose avec un acide le cristal de soude, il se produit une grande effervescence qui est due au dégagement du gaz acide carbonique combiné à la soude ; les cendres de bois produisent le même effet, parce qu'elles renferment du carbonate de potasse. Donc tout cet acide carbonique expulsé de ses combinaisons dans des opérations diverses se dissout au fur et à mesure dans l'atmosphère, mais l'air lui-même est en telle abondance que le gaz carbonique n'atteint jamais plus de 6 parties sur dix mille. Dans ces proportions, ce gaz n'a aucune fâcheuse influence sur la santé des animaux. Nous verrons plus loin (§ 135), l'action qu'il exerce sur les végétaux. L'acide carbonique est donc une impureté constante de l'atmosphère; il va sans dire que la proportion en est plus forte dans les villes et surtout dans les localités industrielles où l'emploi du charbon est ordinairement très-grand.

Ce n'est pas là la seule impureté de l'air; il arrive fréquemment que les matières organiques végétales et animales qui abondent dans les marais, dans les étangs où l'eau se renouvelle peu, dans les cimetières, etc., entrent en putréfaction surtout sous l'influence de la chaleur et particulièrement dans les pays méridionaux. De là une production assez considérable de gaz dangereux, rendus plus vénéneux encore par les particules infiniment petites de matières organiques dont la décomposition est en voie d'achèvement et qui sont entraînées par ces gaz malfaisants auxquels on a donné le nom de miasmes. Il y a des pays dans lesquels la fièvre occasionnée par ces miasmes existe à l'état permanent, tels que certaines parties de la Toscane, des États romains, du Mexique, de l'Amérique du Sud, etc. Le desséchement complet des marais, des étangs, etc., peut seul amener la destruction de cette triste maladie, à laquelle tant de malheureux succombent; mais le plus souvent, l'étendue immense des pays à assainir est une cause absolue qui empêche d'entreprendre de si gigantesques travaux. Ces miasmes heureusement se localisent dans les pays qui les ont produits et n'étendent pas au loin leur ravages.

L'atmosphère contient aussi de l'eau, divisée à l'état de vapeur invisible ; la quantité en est variable et dépend des localités, des vents, du moment de l'année, de la température, etc. L'humidité est donc variable, mais elle existe toujours ; il est facile d'en donner des preuves ; en été, par les plus fortes chaleurs, une bouteille d'eau très-fraîche que l'on vient d'emplir, une bouteille de vin tirée d'une cave fraîche et profonde, se recouvrent aussitôt d'une fine couche d'humidité. Cette eau, qui était contenue à l'état de vapeur dans l'air, vient immédiatement se condenser entre les parois de la bouteille dont la température est basse. Le soleil qui, dans l'ardeur de l'été, dessèche nos champs, en enlève l'eau sous forme de vapeurs invisibles dans les hautes régions de l'atmosphère. Arrivée là, cette vapeur se condense à ces hauteurs où le froid est assez vif et forme les nuages qui plus tard vont retomber en pluie ou en neige loin des pays qui en ont fourni la matière ; enfin, pour ne pas sortir des ateliers où se consomment les les produits chimiques, en ouvrant une bonbonne d'acide chlorhydrique, de cet acide que les teinturiers nomment *fumant*, chacun a vu se dégager une vapeur ; dans de l'air absolument sec, on ne verrait pas ce gaz, mais dans l'air humide, ce gaz attire l'humidité dont il est très-avide et forme un nuage épais composé de fines gouttelettes comme celles de la rosée ; le sel qui sert à notre alimentation n'est jamais d'une pureté absolue, il contient en petite quantité d'autres sels avides d'eau ; aussi combien de fois n'a-t-on pas vu le même sel devenir humide ou sec selon les changements de temps qui ont fait varier la vapeur d'eau contenue dans l'air. La chaux vive est très-avide d'eau, aussi exposée à l'air elle attire l'humidité rapidement et tombe en poudre ; elle s'éteint comme on dit dans le langage ordinaire.

Cette humidité constante de l'atmosphère est une condition essentielle de santé pour nos organes respiratoires ; un air trop sec dessèche les poumons ; mais, l'excès contraire, c'est-à-dire un air trop humide et surtout dans les climats chauds, est nuisible à la santé et occasionne le plus souvent des fièvres.

134. *Oxydation. Combustion. Respiration.* — Lorsqu'une substance se combine avec l'oxygène, on dit qu'elle s'oxyde ; les phénomènes d'oxydation sont donc très-communs, puisque tous les objets situés à la surface du sol, à une certaine profondeur dans le sol et même sous l'eau, sont continuellement soumis à l'action de l'air, c'est-à-dire à l'action lente d'un mélange d'oxygène et d'azote. Tous les corps ne sont pas également oxydables, il en est même sur lesquels l'oxygène est sans action, tels que l'or et le platine, mais beaucoup de métaux, par contre, tels que le fer, le zinc, se combinent avec l'oxygène, qui forme à leur surface une croûte plus ou moins épaisse d'oxyde métallique. L'humidité de l'air favorise l'oxydation des métaux et celle des matières organiques. L'air est un peu soluble dans l'eau, d'où il résulte que même au fond de l'eau, les phénomènes d'oxydation continuent à avoir lieu. Les sels métalliques et les oxydes qui sont susceptibles de s'élever à un degré plus haut d'oxydation absorbent facilement l'oxygène de l'air ; ainsi une solution claire et presque incolore de vitriol vert se recouvre bientôt à l'air d'une pellicule rougeâtre de peroxyde de fer; les cristaux de vitriol vert deviennent aussi promptement rougeâtres à l'air par la même raison; c'est cette propriété bien connue que les teinturiers et les imprimeurs d'étoffes mettent à profit lorsqu'ils suspendent les écheveaux ou les pièces à l'air pendant un temps plus ou moins long; cette action de *laisser revenir à l'air*, selon leur langage n'est pas autre chose qu'une oxydation. Les matières colorantes elles-mêmes sont soumises à l'action de l'oxygène de l'air, qui fixe et embellit les unes, détruit ou altère les autres. L'hydrogène en s'oxydant produit de l'eau; le carbone produit de l'acide carbonique, le soufre produit de l'acide sulfureux et de l'acide sulfurique. Nous voici amenés à étudier la combustion.

Les matières dont nous nous servons pour le chauffage et l'éclairage sont ordinairement composées de charbon et d'hydrogène, plus dans quelques cas d'une certaine quantité d'oxygène toujours insuffisante par elle-même pour oxyder les deux premiers corps. Lorsque nous allumons ces matières à l'air, elles produisent de la lumière et de la chaleur; toutes les actions chimiques sont accompagnées de production de chaleur et quelquefois de lumière; il n'est pas étonnant donc que nous mettions à profit l'action de l'oxygène pour nous procurer ces deux agents si utiles. Si nous faisons brûler une quantité de bois, nous produisons, indépendamment de la lumière du feu, une certaine quantité de chaleur, qui est toujours la même, quelle que soit la durée de la combustion; que le bois brûle vite ou lentement, il n'en produira pas moins de chaleur dans un cas que dans l'autre; mais pour le chauffage d'un poêle, par exemple, il importe que cette chaleur soit acquise dans le plus court espace de temps possible, c'est-à-dire rapidement emmagasinée dans un appareil qui la laissera ensuite rayonner lentement dans le local qu'on désire chauffer. La combustion n'étant qu'une oxydation tire donc sa rapidité de la vitesse avec laquelle on fait passer l'air au travers des objets que l'on veut brûler. De cette condition dérivent les formes diverses que l'on donne aux appareils de chauffage, selon le but qu'on se propose.

Lorsque les matières combustibles brûlent au contact de l'air, il se produit le plus souvent des flammes ; ces flammes ne sont pas autre chose que divers gaz carbonés qui sont produits par la chaleur à laquelle on a soumis le combustible et qui brûlent en émettant de la lumière. Le gaz hydrogène pur, en brûlant à l'air, donne une flamme bleue et produit de l'eau comme il est facile de le constater en plaçant une lame de verre au-dessus, on verra bientôt l'eau se condenser en gouttelettes sur la lame. Pour vous donner une idée aussi claire que possible de la flamme, je prendrai pour exemple la flamme d'une chandelle ordinaire. Je rappellerai d'abord que la mèche de la chandelle n'a d'autre but que de favoriser l'ascension et la division du suif fondu et sa décomposition en gaz inflammables ; la mèche brûle, c'est vrai, mais la lumière qu'elle fournit par elle-même n'est rien comparativement à celle fournie par la combustion du suif. Cela dit, examinons la flamme de la chandelle (et je prie le lecteur de vouloir bien prendre la peine d'en faire l'expérience qui est bien facile). Cette flamme (fig. 47), se compose de quatre parties : en bas et en remontant tout le tour jusque vers le tiers de la hauteur de la flamme se trouve une partie d'un bleu sombre dd' ; au milieu est un espace obscur b, facile à reconnaître ; il est rempli des gaz sortis de la mèche et qui par manque de contact avec l'air, échappent à la combustion ; ces gaz entraînent avec eux du charbon très-divisé. Autour de l'espace obscur se trouve la partie éclairante de la flamme cc' ; cette partie serait peu éclairante par elle seule, mais le charbon divisé venant de l'espace obscur s'y répand constamment, s'y maintient à l'état incandescent et donne à la flamme son vrai pouvoir éclairant. Enfin, depuis le tiers de la flamme jusqu'en haut et tout le tour est une enveloppe mince aca', terminée en pointe d'une couleur blanchâtre. C'est la partie la plus chaude de la flamme. Le fil de platine peut y fondre, ce qui démontre la haute température qu'elle possède. Quant à l'endroit obscur, la température y est si basse qu'on a pu y mettre de la poudre et des matières fulminantes sans en provoquer l'explosion. Si dans la flamme tout le carbone brûlait subitement sans rester à l'état incandescent, on n'obtiendrait qu'une faible lumière, telle que la flamme du gaz lorsqu'on active la combustion par l'emploi d'un chalumeau. Ce qui montre bien que la puissance lumineuse des flammes provient en grande partie des corps incandescents qui

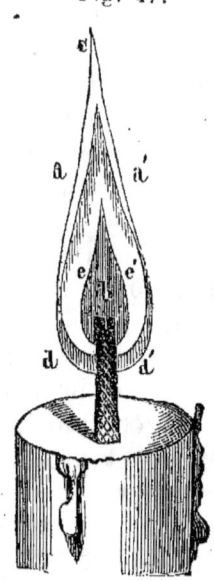

Fig. 47.

s'y trouvent, c'est qu'en suspendant dans la flamme d'un bec de gaz, d'une bougie, etc., un fil de platine qui y devient rouge blanc la lumière en augmente considérablement, presque même du tiers en éclat et le platine ne s'y oxyde cependant point.

Disons maintenant quelques mots de la respiration des animaux. Le corps de l'homme et celui des animaux à sang rouge peut être considéré comme un foyer, une lampe où s'accomplit une combustion régulière, bien alimentée. En effet, pour soutenir et réparer ses forces et arriver à son maximum de croissance, l'homme mange des aliments ; son estomac triture ces aliments et en sépare le suc le plus nutritif qui, par des organes spéciaux, se rend dans les veines pour y former le sang nécessaire à la réparation constante des organes. Mais ce sang nouvellement formé ne serait point nutritif, c'est-à-dire n'aurait point les qualités nécessaires pour nourrir toutes les parties du corps s'il n'était, au fur et à mesure de sa formation, modifié, changé par l'oxygène de l'air ; de là la nécessité de la respiration. Le sang une fois formé se rend dans les poumons, où il se divise dans un nombre infini de petites veines très-poreuses, où il peut alors être soumis à l'action de l'air. A chaque aspiration, nos poumons qui jouent le rôle de deux soufflets, se remplissent d'air. Cet air baigne tous les vaisseaux sanguins qui tapissent les nombreuses cellules des poumons et son oxygène agit sur le sang qui, de noir qu'il était, devient subitement rouge et nourrissant. En se dégonflant après chaque aspiration, les poumons renvoient l'azote de l'air aspiré et l'acide carbonique formé par l'action de l'air sur le sang. Si vous vous souvenez de ce que nous avons dit sur l'acide carbonique, si vous avez présent à la mémoire que ce n'est autre chose que le résultat de l'oxydation du carbone, vous comprendrez que notre respiration n'est autre qu'une vraie combustion du carbone de notre sang. Après avoir été ainsi rougi par l'oxydation, le sang se répand dans tout le corps, le nourrit, y porte la force et la vie, puis revient de nouveau noir aux poumons pour s'y rajeunir et s'y régénérer. Le cœur sert de régulateur à cette admirable distribution et ses mouvements plus ou moins rapides indiquent la vitesse de la circulation du sang et l'existence de la vie. Tous les animaux ont besoin de l'air pour entretenir leur existence. Les poissons, que l'on pourrait croire exempts de ce besoin, puisqu'ils vivent sous l'eau, respirent par des appareils spéciaux nommés branchies l'air dissout dans l'eau. En effet, cet air contenu dans l'eau renferme plus d'oxygène que celui de l'atmosphère et alimente aussi plus facilement les animaux aquatiques. La respiration est donc une oxydation, une combustion et en effet elle en a tous les caractères; comme toutes les actions chimiques, elle produit beaucoup de chaleur nécessaire pour entretenir la température du corps à environ 37 degrés centigrades, en outre, elle produit aux dépens du carbone du sang de l'acide carbonique. L'air exhalé par nos poumons en renferme en moyenne 4 0/0. On comprendra facilement alors, que la ventilation des logements est indispensable, surtout là où beaucoup de personnes vivent ensemble ; car, d'un côté, l'air se trouve bientôt vicié par l'acide carbonique exhalé; mais aussi, l'azote se trouve bientôt en grande proportion, et ce gaz, vous le savez, n'alimente ni la respiration, ni la combustion. Ajoutez à cela l'acide carbonique produit par l'éclairage, le chauffage, etc., et vous serez convaincu de l'absolue nécessité d'une ventilation abondante dans les maisons et les locaux où beaucoup de personnes sont réunies. Nous avons décrit la respiration des animaux et ses produits; il nous reste, pour terminer l'étude de l'air à examiner la respiration des végétaux et à vous faire comprendre quelle relation importante et nécessaire existe entre ces deux remarquables phénomènes.

135. *L'atmosphère et les végétaux.* — Les végétaux sont composés de carbone, d'hydrogène et d'oxygène, ou simplement de carbone et d'eau; ils ont donc besoin, pour leur croissance, d'absorber du carbone. Cette absorption a lieu par l'entremise de leurs feuilles, qui sont leurs véritables organes respiratoires. Les feuilles ont en effet la faculté d'extraire du sein de l'atmosphère l'acide carbonique gazeux qui y est contenue, comme nous en extrayons l'oxygène. L'acide carbonique se décompose par le végétal, le carbone est pour ainsi dire digéré et sert à son alimentation; l'oxygène de l'acide carbonique est rendu à l'atmosphère. Il est donc aisé de voir le rapport qui unit les animaux et les végétaux; les premiers mangent des matières carbonées, c'est-à-dire des végétaux et les brûlent pour se chauffer et s'éclairer; ils produisent ainsi de l'acide carbonique gazeux, qui se rend dans l'atmosphère; les végétaux à leur tour s'emparent de cet acide carbonique, en extrayent le carbone et rendent à l'atmosphère l'oxygène qu'il contenait; puis ils croissent et sont détruits par les animaux qui ne tardent pas à les rendre au sol et à l'air sous de nouvelles formes. De cette manière s'établit l'équilibre entre ces deux règnes, qui vivent l'un et l'autre des produits formés par chacun. Les végétaux et surtout les grands arbres qui portent beaucoup de feuilles sont donc d'un grand secours dans les lieux habités et purifient l'air en en séparant l'acide carbonique. Nous avons terminé l'étude de l'air ; les limites de ce livre ne permettent pas d'en dire davantage ; mais ces quelques pages suffiront sans doute pour faire comprendre le rôle important que joue pour nous cette enveloppe aérienne, qui est pour les animaux ce que la mer est pour les poissons.

136. *De l'eau en général. Ses propriétés chimiques et physiques.* — L'eau est non moins utile que l'air ; elle est employée sous diverses formes dans une foule de circonstances, aussi est-il très-important de bien connaître sa nature, les formes diverses qu'elle revêt, son action dans les principales applications qu'elle reçoit et les impuretés qu'elle peut contenir. La composition de l'eau est certainement, pour les personnes auxquelles la chimie n'est pas familière, un sujet de juste étonnement, car il est difficile de comprendre, au premier abord, comment une matière de cette nature peut être formée par la réunion de deux gaz. Et cependant il en est bien ainsi ; l'eau pure se compose en poids de huit parties de gaz oxygène combinées avec une partie de gaz hydrogène ; ces deux gaz condensés par leur combinaison forment un volume d'eau liquide 1861 fois moindre que leur volume primitif. L'eau est simplement un oxyde d'hydrogène et peut être facilement décomposée en ses deux éléments constitutifs. Par l'action de la pile électrique, on peut aisément mettre en liberté l'hydrogène et l'oxygène qui la composent et les recueillir chacun séparément. La facilité avec laquelle l'eau se décompose est mise à profit dans beaucoup d'occasions, soit qu'on veuille se procurer du gaz hydrogène (108), soit qu'on veuille, aux dépens de son oxygène, oxyder un métal. Il y a des métaux tels que le potassium et le sodium qui ont pour l'oxygène plus d'affinité que l'hydrogène lui-même; si donc on met en contact avec de l'eau un morceau de ces métaux, l'eau sera décomposée sur le champ, l'oxygène s'unira aux métaux susdits et l'hydrogène mis en liberté se dégagera; l'action est même si vive, que le métal en s'oxydant devient incandescent. D'autres métaux décomposent l'eau avec moins d'énergie et ont besoin pour cela de l'aide d'un acide avec lequel l'oxyde formé puisse s'unir et former un sel soluble ; c'est ce qui arrive au fer et au zinc. Ces deux métaux laissés dans l'eau n'en décomposent que des traces, mais si l'on ajoute un acide, tel que l'acide sulfurique, par exemple, l'eau est facilement décomposée, il se forme des oxydes de fer et de zinc qui produisent aussitôt, par leur contact avec l'acide, des sulfates de fer et de zinc. L'hydrogène est mis en liberté. L'eau qui n'est pas décomposée à la température ordinaire pas certains métaux, l'est si on la fait passer en vapeur sur ces métaux chauffés au rouge; ce cas se présente avec le fer, par exemple, qui est ainsi facilement transformé en oxyde de fer.

L'eau se rencontre partout dans la nature; c'est le dissolvant par excellence de presque toutes les substances, car, dans la plupart des cas, elle est sans action chimique proprement dite; les animaux, pour leur nourriture, les végétaux pour le transport de la sève, en ont un besoin constant ; l'art de la navigation, les machines à vapeur, le chauffage par la vapeur, et des industries de tout genre ont fait de l'eau une des matières indispensables à la civilisation.

L'eau ne se rencontre jamais à l'état de pureté dans la nature ; celle qui se rapproche le plus de cet état est l'eau de pluie ou la neige fondue, mais encore ces matières contiennent soit des substances en dissolution, soit des poussières minérales et organiques soulevées par les vents. Si l'on veut se procurer de l'eau pure, il faut la distiller, c'est-à-dire, comme vous le savez, la réduire en vapeur, puis condenser cette vapeur dans un serpentin entouré d'eau froide, ce qui la ramène à son état liquide primitif. Ainsi purifiée, l'eau est débarrassée des matières salines qu'elles pouvait contenir et qui varient avec l'origine des eaux, comme nous le verrons plus loin. Dans les usages industriels, on ne peut se servir d'eau distillée, car son prix serait trop élevé, mais on doit toujours chercher à obtenir une eau aussi pure que possible ou ne contenant pas de matières contraires au but qu'on se propose. L'eau distillée sert dans les laboratoires où l'emploi de l'eau ordinaire, toujours impure serait impossible dans des recherches délicates précises.

Selon leur origine, leur position à la surface du globe, leur composition chimique, on peut classer les eaux en plusieurs catégories, que nous examinerons successivement et qui sont les suivantes : Eau de pluie. Sources ordinaires. Eaux potables. Sources minérales. Eaux de rivière et de lacs. Eaux des mers. Toutes ces eaux ne diffèrent de l'eau chimiquement pure que par les matières qu'elles contiennent en dissolution ou aussi quelquefois en suspension.

137. *Eau de pluie. Sources ordinaires. Eaux*

potables. — L'eau de pluie n'est pas chimiquement pure, comme nous l'avons dit plus haut, mais les impuretés qu'elle renferme, sont si faibles, qu'elle peut, dans tous les usages industriels, être employée comme telle, à la condition, toutefois, d'être recueillie proprement et conservée dans des réservoirs dont le fond et les parois ne contiennent pas de matières solubles.

Dans les teintureries, les fabriques de couleurs, on fera toujours bien de recueillir les eaux de pluie pour les employer avec les couleurs délicates que des eaux ordinaires pourraient altérer. Les nuages formés par l'évaporation des mers, des lacs, des fleuves et du sol finissent toujours, comme chacun le sait, par retomber sur la terre sous forme de pluie, de neige ou de grêle. Les pluies et les neiges qui tombent sur les montagnes donnent habituellement naissance aux rivières et aux fleuves ; celles qui tombent dans la plaine, sur les collines, dans les vallées produisent les sources en s'infiltrant dans le sol sous lequel elles se réunissent çà et là en nappes plus ou moins profondes et étendues. En général, elles ne sont pas à une grande profondeur et ne circulent pas à une grande distance ; néanmoins, elles se chargent en traversant les terrains qu'elles rencontrent des principes solubles, minéraux ou organiques qui s'y trouvent. Comme les terrains qui forment la surface du globe sont d'une nature très-variable, les sources qui les traversent renferment aussi des substances très-diverses. Les matières minérales du sol sont en général peu solubles, mais leur solubilité est pourtant assez grande pour que les eaux qui se sont trouvées avec elles en contact permanent en aient pris tout ce qu'elles en peuvent prendre et se trouvent ainsi propres à certaines industries et défecvorables à d'autres. Aussi, l'industriel qui va fonder une usine où l'eau doit jouer un rôle important, se préoccupe toujours de la qualité des eaux qu'il aura à sa disposition. Les substances calcaires sont ordinairement les plus solubles dans l'eau ; aussi, les sources situées dans les localités calcaires sont les moins pures et les plus riches en principes minéraux ; tandis que celles qui viennent de terrains granitiques, quartzeux, etc., sont en général très-pures. L'eau pure doit se volatiliser par la chaleur sans laisser de résidu ; il est donc facile de s'assurer de la pureté d'une eau en faisant évaporer à sec dans une capsule quelques litres de ce liquide ; s'il reste un résidu, on le sèche bien et on le pèse ; on a ainsi un premier indice sur la quantité des matières en dissolution. Mais cela ne suffirait pas dans la grande majorité des cas, où il est nécessaire de connaître d'une manière précise la nature des matières en dissolution. L'analyse chimique vient alors en aide à l'industriel par des moyens divers, dont la description ne peut entrer dans le cadre de cet ouvrage. Les eaux de source contiennent le plus fréquemment du sulfate de chaux, du carbonate de chaux, des sels de magnésie, d'alumine, de fer et de l'acide silicique, de l'air en dissolution, et de l'acide carbonique ; dans quelques cas aussi des matières organiques.

Relativement à l'emploi de l'eau avec le savon et dans diverses opérations de teinture, on divise les eaux en deux classes : les eaux dures et les eaux douces. Les premières renferment des sels solubles de chaux et de magnésie qui décomposent le savon, c'est-à-dire forment de nouveaux savons insolubles qui se séparent en grumeaux ; il en résulte deux inconvénients : le premier consiste dans un emploi plus grand de savon qu'il ne serait nécessaire et le second dans le fait que de petits grumeaux insolubles de savon à base de chaux et de magnésie viennent se fixer dans les fibres textiles, y adhèrent avec force et y restent invisibles jusqu'au moment où certaines opérations de tissage viennent les révéler par de nombreuses taches grasses sur les étoffes ou les rubans. Il est donc essentiel, dans de semblables opérations, d'écarter ces eaux dures ou de les purifier avant de s'en servir par des moyens que nous indiquerons plus loin (142). Une eau est dure quand elle coupe le savon, c'est-à-dire quand elle refuse de mousser par l'agitation à la moindre addition de savon et qu'elle forme un précipité grumeleux facile à reconnaître. Une eau est douce quand elle ne décompose pas la dissolution du savon.

Si les eaux très-pures sont très-précieuses dans les opérations industrielles, il n'en est pas de même dans leurs emplois alimentaires. Pour qu'une eau soit d'un bon usage et potable, c'est-à-dire bonne à boire, elle doit être d'abord bien aérée, limpide, d'une faible dureté, mais il est cependant essentiel qu'elle contienne une petite proportion de sels calcaires, qui sont d'un bon effet sur la santé ; elle ne doit cependant pas en contenir assez pour se troubler par l'ébullition, comme cela arrive aux eaux du bassin de Paris, par exemple. Une eau potable ne doit pas non plus contenir de matières organiques en dissolution ou en suspension, car ces matières sont souvent, d'une très-fâcheuse nature et peuvent être la cause de diverses fièvres et de dyssenteries. On reconnaît d'une manière rapide si une eau renferme une proportion dangereuse de matières organiques en y mettant quelques gouttes de solution de chlorure d'or (or dissout dans l'eau régale) et en faisant bouillir. Si l'eau, de jaune qu'elle était par le chlorure d'or, devient violette ou bleuâtre, son emploi dans les usages domestiques doit être évité.

138. *Eaux minérales.* — Les couches profondes de la terre sont beaucoup plus chaudes que la surface, car le centre de la terre est encore à l'état de fusion ; aussi, à mesure que l'on descend, la température augmente. A cinq kilomètres de profondeur, la chaleur atteint cent degrés. Il en résulte que les eaux qui pénètrent à une grande profondeur prennent en passant la température des couches qu'elles traversent et deviennent ainsi plus aptes à se charger de principes solubles. Elles reviennent plus ou moins rapidement à la surface et aussi plus ou moins chaudes, et à cause de leur composition portent le nom de sources minérales. Ces eaux contiennent des principes très-variables auxquels elles doivent leur vertu médicale. On distingue spécialement les *eaux sulfureuses*, telles que : Barèges (Hautes-Pyrénées), température 42° centigrades, Aix-la-Chapelle (Prusse), 57 degrés centigrades, Enghien (Seine-et-Oise), 15 degrés centigrades ; ces eaux contiennent des sulfures alcalins ; *les eaux alcalines*, comme celles de Vichy, dont la température est de 39 degrés centigrades et qui renferment du carbonate de soude et d'autres sels alcalins, Carlsbad (Bohême), 73 degrés centigrades. Les *eaux ferrugineuses* qui contiennent des sels de fer et dont la température est tantôt froide, tantôt assez élevée ; telles sont les eaux de Spa (Belgique), Passy (Seine), Contrexéville (Vosges) ; les *eaux salines* comme celles de Bourbonne-les-Bains (Haute-Marne), et de Baden, etc.

139. *Eaux de rivières, de lacs, etc.* — Les eaux des rivières sont en général plus pures que les eaux de sources, parce qu'elles stationnent moins longtemps en contact avec le terrain et ne peuvent par cette raison dissoudre autant de matières minérales. Elles renferment cependant toujours du limon, du sable fin en suspension ; ce limon se dépose assez promptement par le repos, et l'eau est alors d'une limpidité parfaite. La pureté chimique de ces eaux ne dépend pas seulement de la nature du terrain où elles prennent leur service, mais aussi et surtout des terrains très-variés qu'elles rencontrent sur leur passage. Sous le rapport de la dureté, voici dans quel ordre se classent les rivières de la France, en commençant par la plus pure. Allier, Dordogne, Garonne, Loire, Somme, Rhône, Saône, Seine, Oise, Escaut, Canal de l'Ourcq ; l'eau de Belleville, à Paris, est 25 fois plus dure que l'eau de la Loire ; l'eau de cette dernière rivière, à Firminy, est la plus pure de toute la France. Les eaux des torrents qui descendent de montagnes granitiques et roulent sur les mêmes débris de ces montagnes, sont aussi d'une très-grande pureté.

Nous avons dit que les rivières charrient du limon ; elles en contiennent et en amènent tant dans la mer, que la quantité en est prodigieuse ; ainsi, le Rhône en entraîne à la mer plus de 20 millions de mètres cubes par année ; le Gange charrie à la mer la même quantité de terre en 24 heures. Cela peut donner une idée de la formation des îles et de dépôts sablonneux que l'on voit si fréquemment à l'embouchure des rivières.

140. *Eaux des mers.* — Les mers et les lacs occupent une surface de plus des sept dixièmes de celle de la terre ferme, et la profondeur en est très-variable ;

on a cependant des motifs pour considérer la profondeur des mers comme ne dépassant pas 5000 mètres aux endroits les plus bas. L'eau des mers est bien loin par sa composition chimique de celle des fleuves, des lacs et des sources ordinaires, mais elle est aussi très-variable et renferme un assez grand nombre de substances ; les plus abondantes après le sel marin, sel de cuisine (chlorure de sodium), sont les bromures de magnésium et de sodium, l'iodure de sodium et le chlorure de potassium. Le sel marin ou chlorure de sodium est la substance la plus importante contenue dans l'eau de mer avec l'iode, qui ne se retire que des produits marins. Voici les quantités moyennes de la richesse en sel des principales mers et des lacs salés.

Mer Méditerranée   290 de sel sur 10 000 d'eau.
Océan Atlantique   250   —   —
Mer du Nord   230   —   —
Mer Noire   140   —   —
Mer Caspienne   34   —   —
Mer d'Azow   95   —   —
Mer Morte   1100   —   —

La mer Morte, qui n'est qu'un lac salé d'une grande richesse en divers sels, contient en outre, 393 parties sur 10000 d'autres subtances dissoutes. Les végétaux qui vivent dans la mer, tels que les algues, les fucus, etc., ont la propriété d'attirer à eux divers sels qu'ils concentrent pour ainsi dire et qu'on peut retirer de leurs cendres. C'est ainsi qu'on extrait l'iode et et le chlorure de potassium, en incinérant ces végétaux. Le sel marin se retire des eaux de la mer par leur évaporation spontanée dans de vastes étangs peu profonds, que l'on nomme marais salants. Les sels qui l'accompagnent rendent l'eau de mer amère et nauséabonde, et la font rejeter pour les usages domestiques

141. *Emploi de l'eau dans les appareils à vapeur.* — D'après ce que nous avons dit sur la pureté des eaux de sources et de rivières, il est facile de comprendre avec quel soin on doit choisir les eaux destinées à produire de la vapeur dans les usines ; en effet, on alimente constamment d'eau impure ces vastes appareils nommés chaudières à vapeur ; l'eau seule se vaporise et les matières minérales qu'elle renferme s'en séparent en forme de poudre impalpable, qui, suivant sa nature, ne tarde pas à produire sur les parois surchauffées des croûtes plus ou moins épaisses. Ces croûtes se durcissent considérablement, augmentent l'épaisseur réelle des parois de chauffe et nécessitent pour entretenir l'eaux en ébullition, un feu plus violent et que souvent la tôle ne peut supporter sans se bousouffler et se bruler. De là, les nombreux accidents que l'on signale si fréquemment dans les usines à vapeur. Il est donc de toute nécessité de nettoyer fréquemment les bouilleurs des chaudières pour prévenir l'incrustation des matières minérales en suspension dans l'eau. Les nettoyages doivent être d'autant plus fréquents, que l'eau est plus impure. De nombreux moyens ont été proposés pour éviter ces incrustations et rendre le dépôt toujours pulvérulent, mais jusqu'ici aucun de ces moyens ne peut être considéré comme infaillible. Dans les teintureries où la vapeur est ordinairement appliquée directement au chauffage des bains de teinture on doit être très-circonspect à l'endroit de ces préparations si nombreuses dans le commerce, car il peut se former par leur emploi des gaz de diverse nature qui, entraînés avec la vapeur, peuvent subitement altérer les bains colorants lors même que la quantité en serait très-faible. Le meilleur moyen, nous le répétons, pour prévenir tout accident, est un nettoyage complet, le plus fréquent possible.

La vapeur d'eau n'est pas employée en teinture seulement pour chauffer les bains et faire mouvoir les machines destinées au travail général des ateliers, à l'élévation de l'eau, etc. Elle a aussi dans certains genres de teinture et d'impression une action toute particulière. En effet, certaines couleurs ne se fixent sur les fibres ou sur les tissus d'une manière inaltérable que lorsque les écheveaux ou les pièces ont été exposées au contact oxydant de l'air humide pendant un temps plus ou moins long. On obtient ce résultat par l'emploi de la vapeur qu'on lance dans de grandes chambres où sont suspendues les pièces que l'on veut ainsi rendre inaltérables. Cette opération se nomme le vaporisage et son importance est grande, surtout dans les impressions sur étoffes.

142. *Emploi de l'eau en teinture.* — L'importance de l'eau en teinture est telle qu'il n'est pas nécessaire de le démontrer; ce liquide intervient dans toutes les opérations de la teinture, aussi son action doit-elle être étudiée à plusieurs points de vue; nous examinerons ici l'emploi de l'eau avec le savon; l'emploi de l'eau dans la formation des bains de teinture; l'action de l'eau sur les conduites diverses; enfin, la manière de purifier l'eau, selon l'usage auquel on la destine.

L'eau et le savon. — Nous avons vu plus haut (137), ce que l'on entend par eau dure et eau douce;

l'eau dure est celle qui décompose le savon et forme des grumeaux d'un savon à base calcaire, insoluble ; l'eau douce est celle qui ne décompose pas ou peu le savon. Un grand nombre d'industries emploie le savon. Ce composé est employé en grande quantité, surtout dans le dégommage et la cuite des soies et dans la teinture en rouge turc. Un des plus grands inconvénients de l'emploi des eaux dures dans les industries qui se servent du savon, consiste surtout dans la destruction d'une quantité sensible de ce composé. Les savons à base de chaux et de magnésie qui se forment alors n'agissent ni mécaniquement, puisqu'ils ne produisent pas d'écume, ni chimiquement, car ils sont insolubles. Voici deux exemples des inconvénients de l'eau dure à Londres et à Lyon. (Bolley, *Traité de technologie chimique*, 1er volume, p. 56). La ville de Londres consomme par mois 1000 tonnes de savon (un million de kilog.) la dureté de l'eau de la Tamise est telle que la consommation du savon est plus élevée de 230 tonnes que si l'eau employée était douce. Il en résulte une perte annuelle en savon estimée à la somme de trois millions et demi.

D'après les déterminations de Dupasquier, on emploie pour cuire la soie à Lyon 18 pour cent de savon si l'on emploie l'eau de la Saône, 20 pour cent avec l'eau du Rhône, 24 à 30 pour cent avec l'eau de source des Brotteaux et, jusqu'à 35 pour cent avec les eaux des puits de divers quartiers de la ville. Mais la perte en savon n'est pas ici le seul inconvénient que nous ayions à considérer ; la formation des savons calcaires insolubles entraîne souvent de nombreux dommages, en se fixant par places sur les soies, ce qui empêche de les unir en teinture.

Comme la cuite des soies n'exige pas une quantité d'eau bien considérable, on fera toujours bien de recueillir les eaux de pluie, ou l'eau de condensation de divers appareils à vapeur. Nous indiquerons un peu plus loin les moyens employés pour transformer l'eau dure en eau douce.

Emploi de l'eau dans les bains de teinture. — Dans les opérations de teinture proprement dites, la proportion de l'eau relativement à la quantité de matière colorante est toujours considérable ; aussi l'on peut compendre que les sels divers en dissolution dans l'eau ne sont pas sans influence sur les matières colorantes et sur la plus ou moins grande facilité avec laquelle elles se fixent sur les fibres. En effet, il arrive souvent que 1000 litres d'eau employée comme bain de teinture contienent plus de 200 grammes de sels calcaires, tandis que la somme totale de matière colorante ne dépasse pas 50 grammes. Il y a donc 4 fois plus de sels calcaires dans ce bain que de matière colorante. Les sels calcaires agissent sur la matière colorante de diverses manières ; quelquefois ils sont utiles et l'on en ajoute aux eaux qui en manquent ; c'est ce qui arrive dans les teintureries en rouge turc ; les essais faits à Lyon par Dupasquier avec le bois de Brésil, le champêche, le quercitron, la Gaude, la cochenille et le carmin d'indigo, ont démontré que les nuances obtenues dans les eaux de diverses sources calcaires (carbonate de chaux), étaient plus vives et plus fleuries que dans les eaux du Rhône. Les eaux qui descendent des vallées du bassin de la Loire sont pauvres en carbonate de chaux ; l'addition d'une quantité de craie les rendrait propres aux genres de teinture qui réclament la présence du carbonate de chaux (comme la teinture en ponceau sur soie).

Toutes les matières colorantes employées en teinture ne sont pas solubles dans l'eau ; c'est pourquoi on se sert d'alcool pour les dissoudre et l'on verse la dissolution alcoolique dans l'eau du bain de teinture. C'est ce qui arrive par exemple avec le bleu d'aniline. La matière colorante paraît alors dissoute dans l'eau, mais elle n'est en réalité que divisée et cet extrême état de division permet une répartition uniforme du colorant sur la fibre.

Quand les couleurs destinées à teindre sont solubles dans l'eau, la présence des sels calcaires peut en précipiter une partie dans un état tel que la fibre textile n'est plus capable de l'absorber ; il y a alors perte en matière colorante ; cette perte s'évite le plus souvent par l'addition au bain de teinture de divers acides.

Il arrive souvent que les couleurs solubles dans l'eau ne sont pas absorbées avec facilité par les fibres textiles ; cela provient de ce que la force qui maintient la couleur en dissolution dans l'eau est plus grande que la force d'attraction de la fibre pour la matière colorante. Pour vaincre cette résistance que l'eau oppose à abandonner la couleur à l'étoffe, on imprègne celle-ci d'une matière qui a pour la couleur une grande affinité ; cette matière est ce que l'on nomme un mordant ; nous aurons plus tard l'occasion de revenir sur ce sujet (§ 233).

La quantité de l'eau dans laquelle on dissout une matière colorante, n'est pas sans influence sur la hauteur de ton, à laquelle montera l'étoffe qu'on y doit teindre ; là encore, se fait sentir la puissance de dissolution de l'eau et la difficulté qu'elle met à céder les principes qu'elle a dissouts ; c'est pourquoi le volume à donner aux bains de teinture doit être rigoureusement approprié à la quantité de couleur qu'on y met dissoudre et à la quantité d'étoffe qu'on se propose d'y teindre.

Action de l'eau sur les conduites. — Les conduites d'eau dans les usines sont généralement en fonte de fer ou en plomb. Les tubes de fer ont l'inconvénient de se tapisser peu à peu d'incrustations, et même de se boucher entièrement ; ils sont facilement attaqués par les eaux ordinaires, surtout lorsque l'écoulement de ces eaux se fait d'une manière intermittente, car alors il sont exposés à l'action de l'air humide qui les oxyde et peu à peu en diminue l'épaisseur. Du reste, l'eau qui a circulé dans des tubes en fer ne contient aucun principe dangereux pour la santé ; l'eau courante dans ces tubes ne se charge d'aucune matière nuisible à la teinture ; mais si elle y séjourne, elle se charge d'oxyde de fer à l'état pulvérulent qui, dans certains cas, peut causer en teinture des dommages assez grands.

Les conduites de plomb fournissent de l'eau suffisamment pure pour les besoins de la teinture ; mais il n'est pas toujours prudent de s'en servir pour transporter l'eau potable. Il est maintenant reconnu que les eaux les plus pures et les plus aérées sont celles qui attaquent le mieux les conduites de plomb. Les eaux calcaires ne les attaquent presque pas.

Purification des eaux. — Les moyens employés pour purifier les eaux dépendent de la nature même de ces eaux et des usages auxquels on les destine. On peut les classer en trois catégories : les moyens chimiques, la filtration et la distillation.

La filtration n'a ordinairement lieu que pour obtenir des eaux propres à la boisson, et la distillation des eaux pures dont l'emploi n'est pas industriel. Nous ne parlerons ici que des moyens chimiques. Le défaut le plus habituel des eaux que le teinturier cherche à corriger est la dureté. Cette dureté provient ordinairement de la présence du carbonate de chaux en dissolution dans l'eau, à la faveur d'une certaine quantité de gaz acide carbonique. En neutralisant cet acide carbonique par du lait de chaux, on précipite la presque totalité du carbonate calcaire contenu dans l'eau, qui perd ainsi une grande partie de sa dureté. L'opération doit se faire dans des réservoirs disposés de manière à laisser déposer le carbonate de chaux. La quantité de lait de chaux à ajouter varie suivant la composition de l'eau et ne peut être estimée que par l'essai chimique de l'eau à purifier. On peut, par ce procédé diminuer des deux tiers la perte en savon que l'on fait par l'emploi des eaux dures.

L'emploi des moyens chimiques dans l'intérieur des chaudières à vapeur doit être, comme nous l'avons déjà dit (141) rejeté : 1° parce qu'il donne des résultats incertains ; 2° parce que plusieurs de ces moyens peuvent donner lieu à la production de divers gaz alcalins ou acides nuisibles aux bains de teinture ; 3° parce que les joints des chaudières, des soupapes, etc., peuvent être plus ou moins vite attaqués par ces divers moyens. Quelques fabricants prétendent obtenir un bon résultat en mettant dans leur chaudière de 4 à 5 kilogr. de mélasse ou de sirop de glucose et en renouvelant cette dose chaque mois. Ces produits ne peuvent donner lieu à aucun inconvénient et l'on ne peut que recommander aux propriétaires de chaudières d'en faire l'essai.

143. *Emploi des composés chimiques en tein-*

ture. — L'art de la teinture a fait de grands progrès dans notre siècle, par suite de l'esprit d'analyse appliqué à toutes les opérations qui s'y passent. On s'est rendu compte d'une manière exacte des causes de chaque réaction et on a isolé les matières actives dont on avait bien constaté les effets. La chimie a donc rendu un grand service à la teinture, en la débarrassant de mille opérations inutiles et embrouillées et en caractérisant d'une manière fixe et certaine les effets de chaque matière employée. Les procédés de teinture sont devenus plus simples et on tend toujours plus à employer à l'état isolé chaque substance active plutôt que dans des mélanges le plus souvent impossibles à doser. La teinture et l'impression des étoffes sont devenues dès lors une industrie scientifique. Le teinturier a donc besoin de connaître les propriétés, le mode de préparation, et les applications diverses de chacune des substances qu'il utilise; nous avons dans ce but classé ces substances en plusieurs catégories que nous étudierons spécialement; dans les deux chapitres précédents nous avons examiné les principaux éléments et leurs caractères principaux; l'étude de leurs composés fera l'objet des chapitres qui suivent.

1° Composés chimiques proprement dits ne contribuant pas par eux-mêmes à colorer les tissus; ce sont les acides, les alcalis, divers sels, les gommes, sucres, alcools, huiles, savons, etc., matières généralement employées dans les ateliers de teinture.

2° Matières colorantes, minérales, végétales et animales; et les couleurs artificielles dont l'emploi remonte à un petit nombre d'années seulement.

CHAPITRE III.

COMPOSÉS CHIMIQUES NON COLORANTS EMPLOYÉS EN TEINTURE.

144. *Acide sulfurique.* — L'acide sulfurique du commerce est un liquide lourd, huileux, extrêmement acide et corrosif ; il est inodore, d'une saveur franchement acide ; il produit sur la peau les brûlures les plus dangereuses et décompose rapidement toutes les matières végétales et animales qu'il carbonise. Aussi ne doit-il être manié qu'avec précaution. Cet acide est très-avide d'eau ; exposé à l'air, il en attire l'humidité qui s'y dissout et en diminue la force ; mélangé à de l'eau, il produit un violent dégagement de chaleur. Il décompose les matières organiques en leur enlevant l'eau qu'elles contiennent à l'état combiné. L'acide sulfurique pèse 1820 grammes par litres ; il bout à 310 degrés centigrades et distille. Il cristallise à zéro degré, ce que l'on peut fréquemment observer en hiver ; les cristaux fondent de nouveau sans altération quand la température s'élève. L'acide sulfurique devrait toujours être incolore, mais une petite quantité de matières organiques suffit pour le colorer, il est rarement tout à fait blanc. Il se dissout dans l'eau, sans la troubler lorsqu'il est pur ; mais l'acide du commerce étendu d'eau laisse presque toujours déposer une poudre blanche qui n'est autre chose que du sulfate de plomb provenant des appareils où on le prépare. L'acide sulfurique est un des acides les plus énergiques, il s'unit à chaud et à froid, avec presque tous les métaux pour former des sulfates ; il déplace tous les autres acides de leurs combinaisons, aussi est-il employé dans la fabrication des acides nitrique, chlorhydrique, etc. Son bas prix et ses remarquables propriétés lui ont donné une immense application dans les arts et l'on peut dire avec raison qu'il est le point de départ de la préparation de tous les autres produits chimiques.

L'acide sulfurique commercial se prépare toujours par l'oxydation de l'acide sulfureux. La théorie de la fabrication est simple, mais la pratique présente de nombreuses difficultés.

On conduit le gaz sulfureux provenant de la combustion du soufre ou des pyrites dans d'immenses chambres dont les parois sont intérieurement doublées de plomb, et en même temps on y lance de la vapeur d'eau et des vapeurs d'acide hypoazotique (147); ces vapeurs nitreuses cèdent leur oxygène en partie à l'acide sulfureux qui se trouve ainsi transformé en acide sulfurique et vient se condenser sur les parois et le sol des chambres de plomb. Dans des opérations bien conduites, l'acide qui sort brut des chambres de condensation marque 53 degrés au pèse-acides. Dans cet état, l'acide sulfurique est employé dans plusieurs industries, mais ordinairement pour le livrer au commerce on le réduit sous un plus petit volume; on le concentre en lui faisant perdre par l'ébullition de l'eau et l'acide nitreux qu'il peut encore contenir. Pour arriver à ce résultat, on le concentre jusqu'à 60 degrés du pèse-acides dans des chaudières en plomb, et ensuite on l'amène à 66 degrés dans des vases distillatoires en platine, munis de serpentins ou réfrigérants du même métal. On distille jusqu'à ce que l'acide qui coule par le serpentin marque 40 degrés au pèse-acides; l'acide concentré qui reste alors dans la chaudière est l'acide commercial à 66 degrés. On ne peut se servir d'autre métal que du platine (131), les autres métaux étant trop facilement rongés ou dissous par l'acide sulfurique. Le prix élevé du platine immobilise un capital considérable dans les usines d'acide sulfurique, car au prix de 700 fr. le kilogramme, la plupart des chaudières à concentration coûtent de cent à trois cent mille francs la pièce, et quelques usines importantes en ont plusieurs au moyen desquelles elles concentrent de quarante à soixante mille kilogrammes d'acide par jour. Aussi cette fabrication ne peut-elle se faire sans l'aide de capitaux puissants.

L'acide sulfurique était retiré autrefois exclusivement du sulfate de fer ou vitriol vert que l'on calcinait et soumettait à la distillation au moyen d'une haute température. Le produit distillé avait la consistance d'une huile ; c'est de là que vient le nom d'huile de vitriol que l'on donnait jadis à cet acide. Il serait à désirer que dans les usines on cessât de de donner à cet acide dangereux le nom d'huile qui, par confusion avec l'huile d'olive, fréquemment employée, pourrait amener de fatales méprises. L'acide sulfurique est connu depuis plusieurs siècles, mais sa nature était ignorée, sa préparation difficile et par suite son emploi très-restreint. La première fabrique d'acide sulfurique a été construite en Écosse en 1746 ; mais seulement depuis 40 ans cette industrie a considérablement augmenté en importance ; la sortie du soufre de Sicile, qui était il y a 15 ans de cent millions de kilogrammes par an, est doublée actuellement, quoiqu'une immense quantité d'acide sulfurique se produise par la combustion des pyrites de fer et de cuivre qui sont des sulfures de ces métaux. L'acide sulfurique se trouve quelquefois dans la nature à l'état libre ; ainsi, par exemple, quelques rivières d'Amérique contiennent une quantité considérable de cet acide ; on en cite qui en renferment plus de cinq grammes par litre et qui versent ainsi par jour dans l'Océan la valeur de plus de trente milles kilogrammes de ce produit. Les eaux de quelques-unes de ces rivières ont une température de 70 degrés centigrades. Les applications industrielles de l'acide sulfurique sont très-variées. Voici les principales : Fabrication des acides nitrique et chlorhydrique, des bougies stéariques, de l'alun, du phosphore, du sucre de fécule, épuration des huiles, épuration du gaz d'éclairage, ouvrages divers sur métaux ; traitement et purification des huiles de pétrole, de schiste. Extraction des matières colorantes ; application à la teinture, etc.

Dans la teinture, l'acide sulfurique est d'un emploi constant ; il donne à la soie le craquant que l'on recherche et permet aux couleurs de se fixer d'une manière plus unie, plus durable ; il en rehausse l'éclat, surtout lorsqu'il est employé avec les couleurs nouvelles d'aniline ; de plus, dans plusieurs de ces couleurs, il empêche les matières impures de se fixer sur la soie et les maintient à l'état soluble dans le bain. L'acidité du bain de teinture ne doit jamais être forte pour risquer d'altérer, soit les fibres à teindre, soit la pureté de la couleur. Nous aurons plus tard l'occasion de revenir plusieurs fois sur l'emploi de l'acide sulfurique en teinture en parlant des couleurs d'aniline.

145. *Acide sulfureux.* — Lorsqu'on brûle du soufre à l'air libre, il se produit un gaz suffocant et très-irritant formé de 16 parties de soufre et 16 parties d'oxygène ; c'est l'acide sulfureux. Le gaz acide sulfureux est incolore, mais son odeur est très-forte et pénétrante ; il jouit de toutes les propriétés générales des acides, ainsi les alcalis, tels que la potasse, la soude, peuvent le neutraliser et former des sels avec lui. En combinaison avec ces alcalis, ses propriétés décolorantes sont voilées, mais un acide plus énergique qui remet l'acide sulfureux en liberté les fait reparaître. L'acide sulfureux gazeux est plus lourd que l'air et monte difficilement dans les soufroirs où on le produit pour blanchir les laines et les soies ; on devrait opérer la combustion du soufre dans la partie supérieure des chambres à soufre et non dans le bas, comme cela se pratique ordinairement. Ce gaz est soluble dans l'eau ; dans les chambres à soufre, l'eau se sature assez rapidement de ce gaz et forme une solution acide qui contient en même temps de notables quantités d'acide sulfurique, car dans la combustion du soufre, il arrive toujours qu'une petite partie de l'acide sulfureux formé s'oxyde davantage et passe à l'état d'acide sulfurique.

La fig. 48 représente un appareil propre à produire l'acide sulfureux liquide. Une bombonne en grès placée dans un bain de sable chauffé par un foyer, contient du charbon de bois et de l'acide sulfurique concentré. La chaleur du bain de sable active la réaction ; il se forme de l'acide sulfureux, et du gaz acide carbonique ; ces gaz traversent une série de bombonnes contenant de l'eau froide qui dissout l'acide sulfureux seulement.

L'acide sulfureux gazeux ou liquide est un agent puissant de décoloration. Son action est moins dangereuse pour les étoffes que celle du chlore ; elle a lieu de deux manières : tantôt l'acide sulfureux agit comme désoxydant, c'est-à-dire retire de l'oxygène aux matières colorantes qui, étant alors décomposées, quittent plus facilement les fibres par des lavages à l'eau ; tantôt il forme avec les matières colorantes des combinaisons incolores tant qu'elles sont acides et qui reprennent leur couleur primitive dès qu'on chasse l'acide entièrement ou qu'on le neutralise par un alcali.

L'acide sulfureux peut se préparer de plusieurs manières : la combustion du soufre à l'air est un moyen simple et facile pour beaucoup d'usages industriels. Il faut 3500 litres d'air (3 mètres cubes et demi) pour brûler un kilogramme de soufre et le transformer en acide sulfureux. On brûle ordinai-

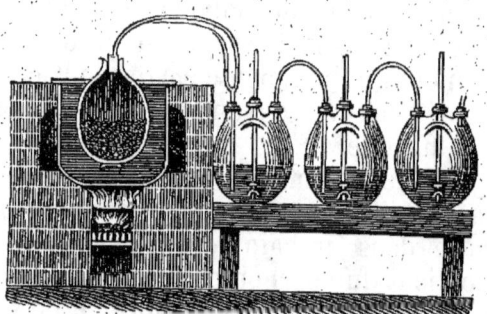

rement le soufre dans les chambres de décoloration en ne laissant qu'une étroite issue pour l'air ; alors le soufre s'oxyde aux dépens de l'air même des chambres, et le gaz sulfureux reste mêlé à l'azote. Lorsqu'on veut recueillir le gaz sulfureux et en préparer des solutions saturées, on le prépare en chauffant fortement le soufre avec des oxydes métalliques, qui abandonnent facilement leur oxygène dans ces circonstances, tels que les oxydes de manganèse et de cuivre; on peut aussi le produire avec facilité en décomposant à chaud l'acide sulfurique par le charbon ou la sciure de bois.

En dehors de son emploi dans le blanchiment des soies, des laines et des pailles, l'acide sulfureux a reçu une application importante dans le traitement des maladies de la peau. La gale, qui est produite par le développement considérable de petits insectes sous la peau, est détruite rapidement par des fumigations de gaz sulfureux. Ce gaz sert aussi dans les hôpitaux, les ports de mer, etc., à assainir les endroits infectés par diverses maladies contagieuses. Le gaz sulfureux éteignant les corps en combustion, on l'a proposé pour arrêter les feux de cheminées; mais il faut, pour obtenir de bons résultats, fermer assez à temps les deux issues de la cheminée, afin d'intercepter le courant d'air. L'acide sulfureux liquide est aussi employé avec succès pour enlever les taches de fruits rouges ou de vin sur le linge.

146. *Acide chlorhydrique.* Le chlore forme avec le gaz hydrogène une combinaison très-importante; l'acide chlorhydrique, connu dans le commerce sous les noms d'acide muriatique, esprit de sel, acide fumant. C'est à l'état de pureté un gaz incolore, d'une odeur piquante et d'une saveur fortement acide. L'acide chlorhydrique dont on se sert dans l'industrie est une solution plus ou moins concentrée de ce gaz dans l'eau, où il est très-soluble, surtout à une basse température. L'acide chlorhydrique commercial contient en moyenne 30 pour cent en poids de gaz chlorhydrique et marque environ 22 degrés au pèse-acides. L'acide pur est blanc, mais celui dont on se sert industriellement est toujours légèrement jaune, coloration due ordinairement à une

Fig. 49.

petite quantité de chlore libre qui s'y rencontre fréquemment et à une certaine proportion de fer en dissolution. Dans la plupart des cas, ces impuretés sont sans inconvénients, car leur proportion est très faible. L'acide chlorhydrique se fabrique sur une vaste échelle comme produit secondaire de la préparation du sulfate de soude destiné à être converti en soude. Le sel marin, qui est du chlorure de sodium (composé de chlore p. 110 et de sodium 118) est la matière première qui sert à le produire, c'est de là que lui vient son nom d'esprit de sel. Si on arrose du sel marin avec de l'acide sulfurique, il se dégage d'abondantes vapeurs acides qui ne sont autre chose que du gaz acide chlorhydrique.

La préparation industrielle de cet acide a lieu dans dans de vastes chaudières en fonte *o* (fig. 49), placées dans un fourneau chauffé par le foyer N. La chaudière *o* reçoit la charge convenable de sel marin et d'acide sulfurique. Par la chaleur, l'acide chlorhydrique se dégage par l'allonge R *e* et vient se condenser dans une série de bombonnes FF'; chaque bombonne renferme de l'eau qu'on y introduit par une ouverture *n*. L'excès de gaz chlorhydrique non condensé dans la première bombonne passe dans la seconde par le tube coudé *m*, etc. Lorsque l'opération est terminée, on sort le sulfate de soude de la chaudière par l'ouverture *aa*. Les canaux SP, sont en communication avec la cheminée de l'usine et servent à entraîner la fumée et les restes de gaz de la chaudière avant d'enlever le sulfate de soude. Au lieu de chaudières et de cylindres en fonte, on se sert aussi pour fabriquer cet acide de vastes fours construits en briques réfractaires. Ses propriétés chimiques, et son prix excessivement bas, lui ont donné de nombreuses applications. Il sert à la fabrication du chlorure de chaux (161), des eaux gazeuses, à l'extraction de la colle-forte ou gélatine des os (193), à la préparation des sels d'étain (169, 170), au blanchiment des cotons, et quelquefois des soies, enfin au blanchiment des pâtes à papier. L'acide chlorhydrique dissout avec facilité un grand nombre de métaux : tels que le fer, le zinc, l'étain, mais il n'a que peu ou point d'action sur d'autres, tels que le plomb, l'argent, l'or, le platine.

De même que l'acide sulfurique, l'acide chlorhydrique se trouve quelquefois dans la nature ; on l'a rencontré dans les eaux de quelques rivières de l'Amérique du sud, dans les eaux rejetées par des volcans en activité et à l'état de suintement dans une roche du Puy-de-Dôme, qui est un ancien volcan éteint.

147. *Acide nitrique, ou azotique, ou encore eau forte.* — Si l'on verse de l'acide sulfurique sur du salpêtre, il se dégage aussitôt d'abondantes vapeurs acides plus ou moins rougeâtres ; ces vapeurs sont de l'acide nitrique, car le salpêtre est un sel composé d'acide nitrique et de potasse. Cet acide, lorsqu'il est au maximun de concentration, est un liquide incolore, très-brûlant, répandant d'abondantes fumées et pesant 1540 grammes par litre. Celui qui est employé le plus souvent dans les arts est moins concentré ; mais ses propriétés sont les mêmes, quoique moins énergiques. Il abandonne facilement une partie de son oxygène aux substances facilement oxydables et produit d'abondantes vapeurs rougeâtres qui sont aussi un acide de l'azote, mais moins oxygéné. A l'exception de l'or et du platine, les métaux sont facilement oxydés par l'acide nitrique, dont une partie se combine souvent avec l'oxyde formé en produisant des nitrates. Ainsi, le cuivre, le mercure, le zinc, l'argent sont rapidement mis en dissolution avec une grande énergie et fournissent des nitrates de cuivre, de mercure, de zinc et d'argent. Les métaux ne sont pas les seuls corps que l'acide nitrique oxyde : le soufre, l'iode, le phosphore s'emparent de son oxygène et se transforment en acides sulfurique, iodique, phosphorique ; le gaz sulfureux se transforme sous son influence en acide sulfurique. La plupart des matières animales et végétales sont décomposées par l'acide nitrique qui colore en jaune la peau, les ongles, la laine, la soie, etc. ; le bois, le papier, le coton plongés dans cet acide s'y transforment en composés facilement inflammables et explosibles même.

L'acide nitrique a reçu de nombreuses applications; on s'en sert dans la fabrication du sulfate

Fig. 50.

ferrique connu sous le nom de rouille en teinture, dans la fabrication de l'acide sulfurique, des couleurs d'aniline, de l'acide picrique, dans le travail des métaux précieux, etc.

Quoique l'azote soit très-répandu dans la nature,

puisqu'il constitue plus des trois quarts de l'atmosphère, on n'a pu jusqu'à présent l'appliquer à la fabrication de l'acide nitrique ; on se sert toujours d'un sel qui se trouve à l'état naturel sous forme d'immenses dépôts qui ont plus de cent kilomètres de longueur dans l'Amérique du sud. Ce sel est le nitrate de soude. On le décompose dans des fours appropriés à cette destination par l'acide sulfurique.

Fig. 51.

L'acide nitrique distille et on le reçoit dans des bombonnes en grès ; le résidu de l'opération est du sulfate de soude. Cette décomposition se fait toujours en grand et dans certaines villes industrielles atteint même d'énormes proportions.

Les figures 50 et 51 représentent la fabrication

en grand de l'acide nitrique. F est un cylindre épais de fonte dont l'extrémité L peut s'ouvrir ou se fermer par un solide tampon de fonte. Ce tampon porte un trou I à sa partie supérieure. O,C,C, sont les canaux d'air chaud se rendant dans la cheminée N. A est le cendrier, e la porte du foyer, h un entonnoir de plomb, b une allonge en verre fort, p une allonge de grès, v, v', v'' bombonnes de grès se communiquant, R un baquet réfrigérant. On charge le nitrate de soude par l'extrémité L, on met le tampon qu'on lute bien, puis on verse l'acide sulfurique par le trou I, au moyen de l'entonnoir h. La charge totale atteint environ la ligne rr'; on allume le feu et les vapeurs acides passant par l'allonge bp viennent se condenser dans la première bombonne maintenue froide, et de celle-ci dans une seconde, et ainsi de suite. Ces bombonnes renferment un peu d'eau pour faciliter la condensation de l'acide. Lorsque l'opération est terminée, on laisse refroidir, puis on ouvre le tampon L, et on retire le résidu sec de sulfate de soude. On procède de suite à une nouvelle opération.

148. *Eau régale.* — On donne ce nom à un mélange d'acide chlorhydrique et d'acide nitrique dont on se sert pour dissoudre l'or, qui ne peut se dissoudre dans chacun de ces acides séparément. L'or était nommé autrefois le roi des métaux, de là vient le nom d'eau régale donné à son dissolvant.

149. *Acide acétique.* — L'acide acétique se forme de deux manières : 1° par l'oxydation de l'alcool ou des liqueurs qui en contiennent, comme le vin, la bière, etc. ; 2° par la décomposition à chaud des substances organiques composées de carbone, d'hydrogène et d'oxygène, telles que le bois. Ces deux sources d'acide acétique donnent ainsi deux qualités de produits sous le rapport du goût et de l'odeur ; c'est pourquoi on distingue les acides acétiques en deux classes : les acides bon goût et les acides mauvais goût. Tous les liquides alcooliques peuvent, par fermentation, se transformer en acide acétique, et la force de l'acide obtenu dépend naturellement de la richesse en alcool des liquides soumis à la fermentation. L'acide acétique pur peut être obtenu cristallisé en belles lames semblables à la glace, mais sous cette forme, il n'a que des applications peu étendues. Habituellement on le livre au commerce en dissolution dans l'eau tel qu'on l'a obtenu par des purifications et distillations successives, il marque alors environ 8 degrés au pèse-acides et contient de 35 à 40 pour cent d'acide cristallisable. Celui qui provient de bonnes espèces de vin, conserve toujours une odeur plus ou moins aromatique et agréable, provenant des huiles essentielles odorantes que renferment toujours les vins de bonne qualité. L'acide acétique du bois, obtenu par la distillation de ce combustible, a toujours plus ou moins l'odeur goudronneuse, qui rappelle son origine, ce n'est qu'après de longues et convenables purifications qu'on peut l'en débarrasser et encore il a toujours une saveur qui permet de le reconnaître. Il est cependant fréquemment employé pour les usages de la table mêlé à cinq fois son poids d'eau ; mais il est certainement moins agréable que le précédent.

Quelle que soit son origine, l'acide acétique a toujours les même propriétés et la même composition chimique. Il est très-soluble dans l'eau, a une saveur franchement acide et n'est pas vénéneux. Il est un bon dissolvant pour diverses gommes et plusieurs matières colorantes, telles que celles du cachou, de la gaude, de la garance, des violets, jaune et rouges d'aniline. Etendu d'eau comme on l'emploie habituellement, son action sur les étoffes est presque nulle ; mais en revanche il est utile dans diverses teintures en faisant virer facilement les couleurs végétales sans les altérer. L'acide acétique est employé à la fabrication de l'acétate de cuivre connu sous le nom de verdet et de l'acétate de plomb ou sel de Saturne. Il entre aussi dans la composition de l'acétate d'alumine et de l'acétate de fer employés comme mordants. L'acide connu sous le nom de pyroligneux n'est pas autre chose que de l'acide acétique impur et goudronneux qui n'a d'autre qualité que celle de salir plus ou moins les étoffes auxquelles on l'applique.

150. *Acide tartrique.* — Cet acide est cristallisé, blanc ou légèrement blond suivant son degré de pureté ; il est très-soluble dans l'eau, mais la dissolution ne reste pas longtemps claire et se couvre de moisissures, la saveur en est très-acide et agréable; il est sans danger comme boisson, aussi son usage est assez fréquent dans les boissons rafraîchissantes. L'acide tartrique se retire d'un sel qui se forme naturellement contre les parois intérieures des tonneaux de vin ; ce sel porte le nom bien connu de crème de tartre; c'est un bitartrate de potasse. Telle qu'on la retire des tonneaux de vin, la crème de tartre est plus ou moins colorée, selon l'espèce de vin qui l'a déposée ; on la purifie par des dissolutions, filtrations et cristallisations successives après lesquelles elle est entièrement blanche. Elle renferme 75 pour cent d'acide tartrique. Cet acide se retire par des procédés chimiques particuliers dans le détail desquels nous ne pouvons entrer ici. L'acide tartrique a beaucoup d'analogie avec l'acide acétique par ses propriétés chimiques relativement à leur application en teinture ; on l'emploie cependant de préférence à cause de sa pureté, nécessaire pour ne pas altérer des couleurs délicates auxquelles l'emploi de l'acide acétique pourrait être nuisible. On est en effet dans les ateliers toujours plus sûr de la pureté d'un acide tartrique bien blanc et bien sec, que de celle des acides acétiques du commerce.

151. *Acide citrique.* — Cet acide se trouve tout formé dans le jus des citrons d'où on l'extrait par cristallisation et purification. Il a relativement à la teinture les mêmes propriétés que l'acide tartrique et les mêmes usages. On se sert aussi beaucoup encore dans les teintureries de soie du jus de citrons simplement exprimé de ces fruits et mis en tonneaux pour l'expédier. Par l'emploi de ce jus de citron au lieu de l'acide citrique cristallisé qui en est la seule matière active, le teinturier se croit mieux à l'abri des impuretés chimiques qui accompagnent quelquefois l'acide citrique, notamment de l'acide sulfurique qu'il pourrait retenir. Mais la falsification du jus de citron par les acides minéraux est tellement aisée, et la fabrication de l'acide citrique cristallisé est maintenant si perfectionnée, qu'on ne peut attribuer qu'à la routine l'emploi et le transport au loin des jus de citrons. Ce produit revient beaucoup plus cher que l'acide citrique pur. Le jus de citron renferme habituellement de 9 à 10 pour cent d'acide citrique ; il moisit assez rapidement, surtout quand les tonneaux qui le contiennent restent longtemps en vidange.

152. *Acide oxalique.* — Cet acide se trouve naturellement dans diverses espèces d'oseilles qui lui doivent leur saveur acide ; autrefois on le retirait de ces plantes ; mais depuis déjà plus de cinquante ans on le prépare artificiellement en oxydant du sucre par l'acide nitrique. Depuis quelques années on le fabrique en Angleterre en décomposant la sciure de bois par un mélange de soude et de potasse. Il se forme des oxalates de ces bases dont on sépare l'acide oxalique par l'acide sulfurique. L'acide oxalique est blanc, cristallisé, inaltérable à l'air, soluble dans l'eau et très-vénéneux. Il dissout les oxydes métalliques avec facilité, ce qui justifie son application pour produire des dessins par enlevage dans l'industrie des toiles peintes. C'est un acide énergique, et qui dans plusieurs cas peut être employé comme les acides tartrique et citrique ; il a la propriété d'affaiblir les tissus qui en ont été imprégnés lorsqu'on chauffe ceux-ci à la température de cent degrés. Son emploi est du reste très-limité dans la teinture des soies. Il est beaucoup plus employé en impression.

153. *Alcalis en général.* — On désigne sous le nom général d'alcalis les oxydes métalliques dont la solubilité dans l'eau est assez forte pour communiquer à ce liquide une réaction alcaline prononcée, c'est-à-dire ramener au bleu les couleurs végétales rougies par les acides ; ces alcalis sont la potasse, la soude, la chaux, la magnésie, l'ammoniaque ; ils ne sont pas tous également solubles dans l'eau ; ainsi la soude et la potasse le sont beaucoup, tandis que la chaux et la magnésie ne le sont que peu, mais cependant assez pour donner à l'eau des propriétés tout à fait alcalines. Nous parlerons plus loin de l'ammoniaque (155). Les alcalis sont caractérisés par la facilité avec laquelle ils se combinent aux acides dont ils annulent l'action en les neutralisant. Leur action sur les tissus est différente, selon la fibre textile qui les compose; ainsi, comme nous l'avons vu, en parlant spécialement du coton, de la soie et de la laine, les alcalis ont peu d'action sur le coton, tandis qu'ils attaquent et dissolvent assez facilement la laine et la soie. Ils ont aussi la propriété de former avec les huiles et les graisses des composés nommés savons (188) qui ont une importance industrielle considérable, comme nous le verrons plus tard.

154. *Potasse et soude.* — Ces deux alcalis, qui ont dans les arts presque les mêmes applications l'un que l'autre, sont les oxydes des deux métaux potassium et sodium, dont nous avons décrit les propriétés (118). On les prépare au moyen des carbonates de potasse et de soude qui sont connus dans le commerce sous les noms de potasse perlasse et cristaux de soude. Ces carbonates sont composés de soude et de potasse et d'acide carbonique. Il s'agit pour en séparer la soude et la potasse de retirer l'acide carbonique combiné avec ces bases; c'est à quoi l'on arrive en mettant en contact avec ces carbonates une base plus avide d'acide carbonique que la soude ou la potasse; on emploie dans ce but la chaux vive. On fait une solution bouillante de carbonate de potasse ou de soude et on y mêle un lait de chaux fraîchement éteinte. La chaux s'empare avec avidité de l'acide carbonique, se convertit en carbonate de chaux, tandis que la soude et la potasse sont mises en liberté et restent en solution dans l'eau; le carbonate de chaux se dépose et lorsque le liquide est éclairci, on le soutire avec soin; on a ainsi, comme on dit en terme de fabrique, une lessive alcaline de soude ou de potasse. On a l'habitude de concentrer les lessives alcalines par évaporation, jusqu'à ce qu'elles marquent 40 degrés au pèse-acide. De cette manière, les sels étrangers qu'elles pourraient retenir se déposent et le produit réduit à un petit volume est plus transportable. La potasse et la soude en solution concentrée sont des substances très-énergiques, elles détruisent presque instantanément la peau, la laine, la soie ; en solution étendue, telle qu'on l'emploie communément, leur force alcaline est bien supérieure à celle d'un même poids de carbonate alcalin ; aussi leur emploi doit être réglé d'une manière très-circonspecte. Dans la teinture des soies, on fera bien de préférer le carbonate de soude ou le savon, selon le but qu'on se propose, car ces deux corps sont toujours suffisamment alcalins ; dans la teinture du coton on a remarqué que l'emploi des deux alcalis caustiques a de grands avantages ; les cotons qui ont été passés dans les solutions concentrées de ces produits absorbent plus facilement les matières colorantes et avec un brillant qu'on ne saurait obtenir par un autre moyen. Le brin de coton, de plat qu'il était, est devenu alors plus serré, rond et d'une consistance plus régulière (81).

155. *Ammoniaque.* — Nous avons vu que l'azote forme avec l'oxygène, l'acide nitrique ; avec l'hydrogène il forme une autre combinaison non moins importante : l'ammoniaque. Ce composé, qui porte vulgairement le nom d'alcali volatil, est à l'état de pureté un gaz incolore, d'une saveur très-alcaline, et d'une odeur vive et irritante. Ce gaz est très-soluble dans l'eau, qui en dissous plus de 600 fois son propre volume ; ainsi le liquide vendu et employé sous le nom d'ammoniaque ou d'alcali n'est autre chose que de l'eau plus ou moins chargée de ce gaz. C'est ce produit que nous aurons en vue toutes les fois que nous parlerons de l'ammoniaque.

L'alcali volatil est une base puissante, c'est-à-dire qu'elle s'unit avec facilité aux acides, les neutralise entièrement, en détruit ou en arrête les effets. Comme matière alcaline, son action est presque aussi forte que celle de la potasse ou de la soude sur les matières organiques. Versée dans la dissolution de beaucoup de sels, l'ammoniaque en précipite la base en s'unissant à l'acide de ces sels; ainsi elle précipite ou sépare l'alumine de l'alun, l'oxyde de fer du composé nommé rouille, etc. ; elle est très-volatile, aussi doit-on toujours tenir bouchés les vases qui la renferment, sans cela il ne resterait bientôt que de l'eau. Son action sur diverses matières colorantes est variable, selon la nature de ces matières; nous nous en occuperons au chapitre des matières colorantes.

L'ammoniaque se produit partout où des matières organiques azotées se trouvent en décomposition ; mais la plus abondante source de ce produit est la fabrication du gaz d'éclairage par la houille. Dans cette fabrication, il se produit beaucoup de goudron et une quantité plus grande encore d'eau qui nage sur ce goudron. Cette eau est très-chargée en sels ammoniacaux ; on en retire l'ammoniaque gazeux par des procédés chimiques spéciaux et on conduit le gaz dans une série de bombonnes contenant de l'eau froide et pure, où il vient se condenser et se dissoudre.

L'ammoniaque commerciale est un liquide plus léger que l'eau ; le plus souvent elle est colorée légèrement en jaune par des matières organiques en petite quantité ; mais cette coloration est plus souvent aussi sans inconvénients. Évaporée dans une capsule jusqu'à siccité, l'ammoniaque ne doit laisser aucun résidu. Tous les sels ammoniacaux sont décomposés par la potasse, la soude et la chaux qui mettent en liberté le gaz ammoniac avec tous ses caractères distinctifs. On peut donc très-facilement reconnaître la présence de l'ammoniaque dans une substance quelconque, en y versant une solution de potasse caustique ou un lait de chaux et en aidant la réaction par la chaleur, l'ammoniaque se trahit bientôt par son odeur.

Les applications de l'ammoniaque sont très-nombreuses ; on s'en sert en teinture dans la fabrication de l'orseille, de la cochenille ammoniacale, de diverses couleurs d'aniline ; le sulfate d'ammoniaque entre dans la composition de l'alun ordinaire, etc.

156. *Chaux.* — Quand on calcine la pierre calcaire, qui est du carbonate de chaux, l'acide carbonique se dégage à l'état gazeux et la chaux ou oxyde de calcium reste. Elle se présente en morceaux plus ou moins blancs, selon la pureté de la pierre qui l'a fournie ; elle est très-avide d'eau et attire aussi très-facilement l'acide carbonique de l'air ; on doit donc la conserver dans des lieux secs et la mettre à l'abri du contact direct de l'air. La chaux est un peu soluble dans l'eau, qui en prend environ un gramme et demi par litre et devient dure au plus haut degré, c'est-à-dire, décompose le savon avec la plus grande facilité. La chaux vive en dissolution ne se trouve jamais dans les eaux naturelles, mais plusieurs de ses sels s'y rencontrent constamment et leur communiquent aussi la faculté de décomposer le savon (142). Le principal emploi de la chaux est la fabrication des mortiers, ciments, etc., car elle possède à un haut degré la propriété d'attaquer les sables siliceux et de former avec eux des composés insolubles dans l'eau et qui acquièrent une grande dureté.

157. *Carbonate de soude. Cristaux de soude.* — Ce sel si connu de tout le monde est composé de 21 1/2 de soude, 15 1/2 d'acide carbonique et 63 d'eau, mais ordinairement il y a un peu plus d'eau, quelques impuretés et un peu moins de soude. Le carbonate de soude se présente en cristaux plus ou moins gros, blancs, souvent transparents ; il est très-soluble dans l'eau, plus à chaud qu'à froid. A la température ordinaire cent parties d'eau en dissolvent près de cinquante parties, et l'eau bouillante en dissout plus que son poids ; par le refroidissement, le carbonate de soude cristallise ; il est moins alcalin que la soude caustique dont nous avons parlé, mais suffisamment pour les besoins de la teinture; versé dans beaucoup de solutions métalliques, il en précipite l'oxyde à l'état de carbonate ; c'est pour cela qu'on l'emploie dans la teinture des soies en noir pour fixer sur la soie l'oxyde de fer contenu dans la rouille des teinturiers (166). Avant la révolution, on faisait venir en France le carbonate de soude de divers pays étrangers, où il se rencontre dans les eaux de plusieurs lacs où on l'obtenait des cendres de plantes marines qui en renferment une petite quantité. Mais lorsque les guerres de cette époque empêchèrent l'entrée des soudes en France, on dut rechercher un moyen de fabriquer artificiellement ce produit dans le pays même et avec les ressources qu'il fournit. Plusieurs procédés furent proposés, mais le meilleur et celui qui est encore employé partout aujourd'hui, fut imaginé par Leblanc, né à Issoudun en 1753 et mort en 1806. Il repose sur la décomposition du sel marin (chlorure de sodium) par l'acide sulfurique qui le transforme en sulfate de soude. On chauffe alors à une haute température ce sel avec du charbon et du carbonate de chaux dans des fours appropriés à cet usage et par un lessivage de la masse fondue, on obtient le carbonate de soude. Nous n'entrerons pas dans de plus grands détails sur cette fabrication, dont la théorie exige, pour être comprise, des détails scientifiques qui ne sauraient trouver place dans cet ouvrage. Actuellement, la fabrication de la soude a atteint une immense importance. En France et surtout en Angleterre, d'immenses usines la fabriquent sur une grande échelle. La perfection dans ce genre de travail est arrivée à un point tel que le carbonate de soude se livre tout emballé au commerce en Angleterre au prix de moins de 12 francs les cent kilogr., ce qui était le prix d'un seul kilogramme avant la découverte de Leblanc. Les applications de ces produits sont bien connus ; la teinture, les blanchisseries, les fabriques de produits chimiques et d'indiennes, les verreries en emploient une immense quantité. C'est, avec l'acide sulfurique, un des produits les plus importants de l'industrie.

158. *Carbonate de potasse.* — Les végétaux, en croissant et en se développant, empruntent au sol une partie de ses principes minéraux. Par la combustion, les cendres des végétaux renferment ces mêmes principes que la plante s'est appropriés pendant son existence. Les cendres des végétaux varient dans leur composition avec la nature des terrains où ils se sont développés. Ces cendres renferment toujours une certaine quantité de sels solubles et des sels insolubles. On sépare les premiers par des lavages à l'eau et on obtient ainsi la potasse brute en desséchant les liqueurs obtenues, car la majeure partie des sels solubles contenus dans les cendres se compose de carbonate de potasse. En général, la potasse s'obtient dans les pays abondants en forêts, tels que la Russie, la Suède, l'Amérique du nord en brûlant dans des fosses les arbres de ces forêts. On recueille les cendres on les lave à plusieurs eaux; on laisse reposer ces eaux; puis on les soutire à clair pour les évaporer et les dessécher entièrement. Le produit sec obtenu porte le nom de salin. On le purifie quelquefois sur les lieux mêmes de sa préparation ou bien on l'expédie à des usines qui le raffinent de manière à obtenir le carbonate de potasse à un degré de pureté suffisant pour les usages de l'industrie. Le bois n'est pas la seule matière qui serve à la fabrication de la potasse; en emploie encore dans ce but les lies de vin desséchées, les sarments de vigne, les résidus des distillations d'alcool de betteraves; toutes ces matières néanmoins ne produisent comparativement à leur poids que peu de potasse, aussi ce produit est-il beaucoup plus cher que la soude.

Le carbonate de potasse du commerce se présente sous forme de poudre blanche plus ou moins agglomérée, attirant facilement l'humidité de l'air; sa saveur est très-alcaline et âcre; ils est beaucoup plus soluble dans l'eau que le carbonate de soude.

On applique spécialement ce sel à la fabrication des verres de Bohème, du cristal, du salpêtre destiné à la poudre, de l'alun, du prussiate de potasse, des savons mous, etc.

Les potasses épurées du commerce ne sont jamais pures, mais les 5 ou 10 pour cent de sels étrangers qu'on y rencontre sont d'une nature telle que l'emploi qu'on en fait ne saurait en être gêné.

159. *Sels agissant par l'acide qu'ils renferment.*
— Nous avons décrit jusqu'ici les acides et les alcalis à l'état isolé; il existe cependant des sels importants en teinture dans lesquels les acides combinés partiellement ou faiblement à des alcalis, jouent le rôle principal comme s'ils étaient libres. Cela vient de ce que ces sels sont à l'état de sels acides, c'est-à-dire contiennent le double d'acide de ce qu'il serait nécessaire pour neutraliser la base à laquelle ils sont unis ou aussi quelquefois de ce que l'affinité de tels acides pour les bases est assez faible pour en permettre la facile séparation. Nous allons examiner, le chromate de potasse, le chlorure de chaux et la crême de tartre.

160. *Chromate de potasse.* — Ce sel est un composé de potasse et d'acide chromique. Il se présente sous la forme de beaux cristaux rouge orangé. Son véritable nom est bi-chromate de potasse, car il renferme deux fois plus d'acide chromique qu'il ne serait nécessaire pour saturer la potasse et former un sel neutre. Il est soluble dans l'eau, qui en prend à la température ordinaire 10 pour cent de son poids et se colore en jaune. Il est vénéreux. Dans ce sel c'est l'acide chromique qui est la matière active ; en effet, l'acide chromique est un acide qui cède très-facilement son oxygène et qui, par ce fait, agit avec beaucoup d'énergie sur les matières organiques. Ainsi, il change ou détruit la nuance de beaucoup de matières colorantes; en dissolution un peu concentrée, il a même une action destructive sur les tissus. Il oxyde l'alcool rapidement et le transforme en un liquide nommé aldéhyde qu'on emploie dans la teinture en vert. Le bichromate de potasse est employé dans l'impression des étoffes pour enlever les couleurs ou pour en changer les nuances.

L'acide chromique est le produit de l'oxydation d'un métal nommé chrome, qui se trouve dans la nature combiné avec le fer. Ce métal, combiné en d'autres proportions avec l'oxygène, forme des oxydes qui sont employés dans la fabrication des porcelaines, des émaux, du verre pour colorer ces substances en vert; on emploie aussi l'oxyde de chrome vert dans la peinture à l'huile, les vernis, etc. Le bichromate de potasse donne avec les sels de plomb, tels que l'acétate (sel de saturne), un précipité d'un jaune magnifique employé dans la peinture et l'impression des étoffes sous le nom de jaune de chrome. On emploie, dans la teinture des étoffes spécialement, d'immenses quantités de bichromate de potasse; cette application, qui ne date guère que de 40 ans, est devenue d'une très-grande importance.

161. *Chlorure de chaux.* — Nous avons vu que le chlore à l'état gazeux est un décolorant énergique (110). Comme il n'est pas facilement transportable, ni même facile à employer à cause de son état gazeux, on a dû songer à le condenser dans un petit volume, à l'emmagasiner pour ainsi dire dans une substance qui le retiendrait aisément et le laisserait dégager de nouveau à volonté dans certaines conditions. On a vaincu cette difficulté par la fabrication de la poudre blanche, connue chez les teinturiers sous le nom de *chlore*, dans laquelle le chlore gazeux se trouve absorbé et retenu par la chaux vive. Ce moyen ingénieux de fixer le chlore, pour le rendre transportable, inventé en France, fut mis en pratique en Angleterre déjà en 1798; il ne fut appliqué en France que plus de trente ans après. L'opération par laquelle on produit le chlorure de chaux, consiste à dégager du chlore gazeux par l'action de l'oxyde de manganèse sur l'acide chlorhydrique et à conduire ce chlore dans des chambres en maçonnerie, sur le fond desquelles se trouve étalée une couche d'environ 15 centimètres de chaux éteinte. Le chlore gazeux est absorbé avec rapidité par cette chaux; lorsque celle-ci en est saturée, on retire le produit pulvérulent par une porte ménagée à dessein et on le met en barils. Si, au lieu de conduire le chlore sur de la chaux, on le fait arriver dans une dissolution de potasse, on obtient un liquide connu sous le nom de chlorure de potasse, ou *Eau de Javelle*, du nom d'un petit village, près de Paris, où ce produit fut fabriqué en premier lieu. Dans le chlorure de chaux et l'eau de javelle, le chlore est combiné en même temps avec de l'oxygène sous forme d'acide hypochloreux; c'est à cet acide hypochloreux, qui est un gaz, que le chlorure de chaux doit sa vertu décolorante. En présence des acides ou même simplement de l'air qui contient toujours de l'acide carbonique, le chlorure de chaux se décompose et abandonne son gaz décolorant, qui blanchit ou désinfecte les objets soumis à son action. Le chlorure de chaux n'est pas seulement utile dans l'industrie des tissus, il a rendu, dès sa découverte, d'immenses services à la santé publique ; c'est un désinfectant des plus énergiques ; il décompose les miasmes, les émanations infectes provenant d'égouts ou de localités où se pratiquent des industries malsaines, il assainit l'air des ateliers, des vaisseaux, des hôpitaux, des salles d'anatomie, des latrines, des écuries, etc. Il est aussi d'une grande utilité pour désinfecter l'air pendant les moments d'épidémie.

Le chlorure de chaux décolore les étoffes teintes en indigo et en bois bleu ; tandis qu'il n'altère pas les bleus au prussiate de potasse. Il brunit les couleurs au curcuma ; il jaunit les violets obtenus par le bois d'Inde, et décolore souvent entièrement les bruns au cachou et les noirs de fer à la Galle et au bois bleu. Nous reviendrons, en parlant des matières colorantes, isolément sur la manière dont elles se comportent vis-à-vis du chlorure de chaux.

162. *Crème de tartre.* — Ce sel, dont nous avons déjà donné la description en parlant de l'acide tartrique, est employé en teinture à cause de l'excès d'acide qu'il renferme. La crème de tartre est peu soluble dans l'eau froide, qui n'en prend qu'un demi pour cent environ. On se sert de ce sel en teinture comme mordant avec l'alun et d'autres substances surtout dans la teinture des laines.

163. *Sels agissant surtout par leur base.* — Il existe une certaine quantité de sels dont l'action en teinture dérive de l'oxyde qu'ils contiennent. Il est vrai que leur acide n'est pas sans influence sur la manière dont ils se comportent mais, c'est la base surtout dont on met à profit les propriétés; ainsi, divers sels de fer, d'alumine, de plomb et d'étain sont employés à cause de leur oxyde qui, en s'alliant aux matières colorantes, les fixe dans le tissu en formant un composé insoluble et en modifiant souvent leur nuance de diverses manières.

164. *Alun et sels d'alumine.* — L'alun est un sel d'une telle importance dans la teinture et l'impression des étoffes, que nous le décrirons dans les plus grands détails. L'alumine ou oxyde d'aluminium (120), si abondamment répandue dans l'argile, se combine à l'acide sulfurique avec production de sulfate d'alumine. Si l'on mélange au sulfate d'alumine des sulfates de potasse ou d'ammoniaque, on obtient par cristallisation un sel bien blanc, transparent auquel on a donné le nom d'alun. L'alun est donc un sulfate double d'alumine et de potasse ou un sulfate double d'alumine et d'ammoniaque. Dans ce sel, la partie utile est le sulfate d'alumine seulement, mais ce dernier ne cristallisant pas facilement, ne présente pas les avantages de l'alun, qui donne de beaux cristaux bien purs et faciles à obtenir secs. L'alun a toujours une réaction acide. L'alun à base d'ammoniaque étant le plus répandu et celui dont on se sert habituellement, c'est celui là seul que nous avons en vue dans ce chapitre. Il est soluble dans l'eau, mais beaucoup plus à chaud qu'à froid ; il cristallise en octaèdres (fig. 52). A la température ordinaire, l'eau en dissout 5 0/0, à 60 degrés 21 0/0 et à 90 degrés 50 0/0. On reconnaît aisément qu'il renferme de l'ammoniaque en le broyant avec de la chaux ou de la soude et un peu d'eau. L'alun renferme en poids 50 pour cent d'eau et seulement 11 pour cent d'alumine. Il agit par l'acide qu'il renferme sur plusieurs sels, dont il précipite la base à l'état de sulfate ; ainsi, les solutions d'acétate de plomb et de chlorure de baryum se troublent par l'addition d'alun et il se dépose des sulfates de plomb et de baryte. Les alcalis précipitent l'alumine de l'alun, mais un

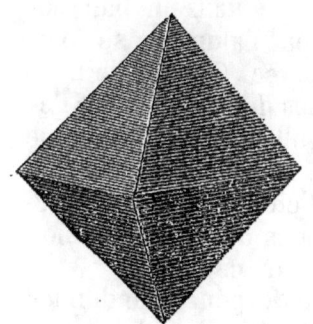

Fig. 52.

excès de soude ou de potasse la redissolvent, tandis que l'ammoniaque ne la redissout pas. L'alun a un goût astringent et doux tout à la fois ; il ne doit pas contenir de fer ; on s'en assure en ajoutant à la solution du prussiate de potasse. S'il se produit aussitôt ou après un instant une coloration bleue, cela vient de ce que l'alun contient une assez grande quantité de fer, ce qui le rend inemployable dans plusieurs teintures. Comme l'alun est acide, il ne doit pas être employé dans des ustensiles en fer, car il se formerait aussitôt du sulfate de fer qui, dans plusieurs cas, serait très-nuisible. L'alun doit ses précieuses qualités à l'alumine qu'il renferme ; en effet, l'alumine forme avec plusieurs matières colorantes des composés insolubles, connus sous le nom de laques ; en même temps que l'alumine a la propriété de se combiner aux matières colorantes, elle a aussi beaucoup d'affinité pour les fibres textiles : il en résulte que si l'on imprègne un écheveau, un tissu d'un sel d'alumine capable d'abandonner facilement l'alumine et qu'on le passe ensuite dans un bain colorant, la couleur sera attirée par l'alumine, se combinera avec elle et sera ainsi fixée. On appelle mordants les substances susceptibles de former avec l'étoffe et la couleur une triple alliance insoluble que l'on met à profit pour teindre avec des matières qui seules ne resteraient pas sur l'étoffe. Il y a des mordants de diverses espèces ; nous aurons l'occasion plus tard de revenir en détails sur ce sujet.

L'alun ordinaire est trop acide pour abandonner facilement son alumine, aussi dans l'emploi qu'on en fait, on sature une partie de son acide par de la soude. Il en résulte un alun basique dont les fibres textiles, surtout le coton, attirent l'alumine très-forte ment. Ainsi désacidifié en partie, l'alun constitue un mordant très-usité. On se sert aussi d'un autre mordant d'alumine, qui se prépare ordinairement dans les ateliers de teinture où on l'emploie ; c'est l'acétate d'alumine. Ce mordant est avantageux dans certains cas, car l'acide qu'il renferme est faible et laisse facilement déposer l'alumine sur l'étoffe.

On l'obtient par double décomposition entre l'alun et l'acétate de plomb. Ces deux sels étant dissous ensemble dans de l'eau, produisent un abondant dépôt blanc de sulfate de plomb et il reste en solution de l'acétate d'alumine et de l'acétate d'ammoniaque. Les meilleures proportions sont : alun, 5 kilogr., acétate de plomb, 4 kilogr., eau, 14 litres. L'acétate d'alumine ainsi obtenu se décompose à l'air et par la chaleur ; il perd son acide acétique et un tissu ou un écheveau qui en sont imprégnés contiennent de l'alumine libre, après un certain temps d'exposition à l'air. La teinture des cotons mordancés par l'acétate d'alumine ne doit donc pas suivre immédiatement le mordançage ; au contraire, on doit exposer à l'air les cotons mordancés, pour permettre à l'acide carbonique de décomposer le mordant, en laissant l'alumine fortement adhérente au coton. La teinture qui suit de trop près le mordançage ne fait que laver et entraîner le mordant.

Voici maintenant d'une manière abrégée comment se fabrique l'alun, nous avons vu que l'argile renferme une grande quantité d'alumine. On se procure donc de l'argile aussi riche que possible en alumine et pauvre en oxyde de fer ; on calcine ces argiles pour les rendre poreuses et facilement attaquables par l'acide sulfurique puis on les mélange avec environ 40 pour cent d'acide sulfurique à 53 degrés du pèse-acides. On chauffe ce mélange pâteux pendant plusieurs jours à une température de 80 degrés; peu à peu l'alumine se dissout dans l'acide et forme du sulfate d'alumine ; quand on juge que l'opération est terminée, on soumet la masse à un lessivage qui en retire tout le sulfate soluble ; on y mêle alors du sulfate d'ammoniaque ou du sulfate de potasse, selon la qualité d'alun qu'on désire avoir. On précipite le fer par du prussiate de potasse et on met cristalliser

Fig. 63.

les solutions d'alun lorsqu'elles ont été concentrées au point convenable. On purifie les cristaux obtenus par dissolution, filtration et nouvelle cristallisation. On obtient ainsi des blocs souvent en cristaux magnifiques (fig. 63).

Les applications de l'alun sont nombreuses et importantes. Outre son emploi en teinture, où il est le point de départ de tous les mordants à base d'alumine, il sert dans la tannerie ; il est employé avec la colle pour empêcher celle-ci de se gâter à l'air et de tirer l'humidité lorsqu'elle a été appliquée, au papier. L'alun sert en outre à clarifier les eaux, et à diverses préparations des bijoutiers et des orfèvres. L'impression des étoffes en consomme des quantités considérables.

165. *Sulfate de fer, et acétate de fer.* — Le fer forme avec l'oxygène deux acides principaux qui seuls nous intéressent (le protoxyde et le peroxyde) et deux séries de sels dérivés de ces deux oxydes. Le protoxyde de fer donne naissance, par sa combinaison avec l'acide sulfurique, à un sel bien connu qui porte le nom de sulfate de fer, couperose verte, vitriol vert ; par sa combinaison avec l'acide acétique, il produit l'acétate de fer. Nous allons examiner ces deux sels l'un après l'autre.

Le sulfate de fer est, lorsqu'il est pur et fraîchement cristallisé, un sel vert plus ou moins clair, contenant 45 pour cent d'eau de cristallisation. Il est très-soluble dans l'eau, qui en dissout 70 pour cent à 15 degrés centig. et 330 pour cent à l'ébullition. Les carbonates alcalins, tels que le carbonate de soude, produisent dans les solutions de vitriol vert un précipité boueux gris-verdâtre qui passe rapidement au rouge par l'oxydation de l'air. La décoction de noix de galle, de dividivi donne un précipité noir-bleuâtre seulement, si la solution de vitriol vert contient déjà du peroxyde de fer, ce qui est presque toujours le cas ; le prussiate jaune de potasse donne un précipité blanc qui passe rapidement au bleu au contact de l'air et instantanément par le chlore. Le vitriol vert s'oxyde facilement en solution et se recouvre d'une pellicule rougeâtre de peroxyde de fer, en même temps que la solution devient jaunâtre au lieu d'être verte, mais il suffit, pour détruire le peroxyde, de faire bouillir la dissolution avec de la limaille de fer.

On obtient en grand le sulfate de fer par la combustion au contact de l'air du sulfure de fer, composé naturel très-abondant ; le soufre et le fer s'oxydent chacun ; il se forme de l'acide sulfurique et de l'oxyde de fer qui se combinent. On retire le sulfate de fer par des lavages à l'eau, concentration et cristallisation. Comme les sulfures de fer naturels ne sont pas purs, mais renferment souvent du cuivre, on retrouve ce métal à l'état de sulfate dans le vitriol vert, auquel il communique une teinte plus foncée. On peut aussi obtenir directement le sulfate de fer en dissolvant des tournures de fer, de fonte, etc., dans l'acide sulfurique ; mais ce procédé est plus coûteux à moins qu'on n'emploie pour cela des acides sulfuriques qui ont déjà servi à l'épuration des huiles et qui n'ont plus de valeur à cause des impuretés qu'ils renferment. Les couperoses renferment souvent aussi de l'alun, du sulfate de zinc, du sulfate de magnésie et un petit excès d'acide sulfurique. Quand on voudra avoir un produit assez pur, ou ne contenant pas de sels nuisibles à la teinture, on fera bien de faire bouillir les solutions de couperose avec des tournures de fer, jusqu'à ce qu'elles refusent de se dissoudre.

Le sulfate de fer est appliqué dans la teinture en noir, l'impression des étoffes, la désinfection des fosses d'aisances, dont il absorbe les vapeurs ammoniacales, la fabrication de l'encre, du bleu de Prusse (194), etc. L'acétate de fer, connu aussi dans les ateliers sous les noms de pyrolignite de fer, bouillons noir, etc., s'obtient en dissolvant dans l'acide acétique des rognures et tournures de fer. On s'en sert lorsqu'il est complétement éclairci et forme une liqueur vert pâle qui marque habituellement de 14 à 16 degrés au pèse-acide. Le pyrolignite doit être exempt d'acide sulfurique. On reconnaît cet acide en versant dans le pyrolignite une solution de chlorure de baryum. S'il y a un précipité, on peut être certain de la présence de l'acide sulfurique.

166. *Persulfate de fer ou Rouille.* — Ce produit se compose d'acide sulfurique et de peroxyde de fer. Il est liquide et marque environ 40 degrés Baumé. Il est rouge et sirupeux, mais transparent lorsqu'il est bien reposé. Ce sulfate de fer se distingue du vitriol vert par les caractères suivants : les alcalis le précipitent en rouge, couleur rouille, la décoction de noix de galle, de dividivi, etc., en bleu noir, le prussiate de potasse en bleu. On emploie dans la teinture des soies, le rouille pour obtenir le bleu de Prusse fixé d'une manière solide. A cet effet, on passe les soies dans un bain de rouille à 40 degrés et après les avoir tordues, on les passe dans un bain alcalin. L'oxyde rouge de fer est alors précipité et adhère à la soie très-fortement; il se forme en même temps un sulfate alcalin que les lavages à l'eau entraînent. Il ne reste plus, pour obtenir le bleu, qu'à passer les soies rouillées dans un bain de prussiate de potasse acidulé par l'acide muriatique. Le persulfate de fer ou rouille se prépare en oxydant le vitriol vert en solution par l'acide nitrique. Lorsque l'oxydation est terminée, on chauffe le produit de manière à chasser l'acide nitrique en excès. Le rouille est surtout employé dans la teinture en noir.

167. *Sulfate et acétate de cuivre.* — Le sulfate de cuivre ou vitriol bleu, composé d'acide sulfurique et d'oxyde de cuivre, est un sel bleu, bien cristallisé, contenant 36 pour cent d'eau de cristallisation. Il est soluble dans l'eau à laquelle il communique sa couleur bleue. Les alcalis en précipitent de l'oxyde de cuivre soluble dans l'ammoniaque en bleu intense; le prussiate de potasse donne un précipité rouge brun, et la noix de galle un précipité gris. Ce sel est employé dans la teinture en noir. On l'obtient au moyen des sulfures de cuivre naturels brûlés à l'air libre de la même manière que le sulfate de fer. L'acétate de cuivre ou verdet employé aussi un peu en teinture, s'obtient par l'action du marc de raisin sur des lames de cuivre. L'acide acétique formé dissout du cuivre et forme le verdet, qu'on purifie ensuite par cristallisation. Ce sel et le précédent sont de violents poisons.

168. *Acétate de plomb.* — Ce sel, désigné souvent aussi sous le nom ancien de sel de saturne, s'obtient très-facilement en faisant dissoudre de la litharge dans de l'acide acétique; lorsque la dissolution est opérée, on évapore la liqueur jusqu'à 50 degrés Baumé et on la laisse cristalliser. L'acétate de plomb se sépare alors en cristaux blancs, fins et déliés, dont la saveur est sucrée d'abord, puis ensuite métallique. Ce sel est très-soluble dans l'eau; comme le sulfate de plomb est insoluble et le carbonate de

COMPOSÉS CHIMIQUES NON COLORANTS. 249

plomb presque insoluble dans l'eau, il se produit toujours un trouble laiteux quand on dissout de l'acétate de plomb dans de l'eau ordinaire, qui renferme toujours du sulfate de chaux et du carbonate de la même base. Le bichromate de potasse précipite en beau jaune les solutions d'acétate de plomb. On se sert beaucoup de ce sel en teinture pour obtenir, comme nous l'avons déjà vu (164), le mordant d'acétate d'alumine. L'acétate de plomb, comme tous les composés de ce métal, est un poison violent pris à l'intérieur ; mais lorsqu'on fait digérer pendant quelque temps sa solution avec un tiers de son poids de litharge qu'elle dissout, on obtient l'eau de Goulard, dont on se sert avec avantage pour calmer l'inflammation des plaies, des contusions, etc.

169. *Sel d'étain.* — L'étain forme avec le chlore deux chlorures dont la composition et les propriétés sont bien différentes : l'un est le protochlorure composé de 1 équivalent d'étain et 1 de chlore et l'autre le bichlorure formé de 1 équiv. d'étain et 2 de chlore.

On obtient le proto-chlorure d'étain ou sel d'étain en chauffant dans des vases en grés de l'étain en grenaille avec de l'acide chlorhydrique concentré. Il se dégage de l'hydrogène et lorque l'acide est saturé d'étain, on décante la solution, on la concentre par évaporation jusqu'à 65 degrés Baumé et on l'abandonne au repos : elle se prend par le refroidissement en une masse blanche et cristallisée.

L'étain qu'on emploie doit être pur et exempt de fer, sans cela on retrouverait à l'état de chlorures dans le sel d'étain les métaux étrangers que le métal aurait contenus. Le sel d'étain s'oxyde facilement à l'air, dont il absorbe l'oxygène et l'humidité, aussi doit-il être conservé soigneusement enfermé. Ses propriétés désoxydantes en font un agent puissant entre les mains du teinturier et de l'imprimeur d'étoffes. Il désoxyde les mordants de fer et les rend solubles, lors même qu'ils sont déjà sur l'étoffe et complètement secs et fixés. Il varie la teinte obtenue par les bois colorants, les graines, etc. ; le sel d'étain décolore le bleu de Prusse, le rouge de cochenille et enlève même du linge blanc les taches de rouille généralement si solides.

170. *Bi-chlorure d'étain.* — On obtient ce sel en faisant passer du chlore gazeux dans une dissolution de sel d'étain, jusqu'à ce qu'il cesse d'être absorbé ; mais dans les teintureries on prépare habituellement le bi-chlorure d'étain en solution en dissolvant peu à peu l'étain grenaillé dans un mélange d'acide chlorhydrique et d'acide nitrique. Les doses de ces matières varient suivant les divers ateliers et les indications de la pratique ; on donne le nom de composition d'étain ou composition physique aux dissolutions d'étain obtenues ainsi. Voici quelques dosages employés dans les teintureries :

Etain	10	kilogrammes.
Acide nitrique	25	—
Acide chlorhydrique .	55	—
Sel d'étain	10	kilogrammes.
Acide chlorhydrique	8	—
Acide nitrique	3	—
Etain	10	kilogrammes.
Acide nitrique	40	—
Acide chlorhydrique .	20	—
Eau	20	—

Ces liqueurs sont conservées dans des bonbonnes

en grès et additionnées de plus ou moins d'eau, selon l'usage auquel on les destine. La dissolution d'étain est surtout employée à la teinture par la cochenille, dont elle fait virer la couleur au rouge écarlate.

En général, les sels d'étain ont la propriété, en se fixant sur les étoffes, d'y déposer leurs oxydes, qui constituent de véritables mordants, en ce sens qu'ils attirent les matières colorantes qui s'y combinent à l'état insoluble et s'y modifient quant à la nuance de diverses manières.

171. *Prussiate de potasse.* — Quand on calcine des matières animales telles que des rognures de cuir, des cornes, du sang, etc., avec de la potasse et du fer, il se produit un composé de carbone, d'azote, de fer et de potassium qui peut être retiré par l'eau de la masse calcinée et cristallise par évaporation de la liqueur en beaux cristaux jaunes bien connus des teinturiers sous le nom de prussiate. Ce sel est jaune, soluble dans l'eau, inaltérable à l'air, insoluble dans l'alcool. Le prussiate de potasse joue un rôle très-important en teinture, par la couleur bleue qu'il fournit avec les sels de fer et qui porte le nom de bleu de Prusse (194). C'est un très-bon réactif pour déceler la présence du fer dans des sels qui ne doivent pas en contenir et où sa présence pourrait nuire. L'addition d'une petite quantité de prussiate de potasse avec quelques gouttes d'acide nitrique développe dans les liquides soupçonnés de contenir du fer, une coloration bleue d'autant plus intense, que la quantité de fer est considérable. Le prussiate de potasse est employé en teinture pour teindre en bleu les fibres mordancées par l'oxyde de fer, car il transforme cet oxyde en bleu de Prusse. On l'emploie aussi à la préparation directe du bleu de Prusse, qui sert en impression et dans la peinture. La plupart des sels métalliques donnent avec le prussiate des précipités incolores : le cuivre cependant donne un précipité rouge ; le nickel et le cobalt, un précipité vert.

172. *Bichlorure de mercure.* — Ce sel, dont l'emploi est toujours dangereux, a été employé en teinture surtout pour fixer la matière colorante retirée du guano et nommée murexide. On l'emploie encore dans quelques circonstances dans l'impression des étoffes ; mais en teinture on a abandonné généralement l'emploi des sels de mercure, à cause de leur caractère vénéneux.

173. *Sulfate de magnésie.* — On nomme ainsi un composé salin de magnésie et d'acide sulfurique qui se présente en petits cristaux blancs, solubles dans l'eau, d'une saveur fraîche et amère. Ce sel, beaucoup plus employé en médecine qu'en teinture, à cause de ses propriétés purgatives, ne sert qu'à charger les soies et encore son emploi n'est pas général. Etant incolore, inaltérable à l'air et sans action chimique sur les matières colorantes, on s'en est servi pour augmenter de poids les soies qu'on y plonge après la teinture, mais on a remarqué que les eaux contenant des carbonates formaient alors sur les soies un enduit poudreux de carbonate de magnésie, qui après la dessiccation, se sépare sous forme de poussière blanchâtre et nuit au brillant de la couleur.

174. *Chlorure de baryum.* — Ce sel blanc, soluble, bien cristallisé, composé de baryum et de chrore, a également une application très-restreinte. Il sert à donner aux soies teintes en blanc une apparence nacrée ou perlée particulière. A cet effet, on en met un peu dans le bain de teinture ; il se forme un précipité blanc, par suite de la présence des sulfates dans l'eau ordinaire et parce que le sulfate de baryte est insoluble. Ce sulfate de baryte se fixe dans la soie et comme il est d'une blancheur éclatante, il contribue pour sa part à la beauté de la teinture.

175. *Carbonate de chaux.* — Quoique ce composé n'entre que pour une faible part dans les opérations de la teinture proprement dite, il n'en est pas moins important à connaître, à cause de son excessive dispersion dans la nature et de l'usage journalier qu'on en fait. Nous lui consacrerons donc quelque pages, en nous bornant cependant à ses principaux caractères.

Le carbonate de chaux forme dans beaucoup de localités les masses compactes de nombreuses montagnes. Mais il ne se trouve presque jamais à l'état de pureté absolue ; ordinairement, il est plus ou moins mélangé de carbonate de magnésie, de carbonate de fer, qui affectent la même texture que lui et en outre il renferme de plus ou moins grandes quantités de sable siliceux et d'argile. Ces divers corps étrangers et la proportion dans laquelle ils se trouvent, donnent au calcaire des propriétés diverses qui le font appliquer à des usages divers. Décrivons d'abord les diverses formes sous lesquelles on rencontre le carbonate de chaux. A l'état de pureté et cristallisé, ce corps se rencontre dans les roches calcaires, tapissant souvent de petites cavités que l'on voit dans leur masse quand on les casse.

Le marbre est du carbonate de chaux, dont le grain est cristallisé ; il a souvent lorsqu'il est blanc et de bonne qualité, la même texture que le sucre en pains ; tels sont les marbres de Carrare, en Italie, et de Paros, dans l'archipel grec. Les marbres diffèrent entre eux par le grain, qui est plus ou moins fin, par la couleur qui dépend de divers oxydes métalliques qui y sont mélangés, soit d'une manière intime, soit par veines, ce qui produit, lorsqu'on les coupe, des tables d'une couleur uniforme ou des dessins naturels plus ou moins heureux. On trouve aussi souvent dans le marbre des matières organiques carbonisées en veines ou en rognons.

La pierre calcaire ordinaire, nommée aussi pierre à chaux, est très-commune ; la couleur habituelle est le gris ; quelquefois elle est couleur de rouille ; cette couleur provient de l'oxyde de fer qu'elle renferme ; elle est aussi souvent bleuâtre. Les roches calcaires ont été formées par dépôts successifs au fond des eaux, aussi elles renferment toujours une plus ou moins grande quantité de restes animaux provenant des coquillages qui ont vécu dans ces eaux. Comme ces dépôts calcaires n'ont pas eu lieu dans des eaux absolument tranquilles, on trouve constamment mêlés à leur pâte du limon, du sable et de l'argile. Ces calcaires contiennent donc des quantités variables de carbonate de chaux et presque toujours du carbonate de magnésie, sel dont la proportion est quelquefois assez considérable. Le calcaire des environs de Vichy contient 10 pour cent de carbonate de magnésie. Celui de Villefranche (Aveyron) en contient 30 pour cent, tandis que près de Paris on trouve des calcaires qui en renferment moins qu'un pour cent.

La craie est un carbonate de chaux dont le grain est fin ; elle est ordinairement blanche et se compose d'une multitude infinie de coquillages microscopiques. Elle est très-abondante et forme des couches puissantes en Angleterre, en Pologne, en France (Champagne, Normandie, etc.) C'est avec la craie qu'on prépare le blanc de Troyes, dit aussi blanc de Meudon, blanc d'Espagne, etc.

Le *tuf* est aussi du carbonate de chaux déposé peu à peu par des eaux qui le retenaient en solution grâce à un peu d'acide carbonique. Il existe en France plusieurs sources dont les eaux sont si riches en carbonate de chaux que les objets qu'on y plonge sont rapidement pétrifiés ; ces sources ont même formé sur leur parcours des grottes, des bancs de pierre, quelquefois d'une grande dimension. Ainsi sont les eaux des sources de Sainte-Alyre, près de Clermont-Ferrand, de Saint-Nectaire, dans le dép. du Puy-de-Dôme, etc. Les tufs déposés par les eaux calcaires sont très-poreux et servent dans plusieurs pays à la construction des cheminées.

Le calcaire lithographique, autre variété de calcaire, a un grain d'une telle finesse, que lorsqu'il est poli, sa surface est douce et aussi lisse que la surface d'un miroir. Cette propriété l'a fait appliquer, dès le commencement de ce siècle pour remplacer les planches de cuivre dans la gravure ordinaire.

En dehors de ces variétés bien distinctes du carbonate de chaux, on retrouve ce corps partout dans la terre végétale, dont il forme une notable partie. Comme nous l'avons déjà vu, il se trouve aussi constamment dans les eaux ; c'est donc une des substances les plus répandues dans la nature. La pierre calcaire est employée pour les constructions dans tous les pays où sa qualité le permet ; en effet, toutes les pierres calcaires ne sont pas d'une égale durée à l'air et ne peuvent supporter également le gel et le dégel sans se fendiller, ou s'écailler. On divise donc sous le rapport de la solidité les pierres calcaires en pierres gélives et non gélives, selon qu'elles supportent ou nom les variations de température.

Fig. 54.

Un application non moins importante de la pierre calcaire est la fabrication de la chaux, des ciments, etc. Toutes les pierres calcaires ne donnent pas par la calcination la même qualité de chaux.

On distingue deux grandes catégories de chaux;

l'une se compose des chaux qui ne peuvent être employées qu'à l'air, c'est-à-dire dans les constructions hors de l'eau et hors du sol ; ces chaux n'acquièrent que peu de dureté sous l'eau et formeraient des mortiers sans consistance et sans solidité : ce sont les chaux aériennes ; l'autre catégorie comprend les chaux et les ciments qui acquièrent sous l'eau une dureté comparable à celle des meilleures pierres à bâtir : ce sont les chaux dites hydrauliques. Les chaux aériennes se divisent en deux catégories : les chaux grasses et les chaux maigres. On donne le nom de chaux grasse à celle qui est obtenue par la calcination des calcaires purs ou presque purs ; lorsqu'on arrose une telle chaux avec de l'eau, le dégagement de vapeur est rapide et violent, la pâte qui en résulte est forte et liante ; la chaux maigre est obtenue par la calcination des calcaires riches en carbonate de magnésie ; elle s'échauffe moins au contact de l'eau et donne une pâte courte et peu liante. Ces deux qualités de chaux ne durcissent pas sous l'eau et restent en pâte molle.

La fig. 54 représente un four à chaux ordinaire ; l est le foyer, e, o conduits pour les gaz dégagés par la combustion ; ca, cheminée en tôle pour activer le tirage, d porte latérale pour le chargement de la pierre à chaux qu'on entasse à mesure qu'elle descend.

On nomme chaux hydrauliques, comme nous l'avons dit, les chaux qui durcissent sous l'eau ; elles ne donnent que peu de chaleur avec l'eau, augmentent peu de volume et donnent une pâte très-courte. Cette pâte, exposée à l'air, s'y durcit beaucoup moins que sous l'eau. Cette remarquable propriété fait appliquer cette variété de chaux aux constructions dans l'eau ou dans les lieux humides. La chaux hydraulique et les ciments qui possèdent la même vertu au plus haut degré proviennent des calcaires argileux : c'est l'argile qui leur donne leur remarquable propriété de prendre rapidement, car elle renferme des silicates de chaux et d'alumine qui sont susceptibles de se combiner avec une plus grande quantité de chaux ; la combinaison s'effectue sous l'eau seulement et le produit est un silicate insoluble, ce qui explique sa solidité.

Vous voyez, d'après ce qui précède, quels services l'analyse chimique peut rendre à l'industrie, car c'est grâce à elle que l'on a pu imiter avec avantage le ciment romain, dont la préparation était longtemps restée inconnue. Les mortiers de chaux grasse ne durcissent pas tout à fait par les mêmes raisons ; la chaux grasse absorbe avec facilité l'acide carbonique de l'air et se transforme en carbonate de chaux sec et peu soluble ; d'un autre côté, la chaux attaque un peu les sables siliceux qui entrent dans la composition du mortier et en se combinant avec eux forme un enduit plus ou moins solide, mais beaucoup moins résistant que celui qui provient des chaux hydrauliques.

Nous avons vu, en parlant de l'usage de l'eau en teinture (142), le rôle que joue le carbonate de chaux dans ce liquide. Aussi, nous n'y reviendrons pas, ayant déjà traité d'une manière si longue sur un sujet étranger aux arts de la teinture.

176. *Matières organiques.* — *Cellulose.* — Nous avons décrit précédemment (107, 108, 109, 111), les caractères et les propriétés de l'oxygène, de l'hydrogène, de l'azote et du carbone. Ces corps simples, qui jouent un si grand rôle dans la nature minérale, forment à eux quatre tout l'ensemble des êtres organisés végétaux et animaux. Les autres corps simples n'entrent que par exception dans la composition de ces êtres et ne contribuent pas à la formation de leurs organes, mais seulement à leur donner des propriétés particulières nécessaires à leur genre de vie. Toutes les matières organiques contiennent du carbone ; c'est l'élément indispensable à leur existence ; le plus grand nombre se compose de carbone, d'hydrogène et d'oxygène ; d'autres renferment en outre de l'azote.

Tandis que les combinaisons minérales se distinguent surtout par leur forme, leur structure, le plus plus souvent régulière et géométrique et une résistance plus ou moins grande à la décomposition par le feu, les matières organiques sont remarquables par une forme entièrement différente, non cristalline et propre au genre d'existence des animaux et des végétaux.

Il est vrai que l'on trouve dans les végétaux et les animaux des substances cristallisées, mais elles sont un produit du travail intérieur de leurs organes et non des matières indispensables à leur existence. La force vitale qui manque aux minéraux donne aux animaux la faculté de s'approprier les substances nutritives, de les travailler intérieurement, ce qui leur permet de croître selon leur volonté et de réparer leurs forces.

Les quatre corps simples qui entrent dans la composition des matières organiques peuvent être combinés ensemble en proportions qui semblent infinies et qui sont de beaucoup plus nombreuses que les combinaisons minérales. Ne pouvant étudier ici toutes les combinaisons organiques connues, nous nous bornerons aux principales et notamment à celles dont l'emploi en teinture ou dans les arts auxiliaires de la teinture est le plus fréquent.

Cellulose. — Le bois est composé, comme chacun a pu le voir en observant la coupe horizontale d'un arbre, de couches concentriques annuelles qui vont

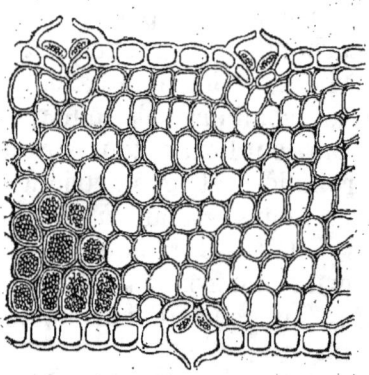

Fig. 55.

en grandissant du centre à la circonférence; ces couches sont composées de deux matières principales: l'une, qui est le tissu proprement dit du bois, forme des canaux plus ou moins longs (fig. 56), par lesquels passent la sève et les liquides vitaux de l'arbre; cette matière est l'assemblage d'une multitude de petites cellules visibles au microscope et qui affectent souvent une forme régulière (fig. 55); on lui a donné le nom de cellulose à cause de sa structure éminemment cellulaire; l'autre matière se trouve disséminée dans les cellules sous forme d'incrustations qui en tapissent et remplissent fréquemment les cavités; elle porte le nom de matière incrustante ou ligneux. Le ligneux est plus abondant dans le cœur de l'arbre que dans les bords; il est dur et c'est à sa présence que le cœur du bois doit sa plus grande résistance.

Fig. 56.

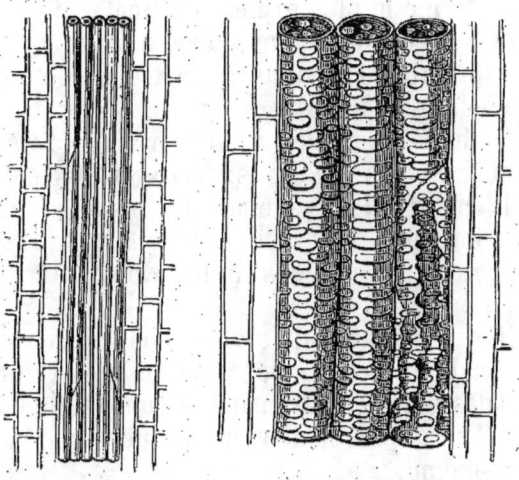

La cellulose est un composé bien défini, toujours le même quant à la composition chimique; elle varie seulement de texture et d'aspect suivant les végétaux. Elle renferme $44\frac{1}{2}$ pour cent de carbone et $55\frac{1}{2}$ d'eau. A l'état de pureté, c'est à-dire privée par des lavages des matières incrustantes, grasses, etc., qui l'accompagnent, la cellulose est blanche, transparente, insoluble dans l'eau, l'alcool, l'éther et les huiles. Les acides et les alcalis très-étendus d'eau ont peu d'action sur elle ou du moins cette action est très-lente. L'acide sulfurique et l'acide chlorhydrique moyennement concentrés ou forts la transforment en une matière nommée dextrine (178), puis celle-ci en une matière sucrée le glucose (181). Le chlorure de chaux, surtout concentré et chaud la désagrége rapidement; enfin l'acide nitrique la transforme en un composé explosible nommé pyroxyline ou coton poudre, lorsqu'on a employé le coton pour l'obtenir. La cellulose forme la plus grande partie des tissus végétaux et se retrouve dans tous en plus ou moins grande quantité. Le coton est un des meilleurs exemples de cellulose à peu près pure.

Les cellules végétales ne sont pas toujours remplies des mêmes produits; ceux-ci varient avec l'âge, la nature des végétaux et le sol où ils sont plantés. En effet, on y trouve des sucres, des acides, des sels, des gommes, des huiles, des matières colorantes, etc.

Le ligneux dont nous avons déjà parlé est dur, cassant, ordinairement coloré, il tapisse ou remplit les cellules des bois et se transforme sous l'influence des acides étendus plus facilement en sucre que la cellulose elle-même.

177. Amidon et fécule. — Les cellules de certaines plantes sont remplies de grains incolores, arrondis, de formes et aspects variables et de dimensions plus variables encore. Ces grains ont reçu le nom d'amidon lorsqu'ils sont extraits des céréales (blé, avoine, maïs, etc.), et le nom de fécule lorsqu'ils proviennent des pommes de terre. Les amidons provenant de divers végétaux ont une forme particulière à chacun d'eux, ce qui permet d'en reconnaître la provenance. La grosseur en est très variable (fig. 57); ces grains sont du reste si petits, qu'on ne peut les apercevoir à l'œil, et l'usage du microscope est indispensable pour les examiner. Ainsi, dans un millimètre carré, on compte au moins 1600 grains de l'amidon du maïs, 450 grains d'amidon de blé et 60 de fécule de pommes de terre. Quelle que soit sa provenance, l'amidon gonfle considérablement lorsqu'on l'humecte avec de l'eau (fig. 58), à tel point qu'on pourrait le croire dissout, mais il n'est que divisé ; on peut encore, à

Fig. 57.

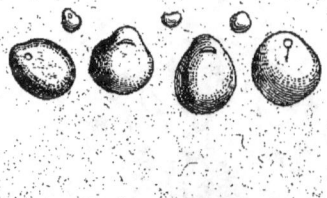

l'aide du microscrope, en reconnaître les grains. L'amidon a la même composition chimique que la

Fig. 58.

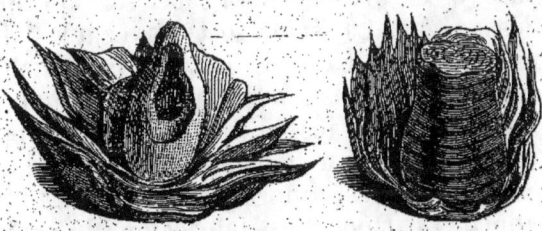

cellulose ; mais il se colore en bleu intense par la solution d'iode, ce qui est un excellent moyen pour le distinguer, car la cellulose ne donne pas la même réaction.

L'acide nitrique transforme à chaud l'amidon en acide oxalique ; les autres acides le font passer rapi-

Fig. 59.

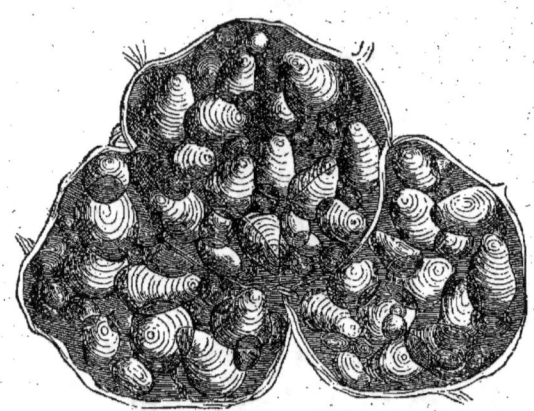

dement à l'état de dextrine, puis après convertissent cette dextrine en sucre non cristallisable (181). Les applications variées et étendues de l'amidon, ont fait de son extraction une industrie très-importante. Le blé et la pomme de terre, convenablement broyés en présence de l'eau, sont promptement désagrégés. La fécule sort des cellules (fig. 59) et on la recueille par des lavages convenablement disposés et par des moyens pratiques dont l'étude ne peut trouver place ici. Les principales applications de l'amidon et de la fécule sont : fabrication des pâtes alimentaires, apprêt des toiles, des fils à tisser, reliure et cartonnages, fabrication du papier; épaississants des mordants et des couleurs pour imprimer les étoffes, fabrication des pains à cacheter, etc. Le blé donne, suivant sa provenance, de 30 à 40 pour cent d'amidon, et la pomme de terre 18 pour cent de fécule.

178. *Dextrine.* — Ce produit, qui a beaucoup de ressemblance avec les gommes proprement dites, provient de l'action de la chaleur sur l'amidon. En effet, si l'on expose l'amidon ou la fécule à une température de 200 à 210 degrés, on la transforme en une substance qui a la même composition, mais qui en diffère par ses propriétés principales. Ainsi obtenue, la dextrine est soluble dans l'eau et dans l'alcool faible; elle ne se colore pas en bleu par l'iode; mais les acides agissent sur elle en la transformant en sucre. La solution de dextrine est gommeuse et sert comme épaississant, tenant également dans cette application des propriétés physiques de l'amidon et de la gomme arabique, avec laquelle elle a beaucoup de rapport. On peut aussi obtenir la dextrine par l'action sur l'amidon d'un ferment particulier retiré de l'orge germé et nommé diastase. Un kilogramme de ce ferment peut transformer en dextrine deux mille kilogrammes d'amidon.

179. *Gommes.* — Les gommes présentent la même composition élémentaire que la fécule, mais en diffèrent sous plusieurs rapports. Elles se forment naturellement dans le tronc et les branches de plusieurs espèces d'arbres et s'en écoulent sous forme d'un liquide visqueux qui durcit rapidement à l'air. Les principales gommes sont la gomme arabique, la gomme du Sénégal, et la gomme adragante.

Gomme arabique.—Elle est produite par des arbres du genre des acacias (fig. 60); elle en sort spontanément et on la recueille sans autre préparation pour la livrer au commerce. Les pays où croissent ces arbres, sont l'Arabie, la Haute Égypte, l'Éthiopie et les plaines de la Nubie. L'arbre à gomme arabique a de 30 à 40 pieds de hauteur, il a une écorce grise et filandreuse et ressemble beaucoup aux arbres

Fig. 60.

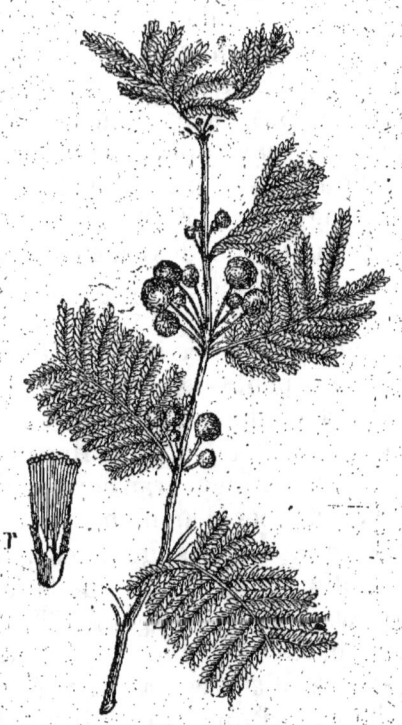

improprement nommés acacias en Europe. La gomme se rassemble en boules le long des branches et du tronc. Sous le rapport de la pureté, on distingue plusieurs sortes de gomme arabique, dont voici les principales : *a*, *gomme d'Arabie véritable* ; cette sorte est en boules de petite dimension, blanche ou légèrement jaunâtre, la plus blanche est la plus estimée; elle est peu odorante, fade et complétement fendillée ; *b*, *gomme de Bassora*, qui se présente en morceaux plus gros et plus irréguliers que la précédente. Elle est moins estimée, quoique pas plus colorée ; *c*, *gomme de Barbarie*, elle se récolte sur la côte nord de l'Afrique ; elle est jaune, quelquefois brune et plus ou moins transparente, on l'estime moins que les deux précédentes. La gomme doit être autant que possible blanche ou peu colorée, transparente, exempte de matières étrangères. En Europe, on la falsifie souvent avec des gommes de pays, qui découlent des cerisiers, pruniers, abricotiers, etc. Ces gommes de pays se dissolvent avec difficulté dans l'eau et sont moins collantes que les gommes d'Arabie, dont la dissolution est facile.

Gomme du Sénégal. — Cette gomme découle, comme la précédente, d'une espèce d'acacia qui forme de vastes forêts sur les rives et à l'embouchure du fleuve Sénégal, sur la côte occidentale de l'Afrique. Cette gomme coule et se recueille de novembre à mars. Ce sont les établissements français des bords du Sénégal et ceux qui se trouvent à la limite Sud du désert de Sahara qui font le plus grand commerce de cette gomme. On la trie en deux qualités, selon qu'elle est transparente ou non; elle contient beaucoup de bulles d'air et n'est jamais fendillée, ce qui la distingue de la gomme arabique. Elle renferme plus d'impuretés que celle d'Arabie.

Gomme adragante. — Cette gomme provient d'un arbuste (fig. 61) du genre astragale, dont la patrie est l'Asie Mineure, l'Arménie, le Nord de la Perse, la

Grèce et l'île de Crête. Cet arbuste atteint une hauteur de 2 à 3 pieds et un diamètre d'un pouce. La gomme adragante qui en est le suc en sort naturellement. Elle durcit à l'air en séchant. Cette gomme se présente en petits morceaux irréguliers, tordus, en forme de vers demi-transparents, inodores et in-

Fig. 61.

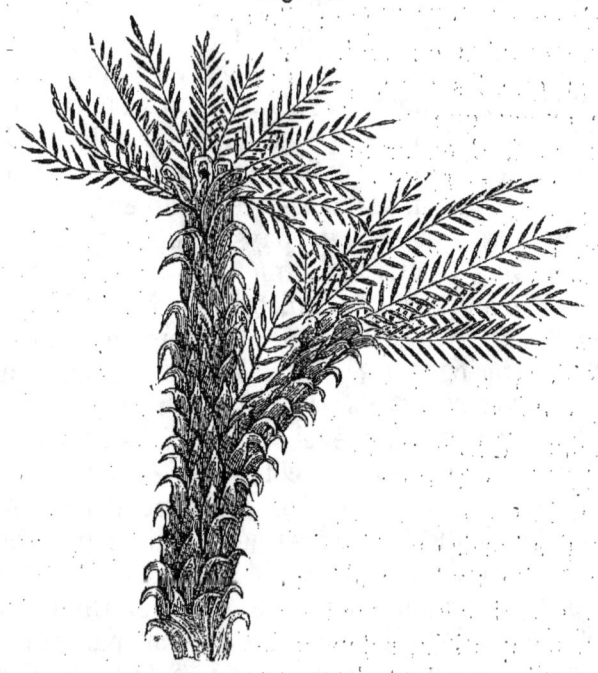

sipides. Elle forme avec l'eau froide une masse gonflée qui se résout par la chaleur en un liquide épais, qui est liant, mais non collant comme la gomme arabique. Les meilleures qualités sont les sortes de Morée et de Smyrne. Les plus mauvaises sont celles d'Alep et des Indes.

Toutes ces gommes sont employées comme épaississant, pour les couleurs destinées à l'impression des étoffes ; elles sont en cela bien supérieures à l'amidon. On doit seulement se tenir en garde contre la falsification par la gomme de pays qui ne donne pas une solution claire mais seulement une masse gélatineuse. La gomme adragante a des applications semblables à celles des autres gommes, mais son emploi est limité par un prix bien plus élevé.

180. *Sucre.* — Cette matière se rencontre dans un assez grand nombre de végétaux tels que la canne à sucre, la betterave, les citrouilles, les carottes, les navets, la tige de maïs, l'érable, le bouleau et dans beaucoup de fruits des pays chauds et tempérés. On ne l'a retiré industriellement jusqu'ici que de la canne à sucre, de la betterave et du bouleau. Le sucre pur cristallise facilement, il est blanc, sans odeur ; sa saveur est désignée sous le nom de saveur sucrée, terme qui sert à désigner le goût analogue que l'on retrouve dans de nombreux produits. Il est lourd, le litre ou décimètre cube pèse 1 kilog. 600 grammes. Il est très-soluble dans l'eau même à froid, car un kilogramme de sucre ne demande que le tiers de son poids pour se dissoudre. Il est peu soluble dans l'alcool fort. Le sucre fond au-dessus de 160 degrés et si l'on élève la température jusqu'à 220 degrés, il perd de l'eau et se transforme en une matière noire, très-soluble dans l'eau nommée caramel. Si l'on chauffe davantage, la matière se boursouffle, perd toute son eau et il ne reste qu'un charbon spongieux. L'acide sulfurique concentré le décompose, en produisant une masse noire. L'acide nitrique le convertit presque entièrement en acide oxalique.

Le sucre se rapproche beaucoup, par sa composition, des substances que nous venons d'examiner (178 et 179). Il ne diffère en effet de l'amidon et de la gomme que par un équivalent d'eau qu'il contient en plus. La canne à sucre est une plante de la famille des graminées, rappelant par sa forme les roseaux ; elle atteint souvent la hauteur de 4 à 5 mètres. Elle ne prospère que dans les pays chauds.

Les tropiques, l'Inde, les rives de l'Euphrate, la Chine, sont la patrie de ce précieux végétal qui dans les temps modernes a été importé en Egypte, en Sicile, en Espagne, puis en Amérique. Les anciens ne connaissaient pas le sucre ou du moins ne l'ont connu que vers l'époque du commencement de l'empire romain et encore très-imparfaitement. Cependant il était connu depuis les temps les plus anciens par les prêtres Hindous, qui en ont transmis l'usage aux médecins Arabes. Ce sont ces derniers qui ont introduit dans les premiers siècles de l'ère chrétienne la culture de la canne à sucre sur les côtes de la mer Méditerranée. Après la découverte de l'Amérique, on transporta dans ce pays la culture de la canne qui y prit dès lors un immense développement. Vers la fin du siècle dernier, on découvrit que d'autres plantes et notamment la betterave contenaient des sucs sucrés analogues à celui de la canne, et déjà, en 1810, on comptait en France plus de 200 fabriques de sucre de betteraves. Cette plante contient de 10 à 12 pour cent de sucre cristallisable, elle est facile à cultiver et n'exige pas des conditions de climat aussi difficiles à réunir que celles nécessaires à la culture de la canne. Le sucre qu'on en retire a la même composition et les mêmes qualités que le sucre de canne, lorsqu'il est bien raffiné. L'extraction du sucre soit de la canne, soit de la betterave, consiste toujours en une série d'opérations par lesquelles le jus de la plante est exprimé, purifié, concentré, décoloré et enfin mis à cristalliser pour en séparer la mélasse et présenter le produit final sous la forme commerciale. L'emploi du sucre dans la consommation alimentaire est considérable, mais il est loin d'être égal dans tous les pays, ce qui tient naturellement à la cherté du produit et au bien être des populations. Ainsi, en Angleterre, il se consomme 15 kilog. de sucre par personne annuellement, en France 5 kilog. et en Russie seulement 700 grammes.

On emploie le sucre blanc cristallisé en teinture pour charger les soies teintes en les immergeant dans des sirops plus ou moins concentrés, selon la charge que l'ont veut obtenir. Le sucre employé à cet usage doit être bien pur, exempt de mélasse; nous reviendrons plus tard, dans un paragraphe spécial, sur la charge des soies.

181. *Glucose.* Ce sucre diffère de celui de canne par un équivalent d'eau qu'il contient en moins que ce dernier. On n'a pas encore pu, en le privant de cet équivalent d'eau, le ramener à l'état de sucre cristallisable ordinaire. Le sucre de canne se transforme très-facilement en glucose sous l'influence des ferments, des acides minéraux étendus d'eau, et des acides organiques tels que les acides tartrique, citrique, oxalique, etc. Le glucose obtenu a l'apparence de la gomme ou d'un sirop très-épais, très-soluble dans l'eau et même dans l'acool à 80 degrés, propriété qui le distinsgue complétement du sucre de canne. On prépare le glucose en faisant chauffer la fécule délayée dans beaucoup d'eau avec un pour cent d'acide sulfurique. Sous l'influence de cet acide, la fécule se transforme d'abord rapidement en dextrine (178) et celle-ci en glucose. Le liquide devient parfaitement clair et limpide, la saveur en est sucrée et acide ; on sature l'acide sulfurique avec de la craie (carbonate de chaux), ce qui forme un précipité de sulfate de chaux qui se dépose. Lorsque le liquide est éclairci, on le soutire et on le concentre par la vapeur dans des appareils convenables. Arrivé au point voulu de concentration, on le met en barils. Ce produit doit être incolore, transparent et épais ; il ne doit contenir ni acide libre, ni sel calcaire, ni fécule non décomposée ; on reconnaît ce dernier produit par la solution d'iode qui bleuit immédiatement la fécule ou l'amidon. Le glucose n'a pas un pouvoir sucrant aussi énergique que le sucre de canne, mais lorsqu'il est bien préparé, il convient très-bien à la confection des sirops, des confitures, etc. Son emploi dans la teinture est très-limité. Dans quelques ateliers, on charge les soies avec ce sucre, dont le prix est beaucoup moins élevé que celui de canne, mais les résultats obtenus n'ont pas été satisfaisants ; on a même cru remarquer que l'emploi de ce sucre comme charge produit sur les rubans de soie des stries cireuses qu'il faut éviter en abandonnant l'usage du glucose.

182. *Fermentation alcoolique.* — L'alcool n'existe pas tout formé dans la nature; il est toujours un produit de décomposition des produits organiques, décomposition que l'on conduit et règle à volonté par des opérations industrielles. Il existe plusieurs moyens d'obtenir l'alcool, mais nous ne nous occuperons que de celui qui est employé industriellement; c'est-à-dire la fermentation des liquides sucrés. Le jus de raisin est la matière première qui fournit le meilleur alcool potable, mais dans ce jus, c'est le glucose qui y est contenu qui, par sa fermentation, produit l'alcool. Le sucre de canne ne peut pas se transformer en alcool sans passer d'abord à l'état de glucose en absorbant un équivalent d'eau. Le glucose se dédouble alors en deux équivalents d'alcool et 4 équivalents d'acide carbonique. Le poids de ces deux produits réunis est exactement égal à celui du glucose. Le jus de raisin fraîchement pressé est trouble et renferme une quantité suffisante de matière organique azotée qui joue le rôle de ferment. Sous l'influence de ce ferment, le jus de raisin entre de lui-même en fermentation ; la température du liquide augmente et il se produit un dégagement tumultueux de gaz acide carbonique. Lorsque la fermentation a cessé, on peut constater que le liquide est plus léger que l'eau. Avant la fermentation, il était plus lourd, car il contenait du sucre en dissolution. Ce dernier a disparu en donnant naissance à de l'acool qui diminue ainsi le poids spécifique de la masse totale. En distillant le vin, on obtient tout l'alcool qu'il renferme. La richesse des vins en alcool dépend donc uniquement de la quantité de sucre que contenaient les raisins, si toutefois la fermentation a été convenablement conduite. Les petits vins ordinaires titrent de 4 à 5 pour cent d'alcool ; les vins de qualité moyenne de 6 à 8. Les bons vins de Bordeaux et de Bourgogne en moyenne 10 pour cent et les vins d'Espagne jusqu'à 15 et même 20 pour cent ; la bière en renferme, suivant les qualités, de 2 à 5 pour cent, le cidre et le poiré en moyenne 7 pour cent.

La fermentation du vin qui produit l'alcool ou

l'eau-de-vie donne en même temps naissance à divers éthers odorants et à des huiles essentielles qui restent en dissolution et communiquent au vin l'odeur et le goût que l'on désigne sous le nom de bouquet. Ces éthers ne se développent pas avec la même abondance partout et leur existence dans les vins dépend surtout de la nature des vignes, du climat, de la composition du sol et de l'exposition des vignobles.

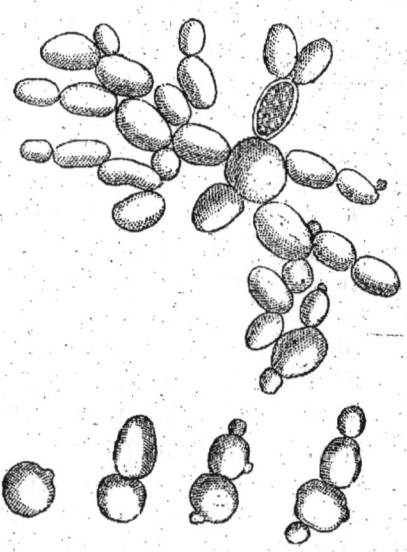

Fig. 62.

Les jus sucrés autres que le vin peuvent tous donner par la fermentation une quantité d'alcool proportionnelle à celle du sucre qu'ils contiennent, mais il est nécessaire d'introduire dans ces jus un produit spécial qui détermine la fermentation. Ainsi, dans le jus de raisin, la matière organique qui joue le rôle de ferment existe déjà sans qu'on ait besoin de l'y introduire. Dans les sirops que l'on veut faire fermenter, il est nécessaire de mettre un corps particulier, la levûre de bière. C'est un végétal microscopique (fig. 62), qui se développe avec rapidité dans les liquides sucrés, surtout dans ceux qui contiennent des matières azotées. Son développement a lieu par bourgeons qui naissent les uns des autres. Ainsi, on a observé que sur un globule, un germe de levûre mis dans un liquide sucré naît bientôt un bourgeon qui prend rapidement les dimensions et la forme du premier germe, sur ce bourgeon s'en forme un autre et ainsi de suite (fig. 62), cette naissance et ce développement rapides des globules de levûre forment au sein du liquide un mouvement considérable qui se révèle par une augmentation de chaleur sensible et la formation de l'alcool et du gaz carbonique qui s'échappe en bouillonnant. Le jus sucré de la betterave, le jus de canne à sucre, les sucres de fécule soumis à la fermentation produisent des alcools toujours chargés de matières odorantes provenant de la décomposition des matières étrangères contenues dans les jus. Ces alcools sont souvent difficiles à désinfecter, parce que les matières odorantes sont souvent aussi volatiles que l'alcool lui-même et passent en partie avec lui à la distillation. Ce sont alors des alcools mauvais goût; on donne le nom d'alcools bon goût à ceux qu'on retire directement des bons vins par une distillation soignée.

Une industrie nouvelle et très-intéressante s'est fondée sur la transformation en sucre, de la matière inscrustante du bois (176). On débite le bois en rondelles minces et on le fait digérer pendant un certain temps dans de l'eau contenant quelques centièmes d'acide chlorhydrique ordinaire. La matière incrustante se transforme en glucose et la cellulose dépouillée et blanchie reste sous forme de pâte. On soumet le liquide sucré à la fermentation, après l'avoir saturé de craie pour neutraliser l'acide et on

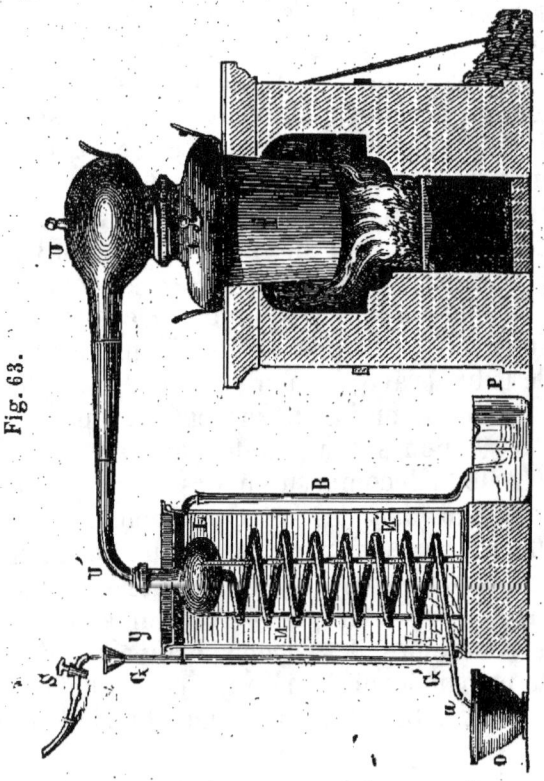

Fig. 63.

obtient par distillation un alcool d'assez bon goût et à un prix très-avantageux. La pâte blanche de cellulose traitée spécialement et additionnée de pâte de chiffons donne des papiers d'excellente qualité.

La figure 63 représente un alambic ordinaire pour rectifier les alcools, eaux-de-vie, etc. L'alambic, construit généralement en cuivre, est chauffé à feu nu. (Dans les grandes distilleries, on ne se sert plus que de la vapeur comme moyen de chauffage). Les vapeurs d'alcool s'élèvent dans la cucurbite u et passent dans le serpentin LN, refroidi par un courant d'eau froide venant du robinet S, et arrivent par le tube GG′ au bas du serpentin. L'eau chaude s'écoule par le tube B placé à la partie supérieure du serpentin. L'eau-de-vie ou l'alcool distillent par le tube a et sont recueillis dans le bassin O.

113. *Alcool.* — L'alcool parfaitement purifié et privé d'eau est un liquide incolore, très-fluide, d'une saveur brûlante et d'une odeur agréable. Il est très-inflammable, bout à 78 degrés centigrades ; il est plus léger que l'eau, à laquelle il se mêle en toute proportion, en produisant de la chaleur. A la température de 15 degrés centigrades, un litre d'alcool pur pèse 800 grammes. L'alcool est un dissolvant très-énergique ; beaucoup de matières colorantes, d'huiles, de résines s'y dissolvent avec facilité, tandis qu'elles sont insolubles dans l'eau. Cette propriété dissolvante donne à l'alcool une importance toute particulière pour la fabrication et l'emploi des produit colorants, des vernis, etc. L'eau-de-vie ordinaire n'est le plus souvent que de l'alcool coupé d'eau et coloré par diverses matières telles que le caramel, le thé, etc.

Comme l'alcool se dilate beaucoup par la chaleur, c'est-à-dire augmente de volume, il n'a pas le même poids, la même densité à toutes les températures ; aussi lorsqu'on en vérifie le degré pour connaître son titre commercial, on doit avoir égard à la température, et faire une correction au résultat obtenu. L'alcool commercial ordinaire en France doit titrer 95 degrés au pèse-alcool, c'est-à-dire contenir 95 pour cent d'alcool et 5 pour cent d'eau à la température ordinaire, qui est fixée à 15 degrés centigrades. (Comparez avec le § 35.) L'alcool donne naissance par oxydation à deux produits importants, l'aldéhyde et l'acide acétique (149); il produit aussi deux autres composés, l'éther et le chloroforme, dont nous parlerons au paragraphe suivant.

Aldéhyde. — Lorsqu'on soumet l'alcool à l'action de produits oxydants, il perd de l'hydrogène et se transforme en un liquide très-léger et très-odorant, auquel on a donné le nom d'aldéhyde (ce qui signifie *alcool déshydrogéné*). On obtient l'adéhyde par plusieurs procédés, dont les principaux sont les suivants : 1° On fait réagir sur l'alcool un mélange d'acide sulfurique et de bichromate de potasse. L'acide chromique de ce dernier sel est mis en liberté par l'acide sulfurique et abandonne avec facilité son oxygène au contact de l'alcool. Cet oxygène enlève de l'hydrogène à l'alcool et forme de l'eau. L'alcool ainsi privé d'une partie de l'hydrogène qu'il contenait constitue l'aldéhyde. L'acide chromique désoxygéné partiellement est réduit à l'état d'oxyde de chrome et forme avec l'acide sulfurique et la potasse du chromate un sel double, violet, bien cristallisé, qui est un alun de chrome employé dans l'impression des étoffes. Lorsque la réaction est opérée, on distille le mélange et on obtient ainsi l'aldéhyde. Deuxième procédé : On fait réagir sur l'alcool un mélange d'acide sulfurique et de peroxyde de manganèse. De l'oxygène se dégage et agit comme dans le cas précédent. Le résidu est du sulfate de manganèse.

L'aldéhyde est un liquide incolore, très-limpide, très-volatil et très-inflammable; sa vapeur est suffocante. A l'état de pureté, un litre d'aldéhyde pèse 790 grammes. L'aldéhyde bout à 22 degrés centigrades, lorsqu'il est pur, mais comme celui du commerce renferme toujours plus ou moins d'eau et d'alcool et même de l'acide acétique, il est beaucoup moins volatil. L'emploi le plus important de l'aldéhyde consiste dans la transformation du rouge d'aniline en vert, réaction que nous étudierons plus tard. On s'en sert aussi dans la fabrication des miroirs argentés, qui font une concurrence avantageuse à ceux au mercure. Les acides transforment rapidement l'aldéhyde en acide acétique, c'est pour cette raison que l'aldéhyde préparé industriellement par les procédés ci-dessus indiqués renferme toujours plus ou moins de cet acide.

184. *Ether. Chloroforme.* — Par l'action de l'acide sulfurique concentré sur l'alcool à la température de 140 degrés, on obtient un liquide incolore, volatil, très-léger, peu soluble dans l'eau, d'une odeur agréable et particulière. Ce liquide est *l'éther*. Il est très-inflammable. C'est un dissolvant énergique des huiles et des matières grasses. Il bout déjà à 35 degrés centigrades. L'aspiration de ses vapeurs endort facilement.

En faisant réagir le chlorure de chaux sur l'alcool, on obtient par la distillation un liquide très-volatil, d'une odeur et d'une saveur sucrées, nommé *Chloroforme*. Ce liquide bout à 78 degrés et n'est pas inflammable. Il est plus lourd que l'eau et pèse 1600 grammes par litre. A un plus haut degré que l'éther, ses vapeurs endorment rapidement et les malades endormis de cette manière peuvent souvent résister à des opérations chirurgicales qu'ils ne pourraient supporter étant éveillés. Cependant, son emploi n'est pas sans danger et exige de grandes précautions; on cite en effet des cas où le malade endormi ne s'est jamais réveillé.

185. *Méthylène.* — Ce liquide, nommé aussi esprit de bois, prend naissance dans la distillation du bois, en même temps que l'acide acétique ; c'est un alcool qui a beaucoup de ressemblance avec l'alcool ordinaire, mais il n'a pas cependant les mêmes propriétés chimiques, ni la même composition. Il est très-inflammable, bout à 66 degrés et pèse 800 grammes par litre. Son odeur pénétrante et désagréable et l'action dangereuse qu'il exerce sur les organes de la vue et de la respiration, l'ont fait généralement proscrire des ateliers de teinture. Son emploi n'a été grand qu'à l'époque où l'alcool ordinaire était plus cher que lui ; maintenant que c'est le contraire qui a lieu, il n'y a aucune raison pour l'employer en teinture, surtout avec les couleurs d'aniline, sur lesquelles il paraît avoir une influence fâcheuse.

186. *Corps gras en général.* — On donne ordinairement le nom de corps gras à des matières solides ou liquides insolubles dans l'eau et formant sur le papier des taches persistantes, connues sous le nom de taches de graisse. Ces corps gras, qui se rencontrent soit dans les végétaux, soit dans les animaux, sont des composés de divers acides et de glycérine (189). Les trois principaux acides qui forment les graisses et les huiles sont l'acide stéarique, l'acide palmitique et l'acide oléique : les deux premiers sont solides à la température ordinaire, le troisième est liquide. De la plus ou moins grande proportion de ces divers acides dépend l'état liquide ou l'état solide des matières grasses. Les différences de goût, d'odeur que l'on remarque dans des huiles ou des graisses de même composition, proviennent de matières étrangères odorantes qui sont pour les corps gras ce que les éthers et les huiles essentielles sont pour les vins. Chez les animaux, les graisses sont solides ou liquides, cela dépend de la place qu'occupent ces matières dans le corps de l'animal et aussi de l'espèce même de l'animal. Les animaux à sang froid ont en général une graisse liquide et ceux à sang chaud une graisse solide qui peut facilement être fondue ou solidifiée. En tout cas, ces graisses sont renfermées dans un tissu cellulaire. Par la chaleur, ce tissu se contracte, laisse échapper la graisse fondue, et se sépare facilement par filtration sous forme de membrane. Comme l'action de la chaleur colore facilement les graisses, on doit, avant de les fondre, les broyer pour déchirer autant que possible le tissu cellulaire qui les renferme. De cette manière, on n'a pas besoin d'autant de chaleur pour les séparer.

Dans les végétaux, l'huile se rencontre surtout dans les graines et la partie charnue des fruits ; elle y est disposée en gouttelettes que le broyage fait facilement sortir. La proportion en est souvent considérable ; ainsi, la graine de lin en renferme 20 0/0, la graine de navette de 35 à 40 0/0 et la graine qui fournit l'huile de ricin jusqu'à 60 0/0. Les huiles se trouvent rarement dans les racines. Les huiles végétales obtenues par pression, contiennent toujours des matières étrangères qui nuisent à leur emploi dans l'éclairage en donnant une flamme fumeuse et en retardant l'ascension de l'huile dans les mèches ; aussi on soumet à une purification spéciale les huiles de graines destinées à la lampe. A cet effet, on agite l'huile à purifier avec un à deux pour cent d'acide sulfurique concentré et on laisse reposer ; les matières étrangères se coagulent et se carbonisent en partie ; elles sont entraînées avec l'acide sulfurique. Cela fait, on lave l'huile à l'eau pure, puis à l'eau de chaux, pour neutraliser l'acide sulfurique qui pourrait rester. Ces purifications peuvent se renouveler plusieurs fois, suivant la qualité de l'huile à épurer. On obtient ainsi un produit léger, clair et limpide.

Les huiles et les graisses sont insolubles dans l'eau, mais par contre, très-solubles dans l'éther et surtout dans la benzine et l'huile de naphte.

Elles sont peu solubles dans l'alcool ; toutes sont plus légères que l'eau. Les alcalis caustiques, tels que la potasse, la soude, la chaux, les décomposent surtout à chaud en formant des savons (188) et de la glycérine. Les acides énergiques comme l'acide sulfurique les décomposent aussi en mettant en liberté les acides qu'elles contiennent et qui cristallisent en partie par le refroidissement ; sur sur cette réaction est fondée la fabrication des bougies (188).

Les corps gras ne peuvent distiller complétement sans altération, car la chaleur nécessaire pour les réduire en vapeur est supérieure à celle qu'ils peuvent supporter sans se décomposer. Ils absorbent avec facilité l'oxygène de l'air, surtout lorsque leur surface est grande et se convertissent plus ou moins vite en produits acides, rances et résineux. En absorbant l'oxygène de l'air, il se produit dans les corps gras une température souvent élevée ; il est arrivé fréquemment que des tas de chiffons ou de coton gras ou huilés se sont enflammés spontanément par ce fait.

Les huiles absorbent l'oxygène de l'air à des degrés divers selon leur nature. A ce point de vue, on les divise en deux catégories : les huiles siccatives et les huiles non siccatives. Ainsi, les huiles de lin, de noix, de chenevis sont des huiles siccatives.

Les huiles d'amandes douces, d'olives, de colza ne le sont pas. Les premières sont employées pour les vernis et on augmente même leur faculté de sécher promptement à l'air en les cuisants avec des oxydes de plomb ou divers sels de manganèse.

187. *Huile d'olive.* — La plus importante des huiles végétales est celle de l'olive, à cause de son emploi dans les usages domestiques comme alimentation et de ses applications industrielles.

L'huile d'olive est fournie par la partie charnue du fruit de l'olivier, qui croît dans le midi de la France, en Espagne, en Italie, en Grèce, en Algérie, etc.; les meilleures sortes et les plus estimées sont celles de Provence. La couleur de l'huile varie du vert au jaune, suivant la maturité des olives qui ont servi à la produire. En soumettant les olives à la pression, on n'obtient pas du premier coup la totalité de l'huile qu'elles renferment ; on est alors obligé de renouveler plusieurs fois les opérations de pressage et d'aider la sortie de l'huile par l'eau bouillante et même la fermentation.

L'huile obtenue à froid par la première pression est la meilleure ; c'est l'huile vierge, elle est ordinairement verte et a un goût et une saveur caractéristiques. La seconde qualité d'huile s'obtient en brassant avec de l'eau bouillante le marc de la première expression et soumettant ce marc à une nouvelle pression. Cette seconde qualité est jaune et facile à rancir; on s'en sert pour graisser les machines, les laines, etc. Pour le goût, elle est bien inférieure à l'huile vierge, qui seule est employée dans les usages alimentaires. On obtient la troisième qualité d'huile en renouvelant l'opération précédente; l'huile de troisième qualité n'est employée que pour la fabrication des savons. Enfin, si l'on abandonne à la fermentation les tourteaux d'olives et qu'on les exprime de nouveau, on obtient une quatrième sorte d'huile qui porte le nom d'huile tournante, parce qu'elle forme avec les lessives alcalines une émulsion plus parfaite que les autres qualités d'huile, ce qui la fait rechercher dans la teinture en rouge Turc. Cette propriété vient d'un commencement de décomposition qui a mis une partie des acides gras de l'huile en liberté.

Les huiles d'olive sont souvent falsifiées par d'autres huiles d'un prix moins élevé; un moyen assez efficace pour reconnaître dans l'huile d'olive la présence d'huiles étrangères repose sur ce fait que l'huile d'olive pure additionnée d'un douzième de son poids de nitrate de mercure fraîchement préparé, durcit entièrement en moins de sept heures, même en été; les autres huiles qu'on y aurait ajoutées retardent ou empêchent même complétement la solidification, suivant leur nature et leur proportion.

188. *Savons.* — Nous avons vu que les matières grasses sont formées par la réunion de divers acides gras avec la glycérine qui joue le rôle d'une base. Ce sont donc de véritables sels. L'acte de la saponification, c'est-à-dire la conversion en savon consiste uniquement dans le remplacement de la glycérine par un alcali tel que la potasse ou la soude ou une base telle que la chaux, l'oxyde de plomb, etc. Sous l'influence de la chaleur et d'une quantité d'eau suffisante, les alcalis caustiques opèrent cette réaction avec facilité et donnent un savon soluble dans l'eau; tandis que la chaux, l'oxyde de plomb donnent des savons insolubles. Voici du reste en quelques mots comment on opère pour produire le savon d'huile d'olive et de soude. On met dans une vaste chaudière une solution de soude caustique marquant 20 degrés au pèse-sels et on la porte à l'ébullition, puis on y verse l'huile en remuant constamment. Au bout d'un certain temps, on ajoute une nouvelle solution de soude à 20 degrés. Cette opération dure 24 heures. On ajoute alors des lessives de soude contenant du sel marin. On remue et le savon déjà formé se met en grumeaux qui se séparent et montent à la surface du liquide. On fait écouler le liquide par le bas de la chaudière et on le remplace par une nouvelle solution de soude salée ; on chauffe et on travaille fortement avec des râbles la pâte de savon. Celui-ci forme alors un liquide épais que l'on coule dans des moules, où il durcit par refroidissement. Pour obtenir des savons mous, on opère de la même manière, seulement on remplace la soude par la potasse et l'huile d'olive par celle de lin et de colza. Les savons blancs de Marseille, de bonne qualité, ne doivent contenir ni soude libre, ni huile non décomposée; ils se dissolvent entièrement dans l'eau distillée, donnent une solution claire et sans yeux à la surface. Le savon est donc un sel composé de divers acides gras, suivant les huiles ou les graisses employées et de divers alcalis ou oxydes ; les savons de potasse et de soude sont seuls solubles dans l'eau ; ceux de chaux ne le sont pas ; c'est pourquoi les eaux calcaires coupent la solution de savon en formant un savon de chaux insoluble qui se précipite en grumeaux.

189. *Glycérine.* — C'est le liquide qui se sépare des huiles ou des graisses pendant leur conversion en savons. La glycérine est un liquide sirupeux, incolore à l'état de pureté et d'un goût légèrement doux. Toutes les fois qu'on fait agir sur des matières grasses, des alcalis caustiques à l'aide de la chaleur, il y a production de glycérine ; elle reste en dissolution dans l'eau de soude salée, qui sert à séparer les savons. La production de la glycérine est supérieure à ses applications qui sont très-limitées. On l'emploie en pharmacie, en parfumerie et dans la fabrication de certains papiers.

190. *Huiles minérales naturelles.* — On donne ce nom à des huiles formées naturellement à une certaine profondeur sous le sol par la décomposition de couches de divers combustibles. Le nom de minérales est improprement donné à ces huiles carbonées, puisqu'elles proviennent de la distillation lente de produits végétaux, mais on l'a choisi pour les distinguer des huiles extraites des végétaux et des animaux actuellement vivants. A une époque très-reculée de l'existence du globe, d'immenses quantités de produits végétaux furent peu à peu enfouis et recouverts par des dépôts minéraux ; ces matières végétales, soumises à l'action de la chaleur centrale de la terre, ont été peu à peu décomposées et ont fourni par distillation les huiles naturelles que l'on rencontre en beaucoup de pays et qui sont connues sous le nom de pétrole. Les bitumes naturels ont la même origine ; les huiles de schiste se retirent par distillation de pierres imprégnées de certains bitumes naturels. Les sources d'huile de pétrole se rencontrent presque partout, ainsi que les bitumes. Il y en a en Chine, en Perse, en Russie, en Hongrie, en Bavière, en Italie, en Espagne, en France (Alsace, Isère, etc.), dans l'île de Java, enfin en Amérique, où elles sont les plus abondantes. C'est en 1857 que l'on a commencé en Amérique à creuser des puits à pétrole ; le rendement était d'abord faible, mais à la fin de 1860, on comptait déjà près de 2000 puits, dont plusieurs donnaient jusqu'à 2000 barriques d'huile par jour. En 1862, le rendement des sources a atteint 60 millions de litres par semaine.

Telle qu'elle sort du sol, l'huile de pétrole est un liquide plus ou moins épais, d'une couleur verdâtre, très-odorant et très-inflammable. On peut le considérer industriellement comme contenant trois qualités distinctes de produits : 1° des huiles légères, volatiles, inflammables comme l'éther, nommées naphte ou essence de naphte ; 2° des huiles moins légères, toujours un peu colorées, non inflammables sans mèche ; c'est le pétrole proprement dit, destiné à l'éclairage ; 3° des produits bitumineux plus ou moins solides, représentant en quelque sorte le goudron des usines à gaz. La distillation qu'on fait subir aux huiles de pétrole brutes a pour but de séparer les huiles légères qui sont trop inflammables et dangereuses, et les huiles lourdes et goudronneuses qui ne conviennent pas à l'éclairage.

L'huile de pétrole a fait, dès son apparition, une redoutable concurrence aux autres moyens d'éclairage, et bien que son emploi demande une certaine prudence, il est maintenant général ; l'abondance des huiles et le perfectionnement continuel des moyens de purification permettront sans doute d'abaisser le prix de ce moyen d'éclairage, déjà à la portée de chacun.

191. *Huiles minérales artificielles.* — Le même travail que la nature fait en grand sous ses couches souterraines, nous le faisons en petit dans les fours des usines à gaz. Seulement, la rapidité de nos distillations de charbon de terre est la cause pour laquelle nous obtenons des produits sensiblement différents des huiles naturelles. Cependant, il existe de grandes analogies dans le résultat général. Ainsi, en distillant le charbon de terre, la houille, pour produire le gaz d'éclairage, nous obtenons des goudrons et des eaux ammoniacales. Ces goudrons sont la source première de toutes nos huiles minérales artificielles.

Par distillation, ces goudrons se transforment en effet en huiles légères, connues sous le nom général de benzine, en huiles lourdes, et en brai. Les benzines sont des huiles légères, incolores, volatiles très-inflammables, insolubles dans l'eau ; elles dissolvent avec facilité les matières grasses et résineuses, le caoutchouc, les vernis, etc. Ce sont aussi les benzines qui, par divers traitements chimiques, sont devenues le point de départ de nos couleurs d'aniline (218).

Les huiles lourdes sont ainsi désignées parce qu'habituellement elles sont plus lourdes que l'eau, tandis que les benzines nagent à sa surface ; elles sont d'une nature très-complexe ; on peut, par divers moyens, les faire servir à l'éclairage. C'est des huiles lourdes que se retire l'acide phénique, qui est la matière première de plusieurs matières colorantes importantes, entr'autres de l'acide picrique.

Le brai, qui est le résidu de la distillation de goudrons, est une matière noire, dure, cassante, dont le principal emploi est la fabrication de l'asphalte destiné aux trottoirs.

Relativement à la teinture, les deux principaux produits retirés du goudron de houille sont la benzine et l'acide phénique. Nous décrirons plus tard, § 218 et 219, 227 et 228, leurs principales applications.

192. *Albumine.* — C'est une matière composée de carbone, hydrogène, azote et oxygène, qui se trouve dans toutes les substances animales et végétales. C'est le blanc d'œuf et le sang des animaux qui en contiennent le plus. A l'état naturel, l'albumine est soluble dans l'eau ; mais si l'on élève la température au-dessus de 60 degrés, elle se modifie, se coagule en une masse blanche et opaque et devient insoluble dans l'eau. C'est cette propriété qui la fait employer pour clarifier les sirops ; on la mêle à froid aux liquides que l'on veut épurer, puis on porte à l'ébullition ; l'albumine se coagule et se ramasse en une masse qui emprisonne toutes les impuretés en suspension dans le liquide.

L'albumine se mêle facilement aux dissolutions colorantes et sert à les fixer par impression sur les étoffes. Pendant longtemps on s'est servi uniquement de l'albumine des œufs, mais actuellement on fabrique à un prix beaucoup plus bas l'albumine du sang qui est ordinairement moins pure et plus colorée.

193. *Gélatine ou colle forte.* — Les os se composent de matière minérale, 50 pour cent environ, et de matière organique, eau, etc., aussi 50 pour cent. La partie minérale se compose surtout de phosphate et de carbonate de chaux, et la partie organique d'un tissu fibreux transformable en gélatine par la chaleur, de graisse, d'albumine, etc. Pour obtenir la gélatine, on ramollit les os dégraissés en les faisant tremper pendant plusieurs jours dans de l'eau acidulée par l'acide chlorhydrique. Les sels calcaires se dissolvent et il reste une masse molle qui, par l'eau bouillante, se transforme facilement en gélatine. On fond celle-ci par la vapeur dans des chaudières autoclaves, d'où on la tire pour la couler dans des moules. La gélatine ou colle ainsi obtenue, est toujours plus ou moins colorée et a une odeur désagréable.

Les os de poissons, les diverses peaux, membranes, cartilages, tendons, peuvent aussi donner de la gélatine, qui, dans plusieurs cas, est une matière alimentaire. Elle est très-nutritive. La gélatine est coagulée et rendue insoluble et imputrescible par le tannin, l'alun, le sulfate de fer; c'est pourquoi ces substances sont employées pour tanner les peaux et les transformer en cuir. On s'en sert aussi en teinture pour donner aux soies et aux tissus un lustre et un certain apprêt; on peut aussi employer les solutions de gélatine pour séparer des décoctions de bois colorants le tannin qu'elles renferment et qui peut nuire dans quelques cas.

CHAPITRE IV.

MATIÈRES COLORANTES MINÉRALES.

194. *Rouille ou oxyde de fer.* — On emploie l'oxyde de fer pour produire sur les tissus des nuances jaunâtres, depuis la couleur nankin jusqu'à la couleur rouille proprement dite; en teinture, il sert, lorsqu'il est fixé, à produire par sa combinaison avec d'autres substances des teintes diverses, telles que des bleus, des bruns et des noirs. On produit ordinairement le fond de rouille en trempant les écheveaux dans un bain de divers sels de fer, tels que le sulfate de fer, le nitrate ou l'acétate de fer et ensuite dans un bain alcalin qui déplace l'oxyde de fer et le rend adhérent à la fibre. On peut aussi fixer l'oxyde rouge de fer au moyen du vitriol vert et d'une exposition à l'air plus ou moins longue, pendant laquelle ce sel s'oxyde aux dépens de l'oxygène de l'air et forme à la surface des tissus un dépôt fixe de rouille.

L'oxyde de fer déposé sur les tissus se colore :
En bleu par le prussiate jaune de potasse ;
En bleu noir par les décoctions de galle ;
En brun olive par la décoction de cachou ;

Les bois colorants produisent avec l'oxyde de fer des colorations qui varient avec la nature du colorant qu'ils renferment et de la quantité et de l'espèce de tannin qui accompagne la matière colorante.

La soie absorbe les mordants de fer avec facilité jusqu'à une certaine limite. On a l'habitude de tremper les soies dans le sulfate ferrique à 40 degrés

B ; on répète cette opération jusqu'à trois fois, en la faisant suivre à chaque fois d'un bain alcalin et d'un lavage à l'eau ; en procédant ainsi, on arrive à fixer sur les soies souples environ 14 pour cent de leur poids en oxyde de fer. Je me suis assuré cependant que l'on peut arriver aisément à un chiffre plus élevé en procédant comme suit. Étendre d'eau le rouille jusqu'à ce qu'il marque 20 degrés. Cela fait, on y passe les soies pendant une heure, on les sort et après les avoir tordues à la main, on les passe dans un bain d'eau et arséniate de soude pendant une heure. Ce bain se fait en dissolvant dans de l'eau de l'arséniate de soude jusqu'à ce que le bain marque 5 degrés au pèse-sels. Cela fait, on repasse les soies sur le bain de rouille et de nouveau dans le bain d'arséniate ; puis on lave à l'eau courante. Ces deux rouilles suffisent pour faire absorber à la soie 25 pour cent de sels de fer. On doit avoir soin que le bain d'arséniate soit légèrement alcalin. Dans la teinture en noir, les soies ainsi mordancées donnent un résultat préférable à celles mordancées par les procédés ordinaires.

195. *Bleu de Prusse.* — Ce bleu a été découvert en 1710 par un fabricant de couleurs de Berlin ; c'est de là que lui vient son nom.

Pendant longtemps, sa préparation fut tenue secrète et l'on ne connut que fort tard sa véritable composition.

Le bleu de Prusse se forme toutes les fois que l'on met en présence l'un de l'autre le prussiate de potasse (171) et un sel de peroxyde de fer. C'est une poudre bleu foncé lorsqu'il est pur ; il est insoluble dans les acides et inattaquable par le chlore ; mais les alcalis et le savon le décomposent rapidement à chaud ; il se forme du prussiate de potasse et de l'oxyde de fer. Lorsqu'on teint en bleu les soies rouillées ou mordancées au fer, on les passe dans un bain de prussiate légèrement acide, mais on ne doit pas en élever la température jusqu'à l'ébullition, car alors le prussiate se décompose. A la fin de l'opération, si elle a été bien conduite, le bain doit être clair. Le bleu de Prusse a été remplacé dans la teinture des soies par le bleu d'aniline (222) ; mais on s'en sert toujours pour donner le premier fond aux soies destinées à être teintes en noir.

Le bleu de Prusse peut être employé comme couleur d'application dans les impressions d'étoffes ; car c'est une poudre bleue, facile à épaissir à la gomme ou à l'amidon ; mais pour la teinture, on ne peut le préparer d'avance, car il est insoluble dans l'eau et ne teint pas. On le forme toujours sur la matière à teindre.

196. *Teinture par les couleurs minérales en général.* — A l'exception de l'oxyde de fer et du bleu de Prusse, qui forment la base des teintures en noir et en marron, les matières minérales entrent pour peu de chose dans la teinture, surtout dans la teinture des soies. On préfère de beaucoup les couleurs végétales ou les matières colorantes artificielles, qui se déposent avec facilité à la surface des fibres textiles ; les matières minérales ont moins d'éclat, de vivacité et rendent les tissus lourds ; de plus elles sont moins solides lorsqu'elles sont appliquées par voie de teinture. Le plus grand emploi des couleurs minérales a lieu dans l'industrie de l'impression des étoffes et surtout de celles de coton.

CHAPITRE V.

MATIÈRES COLORANTES VÉGÉTALES.

197. *Indigo.* — La matière colorante bleue connue sous ce nom, se retire du suc de diverses plantes des pays chauds ; ces plantes sont surtout cultivées aux Indes orientales, en Egypte, au Sénégal, au Brésil, etc.

On sème les graines des indigotiers (fig. 64), au mois d'avril et lorsque les fleurs commencent à sortir, on coupe une partie de la plante. Suivant l'exposition du terrain et le climat, on peut faire deux ou trois coupes. La matière qui fournit l'indigo est principalement contenue dans les feuilles. Celles-ci sont d'une couleur verte claire. Pour extraire l'indigo, on met fermenter les plantes dans de grands bassins avec de l'eau. La température des pays où l'on récolte l'indigo favorise la fermentation, qui s'annonce bientôt par un dégagement de gaz de diverse nature. Au bout d'un certain temps, l'indigo est en solution dans l'eau ; le liquide a une couleur orange ; on le fait passer dans un autre bassin, où on le brasse constamment. Par l'action de l'oxygène de l'air, l'indigo, jusqu'alors incolore, s'oxyde et fournit la matière colorante qui se sépare en flocons bleus insolubles, qui gagnent le fond du bassin. Lorsque le liquide ne donne plus de bleu par son contact avec l'air, on l'enlève et on recueille sur des filtres de toile la pâte d'indigo. Lorsque celle-ci est assez égouttée et a acquis la consistance convenable, on la divise en pains de diver-

Fig. 64.

ses formes et on la laisse sécher à l'ombre. L'indigo bleu est une substance organique qui existe dans les plantes qui la fournissent à l'état incolore et soluble dans l'eau alcaline. L'oxydation par l'air suffit pour faire passer cette matière incolore au bleu ; mais alors elle n'est plus soluble dans l'eau et se précipite ; c'est, comme nous le verrons tout à l'heure, la propriété sur laquelle se fonde la teinture en bleu d'indigo.

L'indigo bleu est insoluble dans l'eau, l'alcool, l'éther et les acides et alcalis faibles ; il résiste très-bien à l'air et à la lumière, ce qui lui donne une fixité très-remarquable. Le chlore, l'acide nitrique le décomposent ; mais l'acide sulfurique concentré le dissout sans l'altérer, en se combinant avec lui.

L'indigo du commerce n'est jamais de la matière colorante bleu à l'état de pureté ; on y trouve indépendamment des impuretés naturelles provenant de la préparation : du sable, de la craie colorée en bleu, de l'amidon, du bleu de Prusse ; ces matières y sont ajoutées à dessein, pour augmenter le poids. En outre, toutes les plantes qui fournissent l'indigo ne le produisent pas au même degré de finesse et de beauté ; il y a donc des variétés assez grandes dans cette matière colorante, et les procédés au moyen desquels on peut en reconnaître la richesse et en évaluer les impuretés appartiennent aux études de laboratoire, que nous ne tenterons pas d'aborder ici.

Il y a deux manières générales de teindre au moyen de l'indigo. La première, qui fournit le *bleu de cuve*, consiste à désoxyder l'indigo, ce qui le décolore et le rend soluble ; à en imprégner les tissus qui se colorent d'eux-mêmes par leur exposition à l'air. La seconde manière, qui fournit le *bleu de Saxe*, consiste à se servir de diverses combinaisons de l'indigo dans lesquelles cette matière conserve sa couleur bleue dans tout le courant de l'opération ; on obtient ainsi des bleus plus brillants que par le procédé des cuves, mais aussi bien moins solides.

Bleu de cuve. — Il y a plusieurs procédés pour teindre en bleu de cuve ; nous ne décrirons ici que la cuve à froid ou au vitriol. On la monte en dissolvant dans 7000 litres d'eau 35 kilogrammes de couperose verte (sulfate de protoxyde de fer), après quoi l'on ajoute 40 kilogrammes de chaux vive et 15 kilogr. d'indigo finement broyé. Sous l'influence de la chaux, le sulfate de fer se décompose et produit du sulfate de chaux (gypse) insoluble, qui se dépose ; le protoxyde de fer, mis en liberté, s'empare de l'oxygène de l'indigo bleu et le désoxyde, le décolore et lui permet de se dissoudre dans le bain alcalin par la chaux en excès qu'il renferme. Le protoxyde de fer, qui est très-avide d'oxygène, se transforme en peroxyde de fer, qui se dépose avec le sulfate de chaux. (Voyez § 123 et 165). Le bain contient l'indigo blanc soluble ; on y trempe les fils ou tissus à teindre ; ceux-ci s'emparent de la matière colorante avec beaucoup d'avidité et la retiennent avec force, car aussitôt fixée, elle passe à l'état bleu, insoluble et inaltérable. La chaux et le vitriol vert ne sont pas les seules matières au moyen desquelles on puisse monter ces cuves d'indigo. On se sert aussi du son et de la mélasse avec la soude, du son avec la potasse et la garance, etc.

La teinture en bleu de Saxe, au moyen de l'indigo non décoloré, est moins solide ; elle a lieu par la dissolution de l'indigo dans l'acide sulfurique concentré; ou par le carmin d'indigo, qui est un sulfate d'indigo combiné à la soude. La laine doit alors être mordancée en alun et crème de tartre.

L'indigo a été connu depuis les temps les plus anciens dans l'Orient; les peuples de l'Asie Orientale savaient teindre en indigo par le procédé des cuves. Il ne parvint en Europe que vers l'an 1516 ; mais il y reçut malheureusement un si mauvais accueil, que ce ne fut qu'en 1737 que les teinturiers jouirent du droit de l'employer. Avant cette époque, les peines les plus sévères et même la mort étaient la récompense de ceux qui en avaient fait usage. C'est là un exemple, entre mille du même genre, qui montre le retard que la superstition et l'ignorance ont fait supporter à l'industrie dans les siècles passés. Au milieu du dix-septième siècle, cette drogue était interdite sous le nom *d'aliment du diable*.

C'est en décomposant l'indigo par la chaleur que fut découverte plus tard, en 1826, l'aniline, la source de tant de couleurs nouvelles, dont nous parlerons plus loin (218).

198. *Garance.* — Bien que la garance ne soit pas employée actuellement dans les teintureries en soie, nous ne pouvons la passer sous silence, à cause de la grande importance qu'elle a dans l'impresssion des étoffes et la teinture en rouge turc.

La garance est une plante (fig. 65) qui croît dans presque tous les terrains, aussi sa culture est assez répandue; cependant les terrains légers et légèrement humides lui conviennent le mieux. On la trouve dans le midi de la France et dans l'Alsace, en Hollande, en Allemagne, en Autriche, en Turquie, en Italie et en Algérie. La matière colorante existe dans la racine de la plante (1) ; la récolte ne se fait pas chaque année ; on attend que les plantes aient

Fig. 65.

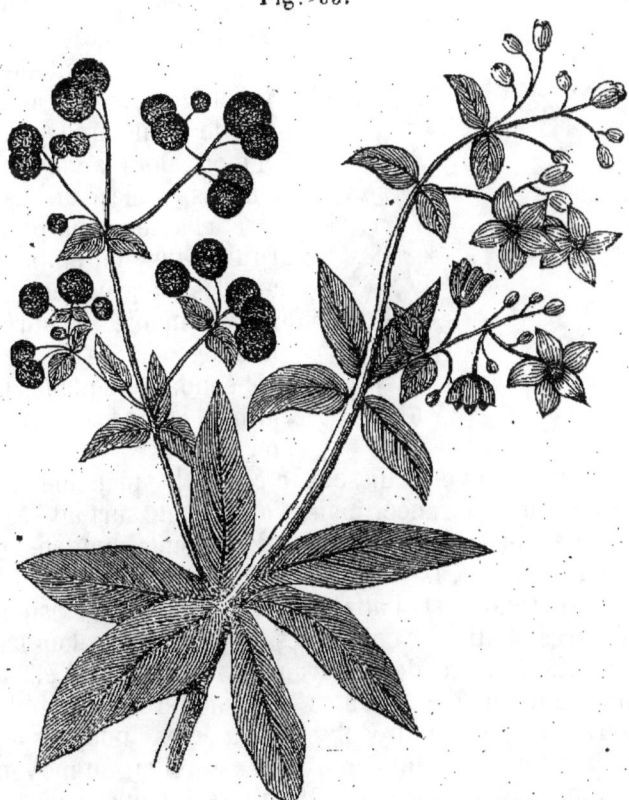

trois ou quatre ans avant de les arracher ; les racines sont alors plus riches en matières colorantes.

(1) La figure 66 représente une racine de garance et sa coupe ; Elle se compose de trois tranches : la partie centrale a, l'écorce c et l'espace intermédiaire b, qui renferme la plus grande partie du principe colorant.

Lorsque les racines sont arrachées, ce qui arrive en octobre ou novembre, on les fait sécher, puis par des battages convenables, on les sépare de la terre et de la poussière dont elles sont recouvertes, ainsi que de leur épiderme.

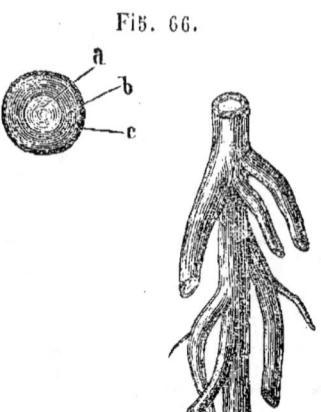

Fig. 66.

On moud alors la garance sous des meules, de manière à l'amener en poudre fine que l'on emballe dans des tonneaux et que l'on n'emploie qu'après quelques années de repos, pendant lesquelles la garance gagne en qualité.

L'eau enlève et dissout à chaud le principe colorant de la garance, mais l'alcool et surtout l'esprit de bois (méthylène) le dissolvent rapidement et entièrement. La véritable matière colorante utile de la garance est l'alizarine; à côté d'elle existent d'autres matières colorantes qui varient selon les qualités et l'âge de la garance, le terrain où elle a été cultivée, etc. ; toutes ces matières ensemble sont utilisées pour obtenir diverses nuances au moyen des différents mordants. En effet, au moyen des mordants de fer et d'alumine employés séparément ou combinés ensemble, on peut obtenir à volonté de la garance toutes les nuances comprises entre le rouge clair et le rouge foncé et entre le violet clair et le noir. La garance est une des plus précieuses substances dont se serve l'industrie des tissus.

199. *Carthame* ou *Safranum*. — On désigne sous ces noms et sous ceux de safran bâtard, safran d'Allemagne, etc. (fig. 67), une espèce de chardon ori-

Fig. 67.

ginaire de l'Inde, que l'on cultive dans le Levant, en Égypte, en Espagne, en Italie, en Allemagne et dans le midi de la France. La matière colorante est contenue dans les fleurs que l'on récolte lorsqu'elles commencent à se flétrir. La matière colorante rouge du carthame est toujours accompagnée d'une certaine quantité de matière jaune dont on la débarrasse par des lavages à l'eau froide et à l'eau alcaline ; malgré cette purication, la carthamine que l'on vend dans le commerce à l'état de carmin renferme encore de la matière jaune en petite quantité. Pour obtenir des tons plus jaunâtres, on donne souvent aux soies un fond de rocou, ce qui constitue en même temps une notable économie, car le carmin de safranum est d'un prix élevé. Les plus beaux roses et rouges sont obtenus par le carthame, mais en même temps ce sont les plus délicats.

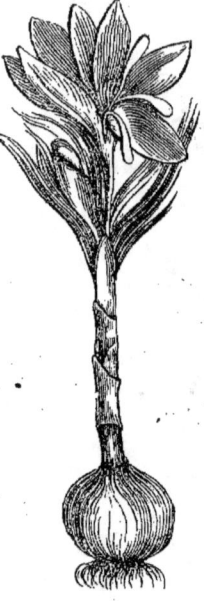

Fig. 68.

On récolte dans les pays méridionaux les fleurs d'une plante nommée communément safran, *crocus sativus* (fig. 68). Ces fleurs contiennent un principe colorant jaune très-employé pour la coloration du miel et de divers aliments usités dans le midi de la France.

200. *Bois de Campêche.* — Ce bois, nommé aussi bois d'Inde, bois bleu, est originaire de la baie de Campêche, au Mexique, mais il est répandu dans toute l'Amérique méridionale, surtout aussi à la Jamaïque, à Saint-Domingue, etc. L'arbre qui le fournit est grand et appartient à la famille des légumineuses (fig. 69). On l'exploite en grand et on l'expédie en Europe en grosses bûches dépouillées de l'écorce et de l'aubier, qui ne renferment pas de matière colorante et en augmenteraient inutilement le poids. Il est dur, compacte, facile à travailler et à polir; fraîchement coupé, il a une couleur jaune rougeâtre qui brunit bientôt à l'air.

Fig. 69.

Le bois d'Inde contient une matière incolore nommée hématoxyline, qui seule et à l'abri de l'air ne fournit aucune coloration; mais dès qu'elle est soumise à l'action oxydante de l'air, elle se transforme en une véritable matière colorante nommée hématéine. C'est pour cela que les bûches de bois d'Inde sont beaucoup plus colorées en dehors qu'en dedans.

La matière colorable du bois d'Inde est peu soluble dans l'eau, qui même bouillante n'en prend que 3 pour cent ; mais lorsque le bois a été réduit en copeaux fins et exposé un certain temps à l'air, la matière colorante se forme et se dissout beaucoup mieux dans l'eau. On obtient un meilleur résultat encore en humectant d'eau calcaire les copeaux de Campêche et les laissant fermenter quelques semaines en tas. Pour épuiser le bois d'Inde, on doit employer des eaux calcaires et si celles qu'on a à sa disposition sont trop pures, on devra y ajouter un peu de craie pulvérisée ; les bains seront ainsi beaucoup plus riches en colorant que s'ils étaient faits avec de l'eau pure.

Les nuances fournies par le bois d'Inde sont assez belles et variées, mais peu solides ; les acides les font passer au jaune ou au rouge et les alcalis au bleu ou au violet plus ou moins bleu ; les sels de plomb donnent une coloration violette foncée, le sel d'étain, une nuance violette ou bleue ; les sels de fer, une couleur noire bleuâtre.

On trouve dans le commerce des extraits plus ou moins concentrés de bois d'Inde et il est évident que ces extraits faits consciencieusement doivent être d'une grande utilité aux teinturiers, en leur évitant les embarras qu'amènent les décoctions de bois d'Inde ; mais malheureusement on rencontre souvent de tels extraits falsifiés ou mal préparés, de telle manière que beaucoup de teinturiers préfèrent employer le bois qu'ils font réduire eux-mêmes en copeaux.

Outre la matière colorante proprement dite, le bois d'Inde contient aussi une certaine quantité d'une sorte de tannin que l'on peut séparer de ses décoctions par une petite quantité de gélatine, qui forme avec ce tannin un précipité. Quand on emploie le bois d'Inde avec les sels de fer, on obtient une nuance moins grise si l'on a écarté le tannin par la gélatine.

201. *Bois de Brésil.* — Ce bois, qui appartient comme le précédent à la famille des légumineuses, se trouve à l'état naturel dans les Indes orientales, dans l'Amérique méridionale, en Chine et au Japon (fig. 70). Il a une couleur jaune rougeâtre et brunit au conctact de l'air. On le nomme aussi *bois rouge.* On en distingue plusieurs espèces, dont la meilleure est le bois dit de Fernambouc. De même que le bois d'Inde, le bois de Brésil renferme un principe incolore qui, par l'oxydation de l'air, se transforme en matière colorante. Les matières oxydantes, telles que le bichromate de potasse, hâtent cette oxydation. La poudre de bois de Brésil colore l'eau pure et froide en rouge vif très-rapidement, tandis que le bois de Campêche ne la colore pas. L'eau bouillante extrait avec facilité toute la matière colorante. La fermentation en tas facilite singulièrement l'extraction de la matière colorante.

Les acides jaunissent la couleur du bois de Brésil, les alcalis la font virer au cramoisi ou au violet foncé ; l'alun les vire au rouge cramoisi, les sels de plomb au rouge foncé ; le sel d'étain au rose vif, les sels de fer au brun violet, les sels de cuivre au violet foncé.

Les décoctions de bois de Brésil se bonifient par le temps et doivent toujours être préparées à l'avance ; on s'en sert pour teindre en rose, en rouge, en amarante et cramoisi ; en les associant à divers

mordants et à des décoctions de galle, de Sumac, etc., on obtient des couleurs mode de nuances variées.

202. *Bois jaune.* — Ce bois provient de diverses espèces de mûriers (fig. 71), qui croissent au

Fig. 71.

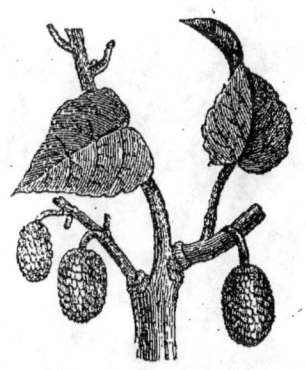

Brésil, au Mexique, à la Jamaïque, à Cuba et aux Indes orientales. Il est dur, compacte, lourd et jaune à l'intérieur. Celui de Cuba est le plus estimé. La matière colorante existe dans ce bois à l'état incolore et devient jaune au conctact de l'air ; elle est accompagnée par une espèce de tannin, ce qui fait qu'une décoction de bois jaune précipite les sels de fer en noir olive ; l'alun en jaune-serin, le sel d'étain en jaune ; les acides font pâlir la couleur du bois jaune et les alcalis la ramènent au jaune orangé.

203. *Quercitron.* — C'est une espèce de chêne de haute taille (fig. 72), qui croît surtout aux États-Unis de l'Amérique du Nord. La matière tinctoriale est contenue dans l'écorce de cet arbre. On l'expédie en Europe après l'avoir réduite en poudre. La décoction du quercitron ne doit pas se préparer d'avance, car elle s'altère à l'air et forme un dépôt brun rouge.

Fig. 72.

On obtient un beau jaune par le quercitron au moyen du sel d'étain ou de l'alun ; c'est surtout dans la teinture des laines qu'on l'emploie et dans l'impression des indiennes.

204. *Gaude.* — La gaude est une espèce de réséda (fig. 73), qui renferme une matière colorante jaune dans la tige, les feuilles et l'enveloppe des graines ; c'est surtout dans le haut de la plante que s'accumule la plus grande quantité de matière jaune. On sème la gaude en été et on ne l'arrache que l'été suivant, on la fait sécher à l'air ; elle doit être d'un beau jaune. La matière colorante est peu soluble dans l'eau, elle est légèrement acide, les eaux calcaires en foncent la nuance, la soude et la potasse la font passer au jaune doré verdâtre et les acides la pâlissent. Les sels de fer la changent, en brun olive. On

Fig 73..

teint en jaune de gaude au moyen de l'alun, qui donne plus de vivacité et de brillant à la nuance, en même temps qu'il en assure la solidité. La matière jaune de la gaude porte le nom de lutéoline ; sa préparation à l'état de pureté est trop longue et difficile pour qu'elle devienne un produit commercial.

205. *Fustet*. — C'est un arbrisseau du même genre que le sumac (fig. 74), et qui porte aussi les

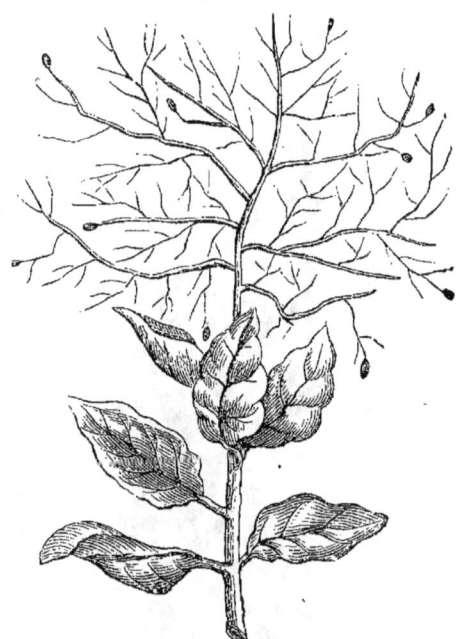

Fig. 74.

noms de fustet et de bois jaune de Hongrie. Il croît dans le midi de l'Europe et aux Antilles. La matière colorante est dans le bois ; elle est en partie jaune, en partie rouge ; la matière jaune devient rouge à l'air et par les alcalis. Elle est soluble dans l'eau. On s'en sert dans la teinture des laines et des cuirs, les teintes obtenues par le fustet ne sont pas solides ; l'air, la lumière et le savon les altèrent facilement.

206. *Graine d'Avignon* et *Graine de Perse*. — On désigne sous ces noms les graines de divers nerpruns, arbrisseaux très-communs dans le midi de la France, en Espagne, en Turquie, en Perse, Grèce, etc. Ces graines varient de grosseur et de couleur, elles sont jaunâtres ou noirâtres, unies ou ridées à la surface et renferment deux, trois ou quatre grains ; leur saveur est amère et désagréable. Les plus estimées sont celles qui viennent de la Perse ; les graines d'Avignon sont celles du midi de la France, elles sont moins riches en matière colorante jaune. Les graines jaunes perdent en vieillissant ; aussi doit-on éviter les vieilles qui sont toujours noirâtres, tandis que les graines récemment récoltées sont d'un vert jaunâtre.

La couleur des graines jaunes est belle et vive, mais peu solide avec les mordants d'étain ou d'alumine ; la première décoction est la plus riche en matière jaune ; les suivantes doivent être réservées pour les verts. Les alcalis font virer le jaune des graines à l'orange et le sulfate de fer au vert olive. Ces graines sont surtout employées dans la fabrication des indiennes.

207. *Curcuma*. — Cette matière aussi nommée *terre mérite*, ou simplement terre dans les ateliers de teinture, est la racine pulvérisée d'une plante des Indes orientales (fig. 75). Celle du Bengale est la plus estimée. Elle se présente sous forme d'une poudre assez fine, rougeâtre, et d'une odeur très-forte particulière. La matière colorante pure qu'elle renferme donne un jaune magnifique en teinture, mais très-peu solide, surtout en présence des alcalis ou

Fig. 75.

du savon, qui la font virer au rouge brun. Cette couleur sert en revanche beaucoup pour colorer le beurre, les huiles, les pommades, les papiers, les bois, les cuirs, etc.

208. *Rocou.* — On désigne sous ce nom une matière pâteuse, de la consistance du beurre, d'une couleur brun rouge plus vive à l'intérieur de la masse, et d'un toucher gras et onctueux. Cette substance provient de la pulpe qui entoure le fruit d'un arbuste de l'Amérique méridionale (fig. 76 *a*). Quand les fruits sont mûrs (fig. 76 *f*), on les récolte et on les écrase, puis on les met tremper dans l'eau; la matière colorante se détache plus facilement; on passe le tout au tamis et la pâte qui se dépose constitue le rocou; il ne reste plus qu'à l'épaissir au feu et à la sécher à l'ombre. Cette préparation grossière donne naturellement un produit très-

Fig. 76.

impur et qui renferme des débris de toute espèce; aussi certaines espèces de rocou, notamment celui de Cayenne, ne renferment pas plus de 6 à 7 pour cent de matière colorante; le rocou est très-soluble dans les alcalis, tels que la soude, la potasse, l'ammoniaque, le savon; les acides précipitent ces solutions. Le rocou sert à teindre en aurore et orangé et à donner aux soies un fond qui fait une notable économie de matière plus chère et facilite même la teinture. Le rocou est très-susceptible d'être fraudé, aussi ne doit-on l'acheter qu'après essai préalable. Cette matière colorante vient du Mexique, du Brésil, des Antilles et surtout de Cayenne.

209. *Orseille.* — Cette importante matière colorante, dont l'usage nous est venu de l'Orient il y a plus de cinq siècles, est un produit de l'action de l'air et de l'ammoniaque sur diverses espèces de plantes, soit marines, soit terrestres, que l'on nomme lichens (fig. 77). On connait une grande quantité de lichens, qui tous contiennent les éléments nécessaires à produire l'orseille, mais en proportion très-variable; les meilleures espèces viennent des îles du cap Vert, des Canaries, du Cap de Bonne-Espérance et des colonies portugaises en Afrique.

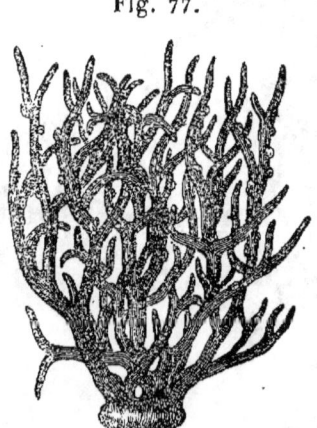

Fig. 77.

La matière colorante n'existe toute formée dans aucune de ces plantes; autrefois, on employait pour la produire des moyens grossiers et imparfaits, mais depuis que l'on connaît les vraies réactions que donnent les principes des lichens, la préparation de l'orseille est devenue industrielle et raisonnée.

On lave les lichens pour en écarter soigneusement le sable et les autres impuretés qu'ils contiennent, puis on les broie dans des moulins avec de l'eau jusqu'à leur réduction en une bouillie claire. On épuise alors à l'eau froide cette pâte, on réunit toutes les liqueurs filtrées, on en précipite les principes utiles par le bichlorure d'étain ; on obtient ainsi une masse gélatineuse non colorée qu'on met macérer dans des cuviers avec de l'ammoniaque. Peu à peu la masse se colore et au bout d'un mois, elle a atteint toute l'intensité de couleur qu'elle peut acquérir. Le produit est livré ainsi au commerce en tonneaux ou séché et pulvérisé.

Plusieurs fabricants se contentent de broyer les lichens et de les faire macérer avec l'ammoniaque ; mais alors l'orseille obtenue contient toutes les parties inutiles des végétaux qui l'ont fournie. On se sert aussi de l'urine pour obtenir l'orseille, mais il est préférable d'employer directement l'ammoniaque.

Les lichens renferment à l'état frais un principe non coloré, qui se transforme, sous l'influence de la chaleur, en une autre substance nommée orcine. L'orcine à son tour, en présence de l'air et de l'ammoniaque, se transforme en matière colorante violette. C'est encore là un des nombreux exemples de l'action éminemment utile de l'air. On obtient aussi de l'orseille par le traitement des lichens de montagne, comme ceux qui croissent dans les Pyrénées ou en Auvergne. La Parelle d'Auvergne est récoltée pour produire l'orseille.

L'orseille du commerce se présente en masses

demi-liquides, épaisses, d'une couleur violet rouge foncé ; son odeur est ammoniacale et désagréable ; elle se dessèche facilement à l'air ; mais on doit éviter cette dessiccation en l'arrosant de temps à autre avec de l'eau ammoniacale. L'eau dissout bien sa matière colorante, surtout avec l'ammoniaque ; les infusions d'orseille rougissent par les acides ; les alcalis ramènent leur nuance au violet. Employée seule avec divers mordants ou mélangée avec d'autres couleurs, l'orseille peut fournir une foule de nuances, ce qui la rend très-précieuse pour la teinture des laines et des soies. Il est vrai que les nouvelles couleurs d'aniline ont fait un grand tort aux couleurs d'orseille, mais quant à la solidité, ces matières n'ont rien à se reprocher mutuellement, comme nous le verrons plus loin, en parlant des couleurs artificielles.

210. *Matières astringentes.* — Un grand nombre de substances végétales renferment des composés particuliers acides, d'une saveur astringente, et qui ont la propriété de modifier la peau des animaux en la transformant en cuir, c'est-à-dire en l'empêchant de se corrompre. Ces matières astringentes donnent surtout avec les sels de fer des composés noirs, bleus, gris ou vert olives. On les trouve spécialement dans la noix de galle, les écorces de chêne, de marronnier, dans le sumac, le cachou, les pepins de raisin, les enveloppes de divers fruits, tels que le dividivi, les feuilles de plusieurs arbres. Ces matières sont utilisées dans la tannerie et dans la teinture ; elles produisent des couleurs diverses, selon les sels minéraux auxquels on les associe. Nous nous occuperons des principales, les seules usitées en teinture et qui sont la noix de galle, le dividivi,

MATIÈRES COLORANTES VÉGÉTALES. 317

le sumac, le cachou et l'extrait de châtaignier, désigné dans les ateliers sous le nom de gallique.

211. *Noix de Galle.*—Cette matière est le type des composés astringents et la plus riche en tannin quand elle est de bonne qualité. La noix de galle est une excroissance qui se produit sur les branches (fig. 78) et les feuilles des chênes, par suite de la piqûre de petits insectes qui y déposent leurs œufs. Cette excroissance grossit peu à peu en attirant à elle le tannin du chêne qui s'y dépose en abondance; l'œuf déposé par l'insecte se développe et produit enfin un insecte pareil à celui qui l'a formé. Arrivé à l'état parfait, cet insecte sort de la galle qui lui servait de demeure en la perçant d'un trou rond (fig. 79). On doit récolter la noix de galle avant la sortie de l'insecte de manière à éviter la perte produite par le trou.

Fig. 78.

Suivant les variétés de chêne et les pays divers, les noix de galle présentent des différences notables en qualités, en grosseur, et en couleur. On distingue d'abord deux catégories principales : 1° les noix de galle noires, vertes ou vraies qui ont été récoltées avant la sortie de l'insecte ; 2° les noix de galle blanches ou fausses, récoltées après la sortie de l'insecte ; ces dernières sont beaucoup moins riches que les précédentes. Les qualités générales d'une bonne noix de galle sont d'être exempte de piqûres, d'être lourde, colorée à l'extérieur. Suivant les localités qui les fournissent, on distingue par ordre de qualités :

Fig. 79.

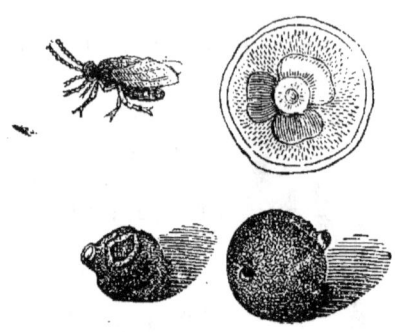

1° Galles d'Alep. Ces noix ont un diamètre de un à deux centimètres ; elles se recueillent à Alep et sur les côtes de Syrie et de Natolie ; il y en a des noires, des vertes et des blanches ; ce sont les noires qui sont les meilleures et préférées en teinture, les vertes sont surtout consommées par les maroquiniers, les teinturiers et les fabricants d'encre, les blanches le sont presque exclusivement par les maroquiniers.

2° Galles de Morée. Elles sont plus petites que les précédentes et ordinairement rougeâtres, irrégulières et plus creuses.

3° Galles de Smyrne, inférieures aux précédentes ; moins pesantes, moins colorées et moins riches en tannin.

4° Galles d'Istrie. Elles sont petites, légères, jaune pâle ou rougeâtres; elles sont de même couleur en dedans qu'en dehors, un peu creuses au centre.

5° Galles de France; légères, unies, couleur de bois, friables, presque toujours percées.

Ces noix de galle diffèrent énormément par leur richesse en tannin; la noix d'Alep de bonne qualité en contient ordinairement 65 pour cent. Dans les pays chauds, surtout en Hongrie, en Styrie, en Piémont, il se produit sur les glands du chêne une excroissance cornée (fig. 80), irrugulière, d'une couleur jaune pâle, quelquefois brune; on utilise cette matière en teinture pour les couleurs modes; mais c'est dans le tannage des cuirs qu'elle rend le plus de services.

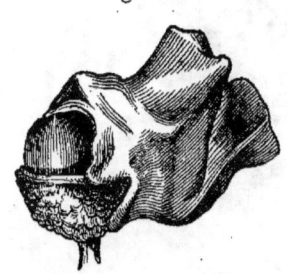

Fig. 80.

On trouve aussi dans le commerce une riche matière tannante contenue dans les gallons du Levant ou Avélanèdes, qui ne sont autre chose que le calice du gland d'un chêne particulier (quercus ægilops (fig. 81).

Enfin les noix de galle de Chine sont les plus riches en tannin et surpassent même en qualité les meilleures galles du Levant.

La matière active de toutes ces excroissances diverses est un acide nommé acide tannique ou tannin. Lorsqu'on essaye une noix de galle, on ne doit donc avoir en vue que sa richesse en tannin.

Le tannin est une substance solide qui, à l'état de pureté, se présente en petites paillettes blanches que l'air et la lumière colorent facilement en jaune verdâtre. Il est très-soluble dans l'eau, dans l'alcool et l'éther; ses solutions s'altèrent promptement à l'air, se couvrent de moisissures et le tannin se transforme en d'autres substances. En dissolution dans l'eau, le tannin est rapidement absorbé par les matières animales, telles que la peau, la gélatine, l'albumine ; aussi se dépose-t-il avec rapidité sur la soie, qui peut en attirer une quantité considérable :

Fig. 81.

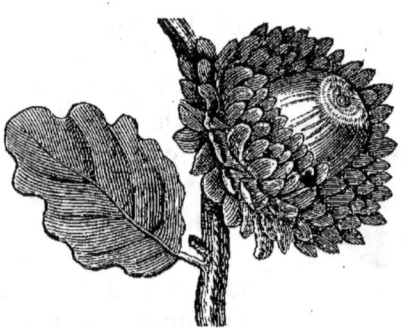

cette propriété est utilisée surtout dans la teinture des noirs chargés sur soie. Mais le caractère le plus remarquable du tannin de la noix de galle est sans contredit la couleur bleue noire qu'il produit avec les sels de peroxyde de fer. Cette couleur reçoit une application immense dans la teinture en noir et dans la fabrication de l'encre.

Le tannin forme avec le peroxyde de fer un composé insoluble noir bleuâtre, c'est pour obtenir cette nuance que l'on passe les soies teintes en bleu de Prusse dans des bains de noix de galle le plus souvent additionnés d'autres principes astringents. La noix de galle est relativement un produit assez cher ; aussi son emploi se règle toujours dans les fabriques avec le plus d'économie possible. Les solutions de tannin et les décoctions de noix de galle s'altèrent plus ou moins vite au contact de l'air ; le tannin se transforme en acide gallique et en glucose. Cet acide gallique ne teint pas le mordant de fer comme le tannin, aussi l'on doit éviter sa formation en ne faisant pas trop longtemps d'avance les décoctions de noix de galle.

212. *Dividivi.* — C'est la gousse qui contient les graines d'un arbre de l'Amérique du Sud et des Antilles (fig. 82). Le tannin est contenu dans la partie

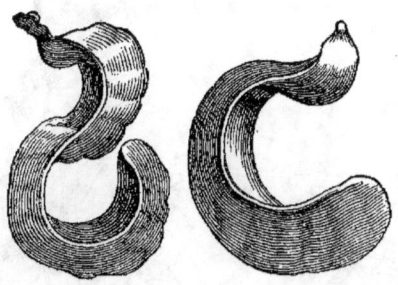

Fig. 82.

charnue de la gousse ; les graines n'en contiennent pas. Le dividivi est souvent riche en tannin. On l'associe à la noix de galle dans la teinture en noir ; le tannin qu'il renferme a les mêmes caractères que celui de la galle.

213. *Sumac.* — On emploie sous ce nom une poudre provenant de la pulvérisation des jeunes branches et rejetons d'un arbre de la famille des Térébinthacées (fig. 83). Un arbuste semblable est connu et cultivé dans les jardins sous le nom d'arbre à perruque. Les sumacs les plus estimés viennent de Sicile. On cultive aussi le sumac en Espagne, en Portugal, en Italie, et dans le midi de la France (Brignolles, Montélimart, etc). Le sumac contient le même tannin que la noix de galle et le dividivi ; il en renferme de 12 à 15 0/0 ; sa valeur est naturellement subordonnée à la quantité de tannin qu'il ren-

Fig. 83.   Fig. 84.

ferme. Les décoctions de sumac contiennent en outre une matière jaune verdâtre qui agit comme matière colorante. Le sumac est beaucoup employé en maroquinerie. Le redoul, végétal du midi de la France (fig. 84), est employé dans le même but.

214. *Cachou*. — On désigne sous ce nom des extraits obtenus en desséchant des décoctions dans l'eau de divers bois, de la famille des acacias (fig. 85), et de fruits de divers palmiers (fig. 86). Divers arbrisseaux de la même tribu que les quin-

Fig. 85.

quinas fournissent, par la décoction de leurs feuilles, le cachou connu sous le nom de gambir (fig. 87 et 88). Dans tous les cas, ces sucs de plantes, d'arbres ou de fruits sont épaissis au feu, jusqu'à ce qu'étant coulés sur le sable ou sur des feuilles, ils se figent et durcissent par refroidissement. Le Japon, les côtes méridionales de l'Asie, les îles de la Malaisie, l'Inde, sont les pays qui fournissent les diverses sortes de cachous.

Au point de vue de la teinture, on distingue deux sortes principales de cachou : le brun qui vient de Calcutta (Indes orientales) et le jaune qui vient de Batavia (Indes hollandaises). Le cachou brun est coulé soit sur des feuilles, soit sur la terre ou sur le sable; le premier est le plus pur, le plus estimé

Fig. 86.

et aussi le plus cher; il arrive dans le commerce emballé dans des feuilles et en sacs de 35 à 40 kilog.; il est brun rougeâtre; la cassure en est sèche et luisante. Le cachou jaune est en pains couleur cannelle, emballés dans des toiles recouvertes de nattes tressées; les surons de cachou jaune pèsent de 75 à 80 kilogrammes.

Le cachou a une saveur astringente, qui peu à peu devient sucrée par suite de la décomposition du tannin par la salive. Il se dissout avec facilité

Fig. 87.

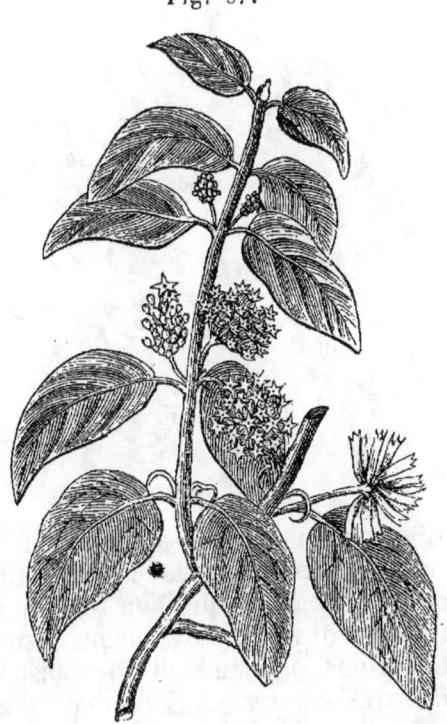

et en grande partie dans l'eau bouillante, mais forme un abondant dépôt par le refroidissement. Malgré tous les soins apportés à sa préparation, le cachou contient une certaine quantité d'impuretés, de sable, de débris végétaux, etc. Le cachou pur renferme deux principes importants : 1° un tannin particulier différent de celui de la noix de galle, très-soluble dans l'eau froide et produisant avec les sels de fer une coloration vert-olive; 2° une substance incolore, cristallisable, insoluble dans l'eau

Fig. 88.

froide et très-soluble dans l'eau bouillante. Cette substance incolore, nommée catéchine, est la cause des principales colorations que l'on obtient avec le cachou, car elle s'oxyde très-facilement sous l'influence des agents oxydants et se transforme en divers acides très-colorés. Aussi lorsque l'on veut obtenir séparément les résultats venant du tannin ou de la catéchine, on doit séparer le tannin du cachou par l'eau froide, dans laquelle il est très-soluble; on dissout ensuite la catéchine dans l'eau bouillante; malgré cette séparation, on n'obtient jamais dans la teinture en noir avec le cachou les mêmes teintes que l'on obtient avec la noix de galle ou le dividivi. On emploie toujours les décoctions de cachou bouillantes dans la teinture en noir ; cela vient de ce que la catéchine n'est soluble qu'à cette condition ; il n'est donc pas étonnant de voir les soies gorgées de cette matière prendre une teinte olive que rien ne peut masquer. Quoiqu'il en soit de cette infériorité de teinte, l'emploi du cachou rend de grands services en teinture et même dans le tannage des cuirs, qui peut, par ce moyen, s'accomplir en une semaine.

215. *Extrait de châtaignier.* — Le châtaignier, comme beaucoup d'autres espèces de bois renferme du tannin ; on fait des décoctions de châtaignier et d'aune et on les concentre jusqu'à ce qu'elles marquent 20 degrés à l'aréomètre Baumé. Ce tannin contenu dans l'extrait de châtaignier est analogue à celui de la noix de galle et donne les mêmes réactions en teinture. Aussi on l'emploie très-fréquemment pour produire les noirs sur soie. On le nomme improprement gallique, quoiqu'il ne contienne que peu ou point d'acide gallique.

CHAPITRE VI.

MATIÈRES COLORANTES ANIMALES.

216. *Cochenille.* — La cochenille est un insecte qui vit sur une sorte de cactus (fig. 89) dans les pays chauds : cet insecte appartient à la même classe que les punaises ; lorsqu'on fait tremper pendant un jour dans l'eau tiède les grains de cochenille, l'insecte desséché se gonfle et apparaît avec ses pattes bien développées. La récolte de la cochenille se fait plusieurs fois par année ; on tue les insectes dans l'eau bouillante, puis on les sèche au soleil ou dans des fours.

Fig. 89.

Les lieux de production de la cochenille sont le Mexique, les îles Canaries, Java, l'Algérie, la Barbarie et quelques localités d'Espagne. Ce sont les cochenilles du Mexique qui sont les plus estimées ; leur coloration extérieure dépend de la manière dont on les a tuées.

La matière colorante rouge de la cochenille est nommée acide carminique ; elle est soluble dans l'eau, surtout à chaud ; ses solutions s'altèrent rapidement à l'air, tandis que la matière sèche ne s'oxyde pas. La décoction de cochenille devient d'un rouge jaunâtre par les acides et violette par les alcalis ; le sel d'étain y produit un précipité violet, tandis que la composition d'étain (bichlorure d'étain) vire la couleur au rouge écarlate.

On prépare au moyen de la cochenille et de l'ammoniaque une pâte colorante nommée cochenille ammoniacale. Pour obtenir cette composition, on moud la cochenille et on la fait digérer à froid d'abord dans des vases fermés avec trois fois son poids d'ammoniaque liquide. Au bout de 15 jours de macération, pendant lesquels on doit fréquemment remuer le mélange, on le fait chauffer au bain-marie, jusqu'à ce que toute odeur d'ammoniaque ait disparu ; la matière est alors pâteuse, on la divise en tablettes que l'on fait sécher à l'étuve et que l'on conserve pour s'en servir au besoin.

La cochenille ammoniacale ne donne point les mêmes nuances que la cochenille ordinaire, car la matière colorante, en absorbant les éléments de l'ammoniaque, a changé de nature.

Dans les teintureries, divers ouvriers sont souvent chargés spécialement de la préparation de la cochenille ammoniacale ; ils ne doivent pas oublier de tenir hermétiquement fermés les vases où se fait la macération à froid dans l'ammoniaque ; sans cette

330 GUIDE DU TEINTURIER.

précaution, une notable quantité d'alcali serait volatilisée sans avoir servi ; en outre, la digestion à chaud doit se faire rapidement et d'une seule venue ; la dessiccation doit être prompte, car on doit éviter la putréfaction de la cochenille, qui détruirait et altérerait une grande partie de la matière colorante.

217. *Kermès.* — La cochenille du cactus n'est pas le seul insecte qui fournisse des matières colorantes. On trouve aussi dans le commerce et on emploie en teinture de petits insectes qui vivent dans les pays méridionaux sur une espèce de chêne (fig. 90). Ces insectes se présentent sous la forme de

Fig. 90.

grains arrondis, lisses, luisants et d'un brun rougeâtre ; ils sont de la grosseur d'un petit pois. On les nomme kermès ; ils viennent surtout de Provence et d'Espagne. Le Kermès était employé très-anciennement; les orientaux s'en servent pour colorer les étoffes qui servent à confectionner leurs bonnets rouges. La couleur kermès n'a pas la vivacité de celle de la cochenille, mais elle est plus solide et il y a des teintes qu'on ne peut obtenir qu'avec elle. Toutefois, la matière colorante pure du kermès paraît identique à celle de la cochenille du cactus et les procédés de fixage sont aussi les mêmes.

CHAPITRE VII.

MATIÈRES COLORANTES ARTIFICIELLES.

218. *Généralités sur ces matières.* — La découverte des matières colorantes artificielles, qui ne remonte pas à plus de 20 ans, a produit dans les arts de la teinture et de l'impression une véritable révolution. Jusqu'alors, les végétaux et les animaux avaient eu seuls le privilége de fournir à nos tissus les couleurs dont nous les parons; mais les progrès de la chimie nous ont révélé une source inépuisable de matières colorantes du plus vif éclat et dont la production n'est liée ni aux caprices des climats et des récoltes, ni aux entraves douanières que l'industrie rencontre si souvent. En effet, dans tout pays où la lumière est produite par le gaz de houille, on possède les éléments de fabrication des riches couleurs dont nous allons parler; car c'est le goudron de houille qui est le point de départ des transformations chimiques au moyen desquelles on obtient les couleurs nouvelles.

Nous avons déjà vu (§ 191), que les deux principaux produits qui donnent naissance aux composés colorants sont l'acide phénique et la benzine. Il y a encore dans le goudron d'autres composés qui peuvent être utilisés dans ce but, mais les matières colorantes qu'on en a obtenues ne sont ni assez solides ni assez belles pour nous permettre de nous y arrêter. Nous nous bornerons aux couleurs fabriquées industriellement et dont l'usage est journalier en teinture et en impression.

L'acide phénique à l'état de pureté est solide, en cristaux incolores, mais qui brunissent rapidement à l'air; il fond à une basse température et cristallise de nouveau par le froid. Il possède au plus haut degré l'odeur caractéristique du goudron; car c'est à la présence de cet acide que le goudron doit son odeur.

Le plus souvent l'acide phénique est liquide, car il suffit d'une très-petite quantité d'humidité pour l'empêcher de cristalliser. Il se présente alors sous la forme d'un liquide coloré en brun clair ou en rose jaunâtre plus lourd que l'eau; il est peu volatil à la température ordinaire et distille de 180 à 190 degrés centigrades. Il est soluble dans l'eau pure, mais beaucoup plus dans l'eau chargée d'alcalis. Il n'est pas soluble dans les eaux acidulées. L'acide phénique est soluble en outre dans l'alcool, le méthylène, la benzine et passablement dans l'acide acétique. Il est inflammable et brûle avec une flamme très-éclairante, en produisant beaucoup de fumée. Ainsi que nous le verrons dans les paragraphes suivants, l'acide phénique donne naissance à à l'acide picrique, à la coralline, à l'azuline, à la phénicine, et au ponceau nouveau.

La benzine, ou huile légère de houille, est un liquide blanc et volatil qui est le point de départ des couleurs dites d'aniline.

Lorsque l'on traite la benzine à froid par l'acide nitrique concentré, on obtient une huile nouvelle plus lourde que l'eau, jaunâtre et dont l'odeur rappelle, à s'y méprendre, celle des amandes amères. Cette huile nouvelle, qui contient à la fois les éléments de la benzine et de l'acide nitrique, a reçu le nom de nitrobenzine. La fabrication de la nitrobenzine emploie d'immenses quantités d'acide nitrique ; elle est la première étape de la fabrication des couleurs. Si l'on soumet cette nitrobenzine à l'action d'un mélange de tournures de fer et d'acide chlorhydrique, il se dégage beaucoup de gaz hydrogène ; celui-ci s'empare de l'oxygène de la nitrobenzine pour former de l'eau et se fixe en partie sur le reste de la combinaison. Il en résulte un composé nouveau non oxygéné qui se présente sous la forme d'un liquide huileux, odorant, âcre, un peu plus lourd que l'eau. Ce composé a reçu le nom d'aniline.

L'aniline commerciale est un produit qui varie de propriétés et de caractères, suivant les benzines qui ont servi à le produire. En moyenne l'aniline bout et distille de 180 à 195 degrés centigrades. C'est un corps très-altérable par tous les composés qui peuvent céder facilement de l'oxygène, du chlore ou d'autres éléments analogues. Le plus souvent l'aniline se transforme sous leur influence en matières colorantes, dont un certain nombre est appliqué à la teinture. La première matière colorante découverte au moyen de l'aniline, a été un violet produit par l'action du chlorure de chaux sur les dissolutions d'aniline ; la découverte du violet d'aniline par le bichromate de potasse (harmaline, 232), a fait laisser de côté celui au chlore.

Vient ensuite la découverte du rouge d'aniline, obtenu successivement par l'action de l'aniline sur le bichlorure d'étain, le nitrate de mercure, l'acide arsénique. Ce rouge, nommé fuchsine peut à son tour se transformer en violet, en bleu, en vert par divers moyens qui seront décrits plus loin. Toutes ces couleurs dérivées de l'aniline sont remarquables par leur vivacité, leur éclat, leur facilité d'emploi et leur immence richesse tinctoriale sous un très-petit volume, elles n'ont cependant pas la solidité des principales matières colorantes végétales, l'action de la lumière et de l'air les ternissent peu à peu, mais malgré cela, leur emploi est si commode, que malgré ce défaut elles ne seront pas abandonnées. Du reste, chaque jour apporte à leur préparation des perfectionnements nouveaux; elles augmentent continuellement de beauté et diminuent de prix; elles sont faciles à doser, à appliquer; la teinture est devenue plus rapide et les tissus teints des plus riches couleurs accessibles à chacun. L'influence exercée sur les arts de la teinture par leur apparition fera époque dans l'histoire de l'industrie tinctoriale.

219. *Acide picrique.* — Cet acide est ainsi nommé à cause de son amertume extraordinaire (pikros, amer, en grec). Il se présente sous forme de cristaux jaunes et brillants, quelquefois en lamelles cristallines; il est inodore, très-soluble dans l'alcool, moins soluble dans l'eau, qui en prend seulement un pour cent à la température ordinaire. La solution est jaune et douée d'un pouvoir colorant tel qu'on en peut reconnaître des traces dans une quantité considérable d'eau pure. L'acide picrique est un poison dangereux. On le prépare en faisant réagir l'acide nitrique sur l'acide phénique ; la réaction est très-vive et produit beaucoup de chaleur et un abondant dégagement de vapeur rutilantes ; elle n'est même pas sans danger, car l'acide phénique peut aller jusqu'à s'enflammer de lui-même au contact de l'acide nitrique. On ne fait réagir ces deux corps que lentement et en refroidissant les vases qui les contiennent. Lorsque la réaction a cessé, les liqueurs obtenues abandonnent l'acide picrique en cristaux par refroidissement. On le purifie par des lavages à l'eau et des cristallisations répétées.

L'acide picrique est d'un emploi fréquent dans la teinture des laines et des soies ; il les teint en effet sans le secours d'aucun mordant, tandis qu'il ne teint pas les fils de coton et de lin. On peut ainsi reconnaître dans un tissu blanc mêlé de coton et de laine les fibres qui le composent en le trempant deux ou trois minutes dans une solution d'acide picrique ; après un fort lavage à l'eau pure, on peut distinguer les fils de coton ou de lin qui sont restés blancs. On obtient sur la soie un jaune plus solide, en mordançant à l'avance au moyen de l'alun et de la crème de tartre. On obtient des verts de différentes nuances en associant l'acide picrique à l'indigo, mais actuellement les verts produits par l'aniline ont fait renoncer généralement à l'usage des verts composés.

220. *Coralline.* — Cette substance, qui se présente soit à l'état sec, soit en pâte, est encore un produit de transformation de l'acide phénique. On l'obtient de diverses manières ; mais ordinairement en faisant réagir sur l'acide phénique un mélange d'acide sulfurique et d'acide oxalique à une température qui ne doit pas dépasser 150 degrés centigrades. On obtient ainsi une substance colorante qui vire au jaune par les acides et au rouge par les alcalis. En chauffant en vase clos avec de l'ammoniaque cette matière colorante, on la transforme en une substance rouge qui conserve sa couleur soit dans les acides, soit dans les alcalis. La coralline ainsi obtenue est soluble dans l'alcool, le méthylène, etc. On l'emploie de préférence en impression.

221. *Azuline*. — En chauffant le rouge d'acide phénique (coralline) pendant plusieurs heures avec de l'aniline, on le transforme en une matière colorante bleue, soluble dans l'alcool et qui teint la soie à la manière des bleus d'aniline actuels. Au moment de sa découverte, l'azuline fit une concurrence assez grande aux bleus d'aniline encore imparfaits et mal purifiés, mais actuellement, les teintes rougeâtres qu'elle donne ne peuvent la soutenir vis-à-vis des magnifiques bleus lumière que l'on obtient au moyen de la fuchsine et de l'aniline. Nous n'en parlons du reste que pour être aussi complet que possible.

222. *Phénicienne*. — On appelle ainsi une matière colorante fabriquée en Alsace depuis 1865, par l'action d'un mélange d'acide sulfurique et nitrique sur l'acide phénique. Cette matière peut, seule ou associée à d'autres, produire des nuances fauve, brun rouge, couleur feuille morte, etc., assez solides. Beaucoup d'autres matières colorantes ont été produites au moyen de l'acide phénique, mais les principales sont les quatre précédentes ; les autres ne sont que peu ou point employées et jusqu'à pré-

sent ne sont là que pour témoigner de l'immense variété de teintes que l'on peut obtenir par voie artificielle.

223. *Safranine.* — Cette matière rouge, annoncée d'abord comme pouvant remplacer dans ses principales applications le rouge de safranum, n'a pas répondu entièrement à ce qu'on attendait d'elle. Elle s'obtient par l'action de l'acide nitreux ou des nitrates sur l'aniline; elle est soluble dans l'eau, même chargée d'alcalis. Le sel la précipite en flocons bruns ; le seul mérite de cette matière colorante est de pouvoir teindre le coton sans mordant ; mais la lumière agit sur elle d'une manière très-rapide et la ternit considérablement. Cette matière se présente dans le commerce sous la forme d'un brun-rougeâtre. On peut le reconnaître par la réaction suivante : une goutte d'acide chlorhydrique concentré sur une pincée de safranine, la dissout immédiatement en bleu indigo; par l'addition de l'eau, la couleur rouge reparait aussitôt.

224. *Rouge d'aniline Fuchsine.* — La plus importante des couleurs artificielles est sans contredit le rouge d'aniline, tant à cause de son application directe que par les transformations au moyen desquelles il produit le bleu, le vert et le violet.

Le rouge d'aniline a été préparé de bien des manières différentes, mais actuellement le seul procédé en usage est le suivant; on chauffe pendant 4 heures environ un mélange de 20 parties d'aniline et 36 parties d'acide arsénique liquide marquant 75 degrés au pèse-acide. Le mélange d'abord pâteux et blanc se fond, puis se colore peu à peu ; une certaine quantité d'aniline évaluée 1/4 de la masse employée distille sans altération ; les trois autres quarts servent à former la matière colorante. On remue constamment le mélange au moyen d'un agitateur à palettes. Vers la fin de l'opération la masse devient bronzée, très-épaisse et difficile à agiter ; la température est alors à environ 190 degrés ; on arrête le feu et on coule la matière sur des plaques en tôle ; elle se solidifie par le refroidissement en une masse aux reflets mordorés. C'est le rouge brut d'aniline contenant l'acide arsénique employé et les produits de la décomposition de l'aniline.

La matière colorante rouge étant passablement soluble dans l'eau bouillante, surtout quand elle est acidulée, on épuise ordinairement le rouge brut par de l'eau additionnée d'acide muriatique et on précipite la matière colorante contenue dans les décoctions au moyen des cristaux de soude ou de craie. On reprend par l'eau acidulée le précipité obtenu, on le fait bouillir et dissoudre, on filtre les liqueurs et on les abandonne au repos pendant plusieurs jours dans des cristallisoirs en bois. Au bout de trois ou quatre jours, selon la grandeur des cristallisoirs et la température extérieure, la majeure partie du rouge d'aniline se trouve cristallisée contre les parois des vases ou contre les baguettes qu'on a suspendues à l'intérieur pour faciliter l'opération. Les procédés d'extraction du rouge et sa purification varient selon les fabricants ; c'est pour cela qu'on observe une grande variété de teintes différentes et des degrés divers de pureté dans les produits livrés au commerce.

Quoiqu'il en soit, le rouge d'aniline doit être bien et régulièrement cristallisé ; la forme des cristaux n'est pas essentielle, mais on n'y doit point rencontrer de grains informes, de poussière, de matières agglomérées; l'éclat doit en être franchement métallique et la couleur d'un vert bronzé. Ils doivent se dissoudre avec facilité dans l'eau et dans l'alcool sans laisser aucun résidu et sans laisser dans le vase un enduit poisseux. Quant à la nuance qu'ils fournissent en teinture, il n'y a pas de règle fixe à cet égard; c'est l'affaire du teinturier à qui telle nuance peut convenir et telle autre déplaire; un kilogramme de bonne fuchsine doit se dissoudre à chaud (au bain-marie), aisément dans trois litres d'alcool à 95 degrés et ne point laisser déposer de rouge par le refroidissement. Enfin le rouge d'aniline doit se dissoudre dans quatre fois son poids d'acide sulfurique concentré sans se carboniser et la solution doit en être exempte de grains, d'un rouge de sang tirant sur le jaune.

Relativement à la manière dont le rouge d'aniline est constitué, voici en peu de mots ce que nous pouvons en dire : tous les rouges d'aniline ont la même constitution, quel que soit leur mode de préparation; ce sont des sels composés d'un acide tel que l'acide chlorhydrique et d'une base (un alcali) incolore nommée la rosaniline. Cette base incolore forme avec les acides des sels rouges. C'est donc elle qui est la vraie matière utile dans ce qu'on nomme la fuchsine; mais elle n'apparait avec ses propriétés colorantes que lorsqu'elle est saturée d'un acide. C'est pour cela que si l'on verse un alcali dans une solution de fuchsine, le mélange devient presque incolore et il se précipite une matière d'un blanc jaunâtre qui est la rosaniline. Si l'on verse alors un acide qui sature l'alcali, la coloration rouge reparaît. Les trois principaux sels de rosaniline qu'on trouve dans le commerce sont le chlorhydrate, le sulfate et l'acétate ; leur pouvoir colorant dépend de la quantité de rosaniline qu'ils renferment.

La laine et la soie absorbent avec avidité le rouge d'aniline ; pour la soie on teint à tiède et on acidule légèrement le bain avec l'acide tartrique. Il est nuisible d'aciduler avec l'acide sulfurique car la nuance peut être altérée par les impuretés habituelles de cet acide. On fait dissoudre le rouge au fur et à mesure du besoin dans l'eau bouillante ; mais on peut aussi le conserver en solution concentrée dans l'alcool ; le méthylène ne doit jamais être employé pour la dissolution du rouge d'aniline, il en modifie la teinte et en tout cas lui donne toujours de la griseur.

La puissance de coloration du rouge d'aniline est considérable ; aussi la consommation de ce produit pour teindre en rouge est relativement peu considérable. Les principales applications sont surtout la fabrication du bleu, et aussi la préparation du violet et du vert. La production industrielle du rouge d'aniline date de l'année 1859 seulement. Depuis cette époque à laquelle le rouge valait 1000 francs le kilogr., sa préparation a subi de nombreux perfectionnements et la concurrence aidant, le prix du kilogr. est réduit actuellement à 22 francs environ.

225. *Violet d'aniline ordinaire.* — Le rouge d'aniline se dissout bien à chaud dans l'aniline. Si l'on maintient la chaleur à la température de 170 degrés environ pendant quelques heures, la matière colorante tourne de plus en plus au violet et peut même aller jusqu'au bleu. Quand on veut obtenir du violet rouge, on prend une partie de fuchsine et deux d'aniline ; pour du violet bleu on emploie trois parties d'aniline pour une de fuchsine. On ajoute environ cinq pour cent du poids du rouge d'acétate de soude fondu, ce qui facilite la réaction. Par une ouverture pratiquée à dessein, on tire de temps à autre des prises de couleur pour savoir si la nuance est arrivée au point que l'on désire. Lorsqu'on juge l'opération terminée, on enlève la chaudière du feu et on laisse refroidir. Après refroidissement complet, on verse la matière dans de l'eau acidulée qui dissout le rouge non transformé; on jette le tout sur un filtre et on continue les lavages acides tant que l'eau se colore. Enfin on sèche la matière qui se présente sous forme d'une poudre d'un vert brunâtre. Le violet ainsi obtenu n'est pas soluble dans l'eau, mais bien dans l'alcool; plus il est bleu, moins il est soluble. Pour teindre, on le dissout entièrement dans 30 à 40 fois son poids d'alcool à 92 degrés et on verse la solution filtrée dans l'eau tiède qui doit servir de bain. Comme il n'est pas soluble dans l'eau, il ne fait que s'y diviser, mais les particules en sont si fines, que la teinture a lieu sans inconvénient. Quand on laisse reposer et refroidir le bain de violet, la matière colorante insoluble vient se déposer dans le fond de la barque. Les acides font paraître le violet d'aniline plus bleu qu'il n'est en réalité, mais lorsqu'on écarte l'acide, le violet paraît avec la nuance qui lui est propre; les alcalis, au contraire, le rougissent.

226. *Bleu d'aniline.* — Cette matière s'obtient par plusieurs procédés dont les détails sont plus ou moins tenus secrets par les fabricants qui la produisent; mais en réalité le fond de tous les procédés est le même et les différences ne proviennent que de tours de main dans la cuite du bleu et dans son épuration. Le procédé d'obtention du bleu est en général le suivant : on chauffe à la température de 170 degrés pendant environ 4 heures un mélange intime de 1 partie fuchsine, 4 parties aniline, et 1/10 de partie d'acétate de potasse ou de benzoate de la même base. Il se dégage beaucoup d'ammoniaque, la masse passe au violet, puis au bleu ; le dégagement d'ammoniaque cesse et l'opération est terminée. Après refroidissement, on verse le bleu brut dans l'acide chlorhydrique coupé d'eau ; on l'y fait bouillir et on renouvelle ce traitement tant qu'il se dissout des matières rouges ou violettes. On fait aussi des lavages à l'alcool, au méthylène, etc. Le bleu purifié d'une manière ou de l'autre se présente sous forme d'une poudre brune insoluble dans l'eau, mais soluble dans l'acool ; il doit être exempt de matières violettes, ce qui ne se peut reconnaître qu'en teinture ; en tout cas le bleu bien fabriqué contient toujours malgré les meilleures épurations des matières violacées ; comme celles-ci sont plus solubles que le bleu pur, on épuise le bleu par des décoctions successives à l'alcool ; les matières violettes se dissolvent les premières et fournissent des dissolutions de bleu qu'on emploie pour les nuances les moins belles. A mesure qu'on avance dans l'épuisement d'un bleu, les dissolutions nommées bouillons par les teinturiers deviennent d'un bleu de plus en plus pur et verdâtre ; mais aussi elles sont de plus en plus faibles en matière colorante, car le bleu le plus pur est le moins soluble. Le bleu en poudre, tel qu'il est livré au commerce, n'est jamais entièrement soluble à l'alcool. Il arrive un moment auquel l'alcool n'en prend plus rien ; il reste une poudre inerte, noire, qui semble ne plus contenir de matière colorante. Mais si l'on fait bouillir cette poudre dans la benzine et qu'on la sèche ensuite à l'air, elle cède de nouveau du colorant à l'alcool et même en quantité assez notable ; on peut aussi employer dans le même but l'acide phénique liquide, mais ce produit paraît dans quelques cas nuire à la pureté du bleu.

Le bleu est beaucoup plus soluble à chaud dans l'alcool qu'à froid, aussi l'on doit toujours tenir au chaud dans des bains-marie les dissolutions filtrées qu'on prépare à l'avance. Malgré cette précaution, il se dépose toujours du fond des vases où on met ces dissolutions un précipité de bleu plus pur que celui de la dissolution ; on le recueille à part pour l'appliquer à des nuances plus fines.

Les bleus d'aniline varient dans leur solubilité, leur richesse en colorant, leur nuance, d'après la qualité des rouges employés, la manière dont la transformation et l'épuration ont eu lieu ; aussi l'on trouve dans le commerce une grande variété de qualités ; et le même fabricant est souvent exposé à ne pouvoir produire avec suite le bleu dans les mêmes conditions.

Malgré son importance, c'est le bleu d'aniline qui a fait le moins de progrès comme pureté ; il retient toujours une teinte violacée qui lui est très-nuisible à la lumière des lampes ou du gaz.

En impression où l'usage de l'alcool est dispendieux et sujet à inconvénient, on se sert d'un bleu d'aniline soluble dans l'eau, qu'on obtient de la manière suivante : on dissout une partie de bleu d'aniline bien sec et bien finement pulvérisée dans six parties d'acide sulfurique concentré ; on chauffe pendant 7 à 8 heures cette dissolution à la température de 125 à 130 degrés, en ayant soin de régler l'opération et on laisse refroidir un jour. Cela fait, on sature la masse liquide avec de l'ammoniaque qu'on y introduit lentement à l'aide d'un siphon effilé en verre. Lorsque la saturation de l'acide arrive, le bleu se réunit en une seule masse agglomérée qui nage dans le sulfate d'ammoniaque formé ; on l'en retire et on la broie avec de l'eau qui dissout le sulfate d'ammoniaque, sans dissoudre le bleu ; quand l'eau commence à se colorer, on arrête les lavages et on reçoit le bleu sur une toile ; on le sèche et on le pile ; il doit être alors entièrement soluble à l'eau froide.

Malheureusement on n'a pu jusqu'ici employer ce bleu pour la teinture de la soie, car il se fixe avec une telle rapidité sur les fils, que les écheveaux de soie en sont tout tachés, et qu'il est impossible de les unir ; on aurait ainsi réalisé une grande économie d'alcool : le bleu exige en effet environ 150 litres d'alcool à 92 degrés pour son entier épuisement ; la teinte obtenue sur les diverses fibres par la même couleur ne dépend pas de la qualité de la couleur, mais de la nature de la fibre ; ainsi un même bleu employé sur la laine et sur la soie donnera sur la laine une teinte beaucoup plus violacée que sur la soie.

Quant à la richesse tinctoriale du bleu, on peut dire qu'en moyenne un kilogr. de bleu peut teindre 200 kilogr. de soie à hauteur moyenne.

227. *Vert à l'aldéhyde.* — Le vert d'aniline s'obtient par l'action de l'aldéhyde (183) sur le rouge d'aniline en dissolution dans l'acide sulfurique. Comme la dessiccation ou la mise en pâte du vert en altère sensiblement la fraîcheur, on le prépare directement à l'état liquide dans les ateliers de teinture. Voici le procédé le plus généralement suivi : On délaie 500 grammes de rouge cristallisé dans 250 grammes d'eau, ce qui forme une épaisse bouillie, puis au moyen d'un entonnoir en verre à robinet, on y fait couler 1^k,500 d'acide sulfurique concentré, en remuant constamment, afin que le rouge se dissolve sans s'y agglomérer, ni se carboniser. Quand la dissolution est faite, on met la terrine où on l'a faite à reposer pendant deux jours ; la pratique a enseigné que ce temps est nécessaire pour achever complétement la dissolution ; les résultats en teinture sont bien meilleurs. Lorsqu'on veut préparer du vert, on prend un baquet de bois contenant environ 500 litres d'eau qu'on porte par la vapeur à la température de 70 degrés ; d'autre part on fait dissoudre 1 kilogr. d'hyposulfite de soude que l'on verse dans le baquet. Cela fait, on met la dissolution sulfurique de rouge dans un ballon et on y ajoute en une seule fois 2. kilogr. d'aldéhyde. Le rouge commence aussitôt à se modifier, il passe au violet sale, puis au bleu, enfin au bleu vert ; lorsqu'une goutte du mélange se dissout dans un verre d'eau acidulée, en donnant une belle nuance bleu verdâtre sans former des veines rougeâtres, l'opération est terminée. On verse alors le contenu du ballon dans le baquet et l'on brasse fortement le liquide. Après une heure de repos on filtre le vert, et on l'applique directement à la teinture. Il est d'autant plus jaune que l'opération avec l'aldéhyde a été prolongée longtemps et que la proportion d'hyposulfite de soude a été augmentée.

Il reste sur les filtres où l'on fait passer le vert

liquide un résidu très-abondant; cela vient de ce que le rouge ne se transforme pas uniquement en vert, mais aussi en un violet plus ou moins rouge, insoluble dans l'eau, surtout lorsque celle-ci contient de l'hyposulfite de soude; ce sel en détermine plus facilement la séparation.

La soie se teint avec facilité dans les solutions de ce vert et peut être montée à une hauteur de ton considérable. Cette couleur est passablement solide. On en modifie la teinte en jaune ou en bleu au moyen de l'acide picrique ou de l'indigo.

Comme une grande partie du rouge a été perdue pour former ce violet insoluble qui reste sur les filtres, la force colorante de ce vert est loin d'atteindre celle du rouge; ainsi 1 kilogramme de rouge qui aurait teint 100 kilogr. de soie à une certaine hauteur ne pourra teindre que 35 kilog. à la même hauteur s'il a été transformé en vert. Bien que ce vert d'aniline soit infiniment plus beau que les anciens verts composés de bleu et de jaune, il est bien inférieur aux nouveaux verts produits depuis environ cinq ans par un procédé analogue à celui qui fournit les violets lumière.

228. *Violet lumière.* — Les violets lumière ont ceci de particulier que les tissus qui sont teints dans ces diverses nuances paraissent violets à la lumière artificielle et non brun rougeâtre, comme les autres violets d'aniline ou les violets à l'orseille. Depuis leur invention, les violets-lumière (nommés aussi violets-Hoffmann, du nom de leur illustre inventeur) ont subi de nombreux perfectionnements et en ce moment on peut dire qu'ils sont arrivés au maximum de la beauté, et de la facilité d'application. Leur préparation est basée sur la transformation du rouge par un composé d'iode et d'alcool nommé iodure d'éthyle.

La préparation de ces violets repose sur des données chimiques dans lesquelles nous n'entrerons pas ici. Le produit que l'on obtient est d'autant plus bleu, qu'on a employé plus d'iodure d'éthyle pour réagir sur la fuchsine. En tout cas, ces violets sont très-solubles dans l'alcool, souvent aussi solubles dans l'eau. S'ils ont pour eux la beauté, ils manquent un peu de solidité, surtout vis-à-vis de l'air et de la lumière. On en fait de toutes les nuances, depuis le violet rouge au violet très-bleu. Les plus bleus sont les plus solubles dans l'alcool. Il faut à peu près 30 litres d'alcool pour en dissoudre un kilogr.

229. *Vert nouveau à l'iode.* — Dans la préparation du violet-lumière au moyen de l'iodure d'éthyle, il se forme toujours une certaine quantité de matière verte que la purification du violet enlève. En modifiant les doses de matière et le mode opératoire, on est arrivé à produire uniquement du vert. Cette matière colorante est difficile à appliquer, car elle est très-variable ; les alcalis surtout à chaud ou même le savon la transforment en lilas ; les acides la virent au jaune. Avec beaucoup de soins et en teignant sur des bains légers de savon, légèrement coupés d'acide acétique ou d'acide oxalique on parvient à la fixer. Les nuances fournies par ce nouveau vert sont magnifiques et sont véritablement vertes à la lumière des lampes. Le prix de ce vert est encore très-élevé, mais il est probable que l'on pourra arriver à perfectionner son mode de production, ce qui abaissera son prix.

230. *Violets solubles sans iode.* — Depuis bientôt

cinq ans, il se fabrique des violets lumière solubles à l'eau, en tout point pareils aux violets lumière à l'iode. Ils sont produits par l'action sur des anilines composées de substances telles que le bichlorure d'étain, l'acide arsénique, etc.

231. *Noir d'aniline.* — Il n'existe jusqu'à présent en teinture aucune couleur noire proprement dite. Le vrai noir est le noir charbon, tandis que les noirs par teinture sont des verts, des bleus ou des bruns excessivement foncés. Le noir d'aniline découvert et patenté en 1863 par J. Lightfoot, est le noir qui se rapproche le plus de ce noir idéal, qui n'est que l'absence de toutes les autres couleurs. Malheureusement, on n'a pas encore pu l'appliquer à l'usage de la teinture, et il ne sert qu'à l'impression des étoffes. Ce noir d'aniline s'obtient par l'action du chlorate de potasse sur un sel d'aniline en présence d'un sel de cuivre. Le mélange de ces trois substances, convenablement épaissi par l'amidon, la gomme ou tout autre épaississant usité en impression, étant appliqué sur étoffes, possède d'abord une couleur olive qui, sous l'influence oxydante de l'air, passe peu à peu au noir parfait. On relève la beauté de ce noir par un passage en chromate de potasse. Dans les premiers temps de fabrication de ce noir, les étoffes et les rouleaux d'impression avaient à souffrir de l'action corrosive des sels employés, mais maintenant, après les perfectionnements apportés à cette industrie par M. Lauth, M. Cordillot et M. Paraf, l'application de ce noir a lieu sans aucun inconvénient. Ce qui empêche de se servir de ce noir en teinture, c'est qu'il est insoluble dans toute espèce de dissolvant et ne se forme qu'avec une certaine lenteur par l'action de l'air.

232. *Violet d'aniline par le chromate.* — Ce violet découvert par Perkin, s'obtient en faisant réagir une solution concentrée de chromate de potasse sur une solution acide de sulfate d'aniline. Il est soluble dans l'eau bouillante et l'alcool. Ce violet a été depuis longtemps remplacé par les violets d'aniline nouveaux (225, 228) et ne sert plus que dans des couleurs composées en raison de sa solidité assez grande.

CHAPITRE VIII.

ACTION DES MORDANTS EN TEINTURE.

233. *Ce qu'on entend par mordant.* — Les fibres textiles telles que la soie la laine et le coton, plongées dans une dissolution de matière colorante, n'en retiennent pas la couleur avec une égale force, quelquefois les fils sortent incolores du bain, quelquefois un seul lavage à l'eau suffit pour enlever la couleur qu'ils ont absorbée ; d'autres fois aussi ces fils se teignent, mais d'une manière si peu intense, qu'on ne pourrait, sans le secours d'autres matières, en rehausser le ton. On emploie donc pour fixer les matières colorantes sur les fils ou pour leur permettre de s'y accumuler en plus grande abondance, des composés chimiques auxquels on a donné autrefois le nom de mordant. On croyait en effet, à une époque où la teinture ne reposait pas sur des notions scientifiques, que les mordants étaient d'une nature corrosive et mordante, qu'ils agissaient sur les fibres en élargissant leurs pores ou ouvertures naturelles, qui se refermaient après avoir laissé entrer la matière colorante. Maintenant, le rôle des mordants est compris d'une manière toute différente; on sait qu'il ne se forme point de combinaison entre les fils et les mordants, ni entre les fils et les matières colorantes, mais que les mordants sont des composés chimiques d'une nature facilement altérable et qui pénètrent dans les fils ou se logent à leur surface en se décomposant, c'est-à-dire en abandonnant une partie de leurs éléments; la partie du mordant qui reste sur ou dans le fil est alors susceptible de former avec les matières colorantes des composés insolubles, dont la couleur varie souvent, selon la nature même des mordants.

En général, les mordants sont des sels métalliques dans lesquels l'acide est retenu avec faiblesse; il s'en suit que par la chaleur, l'exposition à l'air, quelquefois même, par l'action de l'eau, l'acide se dégage, se volatilise ou se dissout, abandonnant sur le fil un oxyde métallique susceptible de se combiner avec la matière colorante; c'est ainsi qu'agissent l'acétate d'alumine et l'acétate de fer; l'acide acétique s'en sépare facilement et l'alumine et l'oxyde de fer restent fortement adhérents au tissu.

Il y a aussi des matières organiques qui jouent le rôle de véritables mordants, car elles ont la propriété d'enfermer les matières colorantes avec elles à la surface des fils ou de former des composés colorés insolubles; tels sont le tannin, l'albumine, la crème de tartre, etc.

234. *Mordants d'alumine.*— Le point de départ des mordants d'alumine est l'alun (164). Le sulfate d'alumine est peu employé dans la pratique, parce que malgré sa plus grande richesse en alumine, il contient habituellement une trop grande quantité d'acide libre et quelquefois du fer, dont il est difficile de le débarrasser. En outre, la composition constante de l'alun est pour l'ouvrier une garantie et une sécurité pour son travail.

Le lin et le coton absorbent l'alun avec facilité, ainsi que la laine et la soie, mais ils n'ont pas le pouvoir de le décomposer et d'en retenir l'alumine seule en écartant l'acide, car l'affinité de l'alumine pour le coton et en général pour les fils végétaux est moins forte que l'affinité de l'alumine pour l'acide sulfurique ; la laine et la soie ont plus d'affinité pour l'alumine, ce qui fait qu'elles décomposent partiellement l'alun et en retiennent l'alumine. Pour vaincre l'affinité de l'acide sulfurique pour l'alumine, on emploie en même temps que l'alun de la crème de tartre (bitartrate de potasse, 162), il en résulte un sel d'alumine, que l'eau décompose avec facilité ; une grande partie de l'alumine se fixe à l'état insoluble dans les fils, tandis que l'acide tartrique se dissout dans l'eau du bain.

On arrive au même résultat en saturant une partie de l'acide sulfurique de l'alun au moyen de carbonate de soude (un dixième du poids de l'alun en cristaux de soude suffit). Il se forme un alun basique qui se décompose beaucoup plus facilement. Il est encore préférable de passer les écheveaux dans un bain d'alun, puis sans les laver dans un bain contenant du carbonate de soude. La décomposition de l'alun a lieu alors dans la fibre même et l'alumine déposée se trouve solidement fixée.

Après l'alun, le plus important mordant d'alumine est l'acétate de cette base. Nous avons déjà vu (164) la préparation de ce mordant. Pour obtenir un meilleur résultat, on ajoute aux proportions d'alun et d'acétate de plomb indiquées, un dixième du poids de l'alun en carbonate de soude. L'acétate d'alumine que l'on trouve dans le commerce à l'état liquide en solution plus ou moins concentrée sert surtout pour le mordançage des cotons dans l'impression des indiennes ; on peut encore employer d'autres sels que l'acétate ; ainsi l'oxalate d'alumine, l'hyposulfite d'alumine sont aussi employés dans des cas spéciaux ; mais dans les teintureries de soie, on ne se sert guère que de l'acétate. L'alumine joue aussi le rôle d'un acide faible et peut former avec la soude et la potasse des aluminates alcalins qui se décomposent facilement à l'air, par suite de l'acide carbonique qu'il renferme. Il se forme alors du carbonate de soude ou de potasse et l'alumine mise en liberté reste fixée sur les fils.

235. *Mordants de fer.* — Les sels de fer les plus usités comme mordants, sont : Le sulfate de protoxyde de fer (couperose verte), le sulfate de peroxyde de fer (rouille des teinturiers) ; l'acétate de fer. Tous ces sels sont appliqués aux fibres textiles avec l'intention qu'elles n'en retiendront que l'oxyde, aussi après le mordançage, doit-on passer les pièces ou les écheveaux dans un bain alcalin qui enlève l'acide des sels de fer et en fixe l'oxyde. Si l'on se sert de mordants où le fer est à l'état de protoxyde, on doit, par une exposition convenable à l'air, en faire oxyder le métal jusqu'à ce qu'il soit arrivé à l'état de peroxyde, qui seul est stable. Nous avons décrit dans un précédent chapitre le mode de préparation des mordants de fer (165, 166), aussi n'y reviendrons-nous pas ici. Ces mordants sont utilisés dans la teinture en noir au moyen du tannin, du cachou et du campêche, dans la teinture en garance, en couleurs diverses de bois, etc. On les associe souvent aux mordants d'alumine.

236. *Mordants de chrome.* — L'oxyde de chrome joue un certain rôle dans les couleurs foncées; lorsqu'on passe en chromate de potasse des fils ou des tissus teints au campêche par exemple; l'acide chromique se désoxyde et forme l'oxyde de chrome, qui se combine à la matière colorante et reste fixé avec elle aux fibres. Le même phénomène a lieu si le mordançage en chromate précède la teinture. On se sert aussi, dans le but de fixer l'oxyde sur les tissus, de l'alun de chrome, sel qu'on obtient en assez grande quantité dans les usines de produits chimiques, d'aldéhyde (183), etc. De même qu'avec les mordants ferrugineux, on doit passer les étoffes dans un bain alcalin, pour fixer l'oxyde de chrome à leur surface.

237. *Mordants d'étain.* — L'étain fournit, pour l'usage de la teinture, quatre mordants principaux qui sont: 1° Le proto-chlorure d'étain; 2° le bi-chlorure d'étain, ou composition physique (170); 3° le sel d'étain pour rose; 4° le stannate de soude.

Nous avons donné plus haut (169, 170), la préparation des deux premiers mordants. Le sel d'étain pour rose s'obtient en mélangeant une solution très-concentrée de composition d'étain avec du sel ammoniac. Il se précipite un sel cristallisé qui est un chlorure double d'ammoniaque et d'étain. Ce sel, débarrassé des eaux-mères qui surnagent, donne en se dissolvant dans l'eau un bain d'étain beaucoup moins acide que les autres compositions, il abandonne très-facilement aux fibres son oxyde d'étain et attaque moins le coton que la composition physique ordinaire.

Le stannate de soude est un sel formé d'un acide de l'étain, nommé acide stannique et de soude ; il est très-soluble dans l'eau et se décompose à l'air comme l'aluminate de soude, c'est-à-dire que l'acide carbonique de l'atmosphère lui enlève sa soude et met l'acide stannique en liberté sur l'étoffe. On obtient un résultat plus rapide en passant dans un bain légèrement acide les tissus ou les fils imprégnés de stannate de soude.

Les mordants d'étain agissent de deux manières bien distinctes : 1º à la manière du sel d'étain (protochlorure) comme désoxydants ou rongeants ; en effet, le sel d'étain est un des meilleurs rongeants pour enlever aux tissus ou fils teints ou mordancés en fer la rouille qui les recouvre ; on produit ainsi des enlevages aux étoffes imprimées, mais à la place de l'oxyde de fer se fixe alors de l'oxyde d'étain, qui est susceptible d'attirer les matières colorantes et de produire des colorations diverses avec elles ; 2º les mordants d'étain agissent seulement par la quantité d'oxyde d'étain qu'ils déposent sur les fibres ; en effet, l'oxyde d'étain se fixe avec force sur les tissus et forme avec les matières colorantes des laques très-solides ; il est par lui-même tout à fait blanc et insoluble dans l'eau. C'est lui qui forme avec la cochenille cette magnifique couleur écarlate qu'aucun autre mordant ne saurait produire. Avec la garance, il produit une laque rouge de feu.

238. *Animalisation des fibres végétales.* — Le coton, le lin, et le chanvre attirent d'une manière évidente les matières colorantes avec moins d'avidité que la laine et la soie et les retiennent avec bien moins de force ; quelquefois même on ne peut parvenir à teindre solidement ces fibres végétales. La matière animale qui compose la laine et la soie a donc une tendance toute particulière à absorber les matières colorantes, c'est ce qui a donné l'idée d'enduire les fils de coton d'une matière analogue à celle de la soie et de la laine; on se sert dans cette opération, que l'on nomme animalisation, d'albumine d'œuf ou de sang (192) ou de gélatine combinée au tannin (193). Si l'on trempe du coton dans une solution faible d'albumine faite à froid, puis lorsqu'il en est suffisamment imprégné qu'on le porte dans l'eau bouillante, l'albumine absorbée sera coagulée subitement et restera fixée à l'état insoluble sur le coton. On pourra alors le teindre avec facilité et lui faire prendre les matières colorantes qu'il aurait refusées avant cette opération.

La gélatine ne se coagule pas par la chaleur, au contraire, elle se dissout, mais le moyen de la fixer est facile, il suffit de passer les cotons qui en sont imprégnés dans une décoction de galles, de dividivi ou de sumac, car le tannin rend, comme nous l'avons déjà vu (163, 210), la gélatine insoluble.

Ces matières animales jouent donc le véritable rôle de mordants, puisqu'elles permettent de fixer les couleurs sur les fibres, mais elles diffèrent essentiellement des mordants métalliques en ceci qu'elles ne se combinent pas avec les matières colorantes et ne forment par conséquent pas avec elles des laques plus ou moins colorées comme le font les mordants de fer d'alumine ou d'étain.

CHAPITRE IX.

DE LA CHARGE DES SOIES.

La demande toujours croissante des étoffes à bas prix et l'augmentation progressive des salaires ont amené peu à peu les fabricants de tissus de soie à augmenter de poids leurs tissus, par l'addition de diverses matières que le teinturier applique aux soies sur leur ordre et selon la quantité qu'ils désirent. Cette opération, qui multiplie ainsi d'une manière souvent miraculeuse le poids de la soie, se nomme charge. Elle se pratique sur une très-vaste échelle; presque toutes les soies sont chargées, on en cite même dont la charge dépasse 300 pour 100, ce qui fait que le consommateur qui croit acheter une étoffe garantie pure soie ne reçoit en réalité qu'un tiers de soie, et deux tiers de diverses matières minérales. L'art de charger des soies est actuellement très-perfectionné, car il ne faut pas seulement que le fabricant qui a acheté cent kilogrammes de soie en puisse revendre deux ou trois cents comme pure soie, il faut encore que cette soie, si fortement gonflée de toutes sortes de matières, ait encore l'apparence de la soie pure aux yeux du consommateur. La difficulté d'une telle pratique a été vaincue par l'art du teinturier, au profit du fabricant et au grand détriment du consommateur.

Relativement à la couleur des soies, on a deux charges principales: l'une pour les couleurs fines, de modes, les blancs, etc., c'est le sucre de canne, ou de betteraves ; l'autre pour les noirs ou les marrons, c'est le tannin des diverses provenances, associé suivant les nuances à divers mordants métalliques.

Le sucre de canne ou de betteraves est employé à l'état de sirop bien clarifié pour la charge des blancs et des couleurs; pour la charge des blancs, on doit n'employer que du meilleur sucre de canne bien blanc et avoir soin de bien en clarifier le sirop par l'albumine. On conserve ordinairement le sirop destiné aux charges à une concentration correspondant à 25 degrés du pèse-sels, parce que le sirop concentré est moins sujet à la fermentation qu'un sirop plus clair; l'ouvrier qui doit charger les soies, l'amène avec de l'eau à la concentration voulue, en s'aidant du pèse-sels. Quoique le sirop de sucre soit incolore et qu'il paraisse au premier abord inoffensif, on ne doit pas en conclure que son action sur les couleurs soit nulle; en effet, le sucre désoxyde avec plus ou moins de facilité les corps oxydés; il désoxyde les sels de fer et de cuivre qui contiennent ces métaux au maximum d'oxydation; et comme nous avons vu, en décrivant les matières colorantes, que beaucoup d'entre elles doivent leur propriété de teindre à leur état d'oxydation et que les couleurs les plus solides sont celles qui sont le plus oxydées, il en résulte que le sucre, par son action désoxydante, doit être la cause véritable de l'altération qu'on remarque dans les nuances de divers rubans chargés au sucre ; la charge au sucre varie entre 5 et 20 0/0 du poids de la soie. Les rubans de soie chargés au sucre sont un objet de tentation pour les mouches ; pour éviter les dégâts de ces insectes, on ajoute au sirop de sucre une décoction de coloquinte, dont le principe excessivement amer éloigne toute espèce d'animaux nuisibles. (La coloquinte est le fruit d'une plante appartenant à la même famille que les concombres, les potirons, etc.) Dans quelques teintureries, on a employé à diverses reprises le glucose ou sucre de fécule, mais on a été obligé d'y renoncer, par suite d'accidents survenus plus tard pendant le tissage des soies. La glucose est un corps encore plus désoxydant que le sucre de canne. Aussi nous pensons que les inconvénients cités plus haut sont généraux à toutes les espèces de sucre.

Dans la teinture en noir, la matière chargeante est le tannin, qu'il provienne de galles, du dividivi ou du cachou. Cependant, ce n'est pas là la seule cause de l'augmentation de poids des soies. Dans la teinture en couleurs ordinaires, la soie n'augmente pas par la matière colorante elle-même, elle tendrait plutôt à la diminuer de poids en perdant par de nombreuses immersions sa matière albumineuse. Dans la teinture en noir, il en est autrement; ainsi que nous l'avons déjà vu (194), on commence par faire absorber aux soies une quantité d'oxyde de fer qui varie selon les procédés employés entre 15 et 25 0/0 de leur poids. La teinture continue ensuite par des immersions plus ou moins longues dans des bains de galle, de dividivi, ou de cachou ou de mélanges divers de ces matières. La soie attire alors du tannin pour deux raisons, d'abord par la combinaison qui se forme entre l'oxyde de fer et de tannin et ensuite par l'affinité que la soie possède d'elle-même pour les matières tannantes. C'est ainsi qu'on peut augmenter le poids de la soie jusqu'à le tripler. Si l'on pouvait obtenir un tannin parfaitement incolore et ne s'altérant pas à l'air, on pourrait l'employer utilement pour la charge des couleurs ordinaires ; mais jusqu'ici on n'est pas parvenu à ce résultat.

Beaucoup d'autres matières ont été proposées pour la charge des soies, mais sans grand succès. Dans ces derniers temps, on a tenté l'application des excréments de vers à soie, qui renferment en abondance une matière albumineuse, dont la solution est visqueuse, mais toujours trop colorée pour les nuances fines. On a vanté cette application dans la teinture des noirs, mais des essais particuliers m'ont convaincu que le brillant et la souplesse qui devaient résulter de l'emploi de cette substance n'existaient que dans l'imagination de son débitant.

APPENDICE.

Plusieurs sujets n'ont pu être traités d'une manière complète dans cet ouvrage, afin de ne pas en charger le cadre et en obscurcir la clarté. Il a été jugé utile de donner dans les chapitres suivants quelques détails étendus sur divers produits qui jouent un très-grand rôle dans les opérations de la teinture, ainsi que sur certains sujets qui n'ont pas été abordés dans l'ouvrage.

1° Acide sulfurique ;
2° Aluns ;
3° Soudes et potasse.

CHAPITRE PREMIER.

ACIDE SULFURIQUE.

La fabrication de l'acide sulfurique a été décrite au § 144 d'une manière suffisamment détaillée, aussi nous n'y reviendrons pas. Nous devons seulement mentionner le fait que la fabrication de cet acide au moyen du soufre contenu dans les pyrites (sulfures de fer et de cuivre) prend chaque jour de plus grandes proportions, mais que l'acide ainsi obtenu est moins pur que celui qu'on obtient par l'oxydation du soufre natif. La principale impureté consiste dans la présence de l'arsenic qui s'y trouve quelquefois en assez grande quantité. Cet arsenic provient des pyrites qui en renferment toutes plus ou moins. Du reste, la présence de cette matière est ordinairement sans inconvénients dans la plupart des usages industriels.

Obtenu par l'oxydation du soufre natif ou du soufre des pyrites, l'acide sulfurique commercial doit toujours avoir la même densité ; il doit marquer 66 degrés au pèse-acides ; il pèse 1848 grammes par litre. A mesure qu'on l'étend d'eau, il pèse moins ; aussi, comme on est exposé à avoir, soit par accident, soit à dessein de l'acide faible, c'est-à-dire étendu d'eau, il est convenable de pouvoir s'assurer rapidement de la quantité d'acide commercial qu'il contient. Le tableau qui suit indique combien un acide à un degré quelconque du pèse-acides renferme d'acide commercial pour cent parties en poids.

Degré de l'aréomètre Baumé.	Quantité d'acide commercial pour cent parties.
66°	100,00 parties.
60	84,22 —
55	74,32 —
54	72,70 —
53	71,17 —
52	69,30 —
51	68,30 —
50	66,45 —
49	64,37 —
48	62,80 —
47	61,32 —
46	59,85 —
45	58,02 —
40	50,41 —
35	43,21 —
30	36,52 —

25	30,12 parties.
20	24,01 —
15	17,39 —
10	11,73 —
5	6,60 —

Cette table, dont les chiffres sont dus à Vauquelin et Darcet, suffit pour les usages ordinaires des ateliers de teinture. Je me permettrai à cette occasion d'en citer une application utile. Il arrive dans les ateliers de teinture où l'emploi de l'acide est fréquent de nombreux accidents dûs à la maladresse, à l'inattention ou à l'ignorance des ouvriers appelés à s'en servir. Comme dans les dits ateliers l'acide sulfurique n'est employé que pour aviver les couleurs, en acidulant légèrement les bains, il serait très-facile et très-simple d'avoir dans chaque atelier un réservoir en plomb muni d'un robinet dans lequel on ferait, sous la surveillance du contre-maître, un mélange d'eau et d'acide sulfurique à un degré déterminé et d'une force telle que son emploi ne risquerait d'occasionner aucun accident. Ce mélange fait tous les quinze jours par exemple dans un réservoir dont la capacité varierait selon les besoins de l'atelier pourrait ainsi marquer 20 degrés au pèse acides. Il renfermerait presque un quart de ce que contient l'acide concentré. On en mettrait donc 4 fois plus que de celui-ci dans les bains; mais au moins on ne verrait plus si souvent ces terribles brûlures au visage, aux mains que produit l'acide concentré. Je livre ces observations à la méditation des chefs d'ateliers qui ont tout intérêt à rendre les accidents aussi rares que possible.

La dilution par l'eau de l'acide concentré et un certain temps de repos avant de livrer à l'usage des ateliers de teinture auraient ceci d'avantageux que le sulfate de plomb contenu dans l'acide concentré se dépose en poudre blanche n'étant pas soluble dans l'acide faible. On a en effet remarqué que l'acide sulfurique plombifère occasionne quelquefois dans les opérations du blanchiment des taches d'oxyde de plomb, cet oxyde ayant pour les fibres textiles une affinité particulière qui le rend très-adhérent. Par les vapeurs de soufre il peut également se former du sulfure de plomb qui est noir et ternit les nuances tendres. On reconnaîtra donc la présence du sulfate de plomb dans l'acide sulfurique en allongeant celui-ci de deux ou trois fois son volume d'eau pure ou simplement d'eau de pluie ; le mélange devient laiteux et au bout de quelques heures le sulfate de plomb est déposé au fond du vase. On choisira pour l'usage l'acide qui fournira par ce moyen le plus faible dépôt.

Une autre impureté de l'acide sulfurique commercial consiste dans la présence des composés nitreux. Cette impureté qui provient de vices de fabrication, mais non de fraude, est quelquefois très-dangereuse dans certaines nuances et il importe au teinturier, tout au moins au chef d'atelier de pouvoir la reconnaître. Voici le moyen le plus sûr pour déceler dans l'acide sulfurique la présence des composés nitreux. On prépare une solution concentrée de sulfate de fer (vitriol vert) et on en verse une certaine quantité avec précaution sur l'acide sulfurique à essayer contenu dans un verre à expérience. Le sulfate de fer étant plus léger que l'acide sulfurique forme une couche liquide qui surnage, mais au point de contact des deux liquides apparaît aussitôt une coloration rouge si l'acide sulfurique renferme de l'acide nitrique ou de l'acide hyponitrique. On peut aussi découvrir la présence de l'acide hyponitrique assez fréquent dans les acides du commerce au moyen de la coloration bleue que prend l'amidon en présence de l'iode libre. A cet effet, on prépare d'avance une solution d'empois d'amidon contenant par litre cent grammes d'amidon et un gramme d'iodure de potassium. On allonge de 20 fois son poids d'eau l'acide suspect et après refroidissement on y verse quelques gouttes de la solution iodurée d'amidon. Une coloration bleue plus ou moins foncée indique la présence de l'acide hyponitrique. L'acide sulfurique contenant des composés nitreux décore les solutions d'indigo faibles et colore en jaune celles qui sont plus concentrées.

Enfin comme dernière impureté de l'acide sulfurique, on peut mentionner l'acide chlorhydrique; mais ce cas se présente rarement. Pour le découvrir, il suffit d'étendre de 20 fois environ un petit volume d'acide sulfurique avec de l'eau distillée et d'ajouter un peu de nitrate d'argent en solution ; il se forme un précipité cailleboteux de chlorure d'argent, si l'acide sulfurique renferme de l'acide chlorhydrique.

On prépare aussi dans les fabriques de produits chimiques un acide sulfurique plus concentré encore que celui que nous venons de décrire et qui porte le nom d'acide sulfurique fumant ou acide sulfurique de Saxe. Cet acide pèse 1900 grammes par litre, répand d'abondantes fumées à l'air et cristallise facilement par le froid. L'acide sulfurique de Saxe ne contient jamais de composés nitreux, aussi l'emploie-t-on de préférence à l'acide ordinaire dans les préparations d'indigo, ainsi que nous le verrons plus loin. Cet acide se fabrique par la distillation à une haute

ACIDE SULFURIQUE.

température du sulfate de fer desséché ou du bisulfate de soude. Ce dernier sel provient de la fabrication de l'acide nitrique. Malgré les services que pourrait rendre l'acide sulfurique fumant, sa production est encore passablement restreinte. On le fabrique actuellement surtout en Bohême dans le voisinage de la ville de Prague.

Ainsi que nous l'avons déjà indiqué, l'acide sulfurique est d'un emploi universel dans toutes les industries chimiques. Nous citerons encore quelques-unes de ses applications en ce qui concerne les matières colorantes.

D'abord nous parlerons de l'action de l'acide sulfurique sur l'indigo. C'est en 1740 que l'on découvrit la propriété que possède cet acide de dissoudre l'indigo sans lui faire perdre sa puissance de coloration. Cette action considérée à l'origine comme une simple action dissolvante, a été mieux étudiée depuis et on a basé sur les phénomènes qui l'accompagnent la fabrication de deux préparations commerciales de l'indigo qui sont les plus importantes dans l'art de la teinture. Ces deux préparations sont le *carmin d'indigo* (bleu soluble d'indigo) et le *pourpre d'indigo*. L'indigo doit être préalablement réduit en poudre excessivement fine et bien desséchée. Pour préparer le *carmin d'indigo*, on délaie cette matière colorante dans 4 à 5 fois son poids d'un mélange d'acide sulfurique fumant et d'acide sulfurique ordinaire. Les proportions varient selon la qualité de l'indigo. L'acide doit être exempt de composés nitreux. Lorsque le mélange est opéré, on ferme soigneusement le vase qui le renferme et on le place à une température de 25 degrés pendant un mois dans un endroit sec. On doit brasser chaque jour le mélange. Au bout de ce temps on sature exactement le liquide acide par une solution claire de carbonate de soude et on abandonne le tout au repos pendant quelques jours. Lorsque la matière bleue s'est bien décomposée, on soutire le liquide surnageant qui renferme le sulfate de soude et on reçoit sur un filtre le carmin d'indigo. On le lave à l'eau et on le soumet à la presse, afin de l'obtenir à un degré de consistance convenable. Ce produit est un sel formé d'acide sulfindigotique et de soude. Il est soluble dans l'eau pure mais non dans l'eau chargée de sels alcalins; c'est pourquoi on peut le laver avec de l'eau jusqu'à un certain point; mais il retient toujours une petite quantité des sels qui ont servi à le précipiter.

Dans la réaction qui a donné naissance au carmin d'indigo, nous voyons donc qu'il s'est formé un acide nouveau contenant les éléments d'indigo et de l'acide sulfurique : c'est à cet acide qu'on a donné le nom d'acide sulfindigotique indiquant sa double origine ; en s'unissant aux alcalis cet acide forme des sels qui sont des carmins d'indigo plus ou moins solubles.

Le pourpre d'indigo est également un produit de l'action de l'acide sulfurique sur l'indigo ; mais pour l'obtenir on doit faire varier les proportions de temps et de quantité d'acide. On dissout 1 partie d'indigo dans 20 parties d'acide sulfurique commercial ; l'opération ne dure que quelques heures ; lorsqu'elle est achevée on jette le mélange dans 50 fois son poids d'eau et on agite fortement. Le pourpre d'indigo se dépose bientôt ; on le recueille sur un filtre, on le lave et on le presse pour le réduire en pâte. Il est insoluble dans l'eau acide mais bien dans l'eau pure et dans l'alcool. Nous ne pouvons entrer dans de plus grands détails sur cette fabrication qui est du ressort de la technologie chimique des matières colorantes et sera traitée d'une manière toute spéciale dans un autre ouvrage.

Une autre application également importante de l'acide sulfurique consiste dans l'extraction des matières colorantes de la garance. Au moyen de certaines précautions l'on se sert avec un grand avantage de cet acide pour traiter la racine de garance et la disposer à abandonner plus facilement les principes colorants qu'elle renferme. Nous ne pouvons ici que mentionner cette application dont la description serait trop longue pour entrer dans le cadre de cet ouvrage.

Le blanchiment des toiles de lin et de coton, de la soie et de la laine consomme aussi de grandes quantités d'acide sulfurique. Nous terminerons cette note par un passage extrait de l'excellent rapport sur les arts chimiques à l'exposition universelle de 1867 par M. C. Mène. (*Monit. Scient.* IX, 399).

Suivons un moment l'acide sulfurique pour apprécier son importance dans les principales applications dont il est l'âme. Mettons-le en présence du sel marin, il produira le sulfate de soude qui sert à fabriquer la soude, laquelle engendrera à son tour le savon, les glaces et l'art de la verrerie ; appliqué aux graisses, l'acide sulfurique les saponifiera à sa manière et nous fournira des acides gras durs et brillants qui, sous forme de bougies, nous éclaireront ensuite ; avec les huiles il les dépouillera des impuretés et les rendra propres à l'éclairage ; l'acide chlorhydrique qu'il a mis en liberté par sa réaction sur le sel marin fournira du chlore, des chlorures décolorants qui viendront blanchir la toile de coton qui sert à nos vêtements ;

en combinaison avec les autres corps simples métalliques l'acide sulfurique formera ces sels cristallisés et diversement colorés dont bon nombre sont employés à la fabrication des couleurs pour peinture et teinture, ainsi que des mordants pour rendre indissolubles les nuances que nous fixerons sur les étoffes ; cet alcool que nous extrayons maintenant des grains et des pommes de terre ne se formera que si, grâce à cet agent énergique, nous avons préablement saccharifié la fécule ; la pile électrique demande de l'acide sulfurique ou ses dérivés. Tous ces acides tant minéraux qu'organiques qui servent dans la préparation des subtances médicamenteuses et dans les laboratoires ne sont isolés la plupart que par l'acide sulfurique ; le phosphore et la fabrication des allumettes ne peuvent pas se passer de l'acide sulfurique, en un mot si nous jetons les yeux autour de nous, tout dans la vie usuelle nous rappelle ce composé ; aussi est-ce à bon droit qu'on le considère comme le thermomètre de la valeur industrielle des nations et que celles-ci sont regardées comme d'autant plus puissantes qu'elles consomment plus d'acide sulfurique. On peut évaluer le chiffre de la fabrication annuelle de cet acide en Angleterre à 155 millions de kilog., en France à 125 millions et en Belgique à 20 millions.

CHAPITRE II.

ALUNS DIVERS.

Nous avons donné au parag. 64 des indications suffisantes sur la fabrication de l'alun. Nous compléterons la description de cette importante matière par quelques détails qui n'ont pu entrer dans notre exposé précédent.

Jusqu'au xv⁰ siècle, l'alun consommé en Europe était fabriqué dans une localité située en Syrie, nommée aujourd'hui Edesse et autrefois *Rocca*. C'est de ce dernier nom que vient la dénomination d'alun de Roche que l'alun a portée longtemps. Plus tard, un Génois nommé Jean de Castro, qui avait étudié en Syrie cette fabrication, l'importa en Italie où il découvrit à la Tolfa, dans les Etats Romains, un minerai d'alun semblable à celui de Syrie. L'alun fabriqué à la Tolfa prit le nom d'alun de Rome.

Le minerai d'alun se rencontre partout où les éruptions volcaniques ont amené à la surface du sol les éléments susceptibles de constituer l'alun ; aussi fabrique-t-on ce produit dans un grand nombre de localités. Dans les îles Vulcano et Milo, à Pouzzoles, près de Naples, les vapeurs sulfureuses qui sortent des fissures du sol rencontrent des laves et d'autres roches éruptives contenant de l'alumine et de la potasse. Ces roches désagrégées sous l'influence de l'air, de l'humidité et de l'acide sulfureux, forment peu à peu de l'alun qui remplit les interstices du sol ou vient s'effleurir à sa surface. Les gisements d'alun de Saarbruck, du département de l'Aveyron, de la Tolfa et de la Hongrie doivent également leur origine à une action volcanique ancienne. Le lessivage de ces dépôts naturels d'alun donne une dissolution très-impure, mais on purifie l'alun qu'on en retire par des cristallisations répétées. Cet alun est toujours de l'alun de potasse, c'est-à-dire un sel double d'alumine et de potasse. Dans ces derniers temps, la fabrication de l'alun artificiel a considérablement augmenté, depuis que des moyens faciles ont été découverts pour attaquer les argiles par l'acide sulfurique. Ces argiles ne contiennent pas une quantité de potasse suffisante pour former un alun à base d'alumine et de potasse, et comme le prix de cet alcali fixe est assez élevé on l'a peu à peu remplacé dans la fabrication de l'alun par l'ammoniaque dont le prix est beaucoup plus bas ; on se sert surtout à cet effet des eaux qui se forment dans la fabrication du gaz d'éclairage et qui sont assez riches en alcali volatil. On pourrait il est vrai préparer au moyen de la soude dont la valeur est relativement faible, un alun à base de soude ; mais cet alun ne cristallise pas assez facilement et laisse une grande quantité d'eaux-mères dont on ne peut qu'avec difficulté retirer l'alun.

On a découvert depuis quelques années dans le Groënland des dépôts considérables d'un minéral nommé *cryolithe* et qui n'est autre chose qu'un fluorure double de sodium et d'aluminium. De grandes usines ont été créées pour en retirer la soude, ce qui a lieu en décomposant ce minéral par un lait de chaux avec lequel on le fait bouillir. L'alumine et la soude s'unissent alors formant un composé soluble, l'aluminate de soude, tandis que la chaux se combine au fluorure avec lequel elle forme du fluorure de calcium insoluble. On décompose ensuite l'aluminate de soude par un courant de gaz acide carbonique et on obtient en solution du carbonate de soude et un précipité d'alumine. Ces deux produits sont très-purs. L'alumine ainsi obtenue est convertie en sulfate par l'acide sulfurique et en alun par une addition convenable de sulfate d'ammoniaque. Il est seulement à regretter que ces gisements de cryolithe se trouvent si éloignés des grands centres industriels.

ALUNS DIVERS.

Une condition essentielle dans la fabrication de l'alun est que ce sel ne contienne pas de fer, car dans les applications de la teinture le sulfate de fer produit d'autres colorations que le sulfate d'alumine, surtout avec la garance et la cochenille. C'est à ce titre là que l'alun de Rome a dû pendant longtemps d'obtenir la préférence des teinturiers et des imprimeurs d'étoffes.

Quoiqu'on entende maintenant sous la seule dénomination d'alun le sulfate double d'alumine et d'ammoniaque, il y a comme nous l'avons dit d'autres aluns connus sous les noms d'alun de potasse, alun de soude et aussi les aluns de fer et de chrôme.

L'alun de potasse peut se présenter sous plusieurs formes, dans lesquelles la proportion d'alumine (c'est-à-dire l'elément utile) est différente. Lorsqu'on mêle ensemble une solution moyennement concentrée de sulfate d'alumine et une solution de sulfate de potasse, il se sépare des cristaux octaédriques (c'est-à-dire à 8 faces) d'alun de potasse. Ces cristaux, qui constituent l'alun de potasse ordinaire renferment sur 100 parties :

Sulfate de potasse. 18, 36
Sulfate d'alumine 36, 11
Eau. 45, 53

ce qui peut s'exprimer ansi :

Potasse 9, 96
Alumine 10, 83
Acide sulfurique. 33, 70
Eau. 45, 53

Cet alun se dissout mieux à chaud qu'à froid et les liqueurs saturées au-dessus de la température ordinaire laissent déposer par le refroidissement l'alun sous la même forme cristalline. Voici d'après Poggiale les quantités d'alun cristallisé que l'eau dissout à diverses températures :

100 p. d'eau dissolvent à 0° C. 3,90 parties alun cristallisé.
- à 10   9,52
-   20   15,13
-   30   22,01
-   40   30,92
-   50   44,11
-   60   66,65
-   70   90,67
-   80   134,47
-   90   209,31
- 100   357,48

Quand on verse dans une solution d'alun, une solution de carbonate de potasse ou de soude par petites portions, on remarque la formation d'un précipité blanc qui se redissout à mesure et un dégagement de gaz acide carbonique. Lorsque l'on a tant ajouté de carbonate alcalin que le précipité commence à ne plus se dissoudre, on a une liqueur qui contient une autre sorte d'alun à laquelle on a donné le nom *d'alun basique*. On prépare fréquemment cette solution d'alun basique que l'on emploie comme mordant dans les cas où la réaction acide de l'alun ordinaire ferait virer les couleurs à employer ; car par l'addition de l'alcali une certaine quantité de l'acide sulfurique a été neutralisée. Cette solution d'alun neutralisé abandonne avec une extrême facilité une partie de son alumine aux fibres végétales. Cet abandon est encore plus prononcé lorsqu'on fait chauffer la solution, dans ce cas, il se sépare un alun encore plus basique, c'est-à-dire

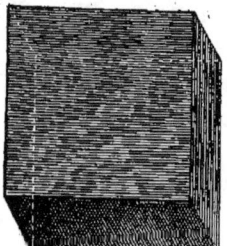

Fig. 91.

moins acide sous forme de poudre blanche insoluble. Si on laisse évaporer lentement à l'air la solution d'alun neutralisé, on obtient des cristaux d'alun cubique. L'alun de Rome contient cette variété d'alun neutralisée, c'est ce qui fait qu'il renferme proportionnellement un peu plus d'alumine que l'alun ordinaire ; en outre il cède son alumine aux tissus avec plus de facilité que ce dernier. Ces qualités le faisaient beaucoup rechercher autrefois, quoique l'on ne connût pas bien la cause de sa supériorité que l'on attribuait à une coloration rosée et superficielle de ses cristaux. Cette coloration rosée provenait d'un peu d'oxyde rouge de fer entraîné mécaniquement dans la fabrication. Aujourd'hui on fabrique artificiellement cet alun dans d'aussi bonnes conditions que l'alun naturel de Rome. Le caractère principal de l'alun de Rome est de donner à froid une solution claire qui se trouble par l'ébullition en laissant déposer de l'alun basique.

L'alun ammoniacal remplace comme nous l'avons déjà dit presque partout l'alun de potasse. Il renferme un peu plus d'alumine et revient à un prix moins élevé. Il est un peu plus soluble dans l'eau que le précédent.

La composition est la suivante : Sur 100 parties cet alun renferme :

Sulfate d'ammoniaque. 14,55
Sulfate d'alumine. 37,78
Eau. 47,67

Ce qui peut encore s'exprimer ainsi :

Ammoniaque. 3,77
Alumine. 11,32
Acide sulfurique 35,29
Eau 49,62

Pour ce qui concerne la solubilité de cet alun dans l'eau voici les résultats obtenus par Poggiale.

100 par. d'eau dissolvent à 0° 5,32 part. alun cristallisé.
                            10   9,16
                            20 13,66
                            30 19,29
                            40 27,27
                            50 36,51
                            60 51,29
                            70 71,97
                            80 103,08
                            90 187,82
                           100 421,90

En saturant les solutions d'alun ammoniacal par le le carbonate d'ammoniaque ou l'ammoniaque caustique on obtient comme dans le cas précédent de l'alun de potasse, des aluns neutres et basiques.

L'alun de soude se distingue des précédents par une beaucoup plus grande solubilité dans l'eau froide. Il est beaucoup plus difficile à obtenir pur pour les besoins industriels, aussi son emploi est infiniment plus restreint. Sa composition est la suivante pour 100 parties :

Sulfate de soude. 15, 54
Sulfate d'alumine. 37, 36
Eau. 47, 10

ou bien encore :

Soude. 6, 81
Alumine 11, 20
Acide sulfurique. 34, 90
Eau. 47, 10

Alun de fer. — On nomme ainsi un sel double de potasse et de peroxyde de fer dans lequel ce dernier oxyde remplace l'alumine de l'alun ordinaire. La forme et la couleur de ce sel sont identiques à celles

ALUNS DIVERS.

de l'alun. On peut l'obtenir en mélangeant en proportion convenable des solutions chaudes et concentrées de sulfate de potasse et de sulfate ferrique (rouille des teinturiers). Ce sel est peu stable ; à l'air libre il se recouvre rapidement d'une croûte de rouille. La solution se décompose par l'ébullition. On peut par le même procédé que pour l'alun ordinaire obtenir un alun de fer neutre et un basique en saturant avec précaution sa dissolution par la potasse caustique.

Sa composition est la suivante pour 100 parties :

Sulfate de potasse.	17,29
Sulfate ferrique	39,76
Eau.	42,95

Ce sel est beaucoup moins employé que le suivant, à cause de la difficulté qu'on éprouve à le faire cristalliser.

Alun ferro-ammoniacal. — Ce sel, qui se prépare en grand pour l'usage de la teinture, a également la forme et la couleur de l'alun ordinaire à base d'ammoniaque. On l'emploie dans le cas où l'on a besoin d'un sel de fer bien neutre et exempt d'acide. Il cristallise facilement et se décompose moins vite que le précédent. Sa composition est pour 100 parties la suivante :

Sulfate d'ammoniaque	13,70
— ferrique.	41,49
Eau	44,81

Ces deux aluns déposent sur les tissus, soit par décomposition dans l'eau bouillante, soit par l'addition d'alcalis du peroxyde de fer de la même manière que les aluns à base d'alumine cèdent cette substance.

Aluns de chrôme. — Le sulfate chromique, de même que les sulfates ferrique et aluminique, est en état de livrer avec les sulfates de potasse, de soude et d'ammoniaque, des sulfates doubles ou aluns qui ont la même forme cristalline que l'alun ordinaire, mais en diffèrent par la couleur. Le sulfate de chrome et de potasse constitue l'alun de chrôme ordinaire. Il n'est jamais préparé exprès pour les usages industriels à cause du prix élevé du bichromate de potasse; mais on l'obtient comme résidu ou produit secondaire de la fabrication de diverses substances qui ont nécessité l'emploi du bichromate potassique ; c'est ce qui arrive dans la préparation de l'aldéhyde dont nous avons parlé déjà § 183.

L'alun de chrôme et de potasse constitue un sel magnifiquement cristallisé, d'une couleur pourpre si foncée qu'elle semble presque noire. 100 parties d'eau en dissolvent environ 15 parties à la température ordinaire. On l'emploie dans l'industrie des toiles peintes pour déposer à la surface du tissu de l'oxyde vert de chrôme qui agit, selon les cas, comme véritable matière colorante ou comme mordant susceptible d'attirer les principes colorants et d'en modifier la teinte. Cet alun de chrôme contient sur 100 parties : potasse, 9,43 ; oxyde de chrôme, 15,32 ; acide sulfurique, 32,02 ; eau, 43,23.

Applications des aluns. — Ces composés, qui renferment seulement de 11 à 15 parties pour cent de matière véritablement utile, soit alumine, oxyde de fer, oxyde de chrome, sont employés de préférence aux sulfates de ces bases pour deux raisons principales. D'abord on peut les obtenir toujours d'une composition régulière et dans un grand état de pureté, et deuxièmement ils possèdent comme on l'a vu à chacun d'eux la propriété, dans des circonstances convenables, de laisser déposer leurs oxydes avec une certaine facilité sur les fibres textiles qu'on soumet à leur action ; les réactions que l'on obtient avec les aluns et le dosage exact de ces sels sont donc infiniment plus précis que dans tout autre cas. L'alun ordinaire ou ammoniacal est d'un usage journalier dans les teintureries et dans les impressions d'étoffes où il joue le rôle de mordant. Pour les couleurs sombres ou très-foncées, la pureté de l'alun n'est pas une condition bien indispensable, mais il en est tout autrement pour les couleurs claires, surtout pour les teintes tendres. On fera donc bien pour ces couleurs là de s'assurer de la pureté de l'alun et de réserver pour elles seules une provision d'alun absolument pur. L'impureté la plus nuisible que puisse contenir l'alun est l'oxyde de fer. Voici les moyens employés pour reconnaître la présence de ce corps. Dans une solution d'alun on versera une décoction de noix de galles ou une solution de tannin. Il faut attendre quelques heures pour pouvoir juger de la présence ou de l'absence du fer. Si au bout de quelques heures il ne s'est produit aucune coloration violetée ou plus foncée, on peut être sûr de l'absence du fer. Dans deux autres solutions du même alun on versera dans l'une du prussiate jaune de potasse, dans l'autre du prussiate rouge de potasse ; la coloration bleue que prendrait le liquide indiquerait la présence du fer. Ces mêmes réactions très-faciles à exécuter par chaque ouvrier teinturier sont également applicables au sulfate d'alumine en pains, que l'on emploie aussi dans certains cas en teinture et qui peut renfermer les mêmes impuretés.

CHAPITRE III.

SOUDES ET POTASSES.

Les deux alcalis connus sous les noms de soude et de potasse jouent dans l'industrie un rôle des plus importants par leurs applications remarquables. Pendant longtemps, ces alcalis ont été livrés au commerce à un prix très-élevé, car les procédés de fabrication étaient autrefois très-imparfaits. La potasse provenait surtout des cendres de végétaux divers, et la soude nous arrivait d'Egypte et de l'intérieur de l'Afrique, où on la recueille au fond de divers lacs desséchés pendant les fortes chaleurs. Comme nous l'avons déjà dit, le procédé actuel d'extraction de la soude au moyen du sel marin ne date que du temps de la Révolution française. Le sel marin par sa transformation en sulfate de soude et la décomposition de ce dernier sel livre à l'industrie la presque totalité de la soude qu'elle consomme. Depuis quelques années on a aussi établi dans diverses localités la fabrication de la soude au moyen de la cryolithe, comme nous l'avons vu au chapitre précédent. La potasse continue à provenir en grande partie encore des cendres de végétaux ; en effet les arbres, les plantes dont les racines sillonnent un sol riche en sels de potasse absorbent cet alcali et le retiennent combiné à des acides végétaux faciles à décomposer par le feu. La réduction en cendres de ces végétaux laisse de la potasse combinée à de l'acide carbonique qui résulte de la combustion du bois. La potasse peut aussi se retirer du chlorure de potassium contenu dans les eaux de la mer et dans les cendres des plantes marines; mais le procédé sans doute le plus remarquable et celui auquel est réservé le plus brillant avenir est celui qui consiste à retirer la potasse des roches telles que le feldspath si abondant dans toutes les montagnes d'origine éruptive. Encore quelques efforts restent à tenter pour rendre ce procédé parfaitement industriel et permettre de retirer de ces roches sans valeur une moyenne de 10 pour cent de leur poids en potasse.

Une assez grande quantité de carbonate de potasse peut aussi être obtenue par la calcination du suint des moutons. Si l'on se donnait en France la peine de désuinter avec soin les laines et d'en recueillir le produit, on en tirerait une quantité totale de plus de 15 millions de kilogrammes de carbonate de potasse.

Dans beaucoup d'applications industrielles où les alcalis jouent un rôle important, on a remplacé la potasse par la soude, dont le prix est considérablement moins élevé; mais dans certains cas ce n'est pas le prix qui oblige le fabricant à se servir de la soude, mais bien la différence d'action des deux alcalis, comme nous le verrons au chapitre suivant, dans la fabrication des savons.

Dans la teinture proprement dite et surtout dans la teinture des soies, les alcalis caustiques et le carbonate de potasse sont peu employés; leur action est très-énergique sur la soie, mais produit par contre les plus heureux effets dans le blanchiment des toiles de lin, chanvre et coton.

Pour le teinturier, le principal sel alcalin est le carbonate de soude, vulgairement nommé cristal de soude. La composition de ce sel à l'état de pureté est la suivante pour 100 parties en poids :

Soude caustique. 21,80
Acide carbonique. 15,40
Eau. 62,80

Le cristal de soude du commerce est généralement bien assez pur pour les usages industriels. Le seul défaut qu'on puisse lui reprocher quelquefois est de contenir un peu plus d'eau qu'il ne devrait, ce qui est ordinairement le fait du vendeur qui cherche ainsi à en augmenter le poids. La proportion des sels étrangers qui s'y rencontrent, tels que sulfate de soude et sel marin est relativement insignifiante, car actuellement la plupart des usines qui livrent ce produit travaillent assez bien et d'une manière assez uniforme.

Le carbonate de soude cristallisé se dissout avec beaucoup de facilité dans l'eau ; la solubilité augmente considérablement avec la température.

Ainsi 100 part. d'eau dissolvent à 10° C. 62 parties de ce sel.
—   —   20   123   —
—   —   25   171   —
—   —   30   241   —
—   —   104   420   —

CHAPITRE IV.

ANALYSE DES COULEURS FIXÉES PAR TEINTURE.

Les teinturiers jugent en général de la composition du colorant qui a servi à teindre une étoffe, par quelques procédés de routine, transmis d'âge en âge dans les ateliers, ou même seulement à simple vue. Aujourd'hui le nombre toujours croissant des matières colorantes qui circulent dans le commerce ne permet plus un examen superficiel. Aussi doit-on appliquer à cette analyse les réactions connues des matières colorantes autant du moins que cela est possible. Voici quelques données sur les cinq couleurs principales des ateliers de teinture, savoir : le bleu, le jaune, le rouge, le vert et le violet. Cet aperçu n'est pas encore un système complet d'analyse, mais il sera cependant d'une certaine utilité en attendant de pouvoir être complété au moyen de recherches précises que je me propose de faire et de publier plus tard.

Les appareils employés pour ce genre d'analyses sont des plus simples. Pour immerger les tissus ou les flottes de soie et de laine, on se sert d'une petite capsule de porcelaine bien blanche à fond plat ; pour la chauffer, on la place sur un petit trépied en fer avec une lampe à alcool dessous. La couleur blanche de la porcelaine permet de suivre facilement les transformations de la matière colorante sous l'influence des réactifs employés. Pour brûler ou réduire en cendres le tissu, on se sert d'une petite lame de laiton que l'on chauffe d'abord au rouge sur la lampe à alcool ; alors on saisit le tissu avec une petite pince, on le place sur la lame, on l'enflamme en continuant à chauffer jusqu'à ce qu'il ne reste plus que les cendres. Si l'on peut se procurer une lame mince de platine, l'opération sera plus rapide et plus sûre. La couleur des cendres ainsi obtenues donne sur la nature des couleurs des indications très-utiles que je mentionne plus loin. Dans tous les cas, on doit pousser le chauffage jusqu'à ce qu'il ne reste plus sur la lame qu'une véritable cendre dont la couleur peut être verte, bleuâtre, grisâtre, blanche ou rouge, et que le charbon boursouflé qui se forme d'abord ait entièrement disparu.

A. Bleu.

Les principales couleurs bleues dont on aura à reconnaître la présence sont :
1. Le bleu au bois de Campêche.
2. Le bleu de Prusse.
3. Le bleu d'aniline.
4. Le bleu d'indigo.

I. On commence par placer un morceau de l'étoffe à essayer dans une solution d'acide citrique, dans le jus de citron ou dans de l'acide chlorhydrique étendu d'eau.

a) La couleur vire au rouge ou à l'orangé. . . . . . Bois de Campêche.

b) La couleur ne vire pas ; on peut avoir dans ce cas les trois autres matières.

II. Un autre échantillon d'étoffe sera placé dans une solution de chlorure de chaux.

a) La couleur reste inaltérée. . . Bleu de Prusse.

b) L'échantillon est décoloré ou devient jaunâtre ; on peut avoir les bleus n° 3 et n° 4.

III. Pour distinguer ces deux bleus, on met un troisième échantillon dans la soude caustique.

a) L'échantillon se décolore ou s'altère . . . . Bleu d'aniline.

b) L'échantillon reste inaltéré. . Bleu d'indigo.

Lorsqu'au moyen de cette marche on aura constaté auquel des colorants on a affaire, on s'en convaincra avec plus de certitude encore par les essais suivants : *Le bleu au bois de Campêche* rougi par un acide repassera au bleu par la soude caustique, et un morceau de l'étoffe étant brûlé laissera des cendres blanches ou grisâtres ; ces cendres sont blanches à cause de l'alumine de l'alun qui a servi de mordant, et quelquefois grisâtre à cause de l'oxyde de cuivre contenu dans le vitriol bleu associé au bois d'Inde. Dans ce cas, les bords de la flamme paraissent verts pendant la combustion.

Le bleu de Prusse étant un cyanure de fer, laissera par la combustion un résidu rouge de rouille ou oxyde de fer d'autant plus abondant que le bleu était plus intense.

Le bleu d'indigo ne contenant pas de matières minérales, ne laissera pas d'autres cendres que celles du tissu lui-même ; ces cendres sont blanches et légères.

Le bleu d'aniline ne laissera non plus par la combustion que les cendres du tissu. En trempant un morceau de l'étoffe dans de l'alcool, on obtiendrait de suite une liqueur d'un beau bleu ne rougissant pas par le jus de citron, tandis qu'un liquide semblable obtenu par le bois d'Inde deviendrait rouge dans cette circonstance.

B. Jaune.

Les couleurs jaunes sur la nature desquelles on peut être appelé à se prononcer sont les suivantes :
1. Jaune de rouille en oxyde de fer.
2. Acide picrique.
3. Curcuma.
4. Bois jaune.
5. Gaude.
6. Graine de Perse et d'Avignon.
7. Quercitron.

I. Pour distinguer ces diverses couleurs, on commencera par s'assurer de la présence ou de l'absence du jaune de rouille et de l'acide picrique. A cet effet, on coupera deux morceaux de l'étoffe à essayer. On mettra le premier dans une solution tiède et légèrement acide de prussiate jaune de potasse et le second dans une solution chaude de cyanure de potassium. S'il survient une coloration bleue par le prussiate, on peut être certain de la présence de l'oxyde de fer ou jaune de rouille; si on obtient par le cyanure une coloration rouge de sang, on peut être assuré de la présence de l'acide picrique.

II. Ces essais préliminaires étant terminés sans donner les résultats indiqués, on en conclut à l'absence des jaunes de rouille et d'acide picrique. On prend alors un troisième échantillon d'étoffe et on le met dans une solution bouillante contenant une partie de savon pour 200 d'eau.

Il peut alors se passer trois réactions :

a) L'étoffe passe au brun rouge et repasse au jaune par un acide. . . . . Curcuma.

b) L'étoffe est presque décolorée. . . Bois jaune.

c) La couleur a résisté à l'action du savon.

Dans ce cas on peut avoir affaire à la Gaude, aux graines de Perse ou au Quercitron. Pour distinguer ces trois matières, on prend un autre morceau d'étoffe et on lui fait un avivage bouillant à l'acide sulfurique. Si la couleur tombe c'est de la *Gaude*; si elle ne change pas, on a du jaune de graines ou du quercitron. On prend alors un dernier échantillon d'étoffe et on le trempe dans une solution de sel d'étain. S'il vire à l'orangé, c'est du *jaune de graines*. S'il ne vire pas ou très-peu seulement, on a du jaune de quercitron.

Si l'on soupçonne un fond de rocou, on trempe un morceau du tissu à essayer dans de l'acide sulfurique concentré; la couleur passe subitement au vert-bleu. On pourra toujours reconnaître ce fond par ce moyen, le rocou étant la seule matière jaune tinctoriale qui présente cette réaction. Le quercitron, les graines, le bois jaune, le curcuma et la gaude fournissent des jaunes qui tous sont décolorés par le chlore; le rocou seul résiste à cet agent.

C. Rouge.

Les rouges par teinture qui se présentent à l'analyse sont les suivants :
1. Cochenille.
2. Bois de Fernambouc.
3. Garance.
4. Carmin de Safranum.
5. Rouge d'aniline.

On commence par s'assurer de la présence ou de l'absence du rouge de garance. Pour cela on prend dans 4 verres ou capsules les réactifs suivants : Eau de savon bouillante, ammoniaque caustique, jus de citron, mélange à parties égales de sel d'étain, acide chlorhydrique et eau. Dans chacun de ces réactifs on plonge un morceau du tissu à essayer. Si les quatre échantillons restent intacts, on a affaire au rouge de garance. Si au contraire par l'un des réactifs indiqués il y a un changement quelconque, on en conclut l'absence du rouge de garance et la présence de l'un des quatre autres rouges mentionnés en tête de ce paragraphe.

La décoloration complète par le savon indique le

Carmin de Safranum si toutefois la couleur ne reparait pas avec sa nuance primitive après lavage à l'eau et avivage au jus de citron.

Si après lavage et avivage au jus de citron la couleur reparait un peu plus faible, mais de même teinte, on a affaire au *rouge d'aniline*. Si le lavage et l'avivage, après le passage en savon, virent le rouge au rouge jaunâtre ou même au jaune, on a de la Cochenille ou du bois de Fernambouc. On fait alors la différence entre ces deux rouges de la manière suivante. Un morceau d'étoffe plongé dans l'acide sulfurique concentré se colore aussitôt en rouge cerise vif avec le *bois de Fernambouc* et en jaune orangé avec la *Cochenille*.

D. Vert.

Les verts sur la nature desquels le teinturier est le plus souvent appelé à se prononcer sont de trois genres différents :

1. Les verts par mélange de jaune et de bleu.
2. Le vert d'aniline à l'aldéhyde.
3. Le vert d'aniline nouveau par l'iodure de méthyle.

Les verts de Chine, de chlorophylle, etc., ne sont presque plus employés.

Les verts par mélange sont de plus en plus rares, depuis la découverte des verts d'aniline ; cependant comme il peut s'en présenter encore quelquefois je citerai les cas principaux ; les voici :

1. Indigo et acide picrique.
2. id. et jaunes végétaux.
3. Bleu de Prusse et acide picrique.
4. id. et jaunes végétaux.

5. Bleu d'aniline et acide picrique.
6. id et jaunes végétaux.

Les bleus forment toujours le fond de ces verts par mélange et en sont la partie la plus solide ; à l'exception du bleu d'aniline, les bleus sont insolubles dans l'alcool ; tous les jaunes indiqués sont solubles dans l'alcool ; de telle sorte que si l'on traite par ce dissolvant un vert, on peut être sûr, s'il donne une dissolution verte, que l'on a affaire à un mélange de bleu d'aniline et de jaune (à moins que ce ne soit un vert d'aniline, ce dont on se sera assuré auparavant). Voici maintenant la marche à suivre pour s'assurer de la nature des verts : On met dans un petit ballon de verre de l'alcool à 95 degrés et un morceau de l'étoffe à essayer. On chauffe au bain-marie jusqu'à l'ébullition que l'on maintient pendant quelques instants. Il peut alors se présenter 2 cas :

1° L'alcool devient jaune et le tissu de plus en plus bleu.

2° L'alcool devient vert et le tissu conserve sa teinte en faiblissant d'intensité.

Dans le 1er cas on voit de suite que le fond est de l'indigo ou du bleu de Prusse ; lorsque l'étoffe ayant bien bouilli dans l'alcool lui aura cédé sa matière jaune, on la retire du ballon ; on la lave à l'eau pure puis on la met dans un verre avec du chlorure de chaux en solution. Si le fond est de l'indigo, l'étoffe se décolore ; si c'est du bleu de Prusse, le bleu ne change pas. La liqueur alcoolique jaune qui est restée dans le ballon peut contenir diverses matières jaunes ; on la divise en plusieurs parties que l'on traite successivement par les divers réactifs déjà indiqués plus haut pour analyser les matières colorantes jaunes.

Dans le 2ᵉ cas, on a du vert d'aniline à l'aldéhyde ou du vert d'aniline à l'iode ou du bleu d'aniline avec du jaune.

Pour distinguer ces trois verts on commence par faire bouillir un morceau de l'étoffe à essayer dans de l'acide chlorhydrique faible.

L'étoffe devient rosée ou lilas. . . . . Vert d'aniline à l'iode.
L'étoffe devient bleu, le jaune se dissout. Bleu d'aniline et jaune.
L'étoffe se décolore ou devient jaunâtre. . . . . Vert d'aniline à l'aldéhyde.

Si l'on a reconnu que le vert est un mélange de bleu d'aniline et de jaune, il ne reste plus qu'à distinguer quel jaune est entré dans le mélange. Pour cela on sépare la liqueur acide et on la traite par les réactifs déjà indiqués pour reconnaître et distinguer les matières colorantes jaunes.

Violet.

Les violets que l'on peut avoir à essayer sont les suivants :
1. Violet d'aniline ordinaire.
2. Violet d'aniline à l'iode.
3. Violet de garance.
4. Violet d'orcanette.
5. Violet d'orseille.
6. Violet au bois d'Inde.
7. Violet de cochenille.

On commencera par plonger un échantillon de l'étoffe dans une solution de chlorure de chaux. Si la couleur résiste, c'est du violet à l'orcanette. S'il y a un changement de couleur, ce sera un des six autres violets.

On prendra alors un second échantillon d'étoffe que l'on trempera dans du jus de citron ; si le violet ne fait que rehausser de ton, on aura affaire à l'un des deux violets d'aniline (nous verrons tout à l'heure les moyens de distinguer ces deux violets). Si le violet rougit ou même jaunit, ce sera un des quatre autres violets (garance, orseille, cochenille, bois d'Inde). Pour distinguer ces quatre violets, on plongera un échantillon du tissu dans le chlorure de chaux, ensuite on le lavera à l'eau et on le mettra dans une solution acidulée de prussiate jaune de potasse ; comme les violets de garance et de cochenille ont eu pour mordant l'oxyde de fer qui reste adhérent au tissu, il se formera une coloration bleue due à du bleu de Prusse, dans le cas de ces deux couleurs. S'il n'y a pas de coloration bleue, on aura à rechercher l'orseille ou le bois d'Inde. Il nous reste ainsi à indiquer le moyen de distinguer :

1. Le violet de garance de celui de cochenille.
2. Le violet d'orseille de celui au bois d'Inde.
3. Le violet d'aniline ordinaire de celui à l'iode.

1. Un nouvel échantillon de tissu sera plongé dans le chlorure de chaux en solution. S'il devient jaune nankin, c'est de la garance ; s'il se décolore tout à fait, c'est de la cochenille.

2. Un morceau du tissu plongé dans un lait de chaux devient grisâtre et enfin presque incolore dans le cas du bois d'Inde ; la couleur passe au bleu violacé dans le cas de l'orseille.

3. Le tissu plongé dans de l'acide chlorhydrique étendu de trois fois son volume d'eau devient bleu violet et après lavage à l'eau un peu plus rougeâtre, dans le cas du violet ordinaire d'aniline ; mais dans le cas du violet à l'iode (violet Hofmann, Parme

nouveau, primula, etc.) le tissu devient bleu, verdâtre et après lavage à l'eau, lilas clair ou gris perle, suivant la hauteur de ton primitive.

On peut du reste savoir très-rapidement auquel de ces trois groupes on a affaire, en examinant les cendres du tissu.

Les cendres rouges (mordant de fer) indiquent la garance et la cochenille. Les cendres blanches (mordant d'alun) indiquent l'orseille et le bois d'Inde. L'absence de cendre indique la présence des violets d'aniline.

D'après ce qu'on vient de voir, il est évident que les réactifs sont d'une grande importance pour la détermination des couleurs qui ont servi à teindre un tissu ; mais on n'obtient dans quelques cas compliqués cependant que des données incertaines lorsque plusieurs matières colorantes ont concouru à la formation d'une seule teinte. L'inspection des cendres est d'un grand prix, car elle indique d'une manière assez sûre si la couleur est appliquée avec ou sans mordant et si ce mordant est un sel de fer, d'alumine ou de chrome. Connaissant le mordant employé, le teinturier pourra beaucoup plus facilement reconnaître la nature des matières colorantes qui lui sont combinées.

Bleu alcalin d'aniline. — Sous ce nom, ainsi que sous celui de *Bleu de Nicholson*, se trouve depuis plusieurs années dans le commerce un bleu d'aniline, soluble dans l'eau, qui présente sur le bleu soluble ordinaire de très-grands avantages. En effet, le bleu soluble ordinaire (226) ne teint que dans des bains très-acides, ce qui ne convient pas dans tous les cas, et sa pureté laisse aussi beaucoup à désirer. Il ne pénètre pas les tissus de laine épais et se fixe seulement à la surface en produisant des inégalités de teinture ou des taches. Le bleu de Nicholson est soluble dans les eaux alcalines, et comme toutes les substances alcalines, pénètre les tissus les plus épais avec facilité et s'y fixe; il en résulte une teinture parfaitement égale et infiniment plus facile. Ce bleu est un sel composé d'un acide bleu et d'un alcali tel que la potasse, la soude ou l'ammoniaque. La teinture de la laine par le bleu de Nicholson se fait de la manière suivante: la laine est d'abord bien lavée, ordinairement avec addition d'un peu d'ammoniaque, puis plongée dans un bain d'eau chaude dans lequel on a fait dissoudre la quantité nécessaire de bleu; la teinte du bain est bleu de ciel; on chauffe jusqu'à 80 degrés centigrades au plus; la laine étant bien travaillée dans ce bain acquiert une couleur bleu ardoise plus ou moins foncée; lorsque l'on juge que la laine a suffisamment absorbé de colorant, on la sort du bain, on la rince à l'eau froide et on la porte dans un bain d'avivage acidulé par l'acide sulfurique et chauffé à 60 degrés centigrades. La couleur bleu ardoise se transforme aussitôt en un bleu magnifique et parfaitement solide. Après quelques passages dans ce bain on la sort, on la lave à l'eau courante et on la sèche.

On fera bien d'ajouter au bain de teinture un peu d'ammoniaque, ordinairement le même poids d'ammoniaque liquide du commerce que de bleu employé. Si l'on ne dépasse pas la température de 80 degrés, les nuances obtenues seront plus pures. Une trop forte chaleur altère l'éclat de ce bleu; un morceau de laine teinte par le bleu alcalin, frotté sur du papier blanc, ne tache pas ce papier, tandis que le bleu soluble ordinaire est si peu solide qu'il ne résiste pas au frottement. C'est là une différence très-importante. La théorie de la teinture par ce bleu est bien simple. C'est comme nous l'avons dit, un sel à base alcaline avec un acide bleu. Cet acide est très-faible, insoluble dans l'eau pure et dans l'eau acidulée ; lorsque la laine est imprégnée de ce bleu, il suffit de décomposer ce produit par un acide énergique tel que l'acide sulfurique, lequel s'empare de la base alcaline. Il se forme donc un sulfate alcalin qui reste en dissolution dans le bain, et l'acide bleu étant insoluble reste fixé sur la laine.

De même que pour les autres bleus, on trouve dans le commerce des bleus alcalins de toute nuance, depuis le bleu rouge jusqu'au bleu verdâtre le plus pur. Le produit commercial se vend sous la forme d'une poudre plus ou moins grossière, d'un gris bleuâtre; il se dissout bien dans l'eau pure ou dans les solutions alcalines; mais il colore cette eau beaucoup moins que le bleu soluble ordinaire. Théoriquement, la solution de ce bleu devrait être incolore, mais il est impossible pour un produit commercial d'arriver à un tel degré de pureté ; le bleu alcalin contient toujours un peu de bleu soluble ordinaire auquel il doit la coloration bleue qu'il communique à l'eau.

Le rendement en teinture des bleus alcalins est beaucoup plus considérable que celui des bleus solubles ordinaires, ou même que celui des bleus solubles à l'alcool.

Brun. — Cette matière colorante connue sous différents noms tels que *Brun-Bismarck*, *Vésuvine*, etc., s'obtient de la manière suivante. On réduit par la limaille de fer ou par la grenaille d'étain et l'acide chlorhydrique le produit connu sous le nom de *bi-*

nitrobenzine, on obtient ainsi le chlorhydrate d'une base nommée *nitraniline*. La solution claire de ce sel bien débarrassée du fer ou de l'étain, est alors décomposée par une solution de nitrite de soude, avec addition d'acide sulfurique; il se forme aussitôt et à froid une masse noirâtre résineuse qui vient nager à la surface du liquide; on l'enlève avec une écumoire et on la sèche à une douce chaleur. Cette matière constitue le brun ; elle est très-soluble dans l'eau et teint le coton sans l'aide d'aucun mordant. Ce brun se distingue des autres matières brunes en ce que l'acide sulfurique concentré le dissout en produisant une couleur fugitive fleur de pêcher ; l'addition d'un peu d'eau reproduit le brun immédiatement. Le brun-Bismarck teint moins facilement la laine que le coton ; il est très-employé dans les étoffes mixtes.

Jaune de Manchester. — Sous ce nom, MM. Roberts, Dale et Cⁿ, près de Manchester, préparent au moyen des combinaisons nitrées de la naphtaline, une matière jaune soluble dans l'eau qui est un sel composé d'un acide jaune et d'une base alcaline ; ce jaune teint parfaitement la laine et la soie ; il s'associe très-bien au rouge d'aniline dans des bains suffisamment bouillants ; il jouit d'un pouvoir tinctorial considérable.

TABLEAU

Résumant les principales matières colorantes avec la date de leur découverte et leur origine.

MATIÈRES JAUNES.

Nom du colorant.	Dissolvant.	Origine.	Date et auteur de la découv.
Jaune de quercitron.	Eau et alcool.	Div. esp. de chêne.	1775. Bankroff.
Rhamnine.	Eau.	Graines d'Avignon.	Bolley, Persoz, Schützenberger
Morin.	Eau.	Bois jaune.	
Lutéoline.	Alcool.	Gaude.	Chevreul.
Curcumine.	Alcool ; solut. alcalines.	Curcuma.	
Berbérine.	Eau, alcool.	Épine vinette	
Bixine.	Alcool ; solut. alcalines.	Rocou.	1849. Kerndt.
Acide picrique.	Eau et alcool.	Acide phénique.	1788. Hausmann.
Jaune de Manchester.	Eau et alcool.	Naphtaline.	Martius.

MATIÈRES ROUGES OU ROSES.

Alizarine.	Alcool ; acide sulfurique.	Garance.	1826. Robiquet, Colin
Brésiline.	Eau.	Bois de Brésil, etc.	Chevreul.
Acide carminique.	Eau, alcool.	Cochenille, gomme laque.	
Carthamine.	Alcool.	Safflor.	
Murexide.	Eau bouillante.	Acide urique ; Guano.	Scheele.
Acide rosolique	Alcool.	Huiles lourdes de houille.	1844. Runge.
Coralline.	Eau et alcool.	Acide phénique.	1859. Persoz.
Fuchsine.	Eau et alcool.	Aniline. (procédé au chlorure d'étain) ; (procédé à l'acide arsénique).	1858. Hofmann. 1859. Verguin. 1859. Hillmann,

GUIDE DU TEINTURIER. 395

Nom du colorant.	Dissolvant.	Origine.	Date et auteur de la découv.
		(procédé au nitrate de mercure) ;	1859. Gerber Keller.
		(par l'ac. nitrique) ;	1860. Depouilly et Lauth.
		(par l'acide arsénique) Janvier ;	1860. Medlock.
		id. Mai	1860. Girard et Delaire.

MATIÈRES VIOLETTES.

Nom du colorant.	Dissolvant.	Origine.	Date et auteur de la découv.
Orseille.	Eau, alcool, alcalis.	Lichens.	14ᵉ siècle. Ferro.
Violet d'aniline (par chlore).	Alcool.	Aniline.	1834. Runge.
Mauvéine (par le chromate).	Eau et alcool.	Aniline.	1856. Perkin.
Phenylrosaniline (par la fuchsine).	Alcool.	Aniline.	1861. Girard et Delaire.
Méthylrosaniline (par l'iode).	Alcool, eau.	Aniline.	1863. Hoffmann.
Violet de méthylaniline (sans iode).	Eau.	Aniline.	1866. Bardy.

MATIÈRES BLEUES.

Nom du colorant.	Dissolvant.	Origine.	Date et auteur de la découv.
Azuline.	Alcool.	Acide phéni.	1861. Richoud.
Indigotine.	Acide sulfurique conc.	Div. espèces d'indigotiers.	
Triphénylrosaniline.	Alcool.	Aniline.	1861. Girard et Delaire.
Ultra marine.	Eau.	Aniline.	1862. Nicholson.
Id.	Insoluble.		1826. Guimet, Gmelin.
Bleu de Prusse.	Insoluble dans l'eau (sol. dans l'ac. oxalique).	Sels de fer.	1704. Diesbach.
Bleu Thénard.	Insoluble.	Cobalt.	16ᵉ siècle. Ch. Schürer.
Hématoxyline.	Alcool, eau bouillante.	Campêche.	1810. Chevreul.

MATIÈRES VERTES.

Nom du colorant.	Dissolvant.	Origine.	Date et auteur de la découv.
Éméraldine.	Insoluble.	Aniline.	1860. Calvert.
Vert d'aniline (aldéhyde).	Eau acidulée.	Fuchsine.	Usèbe.
Vert d'aniline (par l'iode).	Eau, alcool.	Fuchsine.	Keisser ; Wanklyn, Paraf.

23.

Tableau n° 1. Comparaison des degrés de l'aréomètre Baumé avec les poids spécifiques.

Degrés.	Poids spécifique.	Degrés.	Poids spécifique.	Degrés.	Poids spécifique.
0	1,0000	27	1,2285	55	1,6101
1	1,0069	28	1,2390	56	1,6282
2	1,0139	29	1,2497	57	1,6467
3	1,0211	30	1,2605	58	1,6656
4	1,0283	31	1,2716	59	1,6849
5	1,0356	32	1,2828	60	1,7047
6	1,0431	33	1,2943	61	1,7250
7	1,0506	34	1,3059	62	1,7457
8	1,0583	35	1,3177	63	1,7669
9	1,0661	36	1,3298	64	1,7886
10	1,0740	37	1,3421	65	1,8109
11	1,0820	38	1,3546	66	1,8340
12	1,0901	39	1,3674	67	1,8576
13	1,0983	40	1,3804	68	1,8818
14	1,1067	41	1,3937	69	1,9060
15	1,1152	42	1,4072	70	1,9316
16	1,1239	43	1,4210	71	1,9577
17	1,1326	44	1,4350	72	1,9844
18	1,1415	45	1,4493	73	2,0110
19	1,1500	46	1,4640	74	2,0402
20	1,1598	47	1,4789	75	2,0692
21	1,1691	48	1,4941	76	2,0990
22	1,1786	49	1,5097	77	2,1301
23	1,1883	50	1,5253		
24	1,1981	51	1,5417		
25	1,2080	52	1,5583		
26	1,2182	53	1,5752		
		54	1,5925		

Tableau n° 2. Indiquant le poids d'acide chlorhydrique sec contenu dans l'acide chlorhydrique (muriatique) commercial.

Densité.	Acide sec.	Densité.	Acide sec.	Densité.	Acide sec.	Densité.	Acide sec.
1,2000	40,777	1,1515	30,582	1,1000	20,388	1,0497	10,194
1,1982	40,369	1,1494	30,174	1,0980	19,980	1,0477	9,786
1,1964	39,961	1,1473	29,767	1,0960	19,572	1,0457	9,379
1,1946	39,554	1,1452	29,359	1,0939	19,165	1,0437	8,971
1,1928	39,146	1,1431	28,951	1,0919	18,757	1,0417	8,563
1,1910	38,738	1,1410	28,544	1,0899	18,349	1,0397	8,155
1,1893	38,330	1,1389	28,136	1,0879	17,941	1,0377	7,747
1,1875	37,923	1,1369	27,728	1,0859	17,534	1,0357	7,340
1,1857	37,516	1,1349	27,321	1,0838	17,126	1,0337	6,932
1,1846	37,108	1,1328	26,913	1,0818	16,718	1,0318	6,524
1,1822	36,700	1,1308	26,505	1,0798	16,310	1,0298	6,116
1,1802	36,292	1,1287	26,098	1,0778	15,902	1,0279	5,709
1,1782	35,884	1,1267	25,690	1,0758	15,494	1,0259	5,301
1,1762	35,476	1,1247	25,282	1,0738	15,087	1,0239	4,893
1,1741	35,068	1,1226	24,874	1,0718	14,679	1,0220	4,486
1,1721	34,660	1,1206	24,466	1,0697	14,271	1,0200	4,078
1,1701	34,252	1,1185	24,058	1,0677	13,863	1,0180	3,670
1,1681	33,845	1,1164	23,650	1,0657	13,456	1,0160	3,262
1,1661	33,437	1,1143	23,242	1,0637	13,049	1,0140	2,854
1,1641	33,029	1,1123	22,834	1,0617	12,641	1,0120	2,447
1,1620	32,621	1,1102	22,426	1,0597	12,233	1,0100	2,039
1,1599	32,213	1,1082	22,019	1,0577	11,825	1,0080	1,631
1,1578	31,805	1,1061	21,611	1,0557	11,418	1,0060	1,124
1,1557	31,398	1,1041	21,203	1,0537	11,010	1,0040	0,816
1,1537	30,990	1,1020	20,796	1,0517	10,602	1,0020	0,408

Exemple : Un acide chlorhydrique marque 22 degrés Baumé. Par le tableau n° 1, on voit que 22 degrés Baumé correspondent à une densité de 1,786. Par le tableau n° 2, on trouve de suite que l'acide en question renferme 35,884 à peu de chose près d'acide chlorhydrique pur.

Tableau n° 3. Indiquant le poids d'acide nitrique réel contenu dans l'acide nitrique commercial à divers degrés de concentration.

Densité.	Acide sec.	Densité.	Acide sec.	Densité.	Acide sec.
1,500	79,7	1,419	59,8	1,295	39,8
1,498	78,9	1,415	59,0	1,289	39,0
1,496	78,1	1,411	58,2	1,283	38,3
1,494	77,3	1,406	57,4	1,276	37,5
1,491	76,5	1,402	56,6	1,270	36,7
1,488	75,7	1,398	55,8	1,264	35,9
1,485	74,9	1,394	55,0	1,258	35,1
1,482	74,1	1,388	54,2	1,252	34,3
1,479	73,3	1,383	53,4	1,246	33,5
1,476	72,5	1,378	52,6	1,240	32,7
1,473	71,7	1,373	51,8	1,234	31,9
1,470	70,9	1,368	51,1	1,228	31,1
1,467	70,1	1,363	50,2	1,221	30,3
1,464	69,3	1,358	49,4	1,215	29,5
1,460	68,5	1,353	48,6	1,208	28,7
1,457	67,7	1,348	47,9	1,202	27,9
1,453	66,9	1,343	47,0	1,196	27,1
1,450	66,1	1,338	46,2	1,189	26,3
1,446	65,3	1,332	45,4	1,183	25,5
1,442	64,5	1,327	44,6	1,177	24,7
1,439	63,8	1,322	43,8	1,171	23,9
1,435	63,0	1,316	43,0	1,165	23,1
1,431	62,2	1,311	42,2	1,159	22,3
1,427	61,4	1,306	41,4	1,153	21,5
1,423	60,6	1,300	40,4	1,146	20,7

Tableau n° 4. Indiquant le poids de l'acide sulfurique 66° Baumé (acide sulfurique anglais) contenu dans un acide sulfurique commercial à divers degrés de concentration.

Densité.	Acide à 66° B.	Densité.	Acide à 66° B.
1,8426	100 %	1,675	75 %
1,8420	99	1,663	74
1,8406	98	1,651	73
1,8400	97	1,639	72
1,8384	96	1,637	71
1,8376	95	1,615	70
1,8356	94	1,604	69
1,834	93	1,592	68
1,831	92	1,580	67
1,827	91	1,578	66
1,822	90	1,557	65
1,816	89	1,545	64
1,809	88	1,534	63
1,802	87	1,523	62
1,794	86	1,512	61
1,786	85	1,501	60
1,777	84	1,490	59
1,767	83	1,480	58
1,756	82	1,469	57
1,745	81	1,458	56
1,734	80	1,448	55
1,722	79	1,438	54
1,710	78	1,428	53
1,698	77	1,418	52
1,686	76	1,408	51

Tableau n° 5. Indiquant le poids du gaz sulfureux sec contenu dans l'acide sulfureux liquide à divers degrés de concentration.

Densité.	Gaz sulfureux.	Densité.	Gaz sulfureux.
1,046	9,54 %	1,020	4,77 %
1,036	8,59	1,016	3,82
1,031	7,63	1,013	2,86
1,027	6,68	1,009	1,90
1,023	5,72	1,005	0,95

Tableau n° 6. Indiquant le poids d'acide acétique cristallisé contenu dans un acide acétique étendu d'eau.

Densité.	Acide crist.	Densité.	Acide crist.	Densité.	Acide crist.
1,060	50 %	1,042	32 %	1,026	18 %
1,099	49	1,041	31	1,025	17
1,058	48	1,040	30	1,024	16
1,056	47	1,039	29	1,023	15
1,055	46	1,038	28	1,022	14
1,053	43	1,036	27	1,021	13
1,051	40	1,035	26	1,020	12
1,050	39	1,034	25	1,019	11
1,049	38	1,033	24	1,018	10
1,048	37	1,032	23	1,016	9
1,047	36	1,031	22	1,014	8
1,046	35	1,030	21	1,012	7
1,045	34	1,028	20	1,010	6
1,044	33	1,027	19	1,008	5

Tableau n° 7. Indiquant le poids d'ammoniaque contenu dans l'ammoniaque à divers degrés de concentration.

(Température 17°,5 centigrades).

Densité.	Ammoniaque.	Densité.	Ammoniaque.	Densité.	Ammoniaque.
0,902	28 %	0,925	20 %	0,952	12 %
0,905	27	0,928	19	0,955	11
0,907	26	0,931	18	0,960	10
0,910	25	0,934	17	0,963	9
0,913	24	0,938	16	0,967	8
0,916	23	0,941	15	0,970	7
0,919	22	0,945	14	0,975	6
0,922	21	0,948	13	0 980	5

Tableau n° 8. Indiquant le poids de soude caustique anhydre contenu dans une lessive alcaline à divers degrés de concentration.

Densité.	Soude caustique.	Densité.	Soude caustique.
1,47	34 %	1,29	19 %
1,44	31	1,23	16
1,40	29	1,18	13
1,36	26	1,12	9
1,32	23	1,06	4,7

Tableau n° 9. Solubilité des principaux sels dans l'eau à diverses températures.

Alun ammoniacal (alun ordinaire).

100 parties d'eau dissolvent :

à 10 degrés centigrades. 9,16 d'alun cristallisé.
à 20   —   —   13,66   —
à 30   —   —   19,29   —
à 40   —   —   27,27   —
à 50   —   —   36,51   —
à 60   —   —   51,29   —
à 70   —   —   71,97   —
à 80   —   —   103,08   —
à 90   —   —   187,82   —
à 100   —   —   421,90   —

Chlorure de sodium (sel marin).

100 parties d'eau dissolvent :

à   0 degrés centigrades. 35,5 de sel marin.
à 40   —   —   36,5   —
à 100   —   —   40,0   —

Carbonate de soude cristallisé (cristaux de soude).

100 parties d'eau dissolvent :

à   0 degrés centigrades   21,5 de cristaux de soude
à 10   —   —   62,0   —   —
à 20   —   —   123,0   —   —
à 25   —   —   171,0   —   —
à 30   —   —   241,5   —   —
à 104   —   —   420,5   —   —

Sulfate de fer (vitriol vert).

100 parties d'eau dissolvent :

à 10 degrés centigrades   60 parties de sulfate de fer.
à 15   —   —   70   —   —
à 60   —   —   263   —   —
à 90   —   —   370   —   —
à 100   —   —   277   —   —

Sulfate de magnésie cristallisé.

100 parties d'eau dissolvent :

    à 0 degrés centigrades.   50 parties de ce sel.
    à 25 —   —   76   —
    à 40 —   —   96   —
    à 55 —   —   108   —

Sulfate de cuivre (vitriol bleu).

100 parties d'eau dissolvent :

    à 10 degrés centigrades.   37 parties de ce sel.
    à 20 —   —   42   —
    à 40 —   —   57   —
    à 80 —   —   118   —
    à 100 —   —   203   —

Densité	Poids de l'alcool	Densité
0,8183	50 %	0,8273
0,8056	60	0,8231
0,8724	70	0,8195
0,8463	80	0,8172
0,8459	81	0,8148
0,8434	82	0,8113
0,8408	83	0,8089
0,8382	84	0,8054
0,8357	85	0,8034
0,8331	86	0,8001
0,8308	87	0,7989
0,8279	88	0,7951

Tableau n° 11. Indiquant le volume d'alcool dans un liquide alcoolique à diverses [...]

(Température 15 degrés centigrades)

Densité	Volume de l'alcool	Densité
0,7947	100 %	0,7947
0,8168	95	0,8097
0,8345	90	0,8117
0,8502	85	0,8118
0,8648	80	0,8181
0,8799	75	0,8281

Il est bien entendu que le poids et le volume de l'alcool sans mesures exactes, puisque sans cela il est impossible de déterminer le degré par l'aréomètre.

Tableau n° 12. Titre des solutions de sucre depuis 1 à 25 % en poids.

(Température 17,5 degrés centigrades).

Poids du sucre.	Densité du sirop.	Poids du sucre.	Densité du sirop.
1 %	1,0040	14 %	1,0572
2	1,0080	15	1,0614
3	1,0120	16	1,0657
4	1,0160	17	1,0700
5	1,0200	18	1,0744
6	1,0240	19	1,0788
7	1,0281	20	1,0832
8	1,0322	21	1,0877
9	1,0363	22	1,0922
10	1,0404	23	1,0967
11	1,0446	24	1,1013
12	1,0488	25	1,1059
13	1,0530		

Tableau n° 13. Densité de diverses matières solides.

Matières.	Densité	Matières.	Densité.
Albâtre	2,700	Minium	8,62
Acétate de plomb	2,395	Paraffine	0,87
Prussiate jaune	1,832	Porcelaine de Chine	2,385
Caoutchouc	0,930	— de Sèvres	2,146
Cellulose	1,525	Sucre de canne	1,606
Fer forgé	7,700	Acier	7,800
Fer brut	7,200	Acier fondu	7,919
Verre vert	2,642	Cire jaune	0,965
Gomme arabique	1,35	— blanche	0,969
Indigo	1,35	Crême de tartre	1,953
Craie	2,30	Amidon	1,530

Tableau n° 14. Densité de divers liquides.

Matières.	Densité.	Matières.	Densité.
Eau.	1000	Benzine.	850
Ether.	736	Chloroforme.	1480
Aldéhyde.	790	Huile de lin.	934
Alcool.	794	— d'amandes.	918
Alcool amylique.	827	— d'olives.	917
— méthylique.	813	Térébenthine.	872
Aniline.	1036	Créosote.	1037

Tableau n° 15. Points d'ébullition de divers liquides.

Matières.	Point d'ébullition.	Matières.	Point d'ébullition.
Eau.	100° c.	Mercure.	350° c.
Ether.	34	Acide sulfurique, 66° B.	326
Aldéhyde.	21		
Alcool.	78	Acide chlorhydrique, 14° B.	110
Alcool amylique.	135		
Aniline.	182	Acide nitrique fumant.	86
Benzine.	81		
Chloroforme.	62	Essence de térébenthine.	160
Acide acét. cristal.	118		
Esprit de bois.	62	Créosote.	188

TABLE ALPHABÉTIQUE DES MATIÈRES.

A

Acétate d'alumine. . . . 243
 » de cuivre. . . . 248
 » de fer. 245
 » de plomb. . . . 248
Acides en général. . . . 31
Acide acétique 225
 » azotique 222
 » benzoïque. 342
 » borique. 160
 » carbonique. . . . 186
 » chlorhydrique . . 219
 » chromique. . . . 238
 » citrique. 228
 » fluorhydrique . . 139
 » oxalique 228
 » phénique. 332
 » pyroligneux . . . 227
 » silicique. 159
 » sulfureux. 216
 » sulfur. anglais. 213-359
 » sulfurique fumant. 365
 » tartrique 227
Action chimique de la lumière 83
Action de la chaleur sur l'eau. 64
Affinité chimique 26
Air. 184
Albumine 289
Alcalis en général. . . 229
Alcali volatil. 231
Alcool. 277
Aldéhyde. 278
Alliages 34-163
Allumettes. 140

Aluminate de soude. . . 370
Alumine. 240
Aluminium. 166
Alun ammoniacal. . 240-373
 » de chrome. . . . 376
 » de fer. 374-375
 » de potasse. . . . 371
 » de Rome. 369
 » de soude. 374
Amidon 262
Ammoniaque 231
Analyse des couleurs sur étoffes. 380
Analyse des fibres textiles. 132
Aniline 332
Animalisation des fibres végétales 354
Anthracite. 151
Aréomètres. 51
Aréométrie 50
Argent. 180
Arsenic 139
Atmosphère. 184
Atomes. 28
Attraction universelle. . 47
Azote. 137
Azuline. 336

B

Baromètre. 92
Benzine 332
Bitumes 287
Blanchiment du coton. . 104
 » de la laine. 120
Bleu d'aniline. . . . 341-390

Bleu d'azuline. 336
 » de cuve 297
 » d'indigo. 296
Bleu de Prusse 292
 » de Saxe. 297
Bois de Brésil. 305
 » de Campêche. . . . 302
 » jaune 307
Borax 160
Bore 157
Brôme 138
Brun d'aniline 292

C

Cachou. 322
Calcium 165
Campêche 302
Canons (soufre en). . . . 145
Caractères des fibres textiles . . 102, 108, 116, 132
Carbonate de chaux. . . 253
 » de potasse. . . 235
 » de soude. . . 234
Carbone 146
Carmin de cochenille . . 330
 » d'indigo. 366
 » de safranum. . . 302
Carthame. 301
Cellulose. 258
Chaleur (théorie de la) 55-56
Chaleur animale. 63
Chanvre 107
Charbon de bois. 154
 » d'os 157
 » de Paris 155
 » de terre 151
Charge des soies 356
Chaux. 233-256
Chimie analytique. . . . 29
 » industrielle . . . 23
 » synthétique. . . 29
Chimie (définition). . . . 19
Chlore. 137

Chloroforme. 279
Chlorure de baryum. . . 252
 » de chaux. . . . 238
Chlorure d'étain 250
Chlorure de mercure . . 252
Chromate de potasse. . 237
Chrome 167
Ciments 257
Citrique (acide). 228
Cinabre 180
Cocons 125-126
Cochenille 327
Cohésion. 27
Coke. 157
Combustion. 62-189
Compte-fils. 81
Composition d'étain. . . 250
Combinaisons. 25, 42, 43, 44
Condensation 88
Contact 38
Contraste des couleurs. 44
Coralline. 335
Corps composés. 25
Corps gras en général. . 280
Corps simples. 24
Coton 99
Craie. 254
Crème de tartre. 240
Cryolithe. 370
Cuivre. 176
Culture du chanvre . . . 107
 » du coton. 100
 » du lin. 111
Curcuma. 311

D

Décomposition chimique
 de la lumière. 71
Découverte des couleurs
 d'aniline. 10
Défaut de vision. 78
Densité. 49
Dextrine 265

TABLE ALPHABÉTIQUE DES MATIÈRES.   409

Diamant. 147
Dilatation. 65
Dissolution. 83
Distillation. 85
Dividivi. 321
Ductibilité. 89
Dureté. 89
Dureté de l'eau. 204

E

Eau en général. 196
Eau de mer 203
  » minérales. 202
  » de javelle. 239
  » de pluie. 198
  » régale. 225
  » de rivière. 203
  » de source. 198
Éclat. 91
Effets de la chaleur . . . 42
Élasticité. 90
Électricité. 36
Emplois de l'eau en teinture 206
  » comme vapeur 205
Équivalents chimiques. . 39
Essai de l'acide sulfurique 363
Étain. 178
Éther. 279
Extrait de châtaignier. . 327

F

Fécule. 262
Fer 167
Fermentation alcoolique. 272
Ferments. 37
Fibres textiles. 99
Filtration 85
Fleur de soufre 143
Fluor. 138

Fonte de fer. 172
Forces physiques. 21
Formules chimiques . . . 44
Fuchsine. 337
Fusion. 88
Fustet 310

G

Galles 317
Garance 298
Gaude 308
Gélatine. 289
Glucose 271
Glycérine 286
Gomme adragante. . . . 267
  » arabique 265
  » Sénégal. 267
Graines d'Avignon. . . . 311
  » de Perse. 311
Graphite. 149

H

Histoire de la teinture. . 1
Huiles minérales artificielles 288
Huiles minérales naturelles 286
Huile d'olive. 283
Humidité de l'air 185
Hydrogène. 136

I

Impuretés de l'air 185
Incrustations des chaudières . . . .
Indigo. 294-359
Inorganiques (composés).
Iode 128
Jus de citron. 228
Jaune de Manchester . . 393

K

Kermès 330

L

Laine. 114
Lin. 110
Lignite. 154
Litharge 178
Loi des proportions mul-
   tiples 38
Loupes. 81
Lumière en général. . . 67

M

Magnésie. 165
Magnésium. 165
Manganèse. 166
Manomètres 95
Matières astringentes. . 316
  »   colorantes anim. 327
  »   »   artifiç. 331
  »   »   minér. 291
  »   »   végét. 294
  »   »   organ. 331
  »   »   tannantes 316
Mélange des couleurs. . 76
Mercure 179
Mesures métriques . . . 53
  » de la chaleur. . 59
Métalloïdes. 40
Métaux. 161
Méthylène 280
Miasmes 185
Microscope. 79
Minium 178
Mordants en général . . 349
Mordant d'alumine. . . . 350
  » de chrome . . . 353
  » d'étain 353
  » de fer. 353

N

Naphte. 287
Nature de la chaleur . . 54
  » de la lumière . . 68
Nettoyage de la laine . . 119
Nitrate de soude 224
Noir d'aniline 348
  » animal 157
  » de fumée. 155
Noix de Galle. 317
Nomenclature chimique. 41

O

Objet de la chimie. . . . 22
Oeil 77
Or . . . , ... 182
Origine de la chimie. . . 19
  » de la soie. . . . 121
  » de la teinture. . 1
Orseille 314
Oxydation. 189
Oxydes en général. . . . 31
Oxyde de fer . . . 174-291
  » de manganèse. . 167
Oxygène. 135

P

Pesanteur en général . . 47
  » de l'air. . . . 92
Pèse-acides 51
Pèse-alcool 52
Pèse-sels. 51
Pétrole 287
Phénicienne 336
Phénique (acide) 332
Phosphore. 139
Physique 47
Picrique (acide) 334
Platine. 183
Plomb 177
Plombagine 149

Poids et mesures. 53
Poids spécifique. . . . - 49
Porosité. 90
Potasse 230
Potassium 164
Pourpre antique. 3
Pourpre d'indigo . . . 366
Précipitation 87
Préparation de la soie pour teinture 129
Pression dans les chaudières à vapeur. . . . 95
Production de la soie. . 125
Propagation de la chaleur 57
Prussiate de potasse . . 254
Purification des eaux. . 210

Q

Quercitron. 307

R

Recomposition de la lumière 72
Réflexion de la lumière. 69
Réfraction de la lumière. 70
Respiration. 189
Rocou. 312
Rouge d'aniline 337
Rouille. . . . 174, 247, 291
Rouissage. 109

S

Safranine. 337
Safranum 301
Saturation. 84
Savon. 284
Sel d'étain 249

Sels 32
Silice. 157
Silicicium 157
Sodium 164
Soie 121
Solubilité des aluns. . . 402
» des cristaux de soude . 380
Soude. 230
Soufrage des laines. . . 120
Soufre. 141
Sources de chaleur. . . 62
Spath fluor 139
Sublimation 86
Sucre 269
Suint. 119
Sulfate de cuivre. . . . 248
» de fer 238
» de magnésie. . . 252
Sumac. 324

T

Tableau des corps simples 40
Tannin. 319
Télescope. 79
Ténacité. 89
Thermomètre. 59
Translucidité 91
Transparence. 91

V

Ver à soie. 121
Verre ordinaire 159
Verre soluble 160
Vert d'aniline par l'aldéhyde. 344
» » par l'iodure d'éthyle. 347

Violet d'aniline . . . 340-349
Violet lumière par l'io-
   dure d'éthyle 346
Violet lumière sans l'io-
   dure d'éthyle 347
Violet d'harmaline. . . . 349

Vitesse de la lumière . . 68
Volatilité. 88

Z

Zinc 175

RENSEIGNEMENTS
MAISONS RECOMMANDÉES

MANUFACTURES D'EXTRAITS SECS ET LIQUIDES
DE BOIS DE TEINTURE

P.-L. CANTHELOU FILS

GRAVILLE SAINTE-HONORINE
PRÈS LE HAVRE (Seine-Inférieure).

LANGLOIS (F.), fabricant d'extraits solides et liquides pour teintures et impressions, rue de la Vallée-Prolongée, 18 ; bureaux au Havre, dépôt à Rouen, chez Dubosc et Heuzey, et à Paris chez Bardon et Asseline, passage Ste-Croix-de-la-Bretonnerie, 11.

GELY aîné, teinture pour housses, colliers et tapis, spécialité de bleu de cuve pour teinturiers sur laine, coton et fils, Cordelières, 16.

John CASTHELAR, 19, rue Ste-Croix-Bretonnerie.
Acides Picriques. — Couleurs d'aniline.

DREVON (Et.), aîné, en noir, A. Paris 1867. O le Hâvre 1868, cours d'Herbouville, 58.

DEBIN, maison centrale, rue du Bac, 45, à Paris.

MAISON BAZIN
E. LOHSE, SUCCESSEUR
PARIS, rue Beaubourg, 35, PARIS

DORURE sur soie, velours et cuir.
DORURE de chefs de pièces.
GRAVURE de toutes marques de fabrique.
Spécialité de PRESSES A DORER et composteurs variés pour les fabricants de mérinos et teinturiers.

MASSON
TEINTURIER EN SOIE
47, rue du Chemin-Vert, à Paris

Spécialité pour les noirs et noirs bleus, fins et légers dits **Noirs Masson**, noirs riches de nuance et n'altérant pas la soie. Non seulement le **Noir Masson** n'altère pas la soie, mais encore, comme il n'entre dans sa préparation aucune matière nuisible à la santé, il met les personnes qui emploient la soie teinte par ce procédé à l'abri des accidents signalés, depuis plusieurs années, par divers journaux.

ANNALES DU GÉNIE CIVIL
PUBLICATION MENSUELLE

Fondée par Eug. LACROIX en 1862

PARIS, 54, rue des Saints-Pères, PARIS

Prix de l'abonnement :

Paris. . . . . 20 fr.
Départements, Alsace-Lorraine et Algérie. 25
Étranger. 30

PRODUITS CHIMIQUES.
APPLIQUÉS A LA TEINTURE

PRINCIPALES MAISONS DE PRODUCTION
FABRICANTS ET NÉGOCIANTS

Armet de Lisle, rue Sainte-Croix-de-la-Bretonnerie, 21.
Arnette frères, rue Barbette, 4.
Bardon (Emile) et Asseline, passage Ste-Croix-de-la-Bretonnerie, 11.
Bochet et C¹ᵉ, rue de la Glacière, 156.
Bourgeois-Rocques, à Ivry.
Boutié (Julien) et Lepetit, rue Emeriau, 5, à Grenelle.
Brigonnet (veuve et fils), route de Landy, 6 (Saint-Denis).
Camus (Charles) et ses fils, rue Barbette, 2.
Clolus (Victor), Grande-Rue-Saint-Mandé, 5.
Coblenz frères, passage Chausson, 5.
Coez (E.) et C¹ᵉ, 31, rue du Port, à Saint-Denis.
Colin (Charles), rue Quinquampoix, 15.
Dalsace, boulev. Sébastopol, 72.
Dehaynin (F.), rue d'Hauteville. 58.
Depierre (F.), 34, boulevard Voltaire.
Drouyn (J.), 21, rue Ste-Croix-de-la-Bretonnerie.

Fayolle, Keisser, Jay et C¹ᵉ, passage Saulnier, 7.
Thomas (Léon), quai de Javelle, 83.
Huillfard aîné et Marquet, 15, rue Vieille-du-Temple.
Langlois (A.), rue des Blancs-Manteaux, 22.
Levinstein (L.-J.) et Sons, 18, rue Favart.
Meissonnier (Charles), 5, rue Béranger.
Michelet-Mase, 6, rue Barbette.
Mongenot, rue Magnan, 24.
Moulin (L.), avenue de Paris, 150 (Saint-Denis).
Noirot (Victor), 41, rue des Francs-Bourgeois.
Octave (B.-C.) et Monpillard (A.), 4, rue Valence.
Poirier (A.), rue d'Hauteville, 49.
Pommier et C¹ᵉ, rue Barbette, 2.
Renault (Edme) et C¹ᵉ, rue de Sévigné, 29.
Sommelier et Chabanne, boulevard de l'Hôpital, 26.
Vedlès (Henri), à Clichy-la-Garenne (Seine).

BIBLIOTHÈQUE DU TEINTURIER
ET DU FABRICANT DE PRODUITS CHIMIQUES

BARRESWIL. — **Dictionnaire de chimie industrielle**, par MM. Bareswil et Aimé Girard, avec la collaboration de M. de Luca et MM. Berthelot, Bressant, Collinet, Govi, Hugard, baron de Liébig (de l'Institut), Riche, Ruau et docteur Sobrero. 5 vol. in-8, nombreuses figures dans le texte. (*Rare*.) 25 fr.

— **Répertoire de chimie appliquée.** Compte-rendu des applications de la chimie en France et à l'étranger, par M. Ch. Barreswil, avec la collaboration de MM. Emile Kopp, Bouillet, Davanne, E. Hardy, Krafft, Lesieur, Perrault, Ruau, etc., etc. In-8, 395 p. 7 fr.

GONFREVILLE (D.), élève de la manufacture des Gobelins. — **Art de la teinture des laines**, en toison, en fil et en tissus, **Traité complet du Manufacturier**, contenant : 1° une notice sur chacun des agents chimiques et sur chacune des substances colorantes ; 2° les procédés anciens et modernes les plus simples et les meilleurs pour la teinture des laines de toutes couleurs : 1° grand teint, 2° bon teint, et 3° faux teint ; 3° trois classes de formules relatives à ces trois divisions des procédés de cet art ; 4° un nouveau procédé de coloration au moyen de quelques nouvelles substances métalliques et de quelques substances végétales de l'Inde, de la Chine, etc.; 5° un chapitre sur les opérations, appareils, ustensiles et manœuvres ; 6° une série de 128 formules et échantillons de couleurs principales. 30 fr.

Cet ouvrage est écrit par un des hommes les plus compétents dans l'art de la teinture. M. Gonfreville n'est pas seulement un savant théoricien, c'est un homme éminemment pratique, qui ne recommande aucun procédé, aucune substance, aucun agent chimique sans les avoir expérimentés lui-même et sans fournir les raisons de sa préférence.

L'atlas de formules et d'échantillons des couleurs est le complément indispensable des applications contenues dans l'ouvrage.

KAEPPELIN (D.), chimiste. — **Guide pratique de la fabrication des tissus imprimés** : impression des étoffes de soie ; ouvrage accompagné de planches et enrichi de nombreux échantillons. 2ᵉ édit. augmentée d'un appendice. In-18 jésus, 142 p. 10 fr.

— Impression et teinture des tissus. Gr. in-8, fig. et 5 pl. 5 fr.

— **Blanchissage**, blanchiment, apprêt, blanchiment des tissus. Gr. in-8 avec fig. et 7 pl. 6 fr. 50

— Un chapitre sur la teinture. — La **Gaude**. — Extrait des *Annales du Génie civil*. Gr. in-8. 1 fr. 25

— **Garance**, son emploi dans la teinture et l'impression des tissus. — Extrait des *Annales du Génie civil*. Gr. in-8, 2 fr.

PAYEN (A.), membre de l'Institut (Académie des sciences), professeur au Conservatoire des arts et métiers et à l'Ecole centrale des arts et manufactures. **Précis de chimie industrielle**, à l'usage : 1° des écoles d'arts et manufactures et d'arts et métiers ; 2° des écoles préparatoires aux professions industrielles ; 3° des fabricants et des agriculteurs. 5ᵉ édition, où l'on a introduit les derniers perfectionnements apportés aux applications de la chimie et plusieurs chapitres sur les industries nouvelles. 2 vol. in-8, VII-1672 p. et atlas in-8 de 55 pl. 25 fr.

PERSOZ, professeur au Conservatoire des arts et métiers. — **Traité théorique et pratique de l'impression des tissus.** Paris 1846. 4 beaux vol. in-8, avec 165 figures et 429 échantillons d'étoffes intercalés dans le texte, et accompagnes d'un atlas de 10 planches in-4 gravées en taille-douce, dont 4 sont coloriées. Ouvrage auquel la Société d'encouragement a accordé une médaille de 3,000 fr. 70 fr.

SCHUTZENBERGER. — **Traité des matières colorantes**, comprenant leurs applications à la teinture et à l'impression. 2 vol. in-8. 19 fr.

VAN LAER (G.), préparateur de chimie à l'école de Verviers. — **Aide-mémoire du teinturier**. Recueil des principaux procédés de teintures à mordant. in-8, 86 p. et tableaux échantillons. 3 fr. 50
 Avec échantillons. 10 fr.

EXTRAIT DU CATALOGUE

De la Librairie scientifique, industrielle et agricole

Eugène LACROIX, Imprimeur-Éditeur

54, rue des Saints-Pères, à Paris.

Acclimatation des animaux domestiques, par le Dr B. Lunel. 1 vol., 185 p.   3 fr.

Acier (son emploi et ses propriétés), par G.-B.-J. Déssove, avec introduction et Notes, par E. Grateau. 1 vol., 309 pages   4 fr.

Agent-voyer (Guide de l'), par Birot. 1 vol et atlas. 10 fr.

Agriculture. Guide pratique d'agriculture générale, par A. Gobin. 1 vol., x 448 p., avec fig.   4 fr.

Alcoolisation. V. *Betterave*.

Alliages métalliques, par A. Guettier, directeur de fonderie. 1 vol., 343 p.   4 fr.

Aluminium et métaux alcalins (Recherche, extraction et fabrication), par C.-H. et A. Tissier. 1 vol., 228 p. avec 1 pl. et de nombreuses figures dans le texte. 5 fr.

Amidon (fabrication de l'), par Dubief. 1 vol.   5 fr.

Analyse des vins. V. *Vins*.

Analyse des sucres. V. *Sucres*.

Analyse qualitative, par H. Will, traduit par W. Bichon. 1 vol., 259 p. avec tableaux dans le texte.   3 fr.

Animaux domestiques. V. *Habitations*.

Animaux nuisibles : leur destruction, par H. Gobin. 3 fr.

Apiculture (culture des abeilles), par H. Hamet. 1 vol., 336 p. avec figures.   5 fr.

Appareils économiques de chauffage pour les combustibles solides et gazeux, par P. Flamm. 1 v., 157 p., 4 pl.   4 fr.

Architecture navale. (Guide pratique), par G. Bousquet. 1 vol., vi-102 p. avec fig.   3 fr.

Architecture rurale, par T. Bona. 1 vol.   4 fr. 50.

Armes et poudres de chasse. 1 vol., 138 p.   3 fr.

Artifice (Feux d') V. *Poudres et salpêtres*.

Asphaltes, bitumes, par Malo. 1 v., iii 319 p., 7 pl. 5 fr.

Basse-cour, éducation lucrative des poules, oies et canards, etc. par Mariot-Didieux. 1 fort vol. avec fig. 6 fr.

Betterave (Culture et Alcoolisation), par Basset. 1 vol., 284 p.   4 fr.

Bijoutier. Application de l'harmonie des couleurs, par L. Moreau. 1 vol., 108 p., 2 pl. col. 2 fr.
Bois. Tarif de cubage des bois, par A. Francon. 1 vol., 402 p. 4 fr.
Botanique appliquée à la culture des plantes, par Léon Lerolle, 1 vol. 464 p., avec nombr. fig. dans le texte 6 fr.
Brasseur (Guide du), par Mulder. 1 vol. 6 fr.
Brevets. Droit des inventeurs, par H. Dufrené. 3 fr.
Carton (Fabrication du), par Prouteaux. 1 vol. avec planches. 5 fr.
Caféier, cacaoyer et de la canne à sucre (Culture et exploitation du), par Bourgoin d'Orli. 1 vol., 260 p. 5 fr.
Canards, par Mariot-Didieux. 1 vol. 1 fr. 50
Carnet de l'ingénieur. Aide manuel de l'ingénieur, etc. 1 vol., 290 p. avec fig. et table. 4 fr.
Chaleur (Théorie mécanique de la chaleur), par Clausius, traduit par Folie. 2 vol., ensemble 748 p. avec fig. 15 fr.
Charpentier (Livre de poche du). Collection de 150 épures, avec texte explicatif en regard, par J.-F. Merly. 1 v., 287 p. 6 fr.
Chasseur médecin (Traité complet sur les maladies du chien), par F. Clater, traduit par Mariot-Didieux. 1 vol., 195 p. 3 fr.
Chauffage (Appareils de), par Flamm. 1 vol. 4 fr.
Chauffeur (Manuel du), par Jaunez. 1 vol. avec fig. 3 fr.
Chemins de fer. Traité d'Exploitation par Victor Emion, avec préface de Jules Favre. 1 fort vol. 787 pages. 8 fr.
Chemins de fer (Notions générales), par A. Perdonnet.
— Album des chemins de fer, cours de l'École centrale. 1 vol., texte et 74 pl. 10 fr.
1 vol., 458 p. 15 fr.
— Courbes sur le terrain, par Peronne. 3 fr.
— Courbes de raccordement, par Chauvac de la Place. 1 vol. 6 fr.
Chien (Éducation du), par E. de Tarade. 1 vol. 4 fr.
Chimie. Éléments de chimie, par le Dr Sacc. 2 vol. 6 fr.
Chimie agricole, par N. Basset. 1 vol. 339 p. 4 fr.
Chimie (introduction à l'étude de la), par M. J. Liebig. 1 vol., 248 p. 2 fr. 50
— Analyse qualitative, par Will. 3 fr.
Chimie inorganique, par Pouriau. 1 v., 520 p., avec fig. 7 fr.
Chimie organique, par le même, 1 v., 546 p., avec fig. 7 fr.

Chimiste agriculteur, par le même, 1 vol., 460 p., 148 fig.
7 fr.
Commandant de navires (Guide du), par Vincent. 1 v. 5 fr.
Conducteur des Ponts et Chaussées (Guide du), par Birot 1 vol. et atlas. 10 fr.
Conférences agricoles, par Gossin. 1 vol., 124 p. 1 fr.
Constructeur (Guide du). Dictionnaire des mots techniques employés dans la construction, par Pernot, revu et complétement refondu, par C. Tronquoy. 1 vol., 532 p. 6 fr.
— Maçonnerie, par Demanet. 1 vol., 252 p. avec tableaux et 20 planches doubles. 6 fr.
Constructions et travaux à la mer, par M. Bouniceau. 1 vol. viii-420 p. et atlas de 44 planches doubles. 18 fr.
Constructions rurales, par Bona. 1 vol., 296 p., avec fig.
5 fr.
Corps gras industriels, Savons, Bougies, Chandelles, etc. (Connaissance et exploitation), par Th. Chateau 1 vol., 435 p. 5 fr.
Coton (Culture du), par le docteur A. Sicard. 1 vol. de 148 p. avec figures dans le texte. 3 fr.
Courbes de raccordement. *Chemins de fer, routes et chemins* (Nouvelles tables pour le tracé des), par Chauvac de la Place. 1 vol., 124 p., 1 pl. 6 fr.
Courbes sur le terrain (Guide pratique pour le tracé des), par Eug. Peronne. 66 p. ou tableaux, avec figures intercalées dans le texte. 3 fr.
Courtage. La liberté et le courtage des marchandises, par V. Émion. 1 vol., 142 p. 2 fr.
Culture maraîchère, par Courtois-Gérard, 1 vol, 399 p., avec de nombreuses fig. dans le texte. 5 fr.
Dessin linéaire, par A. Ortolan et J. Mesta. 1 vol., 281 p. avec un atlas de 42 pl. 6 fr.
Dictionnaire du Constructeur, par Tronquoy, 1 vol. 6 fr.
Drainage. Résultats d'observations et d'expériences pratiques, par Kielmann. 1 vol., 104 p., fig. dans le texte. 1 fr.
Droit maritime international et commercial (Notions pratiques de), par Alp. Doneaud. 1 vol., 155 p. 3 fr.
Économie domestique, contenant des notions d'une application journalière, par le doct. B. Lunel. 1 vol., 227 p. 2 fr.
Électricité. Principes généraux, applications, par Snow-Harris, traduit par E. Garnault. 1 vol. de 264 p., avec 72 figures dans le texte. 3 fr.

Engrais. La vidange agricole, par TOUCHET. 1 v. avec fig. 2 fr.
Engrenages (Traité pratique du tracé et de la construction des), par F.-G. DINÉE 1 vol., 80 p. et 17 pl. 5 fr.
Entomologie agricole. Destruction des insectes nuisibles, par H. Gobin. 1 vol., 285 p., avec fig. et tableaux. 4 fr.
Entreprises industrielles et commerciales, par LINCOL, 1 vol., 343 p. 5 fr.
Épicerie, ou Dictionnaire des denrées indigènes et exotiques, par le doct. B. LUNEL. 1 vol., 262 p. 3 fr.
Ethnographie (Descriptions des races humaines), par d'O-MALIUS D'HALLOY. 1 vol., avec une pl. coloriée, 130 p. 4 fr.
Expropriations. Manuel des expropriés, par Victor EMION. 1 vol., 125 p. 1 fr.
Fécules et amidons, par DUBIEF. 1 vol., 267 p. 5 fr.
Fer (le), par FAIRBAIRN, 1 vol. avec fig. 6 fr.
Fumiers de ferme et engrais en général, par le Dr Emile WOLFF. 1 vol., 204 p. 3 fr.
Feux d'artifice. V. *Poudres et salpêtres.*
Géographie Physique, Ethnographique et Historique à l'usage des artistes, des écoles d'architecture et des gens du monde, par O. LESCURE, 1 vol. 351 pages. 3 fr.
Géomètre arpenteur (Arpentages, nivellements, levé des plans, partage des propriétés agricoles), par M. P. GUY. 1 vol., 272 p., avec 183 fig. 4 fr.
Géométrie élémentaire (Leçons de), par Ch. ROZAN. 1 vol., 270 p., avec un atlas de 31 pl. 6 fr.
Habitations des animaux (Bon aménagement des). Écuries et étables, bergeries, porcheries, etc., par GAYOT. 558 pages et nombreuses fig. 7 fr.
Houille. Gisement, extraction et exploitation des Mines de Houille, par DEMANET, 1 vol., 404 p. et 4 tableaux. Broché. 6 fr.
Huiles (Essai et dosages des) employées dans le commerce ou servant à l'alimentation des savons et de la farine de blé, par CAILLETET. 1 vol., 107 p. 4 fr.
Hydrauliques (Roues), par J. LAFFINEUR. 1 vol. de 142 p. et 8 planches. 3 fr. 50
Hydraulique, Dessèchement. 1 vol. 4 fr.
Hydraulique urbaine. 1 vol. 3 fr.
Hygiène et médecine usuelle, par le doct. B. LUNEL. 1 vol., 212 p. 2 fr.

Ingénieur agricole (Hydraulique, dessèchement, drainage, irrigation, etc.), par LAFFINEUR. 1 vol., 398 p., 5 pl. 6 fr. Deux parties se vendent séparément.
Insectes nuisibles (Destruction des). V. *Entomologie*.
Inventeurs (Droit des). Législation, par H. DUFRENÉ, 1 vol., 168 pages. 3 fr.
Jardnage (Manière de cultiver son jardin), par COURTOIS-GÉRARD. 1 vol., 403 p., avec 1 planche et figures dans le texte. (Nouvelle édition.) 5 fr.
Jardins d'agrément (Tracé et ornementation), par T. BONA. 1 vol., 304 p., 4e éd. 3 fr. 50.
Joaillier. Traité complet des pierres précieuses, par CH. BARBOT. 1 vol., 567 p. et 178 figures gravées. Relié. 10 fr.
Lapins (Éducation lucrative des), par MARIOT-DIDIEUX. 1 vol., 163 p. 2 fr. 50
Liqueurs (Fabrication des), sans distillation, par DUBIEF. 1 vol., 288 p. avec figures et 1 pl. 5 fr.
— Le liquoriste des Dames, par DUBIEF. 1 vol., 120 p. 3 fr.
Literie, par JEAN DE LATERRIÈRE. 1 vol., 180 p., avec 13 pl. 2 fr.
Machines agricoles en général et machines à vapeur rurales (construction, emploi et conduite), par GAUDRY 1 vol., 107 p.
Maçonnerie (Constructeur), par A. DEMANET. 1 volume texte de 252 p. et atlas de 20 pl. 6 fr.
Marine. Guide pratique du commandant de navires à vapeur, par A. VINCENT. 1 vol., 285 p., 2 pl. 5 fr.
— Le droit maritime. 1 vol. 3 fr.
— Architecture navale. 1 vol. avec fig. 3 fr.
Matières résineuses (Provenance et travail), par E. DROMART. 1 vol. 101 p. avec 3 pl. 4 fr.
Mécanique pratique, (Guide de l'ouvrier mécanicien), par ORTOLAN, un vol. et atlas. 12 fr.
Manuel du Chauffeur, par A. JAUNEZ, 1 vol., 212 p., 37 fig. et 1 planche. 4 fr.
Médecine usuelle. V. *Hygiène*.
Métallurgie (le Fer, son histoire, ses propriétés), par William FAIRBAIRN; traduit par G. MAURICE. 1 vol., 351 pages, avec 5 pl. 6 fr.

ENSEIGNEMENT PROFESSIONNEL

—▸✶◂—

BIBLIOTHÈQUE

DES

PROFESSIONS INDUSTRIELLES ET AGRICOLES

FONDÉE PAR

E. LACROIX ✳

Ex-Officier de marine, Ingénieur civil
Membre de la Société industrielle de Mulhouse, de l'Institut royal
des Ingénieurs hollandais
de la Société des Ingénieurs de Hongrie, etc.

AVEC LA COLLABORATION

de MM. les Rédacteurs des *Annales du Génie civil*

ET CELLE

d'Ingénieurs, de Professeurs et de Savants français et étrangers

TABLE DES MATIÈRES.

	Pages.
Avertissement.	3
Table par ordre alphabétique des noms d'auteurs.	7
Catalogue par ordre alphabétique des matières.	17
Catalogue par ordre méthodique de matières ou de séries.	25
Catalogue général des ouvrages publiés par la librairie Lacroix, autres que ceux qui font partie de la bibliothèque.	71

BIBLIOTHÈQUE

DES

PROFESSIONS INDUSTRIELLES ET AGRICOLES

Publiée par Eugène LACROIX

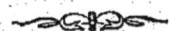

AVERTISSEMENT

Depuis 1816, c'est-à-dire depuis soixante ans que notre maison est fondée (1), nos prédécesseurs ont publié, et nous continuons à publier des ouvrages sur les sciences appliquées à l'industrie, aux arts et métiers, à l'agriculture. L'ensemble de ces publications forme une collection très-variée : donc, nous avions créé par le fait une *Bibliothèque des professions industrielles et agricoles*. Mais l'étendue de quelques-uns de ces ouvrages, l'enseignement plus ou moins scientifique ou plus particulièrement pratique qu'ils contiennent, la forme typographique, différente pour le plus grand nombre, et enfin le prix élevé

---

(1) Réunion (en 1856) des anciennes maisons Malher et Ce (fondée en 1816), Aug. Mathias (fondée en 1827), Comptoir des Imprimeurs-unis (fondé en 1842), G. Comon (fondée en 1848).

de quelques-uns ne permettaient pas de les comprendre par séries dans une encyclopédie accessible, par la forme, par le fond et par le prix, aux personnes qui ont le plus souvent besoin d'indications pratiques sur la profession dont elles font l'apprentisage, ou danslaquelle elles veulent devenir plus intelligemment habiles.

A ces personnes, dont le nombre est très-grand, il faut des *guides pratiques* exacts, d'un format commode, d'un prix modéré, rédigés avec clarté et méthode, comme est clair et méthodique l'enseignement direct du professeur à l'élève ou celui du maître à l'apprenti. Telle a été notre pensée en commençant, en 1863, la publication de la *Bibliothèque des professions industrielles et agricoles*.

Nous atteindrons le but que nous nous sommes proposé, nous en avons aujourd'hui l'assurance, par la vente soutenue des séries déjà publiées, par le nombre et le mérite, soit comme savants, soit comme praticiens, des collaborateurs acquis à l'œuvre, et par les adhésions qui nous arrivent de tous côtés et sous toutes les formes.

Notre publication s'adresse à l'ingénieur, à l'industriel, à l'ouvrier mécanicien, dans chacune des professions spéciales, à l'artisan de tous les métiers, à l'instituteur, à l'agriculteur; certaines séries conviennent à l'homme du monde qui désire satisfaire utilement sa curiosité, ou qui veut augmenter les notions déjà acquises, par des connaissances particulières sur les professions qui procurent à la société entière es éléments du bien-être matériel, base indispensable du progrès moral.

C'est donc à un très-grand nombre de lecteurs ou plutôt de travailleurs que nous offrons un concours efficace pour l'étude et les applications des questions d'utilité privée ou publique. Nous leur faisons un appe direct, en leur rappelant qu'il n'y a pas possibilité d'abaisser le prix de vente d'un livre qu'à la condition de pouvoir imprimer ce livre à un très-grand nombre d'exemplaires, en prévision d'un grand nombre d'acheteurs : en effet les premières dépenses, c'est-à-dire la gravure des bois et des planches, la composition typographique du texte et le travail de l'auteur sont les mêmes pour un exemplaire que pour mille, dix mille, etc. Dans l'espoir que le nombre des adhérents à notre œuvre ne cessera pas d'augmenter, — que rédacteurs et souscripteurs nous prêteront leur appui, de plus en plus efficace, — nous continuerons à publier les volumes annoncés, le plus promptement qu'il nous sera possible.

Le prix de vente de chacun d'eux sera fixé d'après le chiffre des frais occasionnés par sa fabrication.

Cette Bibliothèque est composée de *neuf Séries,* qui se subdivisent comme suit :

Série A. — Sciences exactes	9	vol.
» B. — Sciences d'observation	24	»
» C. — Constructions civiles	29	»
» D. — Mines et Métallurgie	20	»
» E. — Machines motrices	6	»
» F. — Professions militaires et maritimes	9	»
» G. — Professions industrielles	67	»
» H. — Agriculture, Jardinage, etc.	57	»
» I. — Économie domestique, Comptabilité, Législation, Mélanges	29	»
Total	250	vol.

Les volumes de cette collection sont publiés dans le format grand in-18, la plupart d'entre eux sont illustrés de gravures qui viennent mieux faire comprendre le texte ; des atlas renferment les dessins qui exigent d'être représentés à grandes échelles et avec plus de détails.

CATALOGUE

PAR ORDRE ALPHABÉTIQUE DES NOMS D'AUTEURS

DES VOLUMES PUBLIÉS

DE LA BIBLIOTHÈQUE LACROIX

Octobre 1871

		Pages.
Série G, n° 26. **Barbot**. Joaillerie. 1 vol. avec 101 fig. 10 fr.		50
— H — 9. **Basset**. Chimie agricole. 1 vol., 4 fr.		57
— G — 1. — Culture et alcoolisation de la betterave. 1 vol. avec fig., 4 fr.		45
— C — 2. **Birot**. Guide pratique du Conducteur des Ponts et Chaussées et de l'Agent-Voyer. 1 vol. et 1 atlas, 10 fr.		31
Se subdivise en 4 parties qui se vendent séparément 3 fr.		
1° Plans et nivellements;		»
2° Routes et chemins;		»
3° Ponts et aqueducs;		»
4° Constructions en général et devis.		»

	Pages.
Série H, n° 45. **Bona**. Jardins d'agrément. 1 vol., 3 fr. 50 c.	63
— H — 57. — Constructions rurales. 1 vol., 5 fr.	66
— G — 1. — Préparation et tissage des étoffes. 1 vol. et un atlas, 10 fr.	45
La 1re partie. Draperie-nouveauté. 1 vol. et atlas se vend séparément, 6 fr.	»
— F — 2. **Bousquet**. Architecture navale. 1 vol. avec fig. 3 fr.	43
— C — 20. **Bouniceau**. Constructions à la mer. 1 vol. avec fig. et 1 atlas, 18 fr.	33
— H — 50. **Bourgoin d'Orli**. Culture de la canne à sucre du caféier et du cacaoyer, suivi de la fabrication du chocolat. 5 fr.	64
Se vend séparément :	
— H — 46. — Culture du caféier et du cacaoyer. 3 fr.	63
— H — 50. — Culture de la canne à sucre. 3 fr.	»
— B — 12. **Brun**. Fraudes et maladies du vin. 1 vol., 3 fr.	29
— G — 60. **Cailletet**. Huiles, essais et dosage. 1 vol., 4 fr.	53
— H — 20. **Carbonnier**. Pisciculture. 1 vol., 3 fr.	59
— C — 3. — Carnet de l'Ingénieur. 1 vol., 4 fr.	31
— G — 9. **Chateau**. Corps gras industriels. 1 vol., 5 fr.	48

SCIENCES INDUSTRIELLES ET AGRICOLES.

Pages.

Série C, n° 16. **Chauvac de la Place.** Chemins de fer (courbes de raccordement. 1 vol., 6 fr.   32

— B — 5. **Chevalier.** Photographie. 1 vol. avec fig., 4 fr.   28

— B — 2. **Clausius.** Théorie mécanique de la chaleur. 2 vol. avec fig., 15 fr.   27

— C — 4. **Cornet.** Album des chemins de fer, cours de l'École centrale, 10 fr.   31

— H — 41. **Courtois-Gérard.** Jardinage. 1 vol. avec fig., 5 fr.   62

— H — 28. — Culture maraîchère. 1 vol. avec fig., 5 fr.   60

— C — 10. **Demanet.** Maçonnerie. 1 vol. avec 20 planches doubles, 6 fr.   32

— D — 1. **Demanet** (fils). Exploitation de la houille. 1 vol. avec fig., 6 fr.   37

— D — 5. **Dessoye.** Acier. 1 vol., 4 fr.   »

— E — 6. **Dinée.** Engrenages. 1 vol. avec 17 planches doubles, 5 fr.   4

— I — 16. **D'Omalius d'Halloy.** Ethnographie. Études sur les races humaines. 1 vol. avec une planche en couleur, 4 fr.   69

— F — 1. **Doneaud.** Droit maritime. 1 vol., 3 fr.   43

— D — 15. **Drapiez.** Minéralogie. 1 vol., 3 fr.   39

— G — 5. **Dromart.** Pin maritime. 1 vol. avec 3 planches doubles, 4 fr.   46

— G — 50. **DuLief.** Traité de la fabrication des liqueurs, 5 fr.   52

			Pages.
Série I,	n° 4.	**Dubief.** Liquoriste des dames. 1 v., 3 fr.	68
— I	— 1.	— Vins factices. 1 vol., 2 fr.	67
— G	— 48 bis.	— Le Féculier et l'Amidonnier. 1 vol., 5 fr.	52
— I	— 21.	— L'Immense trésor des Vignerons et des marchands de vin. 1 vol., 5 fr.	70
— H	— 14.	**Dubos.** Choix des vaches laitières. 1 vol. avec fig., 3 fr.	57
— I	— 6.	**Dufrené.** Droit des inventeurs, brevets. 1 vol., 3 fr.	68
— C	— 21.	**Emion.** Traité de l'exploitation des chemins de fer. 1 fort vol., 8 fr.	33
		Deux parties se vendent séparément.	
		1° Voyageurs et bagages. 1 vol., 3 fr. 50.	»
		2° Marchandises. 1 vol., 3 fr. 50.	»
— I	— 12.	— Expropriations. 1 vol., 1 fr.	68
— I	— 7.	— Courtage des marchandises. 1 vol., 2 fr.	»
— D	— 4.	**Fairbairn.** Métallurgie du fer. 1 vol. avec fig., 6 fr.	37
— G	— 12.	**Flamm.** Appareils économiques de chauffage, 1 vol. avec 4 planches, 4 fr.	48
— H	— 40.	**Fleury-Lacoste.** Vigneron. 1 vol., 3 fr.	61

SCIENCES INDUSTRIELLES ET AGRICOLES.

Pages.

Série G, n° 14. — **Fol.** Nouveau manuel complet du Teinturier, préparation et application des matières tinctoriales. 1 fort vol. avec nombreuses figures, *sous presse. Pour les souscripteurs*, 8 fr. 50

— H — 2. **Forney.** Taille du rosier, sa culture, etc. 1 vol., 3 fr. 55

— H — 52. **Fraiche.** Ostréiculture, ou culture des huîtres. 1 vol. avec fig., 4 fr. 64

— C — 8. **Francon.** Cubage des bois. 1 vol., 4 fr. 31

— B — 10. **Frésénius.** Potasses, soudes, cendres, acides, etc., 1 vol. avec fig., 3 fr. 28

— B — 17. **Garnault.** Electricité. 1 vol. avec fig., 3 fr. 30

— H — **Gaudry.** Machines à vapeur rurales. 1 vol. 107 p. Nouvelle édition sous presse. »

— H — 4. **Gayot.** Traité pratique de construction des habitations des animaux, pour le bon aménagement et l'hygiène. 1 fort vol. avec nombreuses fig., 7 fr. 55

Deux parties se vendent séparément.

— H — 4 1° Ecuries et étables. 1 vol., 3 fr. 56
— H — 4 2° Bergeries, porcheries, etc., 1 vol., 3 fr. 55

— H — 49. **Gobin** (H.). Entomologie et destruction des insectes nuisibles. 1 vol. avec fig., 4 fr. 64

				Pages.
Série H,	n°	32.	**Gobin** (A.). Traité de la culture des plantes fourragères. 1 très-fort vol. avec fig., 8 fr.	60
			Deux parties se vendent séparément.	
—	H	— 32.	1° Prairies naturelles. 3 fr.	61
—	H	— 33.	2° Prairies artificielles. 3 fr. 50	»
—	H	— 1.	— Agriculture générale. 1 vol. avec fig., 4 fr.	55
—	H	— 11.	**Gossin.** Conférences agricoles. 1 vol., 1 fr.	57
—	D	— 12.	**Guettier.** Alliages des métaux. 1 vol., 4 fr.	38
—	C	— 1.	**Guy.** Géomètre arpenteur. 1 vol., 183 fig., 4 fr.	31
—	H	— 25.	**Hamet.** Apiculture ou culture des abeilles. 1 vol. avec fig., 5 fr.	59
—	G	— 7.	**Jaunez.** Manuel du Chauffeur. 1 vol. avec fig., 3 fr.	47
—	G	— 3.	**Kaeppelin.** Impression des tissus avec échantillons et planches, 1 vol., 10 fr.	46
—	H	— 8.	**Kielmann.** Drainage. 1 vol avec fig., 1 fr.	56
—	H	— 42.	**Koltz.** Culture du saule. 1 vol. avec fig., 3 fr.	62
—	H	— 3.	**Laffineur.** Guide de l'Ingénieur agricole, hydraulique, desséchement, irrigations, lois, décrets, etc. et un traité d'hydraulique urbaine et agricole. 1 vol. avec 5 planches oblongues, 6 fr.	55
			Deux parties se vendent séparément :	

SCIENCES INDUSTRIELLES ET AGRICOLES. 13

Pages.

- Série H, n° 3. — **Laffineur.** 1° Hydraulique, dessèchement. 1 vol., 4 fr.   55
- — H — 31. 2° Hydraulique urbaine. 1 vol., 3 fr.   60
- — E — 1. Roues hydrauliques. 1 vol. avec planches, 3 fr. 50.   41
- — G — 4. **Laterrière** (de). Literie. 1 vol. avec fig., 2 fr.   46
- — H — 56. **Lérolle** (Léon). Botanique appliquée à la culture des plantes. 1 vol. avec fig., 6 fr.   65
- — I — 9. **Lescure.** Géographie à l'usage des écoles d'architecture, des arts et métiers, des artistes, etc. 1 v., 3 fr.   68
- — B — 11. **Liebig.** Introduction à l'étude de la chimie. 1 vol., 2 fr. 50.   29
- — I — 25. **Lincol.** Comptabilité des entreprises industrielles et commerciales. 1 vol., 5 fr.   70
- — G — 44. **Lunel.** Epicerie. 3 fr.   51
- — I — 2. — Economie domestique. 2 fr.   67
- — G — 43. — Parfumerie. 5 fr.   51
- — H — 48. — Acclimatation. 3 fr.   63
- — I — 14. — Hygiène et médecine usuelle. 2 fr.   69
- — D — 18. **Malo.** Asphaltes, bitumes. 1 vol. avec 7 planches, 5 fr.   39
- — D — 17. **Marcel de Serres.** Traité des roches. 1 vol., 5 fr.   »
- — H — 18. **Mariot-Didieux.** Basse-cour : Education lucrative des poules des oies et canards, etc. 1 vol. avec fig., 6 fr.   58
  Deux parties se vendent séparément.

		Pages.
Série H, n° 18 bis. — **Mariot-Didieux**. Les Poules. 1 vol., 4 fr.		58
— H — 19. — Oies et canards. 1 vol., 2 fr.		»
— H — 17. — Education lucrative du lapin. 1 vol. 2 fr. 50.		»
— H — 21. — Traitement des maladies du chien. 1 vol., 3 fr.		59
— G — 13. **Merly**. Guide du charpentier. 1 vol. avec 130 planches, 6 fr.		49
— B — 4. **Miége**. Télégraphie électrique. 1 vol. avec fig., 3 fr.		27
— G — 48. **Monier**. Analyse des sucres. 1 vol. avec fig., 2 fr.		52
— G — 23. **Moreau**. Bijoutier. 1 vol. avec fig. col., 2 fr.		50
— G — 10. **Mulder**. Guide du brasseur. 1 fort vol. 6 fr.		48
— B — 14. **Noguès**. Minéralogie appliquée. 2 vol. avec fig., 12 fr.		29
— G — 6. **Ortolan**. L'ouvrier mécanicien ou la mécanique de l'atelier. 1 fort vol. et atlas de 52 planches doubles, 12 fr.		47
— A — 6. — **Mesta**. Dessin linéaire appliqué aux écoles industrielles et professionnelles. 1 vol. et atlas de 41 planches doubles, 6 fr.		25
— C — 27. **Perdonnet**. Chemins de fer. (Notions générales.) 1 vol. avec fig., 15 fr.		34
— C — 26. **Pernot et Tronquoy**. Dictionnaire du Constructeur. 1 vol., 6 fr.		34

SCIENCES INDUSTRIELLES ET AGRICOLES. 15
Pages.

Série C, n° 17. **Peronne.** Tracé des courbes sur le terrain, 1 vol., 3 fr. ... 32

— H — 6 et 7. **Pouriau.** Traité des sciences physiques appliquées à l'agriculture, 2 fort vol., 14 fr. ... 56
    Deux parties se vendent séparément.

— H — 6.   1° Chimie inorganique. 7 fr. ... »

— H — 7.   2° Chimie organique. 7 fr. ... »

— H — 55. — Chimiste agriculteur. 1 vol. avec fig., 7 fr. ... 65

— G — 35. **Prouteaux.** Fabrication du papier et du carton. 1 vol. avec 7 planches oblongues, 5 fr. ... 51

— I — 5. **Rambosson.** La science populaire. 4 vol. avec nombreuses fig. dans le texte, 14 fr. ... 68

— H — 38. **Reynaud.** Culture de l'olivier. 1 vol., 4 fr. ... 61

— G — 11. **Roux** (L.). Armes et poudres de chasse. 1 vol., 3 fr. ... 48

— A — 3. **Rozan.** Leçons de géométrie élémentaire à l'usage des écoles professionnelles. 1 vol. et atlas de 31 planches doubles, 6 fr. ... 25

— B — 1 et 1 bis. **Sacc.** Élément de Chimie. 2 vol., ensemble, 6 fr. ... 27
    Se vendent séparément :
    1° Chimie minérale ou synthétique. 1 vol., 3 fr. ... »
    2° Chimie organique ou asynthétique, 1 vol., 3 fr. ... »

— I — 3. **Sébillot.** Mouvement industriel et commercial. 1 vol., 2 fr. ... 67

BIBLIOTHÈQUE LACROIX.

Pages.

Série A, n° 1. **Sella.** Théorie et emploi de la règle à calcul. 1 vol. avec planches, 4 fr.   25

— H — 43. **Sicard.** Culture et préparation du coton. 1 vol. avec fig., 3 fr.   63

— D — 19. **Soulié.** Gisement, exploitation, emploi du pétrole. 1 vol. avec fig., 3 fr.   40

— F — 4. **Steerk.** Fabrication des poudres et salpêtres ; — feux d'artifice. 1 vol. avec fig., 6 fr.   43

— H — 22. **Tarade** (E. de). Traité de l'élevage et de l'éducation du chien. 1 v., 4 fr.   59

— D — 11. **Tissier** (Ch. et A.). Aluminium, propriétés, procédés, extraction. 1 vol. avec planches, 5 fr.   38

— I. — 8. **Tondeur.** Sténographie, 1 fr.   »

— H — 52 bis. **Touchet.** Vidange agricole. 1 vol. avec fig., 2 fr.   65

— C — 25. **Vanalphen.** Poids des métaux. 1 vol., tableaux et 2 planches, 5 fr.   34

— G — 8. **Violette.** Fabrication des vernis. 1 vol. avec fig., 6 fr.   47

— F — 6. **Vincent.** Guide du commandant de navires à vapeur. 1 vol. et 2 planches, 5 fr.   43

— B — 9. **Will.** Analyse qualitative. 1 vol., 3 fr.   28

— H — 53. **Wolff.** Fumiers de ferme et engrais en général. 1 vol., 3 fr.   65

CATALOGUE

PAR ORDRE ALPHABÉTIQUE DES MATIÈRES

POUR LES VOLUMES PUBLIÉS

Acclimatation des animaux domestiques, par le Dr B. LUNEL. 1 vol., 185 p. 3 fr.
Acier (son emploi et ses propriétés), par G.-B.-J. DESSOYE. avec introduction et Notes, par E. GRATEAU. 1 vol., 309 pages 4 fr.
Agent-voyer (Guide de l'), par BIROT. 1 vol et atlas. 10 fr.
Agriculture. Guide pratique d'agriculture générale, par A. GOBIN. 1 vol., x 448 p., avec fig. 4 fr.
Alcoolisation. V. *Betterave*.
Alliages métalliques, par A. GUETTIER, directeur de fonderie. 1 vol., 343 p. 4 fr.
Aluminium et métaux alcalins (Recherche, extraction et fabrication), par C.-H. et A. TISSIER. 1 vol., 228 p. avec 1 pl. et de nombreuses figures dans le texte. 5 fr.
Amidon (fabrication de l'), par DUBIEF. 1 vol. 5 fr.
Analyse des vins. V. *Vins*.
Analyse des sucres. V. *Sucres*.
Analyse qualitative, par H. WILL, traduit par W. BICHON. 1 vol., 259 p. avec tableaux dans le texte. 3 fr.
Animaux domestiques. V. *Habitations*.
Animaux nuisibles: leur destruction, par H. Gobin. 3 fr.
Apiculture (culture des abeilles), par H. HAMET. 1 vol., 336 p. avec figures. 5 fr.
Appareils économiques de chauffage pour les combustibles solides et gazeux, par P. FLAHM. 1 v., 157 p., 4 pl. 4 fr.
Architecture navale, (Guide pratique), par G. BOUSQUET. 1 vol., VI-102 p. avec fig. 3 fr.
Architecture rurale, par T. BONA. 1 vol. 4 fr. 50.
Armes et poudres de chasse. 1 vol., 138 p. 3 fr.
Artifice (Feux d') V. *Poudres et salpêtres*.
Asphaltes, bitumes, par Malo. 1 v., III-319 p., 7 pl. 5 fr.
Basse-cour, éducation lucrative des poules, oies et canards, etc. par MARIOT-DIDIEUX. 1 fort vol. avec fig. 6 fr.
Betterave (Culture et Alcoolisation), par BASSET. 1 vol., 284 p. 4 fr.

Bijoutier. Application de l'harmonie des couleurs, par L. Moreau. 1 vol., 108 p., 2 pl. col. 2 fr.
Bois. Tarif de cubage des bois, par A. Francon. 1 vol., 402 p. 4 fr,
Botanique appliquée à la culture des plantes, par Léon Lerolle, 1 vol. 464 p., avec nombr. fig. dans le texte 6 fr.
Brasseur (Guide du), par Mulder. 1 vol. 6 fr.
Brevets. Droit des inventeurs, par H. Dufrené. 3 fr.
Carton (Fabrication du), par Prouteaux. 1 vol. avec planches. 5 fr.
Caféier, cacaoyer et de la canne à sucre (Culture et exploitation du), par Bourgoin d'Orli. 1 vol., 260 p. 5 fr.
Canards, par Mariot-Didieux. 1 vol. 1 fr. 50
Carnet de l'ingénieur. Aide manuel de l'ingénieur, etc. 1 vol., 290 p. avec fig. et table. 4 fr.
Chaleur (Théorie mécanique de la chaleur), par Clausius, traduit par Folie. 2 vol., ensemble 748 p. avec fig. 15 fr.
Charpentier (Livre de poche du). Collection de 150 épures, avec texte explicatif en regard, par J.-F. Merly. 1 v., 287 p. 6 fr.
Chasseur médecin (Traité complet sur les maladies du chien), par F. Clater, traduit par Mariot-Didieux. 1 vol., 195 p. 3 fr.
Chauffage (Appareils de), par Flamm. 1 vol. 4 fr.
Chauffeur (Manuel du), par Jaunez. 1 vol. avec fig. 3 fr.
Chemins de fer. Traité d'Exploitation par Victor Emion, avec préface de Jules Favre. 1 fort vol. 787 pages. 8 fr.
Chemins de fer (Notions générales), par A. Perdonnet.
— Album des chemins de fer, cours de l'École centrale. 1 vol., texte et 74 pl. 10 fr.
1 vol., 458 p. 15 fr.
— Courbes sur le terrain, par Peronne. 3 fr.
— Courbes de raccordement, par Chauvac de la Place. 1 vol. 6 fr.
Chien (Education du), par E. de Tarade. 1 vol. 4 fr.
Chimie. Eléments de chimie, par le Dr Sacc. 2 vol. 6 fr.
Chimie agricole, par N. Basset. 1 vol. 339 p. 4 fr.
Chimie (introduction à l'étude de la), par M. J. Liebig. 1 vol., 248 p. 2 fr. 50.
— Analyse qualitative, par Will. 3 fr.
Chimie inorganique, par Pouriau. 1 v., 520 p., avec fig. 7 fr.
Chimie organique, par le même, 1 v., 546 p., avec fig. 7 fr.

Chimiste agriculteur, par le même, 1 vol., 460 p., 148 fig.
  7 fr.
Commandant de navires (Guide du), par VINCENT. 1 v. 5 fr.
Conducteur des Ponts et Chaussées (Guide du), par BIROT
  1 vol. et atlas. 10 fr.
Conférences agricoles, par GOSSIN. 1 vol., 124 p. 1 fr.
Constructeur (Guide du). Dictionnaire des mots techniques employés dans la construction, par PERNOT, revu et complétement refondu, par C. TRONQUOY. 1 vol., 532 p. 6 fr.
— Maçonnerie, par DEMANET. 1 vol., 252 p. avec tableaux et 20 planches doubles. 6 fr.
Constructions et travaux à la mer, par M. BOUNICEAU. 1 vol. VIII-420 p. et atlas de 44 planches doubles. 18 fr.
Constructions rurales, par BONA. 1 vol., 296 p., avec fig.
  5 fr.
Corps gras industriels, Savons, Bougies, Chandelles, etc. (Connaissance et exploitation), par Th. CHATEAU 1 vol., 435 p. 5 fr.
Coton (Culture du), par le docteur A. SICARD. 1 vol. de 148 p. avec figures dans le texte. 3 fr.
Courbes de raccordement. *Chemins de fer, routes et chemins* (Nouvelles tables pour le tracé des), par CHAUVAC DE LA PLACE. 1 vol., 121 p., 1 pl. 6 fr.
Courbes sur le terrain (Guide pratique pour le tracé des), par Eug. PERONNE. 66 p. ou tableaux, avec figures intercalées dans le texte. 3 fr.
Courtage. La liberté et le courtage des marchandises, par V. EMION. 1 vol., 142 p. 2 fr.
Culture maraîchère, par COURTOIS-GÉRARD, 1 vol, 399 p., avec de nombreuses fig. dans le texte. 5 fr.
Dessin linéaire, par A. ORTOLAN ET J. MESTA. 1 vol., 281 p. avec un atlas de 42 pl. 6 fr.
Dictionnaire du Constructeur, par TRONQUOY, 1 vol. 6 fr.
Drainage. Résultats d'observations et d'expériences pratiques, par KIELMANN. 1 vol., 104 p., fig. dans le texte. 1 fr.
Droit maritime international et commercial (Notions pratiques de), par Alp. DONEAUD. 1 vol., 155 p. 3 fr.
Économie domestique, contenant des notions d'une application journalière, par le doct. B. LUNEL. 1 vol., 227 p. 2 fr.
Électricité. Principes généraux, applications, par SNOW-HARRIS, traduit par E. GARNAULT. 1 vol. de 264 p., avec 72 figures dans le texte. 3 fr.

Engrais. La vidange agricole, par TOUCHET. 1 v. avec fig. 2 fr.

Engrénages (Traité pratique du tracé et de la construction des), par F.-G. DINÉE 1 vol., 80 p. et 17 pl.   5 fr.

Entomologie agricole. Destruction des insectes nuisibles, par H. Gobin. 1 vol., 285 p., avec fig. et tableaux. 4 fr.

Entreprises industrielles et commerciales, par LINCOL, 1 vol., 343 p.   5 fr.

Epicerie, ou Dictionnaire des denrées indigènes et exotiques, par le doct. B. LUNEL. 1 vol., 262 p.   3 fr.

Ethnographie (Descriptions des races humaines), par d'OMALIUS D HALLOY. 1 vol., avec une pl. coloriée, 130 p. 4 fr.

Expropriations. Manuel des expropriés, par Victor EMION. 1 vol., 125 p.   1 fr.

Fécules et amidons, par DUBIEF. 1 vol., 267 p.   5 fr.

Fer (le), par FAIRBAIRN, 1 vol. avec fig.   6 fr.

Fumiers de ferme et **engrais** en général, par le Dr Emile WOLFF. 1 vol., 204 p.   3 fr.

Feux d'artifice. V. *Poudres et salpêtres.*

Géographie Physique, Ethnographique et Historique à l'usage des artistes, des écoles d'architecture et des gens du monde, par O. LESCURE, 1 vol. 351 pages. 3 fr.

Géomètre arpenteur (Arpentages, nivellements, levé des plans, partage des propriétés agricoles), par M. P. GUY. 1 vol., 272 p., avec 183 fig.   4 fr.

Géométrie élémentaire (Leçons de), par Ch. ROZAN. 1 vol., 270 p., avec un atlas de 31 pl.   6 fr.

Habitations des animaux (Bon aménagement des). Ecuries et étables, bergeries, porcheries, etc., par GAYOT. 558 pages et nombreuses fig.   7 fr.

Houille. Gisement, extraction et exploitation des Mines de Houille, par DEMANET, 1 vol., 404 p. et 4 tableaux. Broché.   6 fr.

Huiles (Essai et dosages des) employées dans le commerce ou servant à l'alimentation des savons et de la farine de blé, par CAILLETET. 1 vol., 107 p.   4 fr.

Hydrauliques (Roues), par J. LAFFINEUR. 1 vol. de 142 p. et 8 planches.   3 fr. 50

Hydraulique, Dessèchement. 1 vol.   4 fr.

Hydraulique urbaine. 1 vol.   3 fr.

Hygiène et médecine usuelle, par le doct. B. LUNEL. 1 vol., 212 p.   2 fr.

Ingénieur agricole (Hydraulique, dessèchement, drainage, irrigation, etc.), par LAFFINEUR. 1 vol., 398 p., 5 pl. 6 fr.
Deux parties se vendent séparément.
Insectes nuisibles (Destruction des). V. *Entomologie*.
Inventeurs (Droit des). Législation, par H. DUFRENÉ, 1 vol., 168 pages. 3 fr.
Jardinage (Manière de cultiver son jardin), par COURTOIS-GÉRARD. 1 vol., 403 p., avec 1 planche et figures dans le texte. (Nouvelle édition.) 5 fr.
Jardins d'agrément (Tracé et ornementation), par T. BONA. 1 vol., 304 p., 4ᵉ éd. 3 fr. 50.
Joaillier. Traité complet des pierres précieuses, par CH. BARBOT. 1 vol., 567 p. et 178 figures gravées. Relié. 10 fr.
Lapins (Éducation lucrative des), par MARIOT-DIDIEUX. 1 vol., 163 p. 2 fr. 50
Liqueurs (Fabrication des), sans distillation, par DUBIEF. 1 vol., 288 p. avec figures et 1 pl. 5 fr.
— Le liquoriste des Dames, par DUBIEF. 1 vol., 120 p. 3 fr.
Literie, par JEAN DE LATERRIÈRE. 1 vol., 180 p., avec 13 pl. 2 fr.
Machines agricoles en général et machines à vapeur rurales (construction, emploi et conduite), par GAUDRY 1 vol., 107 p.
Maçonnerie (Constructeur), par A. DEMANET. 1 volume texte de 252 p. et atlas de 20 pl. 6 fr.
Marine. Guide pratique du commandant de navires à vapeur, par A. VINCENT. 1 vol., 285 p., 2 pl. 5 fr.
— Le droit maritime. 1 vol. 3 fr.
— Architecture navale. 1 vol. avec fig. 3 fr.
Matières résineuses (Provenance et travail), par E. DROMART. 1 vol. 101 p. avec 3 pl. 4 fr.
Mécanique pratique, (Guide de l'ouvrier mécanicien), par ORTOLAN, un vol. et atlas. 12 fr.
Manuel du Chauffeur, par A. JAUNEZ, 1 vol., 212 p., 37 fig. et 1 planche. 4 fr.
Médecine usuelle. V. *Hygiène*.
Métallurgie (le Fer, son histoire, ses propriétés), par William FAIRBAIRN ; traduit par G. MAURICE. 1 vol., 354 pages, avec 5 pl. 6 fr.
— L'acier, par DESSOYE. 1 vol. 4 fr.
Métaux. Manuel calculateur du poids des métaux, par VANALPHEN. 1 vol. x-86 p. et 2 pl. 5 fr.

Minéralogie appliquée, par A.-F. Nogues, 2 v. avec fig. 12 fr.
Minéralogie usuelle (Exposition succincte et méthodique des minéraux), par M. Drapiez. 1 vol., 507 p. 3 fr.
— Extraction de l'aluminium. 1 vol. 5 fr.
Mines de Houille, par Demanet, 1 vol. avec fig. 6 fr.
Mouvement industriel et commercial, par A. Sébillot, 1 vol., 232 p. 2 fr.
Oies et canards (Éducat. lucrative des), par Mariot-Didieux. 1 vol., 187 p., avec de nombreuses fig. dans le texte. 2 fr.
Olivier (sa culture, son fruit et son huile), par J. Reynaud. 1 vol., 330 p. 4 fr.
Ostréiculture. Élevage et multiplication des races marines comestibles, par Fraiche. 1 vol., 178 p., avec fig. 4 fr.
Ouvrier Mécanicien (Guide pratique de l'), par Ortolan. 1 vol. avec atlas. 12 fr.
Papiers et cartons (Fabrication), par A. Prouteaux. 1 vol., 277 p., avec atlas, 7 pl. 5 fr.
Parfumeur. Dictionnaire des cosmétiques et parfums, par le docteur B. Lunel. 1 vol., 215 p. 5 fr.
Pétrole (Gisements, exploitation et traitement industriel), par E. Soulié et H. Haudouin. 1 vol. 236 p. 3 fr.
Physique. Sciences physiques appliquées à l'agriculture, par M. Pouriau. 2 vol. 14 fr.
Photographie (l'Étudiant photographe), par A. Chevalier. 1 vol. avec nombreuses fig. 4 fr.
Pin maritime (Exploitation du), par Dromart. 1 vol. 4 fr.
Pisciculteur, par P. Carbonnier. 1 vol., 208 p. 3 fr.
Plantes fourragères, par M. A. Gobin. Deux parties se vendent séparément. 1re partie. Prairies naturelles, irrigations, pâturages. 1 vol. 3 fr.
2e partie. Prairies artificielles, plantes, racines. 1 très-fort vol. de 680 p. avec fig. 3 fr. 50.
Les deux parties en 1 vol. 8 fr.
Ponts et chaussées et agent voyer (Conducteur des), 1 vol. 558 pages avec atlas de 144 fig. 10 fr.
Ponts et chaussées. Tracé des courbes sur le terrain, par Péronne. 3 fr.
Poudres et salpêtres, par le major Steerk, avec un appendice sur les feux d'artifice. 1 vol., 360 p. 6 fr.
Poudres de chasse. 1 vol. 3 fr.
Poules (Éducation lucrative des), ou Traité raisonné de gallinoculture, par Mariot-Didieux. 1 vol., 456 p. 4 fr.

Potasses et soudes. Guide pratique pour reconnaître et déterminer le titre véritable et la valeur commerciale des potasses, des soudes, des cendres, des acides et des manganèses, avec 9 tables de déterminations, par le Dr R. Frésénius, le Dr H. Will, traduit de l'allemand, par le Dr G.-W. Bichon. 1 vol. vi-229 p. 3 fr.

Prairies naturelles et artificielles. V. *Plantes fourragères*.

Procédés industriels. V. *Economie, hygiène*, etc.

Règle à calcul (Théorie et pratique de la), par Q. Sella. 1 vol., 133 p., 39 tableaux. 4 fr.

Roches simples et composées (Classification et caractères minéralogiques), par Marcel de Serres. 1 vol., 291 p. 5 fr.

Roser (Taille du), par Forney. 1 vol. 3 fr.

Roues hydrauliques, par Laffineur. 3 fr. 50

Salpêtres, par Steerck. 1 vol. 6 fr.

Savons. V. *Corps gras*.

Saule et osier (Culture du), par M.-J. Koltz. 144 p. et 30 fig. dans le texte. 3 fr.

Science populaire (la), par J. Rambosson. 4 vol., avec de nombreuses figures dans le texte. 14 fr.

Soudes. V. *Potasses*.

Sténographie, par Tondeur. 1 fr.

Sucres. Essai et analyse des sucres, par E. Monier, avec fig. et tableaux. 2 fr.

— La canne à sucre, par Bourgoin d'Orli. 1 vol., 156 p. 3 fr.

Tarif des poids et métaux, par Vanalphen. 5 fr.

Teinturier (Guide du), par Fol. 1 vol. avec fig. 8 fr.

Télégraphie électrique, par B. Miége. 1 vol., 158 p. avec de nombreuses figures dans le texte. 3 fr.

Tissage et préparation des étoffes, par T. Bona. Texte 2 parties en 1 vol., ensemble 364 p.; plus 2 atlas en 1 seul ensemble, 116 pl. 10 fr.

La 1re partie seule: *Préparation des étoffes*, se vend séparément. 1 vol. et atlas. 6 fr.

Tissus imprimés (leur fabrication). Impression des étoffes de soie, par D. Kaeppelin. 1 vol., 151 p., avec 4 pl. et de nombreux échantillons. 10 fr.

Vaches. Choix des vaches laitières, par E. Dubos. 1 vol., 132 p. et pl. 3 fr.

Vernis (Fabrication des), par Henri Violette, 1 vol., avec figures dans le texte. 6 fr.

Vidange agricole. Engrais humain, par J.-H. Touchet. 1 vol., 88 p. 2 fr.

Vigneron, par FLEURY-LACOSTE. 1 vol., 144 p., avec fig. 3 fr.
Vignes et vinification. L'immense trésor des vignerons et des marchands de vins. 1 vol. 5 fr.
Vins (falsifications et maladies des), par J. BRUN. 1 vol., avec de nombreux tableaux, 2ᵉ éd. 1 vol., 191 p. 3 fr.
Vins factices et boissons vineuses, par DUBIEF, 1 vol., 67 p. 2 fr.

CATALOGUE
DES OUVRAGES PUBLIÉS OU EN PRÉPARATION
PAR ORDRE MÉTHODIQUE DE MATIÈRES OU DE SÉRIES.

TABLE DES MATIÈRES[1].

SÉRIE A.
SCIENCES EXACTES.

1. Théorie et pratique de la **Règle à calcul**, par Q. SELLA ministre des finances du royaume d'Italie, traduit de l'Italien par G. Montefiore Levi. 1 vol., 133 pages, 39 tableaux.   4 fr.

3. Leçons de **Géométrie élémentaire**, par M. Ch. ROZAN, professeur de mathématiques. 1 vol., 262 pages et un atlas de 31 planches doubles, gravées. 5 fr. Relié. 6 fr.

 Ces leçons sont conçues sur un plan tout nouveau. M. Rozan s'est surtout attaché à faire sentir la liaison qui existe entre les principes essentiels de la géométrie élémentaire et la manière dont ils découlent les uns des autres par un enchaînement continuel de déductions et de conséquences. La division par leçons amène graduellement l'élève à acquérir, même sans professeur, la connaissance des théorèmes les plus avancés de la géométrie. L'atlas est composé de planches gravées avec le plus grand soin.

6. Guide pratique pour l'étude du **Dessin linéaire** et de son application aux professions industrielles, par MM. A. ORTOLAN et J. MESTA. 1 vol., LXXVI-204 pages et un atlas de 41 planches doubles, grav. par EHRARD. 5 fr. Relié.   6 fr.

---

[1] Cette table est loin d'être complète comme matières à publier. La collection devant former une technologie complète des arts et métiers, des manufactures, des mines, de l'agriculture, etc., beaucoup d'autres volumes, traitant de sujets non mentionnés ici, viendront en leur temps en élargir le cadre: mais nous avons l'intention, pour le moment, de ne nous occuper que des ouvrages indiqués, parce que nous pensons que ce sont ceux dont la publication est le plus promptement désirée.

Excellent manuel élémentaire, précédé d'une introduction dans laquelle les auteurs donnent, sous forme de dictionnaire, l'explication de tous les termes techniques et la description des divers instruments spéciaux. Ce guide pratique est une introduction naturelle à l'ouvrage auquel nous avons donné le titre de *Guide de l'ouvrier mécanicien*.

En préparation[1] : Arithmétique. — Algèbre. — Trigonométrie. — Géométrie descriptive. — Perspective. — Connaissance et pratique des Logarithmes[2].

---

[1] Plusieurs ouvrages indiqués comme étant en préparation seront mis sous presse dans le courant de 1872.
[2] Nous croyons devoir recommander spécialement un travail sur les logarithmes qui a paru il y a quelque temps, intitulé : *Tables des logarithmes* à sept décimales, par Jean Luvini : ces tables sont très-complètes, et ce volume comprend plusieurs autres tables usuelles. Prix : 4 francs. (Librairie scientifique-industrielle E. Lacroix.)

SÉRIE B.

SCIENCES D'OBSERVATION, CHIMIE, PHYSIQUE, ÉLECTRICITÉ, ETC.

1. **Eléments de Chimie**, par le Dr Sacc, professeur à l'Académie de Neufchatel, etc. 2 vol. Br. 5 fr. Relié 7 fr. Se vendent séparément.
   1° **Chimie minérale ou synthétique.** 1 vol.   3 fr. 50.
   2° **Chimie organique ou asynthétique.** 1 vol.   3 fr. 50.

2. **Théorie mécanique de la chaleur**, par R. Clausius, professeur à l'Université de Wurtzbourg, traduit de l'allemand par F. Folie, professeur à l'Ecole industrielle et répétiteur à l'Ecole des mines de Liége. *Première partie*, 1 vol., xxiv-441 pages. — *Deuxième partie* Mémoires sur l'application de la théorie mécanique de la chaleur aux **phénomènes électriques** et sur les **mouvements moléculaires** admis pour l'explication de la chaleur. 1 vol. vi-307 p. Prix des 2 volumes.   15 fr.

« Depuis que l'on a utilisé la chaleur comme force motrice au moyen des machines à vapeur, et que l'on a été ainsi amené pratiquement à regarder une certaine quantité de travail comme l'équivalent de la chaleur nécessaire pour le produire, il était naturel de rechercher théoriquement une relation déterminée entre une quantité de chaleur et le travail qu'il est possible de lui faire produire, et d'utiliser cette relation pour en déduire des conclusions sur l'essence et les lois de la chaleur elle-même. »
Ainsi s'exprime M. Clausius au début de son premier Mémoire. Ces lignes suffisent pour faire comprendre l'importance d'une question dont l'étude s'impose aujourd'hui aux savants et aux hommes pratiques qui veulent tirer de la machine à vapeur tout l'effet utile qu'elle peut donner.

4. **Télégraphie électrique**, ou *Vade mecum* pratique à l'usage des employés des lignes télégraphiques, suivi du programme des connaissances exigées pour être ad-

mis au surnumérariat dans l'administration des lignes télégraphiques, par M. B. Miége, directeur de station de ligne télégraphique. 1 vol., xi-148 pages, avec 45 figures dans le texte. Br. 2 fr. Relié. 3 fr.

M. Miége n'a pas voulu faire seulement un livre utile, mais bien un guide indispensable. Aux notions préliminaires sur le magnétisme, les différentes sources d'électricité et les propriétés des courants, succède la description de tous les appareils usités, avec l'indication des signaux généralement adoptés. Des formules d'une grande simplicité permettent de se rendre compte de l'intensité des courants et de rechercher la cause des dérangements.

L'ouvrage de M. Miége sera aussi d'une incontestable utilité pour toute personne qui veut acquérir la connaissance des lois de l'électricité appliquées à la télégraphie.

8. **L'Etudiant photographe**, par A. Chevalier, avec les procédés de MM. Civiale, Bacot, Cavelier, Robert. 1 vol. de 216 pages, avec 68 figures. 3 fr. Relié. 4 fr.

Pas de considérations théoriques, mais beaucoup de renseignements et de détails sur les instruments employés et la manière d'opérer. Ajoutons que l'auteur a tenu à mettre le lecteur au courant des procédés les plus nouveaux.

9. **Analyse qualitative**, instruction pratique à l'usage des laboratoires de chimie, par M. le Docteur H. Will, professeur agrégé de l'université de Giessen ; traduit de l'allemand par M. le Dr. G.-W. Bichon, traducteur des Lettres de M. Justus Liebig sur la chimie, et auteur de plusieurs travaux sur cette science. 1 vol., 248 pages.
3 fr.

Les traités spéciaux sur la chimie analytique sont ou trop volumineux ou incomplets, en ce sens que, dans ces derniers, manquent les indications indispensables pour que l'élève puisse se conduire lui-même. M. le docteur Will a su éviter ces deux défauts : son guide enseigne d'une manière simple, substantielle et méthodique, tout ce qu'il faut savoir pour devenir capable de découvrir et de séparer les parties constituantes des corps composés.

10. Guide pratique pour reconnaître et pour déterminer le titre véritable et la valeur commerciale des **Potasses**.

des **Soudes**, des **Cendres**, des **Acides** et des **Manganèses**, avec neuf tables de déterminations, par le docteur R. Frésénius et le Dr Will, assistants et préparateurs au laboratoire de Giessen, traduit de l'allemand par le D^r. G.-W. Bichon, ancien élève de M. Justus Liébig, augmenté de notes, tables et documents puisés dans les *Annales du Génie civil.* 1 vol. vi-229 pages   3 fr.

11. **Introduction à l'étude de la Chimie**, contenant les principes généraux de cette science, les proportions chimiques, la théorie atomique, le rapport des poids atomatiques avec le volume des corps, l'isomorphisme, les usages des poids atomatiques et des formules chimiques les combinaisons isomériques des corps catalyptiques, etc., accompagnée de considérations détaillées sur les acides, les bases et les sels, par M. J. Liebig, traduit de l'allemand par Ch. Ghérard, augmentée d'une table alphabétique des matières présentant les définitions techniques et les relations des corps. 1 v., 248 pages. 2 fr. 50

L'accueil favorable que cette traduction a rencontré en France rappelle le succès obtenu en Allemagne par l'édition originale de l'illustre savant, considéré à juste titre comme l'un des princes de la chimie moderne.

12. Guide pratique pour reconnaître et corriger les **Fraudes et maladies du vin**, suivi d'un traité d'analyse chimique de tous les vins, par M. Jacques Brun, vice-présient de la Société suisse des pharmaciens, 2 éd., 1 vol., 191 p., avec de nombreux tableaux. Br. 2 fr. 50.   3 fr.

L'art de falsifier les vins a fait ces dernières années de rapides progrès. La chimie ne doit pas se laisser devancer par la fraude : elle doit lui tenir tête et pouvoir toujours montrer du doigt la substance ajoutée. Cette tâche, dit M. Brun, incombe surtout aux pharmaciens. Son livre est le résumé des différents traitements qu'il a trouvés réellement utiles, et qui, dans sa longue pratique, lui ont le mieux réussi pour l'examen chimique des vins suspects.

14. Guide pratique de **Minéralogie appliquée** (histoire naturelle inorganique) ou connaissance des combustibles minéraux, des pierres précieuses, des matériaux de construction, des argiles céramiques, des minerais manufacturiers et des laboratoires, des minerais de fer, de cui-

vre, de zinc, de plomb, d'étain, de mercure, d'argent, d'antimoine, d'or, de platine, etc., par M. A.-F. NOGUÈS. professeur de sciences physiques et naturelles. 2 vol, ensemble 919 p. et 248 fig. Br. 10 fr. Relié. 12 fr.

Comme l'auteur l'indique dans sa préface, ce guide a été écrit principalement pour les personnes qui désirent acquérir des notions justes, pratiques et usuelles sur les minerais métallifères et les minéraux employés dans les arts et l'industrie. Les étudiants qui suivent le cours des Facultés, les élèves des Écoles spéciales et industrielles, les ingénieurs, les élèves des Écoles des mines, les mineurs, les agriculteurs, les directeurs d'exploitations minières, les garde-mines, les amateurs et les gens du monde qui voudront acquérir des connaissances pratiques en minéralogie, le consulteront avec fruit.

Ce guide a été conçu dans un esprit essentiellement pratique et industriel.

17. Leçons élémentaires d'**Électricité** ou exposition concise des principes généraux de l'ÉLECTRICITÉ ET DE SES APPLICATIONS, par SNOW-HARRIS, de la Société royale de Londres, etc., annotées et traduites par E. GARNAULT, ancien élève de l'École normale, professeur de physique à l'École navale impériale. 1 vol., 264 pages, avec 72 figures dans le texte. 3 fr.

Les leçons de M. Snow-Harris ont eu un grand succès en Angleterre. L'auteur s'est surtout attaché à donner des idées saines, pratiques et théoriques sur les principes généraux de l'électricité et les faits les plus simples qu'il démontre à l'aide d'expériences faciles à répéter.

Son élégant traducteur, M. Garnault, a ajouté à l'ouvrage anglais des notes dans lesquelles il donne surtout des aperçus sur les principales applications de l'électricité qui ont passé dans l'industrie.

En préparation : Physique.— Galvanoplastie.— Astronomie.— Chimie industrielle.— Géologie.— Vinaigrier et moutardier.— Météorologie,— Anatomie.— Zoologie.

SÉRIE C.

ART DE L'INGÉNIEUR, PONTS ET CHAUSSÉES, CONSTRUCTIONS CIVILES.

1. Guide pratique du **Géomètre arpenteur**, comprenant l'arpentage, le nivellement, le levé des plans, le partage des propriétés agricoles, par M. P.-G. Guy, ancien élève de l'Ecole polytechnique, officier d'artillerie. Nouv. édition. 1 vol. de 272 pages avec 5 planches.   4 fr.

Les deux premières éditions de ce guide étaient épuisées. Celle que nous annonçons a été complétement revue et quelques additions importantes y ont trouvé place. Les planches gravées à nouveau, sont d'une grande netteté.

2. Guide pratique du **Conducteur des ponts et chaussées** et de l'**Agent voyer**. Principes de l'art de l'ingénieur, par M. F. Biroт, ingénieur civil, ancien conducteur des ponts et chaussées, 3ᵉ édition, revue et augmentée. 1 vol., 545 pages, avec un atlas de 19 planches doubles, contenant 144 figures. Br. 8 fr. Relié   10 fr.

Quatre parties se vendent séparément.

1° Plans et nivellements, 1 vol, VIII-124 pages, et 6 planches.   3 fr.

2° Routes et chemins. 1 vol. de 155 pages, 5 planches.   3 fr.

3° Ponts et aqueducs. 1 vol. de 124 pages et 8 planches.   3 fr.

4° Travaux de construction en général, 1 vol. de 145 pages et pl.   3 fr.

3. **Carnet de l'Ingénieur**, recueil de tables, de formules et de renseignements usuels et pratiques.   4 fr.

4. **Album des chemins de fer**, résumé graphique du cours professé à l'école centrale des arts et manufactures. 4ᵉ édition, par G. Cornet, ingénieur, 1 vol. texte et 74 pl. gravées sur acier.   10 fr.

8. Tarif de **Cubage des bois** équarris et ronds évalués en stères et fractions décimales du stère, par J.-A. Francon, cubeur juré de la ville de Lyon. 1 vol., 402 pages. 4 fr.

10. **Guide pratique du Constructeur.** — Maçonnerie, par A. Demanet, lieutenant-colonel honoraire du génie, membre de l'Académie royale de Belgique, etc. 1 vol., 252 pages, avec tableaux et 1 atlas in-18 de 20 planches doubles, gravées sur acier par Chaumont. Br. 5 fr. Relié 6 fr.

Ce guide, écrit par M. Demanet, qui a professé un cours de construction à l'École militaire de Bruxelles, emprunte une grande autorité à l'expérience et à la position qu'occupait l'auteur.

Les 20 planches de l'atlas qui accompagnent ce guide comprennent 137 figures, que Chaumont a gravées avec cette exactitude et cette élégance qui ont fondé sa réputation.

Nous rappellerons que M. le lieutenant-colonel Demanet est auteur d'un *Cours de construction* qui a eu très-rapidement deux éditions et qui embrasse la connaissance des matériaux et leur emploi, la théorie des constructions, l'établissement des fondations, l'économie des travaux, leur entretien, etc., etc. Cet ouvrage, édité par la Librairie scientifique, industrielle et agricole, coûte, avec l'atlas, 70 fr., et ne pouvait, par conséquent, entrer dans le cadre de la *Bibliothèque des professions industrielles et agricoles*. Le *Guide pratique du constructeur* (maçonnerie) est un extrait de l'œuvre si estimée de M. Demanet, mais forme cependant un tout complet.

16. **Nouvelles tables pour le tracé des Courbes de raccordement** (chemins de fer, routes et chemins), calculées par M. Chauvac de la Place, chef de section au chemin de fer de l'Est. 1 vol., 120 pages, 1 planche. Nouvelle édition, augmentée d'un supplément. 6 fr.

Ces tables, calculées pour 82 rayons les plus fréquemment employés, et prenant pour base un petit arc exprimé en nombre rond et s'ajoutant successivement à lui-même, offrent une grande facilité. Leur mérite a été promptement apprécié par tous ceux qui ont eu l'occasion de s'en servir.

17. **Guide pratique pour le tracé des Courbes sur le terrain**, par Eug. Peronne. 66 pages ou tableaux, avec figures dans le texte. 3 fr.

Les ouvrages spéciaux destinés à faciliter les opérations des ingénieurs sur le terrain sont généralement volumineux ou incomplets. M. Peronne a su éviter ce double écueil, et il a réuni dans un format commode les tables concernant les tangentes, les cercles, les flèches, les conversions de la graduation et le lever des plans.

SÉRIE C. ART DE L'INGÉNIEUR.

Chaque table est précédée d'une explication et d'une figure géométrique, et l'auteur a, en outre, indiqué soigneusement la manière de se servir de ces diverses tables.

20. Etudes et notions sur les **Constructions à la mer**, par M. Bouniceau, ingénieur en chef des ponts et chaussées. 1 vol. viii-421 p. et atlas de 44 pl. in 4°, dont plusieurs doubles, gravées par Ehrard. Br. 15 fr. Relié. 18 fr.

Cet ouvrage est le résumé d'études longues et consciencieuses d'un des ingénieurs en chef les plus distingués du corps national des ponts et chaussées. M. Bouniceau a attaché son nom à des travaux d'une haute importance. Son travail devra être médité par tous ceux qu'intéressent les nouveaux développements que doivent prendre les constructions conçues en vue d'améliorer les ports de mer et les ouvrages nécessaires à la préservation des côtes. L'atlas qui accompagne ces Etudes est remarquable sous le rapport du choix des planches et de leur exécution.

21. Traité de l'**Exploitation des chemins de fer**, par M. V. Emion. 1 fort vol. précédé d'une préface par M. Jules Favre. 787 pages. 8 fr.

Deux parties se vendent séparément.
Première partie : Voyageurs et bagages, 1 vol., xvi-305 pages. 3 fr. 50
Deuxième partie : Marchandises. 1 vol. vii-459 p. 3 fr. 50

Aujourd'hui tout le monde voyage. Le manuel de M. V. Emion est donc le guide obligé de tout le monde. Il fait connaître à chacun ses droits et ses devoirs vis-à-vis des Compagnies ; il prend le voyageur chez lui, le mène à la gare, le suit à son départ, pendant sa route, à son arrivée et le ramène à son domicile : il prévoit toutes les difficultés, toutes les contestations et en donne la solution fondée sur la loi, les règlements, la jurisprudence et l'équité.
Dans la seconde partie, M. Emion traite avec beaucoup de détails l'organisation du service des marchandises, les tarifs, les formalités exigées pour la remise des marchandises en gare, l'expédition, la livraison, enfin tout ce qui concerne les actions à intenter aux Compagnies, soit pour avaries, soit pour retard, perte, négligence, etc.

25. **Manuel calculateur** du **Poids des métaux** employés dans les constructions, contenant : 1° les tableaux de la classification nouvelle des fers unis divers, des feuillards et de la tôle; 2° 36 tableaux de poids de 1100 échantillons divers de fers unis; 3° 5 tableaux de poids de 25 épaisseurs de tôle; 4° 14 tableaux de poids de toutes les fontes employées journellement dans les bâtiments, avec divers renseignements très-utiles à consulter; 5° 9 tableaux de poids de plomb, zinc et cuivre rouge, par VANALPHEN, métreur vérificateur spécial de serrurerie, avec un appendice contenant : 1° Le poids par mètre carré de feuille de divers métaux ; 2° le poids d'un mètre linéaire de fer (fers plats et carrés, fers ronds et carrés) ; 3° le poids des zincs laminés minces. 1 vol. x-86 pages, 2 pl. 5 fr.

26* **Guide pratique** du **Constructeur**. Dictionnaire des mots techniques employés dans la construction à l'usage des architectes, propriétaires, entrepreneurs de maçonnerie, charpentes, serrurerie, couvertures, etc., renfermant les termes d'architecture civile, l'analyse des lois de voirie, des bâtiments et des desséchements, par M. L.-P. PERNOT, officier de la Légion d'honneur, architecte-vérificateur des travaux publics. Nouvelle édition, augmentée et entièrement refondue, par Camille TRONQUOY, ingénieur civil. 1 vol. de 532 p. 5 fr. Relié. 6 fr.

Les premières éditions de ce *Dictionnaire de la construction* étaient complétement épuisées. Pour répondre aux nombreuses demandes qui lui parvenaient, le directeur de la *Bibliothèque des professions industrielles et agricoles* ne s'est pas borné à faire réimprimer le travail primitif ; il a voulu que dans la nouvelle édition aucun des progrès réalisés pendant les quinze dernières années ne fût omis, et M. C. Tronquoy, l'un de nos ingénieurs civils les plus distingués et en même temps l'un de nos technologistes les plus érudits, a bien voulu se charger du travail ingrat d'une révision complète de l'œuvre. Le *Dictionnaire* que nous annonçons est le résultat de ce travail consciencieux.

27. **Notions générales sur les chemins de fer**, statistique, histoire, exploitation, accidents, organisation des compagnies, administration, tarifs, service médical, institutions de prévoyance, construction de la voie, voitures, machines fixes, locomotives, nouveaux systèmes sui-

vies des Biographies de Cugnot, Seguin et George Stephenson, d'un mémoire sur les avantages respectifs des différentes voies de communication, d'un mémoire sur les chemins de fer considérés comme moyens de défense d'un pays, et d'une Bibliographie raisonnée ; par M. Auguste PERDONNET, ancien élève de l'Ecole polytechnique, ancien ingénieur en chef de plusieurs chemins de fer, etc. 1 vol., 452 p., avec de nombreuses figures dans le texte. 15 fr.

Après avoir publié deux ouvrages techniques sur les chemins de fer, qui s'adressent directement aux hommes spéciaux, M. A. Perdonnet avait voulu, dans ses *Notions générales*, se rendre intelligible pour tout le monde. Outre les questions techniques et économiques, il a traité dans ces *Notions* des questions d'organisation des Compagnies et d'exploitation dont il n'avait pas à parler dans ses deux grands ouvrages. Nous signalerons l'importance des renseignements historiques et statistiques dont M. Perdonnet a enrichi notre publication.

En préparation : Métreur vérificateur. — Fabrication des briques. — Architecte. — Tailleur de pierre. — Construction des escaliers. — Fumisterie. — Chaufournier et plâtrier, ciments et mortiers. — Marbrier. — Peintre en bâtiments. — Constructions en fer. — Architecture religieuse. — Chauffage et ventilation. — Tables de cubages pour les matériaux de toutes natures. — Tables pour les poids des matériaux de toutes natures. — Terrassier. — L'appareilleur.

SÉRIE D.

MINES ET MÉTALLURGIE, MINÉRALOGIE GÉOLOGIE, HISTOIRE NATURELLE.

1. Gisement, extraction et exploitation des Mines de houille, traité pratique à l'usage des ingénieurs, des contre-maîtres, ouvriers mineurs, etc., par M. DEMANET, ingénieur, 1 vol., 404 pages, nombreuses figures dans le texte et 4 tableaux. Br. 5 fr. Relié. 6 fr.

4. Guide pratique du métallurgiste. Le fer, son histoire, ses propriétés et ses différents procédés de fabrication, par M. William FAIRBAIRN, ingénieur civil, membre de la Société royale de Londres, correspondant de l'Institut de France, etc., traduit de l'anglais, avec l'approbation de l'auteur et augmenté de notes et d'appendices, par M. Gustave MAURICE, ingénieur civil des mines, secrétaire de la rédaction du Bulletin de la Société d'encouragement. 1 vol., 331 p. et 68 fig. dans le texte, Relié. 6 fr.

Depuis longtemps, le nom de M. Fairbairn fait autorité dans l'industrie du fer. Après avoir tracé l'histoire des progrès de la fabrication du fer, l'auteur donne les analyses des minerais et des combustibles dans leurs rapports avec les résultats des différents procédés de fabrication ; il saisit cette occasion pour donner la description des fourneaux, machines, etc., employés dans la métallurgie du fer.

M. Maurice, l'élégant traducteur du livre de M. Fairbairn, a complété, par des notes et des appendices, tout ce que le texte original pouvait présenter de trop laconique ou de trop exclusivement rédigé en vue de la métallurgie anglaise. Parmi ces appendices, on remarquera ceux concernant les procédés Bessemer et sur la résistance des tubes à l'écrasement.

5. Emploi de l'acier, ses propriétés, par J.-B.-J. DESSOYE, ancien manufacturier, avec une introduction et des notes, par Ed. GRATEAU, ingénieur civil des mines. 1 vol. de 303 pages. 4 fr.

Ce livre constitue une véritable monographie de l'acier. M. Dessoye prend l'art de fabriquer l'acier à son origine et nous montre ses progrès. Il signale la nature et les propriétés natives de l'acier, en indique les différents modes d'élaboration et termine son guide par une étude sur l'emploi de l'acier dans les manipulations qu'on lui fait subir. Comme le fait remarquer M. Grateau dans sa savante introduction, ce livre s'adresse à tous ceux qui sont appelés à acheter et à consommer de l'acier d'une qualité quelconque, sous toute forme, et il devra être consulté par tous les praticiens.

Cet ouvrage est en quelque sorte complété par un volume de M. Landrin fils, intitulé *Traité de l'acier*. Quoique nous ayons publié cet ouvrage en dehors de la Bibliothèque, nous devons le citer ici. Il forme 1 volume, format de la Bibliothèque, de 315 pages avec figures dans le texte. 5 fr.

11. Guide pratique de la **recherche**, de l'**extraction** et de la **fabrication** de l'**Aluminium** et des **Métaux alcalins**. Recherches techniques sur leurs propriétés, leurs procédés d'extraction et leurs usages, par MM. Charles et Alexandre TISSIER, chimistes-manufacturiers. 1 vol., 226 pages, 1 planche et figures dans le texte. 5 fr.

Les notions sur l'aluminium se trouvaient disséminées dans des recueils nombreux publiés en France et à l'étranger. Les auteurs de ce guide ont eu l'heureuse idée de faire de ces notions éparses un tout homogène, dans lequel, après avoir retracé l'historique de la préparation des métaux alcalins, ils esquissent à grands traits l'histoire de la préparation de l'aluminium. Des chapitres spéciaux sont consacrés à la fabrication industrielle et aux propriétés physiques et chimiques du nouveau métal, qui a conquis très-rapidement une grande place dans l'industrie.

12. Guide pratique de l'**Alliage des métaux**, par M. A. GUETTIER. 1 vol., VII-342 pages. Br. 0 fr. Relié. 4 fr.

Après avoir donné quelques explications préliminaires sur les propriétés physiques et chimiques des métaux et des alliages, l'auteur examine au point de vue des alliages entre eux les métaux spécialement industriels, c'est-à-dire d'un usage vulgaire très-répandu (cuivre, étain, zinc, plomb, fer, fonte, acier). Il donne ensuite quelques indications générales sur les métaux appartenant aux autres industries, mais n'occupant qu'une place secondaire (bismuth, antimoine, nickel, arsenic, mercure), et sur des métaux riches appartenant aux arts ou aux industries de luxe (or, argent, aluminium, platine); enfin, il envisage les métaux d'un usage industriel restreint, au point de vue possible de leur association avec les alliages présentant quelque intérêt dans les arts industriels.

16. **Minéralogie usuelle.** Exposition succincte et méthodique des minéraux, de leurs caractères, de leur composition chimique, de leurs gisements, de leur application aux arts et à l'économie, par M. DRAPIEZ. 1 vol., 504 p. Relié. 3 fr.

A la lucidité des définitions et à la simplicité de la méthode d'exposition, ce guide joint un mérite qui n'échappera pas aux hommes pratiques ; il contient la description de 1500 espèces minérales dont il analyse les caractères distinctifs, la forme régulière et la forme irrégulière, les propriétés particulières, les compositions chimiques et les synonymies, les gisements, les applications dans les arts, dans l'industrie, etc.

17. Traité des **Roches** simples et composées ou de la classification géognostique des Roches d'après leurs caractères minéralogiques et l'époque de leur apparition, par M. Marcel DE SERRES, professeur à la Faculté des sciences de Montpellier, conseiller honoraire à la Cour de la même ville, officier de la Légion d'honneur. 1 vol., 288 pages. 5 fr.

Une analyse de la table des matières de ce traité sera la meilleure recommandation que nous puissions en faire : De la composition du globe ; — de la classification minéralogique des roches composées : — des roches plutoniques ou des roches cristallines ; — des roches plutoniques composées à deux éléments des granites (six sous-familles) ; — roches plutoniques composées à trois éléments dont l'un est l'amphibole : — *idem.* dont l'un est le talc, la stéatique ou le chlorate ; — *idem*, don, l'un est le pyroxène ; — de quelques roches simples ; — des divers degrés d'ancienneté des roches composées. — L'ouvrage est complété par divers tableaux et par les coupes idéales des terrains de gneiss de l'Ecosse.

18. Guide pratique pour la fabrication et l'application de l'**Asphalte** et des **bitumes**, par M. Léon MALO, ingénieur civil, ancien élève de l'Ecole centrale. 1 vol., III-319 pages, 7 planches. Br. 4 fr. Relié 5 fr.

L'usage de l'asphalte et des bitumes se généralise, et cependant il n'existait pas de traité pratique sur la fabrication et l'emploi de ces substances. Le livre de M. Malo comble cette lacune. Il abonde en renseignements intéressants non-seulement pour les ingénieurs, mais aussi pour les autorités municipales. Il contient aussi des données d'un grand intérêt au point de vue historique, c'est-à-dire sur les origines de l'asphalte. Ce guide pratique est accompagné de sept planches, dont quelques-unes de très-grand format.

19. **Pétrole** (le), ses gisements, son exploitation, son traitement industriel, ses produits dérivés, ses applications à l'éclairage et au chauffage, par MM. Emile SOULIÉ et Hipp. HAUDOUIN, anciens élèves de l'Ecole des mines, 1 vol., 232 pages, avec figures dans le texte. 3 fr

Le pétrole tend à prendre une place de plus en plus grande dans l'industrie. Chaque jour voit essayer de nouvelles applications de cette substance, naguère dédaignée. A l'étude chimique du pétrole naturel, les auteurs ont joint l'étude industrielle qui a pour but d'indiquer les moyens d'appliquer les données de la science. Les fabricants trouveront dans ce livre des renseignements véritablement pratiques, non-seulement sur le traitement chimique en lui-même, mais aussi sur les appareils qui serviront à l'effectuer.

En préparation : Recherche et exploitation des mines métalliques. — Sondeur. — Le zinc. — Le cuivre. — Le plomb. — L'étain — L'argent. — L'or. — Essayeur. — Extraction de la tourbe.

SÉRIE E.

MACHINES MOTRICES.

1. Traité de la construction des **Roues hydrauliques**, contenant tous les systèmes de roues en usage, les renseignements pratiques sur les dimensions à adopter pour les arbres tournants, les tourillons, les bras de roues hydrauliques, etc. 1 vol. de 142 pages, avec de nombreux tableaux et 8 planches, par M. Jules Laffineur, ingénieur civil, membre de plusieurs sociétés savantes. Br. 2 fr. 50. Relié   3 fr. 50

L'auteur démontre dans sa préface que le perfectionnement les machines motrices des usines est à la fois une nécessité l'intérêt général et privé. Dans son ouvrage, il recherche et il définit les principales conditions à remplir sous ce rapport, et il donne ensuite tous les détails relatifs à la construction des roues hydrauliques dans les meilleures conditions possibles.

Fidèle à la méthode qui lui est propre, M. Laffineur s'est surtout attaché à se faire comprendre par la simplicité des termes employés et par les nombreux exemples qu'il donne.

Les planches sont d'une grande netteté.

6. Traité pratique du tracé et de la construction des **Engrenages**, de la vis sans fin et des cames, par M. F.-G. Dinée, mécanicien de la marine, ex-élève de l'École des arts et métiers de Châlons-sur-Marne. 1 vol., 80 p. et 17 pl. 3 fr. 50. Relié   5 fr.

Ce livre répond à un besoin, car depuis longtemps il manquait à toute bibliothèque industrielle; c'est une œuvre de mécanique véritablement pratique.

Il se divise en trois chapitres :

1° Des courbes en usage dans la construction des engrenages;
2° dimensions des détails et de l'ensemble des engrenages;
3° tracé des engrenages, des vis sans fin, des cames.

En préparation : Conduite, chauffage et entretien des machines fixes et locomobiles. — Construction des machines locomotives. — Des machines à vapeur marines. — Construction des moulins à vent.

(Voir série G, n° 6, *le Guide de l'ouvrier mécanicien*.)
 —   n° 7, le Guide du chauffeur.

SÉRIE F.

PROFESSIONS MILITAIRES ET MARITIMES.

1. *Aide-mémoire de l'officier de marine* (marine militaire et marine marchande). Notions pratiques de **Droit maritime international et commercial**, par Alp. DONEAUD, professeur à l'École navale. 1 vol., 155 pages. 3 fr.

Les derniers traités de commerce ont augmenté dans des proportions considérables les relations internationales. Cet ouvrage de M. Doneaud devient donc d'une grande utilité pratique.

Nous ajouterons que ce livre commence une série de volumes dont l'ensemble formera, dans notre bibliothèque, *l'Aide-mémoire* de l'officier de marine.

2. Guide pratique d'**architecture navale** à l'usage des capitaines de la marine du commerce appelés à surveiller les constructions et réparations de leurs navires, par Gustave BOUSQUET, capitaine au long cours, ingénieur. 1 vol., vi-102 pages, nombreuses figures dans le texte. Br. 2 fr. Relié. 3 fr.

4. Guide pratique de la fabrication des **Poudres et salpêtres**, par M. le major STEERK, avec un appendice sur les feux d'artifice. 1 vol., 360 pages, avec de nombreuses figures dans le texte. 5 fr. Relié. 6 fr.

Dès les premières lignes de ce livre, on s'aperçoit que l'auteur est un homme compétent dans la matière qu'il traite, et qu'à l'étude dans le laboratoire, le major Steerk a joint l'expérience de la fabrication en grand. Dans ses données, tout est rigoureusement exact, et on peut accepter l'auteur comme guide, sans craindre de se tromper.

L'appendice sur les feux d'artifice résume en quelque pages les notions nécessaires pour la confection de ces feux.

6. Guide pratique du **Commandant de navires à vapeur**, résumé des principales connaissances théoriques et pratiques nécessaires pour bien diriger ces sortes de navires et en tirer tout le parti possible, par A. VINCENT; ouvrage enrichi de deux chapitres empruntés, avec l'autorisation de l'auteur, à l'ouvrage intitulé *Manuel du gréement et de la manœuvre*, par E. BRÉART, capitaine de frégate, 1 vol., 285 pages et 2 planches. 5 fr.

En préparation : Topographie militaire. — Pontonnier. — Capitaine au long cours. — Maître au cabotage. —Topographie marine, le lever du plan d'une côte ou d'une baie. — Instruments et calculs nautiques.

SÉRIE G.

ARTS. — PROFESSIONS INDUSTRIELLES.

1. Traité pratique de la **Culture** et de l'**Alcoolisation** de la **Betterave**, Résumé complet des meilleurs travaux faits jusqu'à ce jour sur la betterave et son alcoolisation, renfermant toutes les notions nécessaires au cultivateur et au distillateur, ainsi que l'examen critique des méthodes de pulpation, de macération, de fermentation et de distillation employées aujourd'hui, par M. N. BASSET. 3ᵉ édition, corrigée et considérablement augmentée, accompagnée de nombreuses gravures dans le texte. 1 vol. de 284 pages. 2 fr. Relié. 4 fr.

Avant de donner au public cette nouvelle édition, l'auteur avait étudié à fond les principales questions relatives à la betterave, afin d'apporter son contingent à la grande question de la transformation agricole, par les données que l'expérience lui a fournies. Il a cherché, et il y a réussi, à mettre sous les yeux des agriculteurs et des distillateurs, les faits techniques, scientifiques ou pratiques, dans la plus grande simplicité d'expression, et à les tenir bien en garde contre toutes les exagérations.

(Pour le sucre de canne, voir plus loin série H, n° 50.)

2*. **Traité de Tissage.** Manuel complet de la fabrication, de la composition des tissus, et spécialement de la draperie-nouveautés, par T. BONA, directeur de l'Ecole de tissage et de dessin industriel de Verviers, membre de la Société industrielle, etc.

Cet ouvrage se compose de deux parties et de deux atlas.

La première partie, renfermant 192 pages de texte avec un atlas de 137 planches, traite des opérations préparatoires du tissage et des tissus; c'est le résumé de tout ce qui a paru à l'auteur utile à la pratique intelligente du tissage.

La deuxième partie, de 171 pages avec un atlas de 56 planches, traite de la classification des tissus. « Il ne suffit plus, dit l'auteur, de produire bien et économiquement, il faut aussi savoir *créer*, et pour cela des études spéciales sont indispensables. » C'est dans le but de faciliter ces études et de les populariser, que M. BONA a entrepris la rédaction du supplément au *Manuel*.

* Par erreur, le titre porte n° 1.

Les deux parties reliées ensemble, avec les deux atlas également reliés ensemble, se vendent 10 fr.
La première partie, *qui se vend seule séparément*, est du prix de 6 fr.

3. **Fabrication des tissus imprimés**, impression des ÉTOFFES DE SOIE. Ouvrage accompagné de planches et enrichi de nombreux échantillons, par M. D. KAEPPELIN, chimiste, directeur de fabrique d'impression sur étoffes. Deuxième édition augmentée d'un appendice. 1 vol., 142 p., 1 pl. et nombreux échantillons. 10 fr.

M. Kaeppelin, avec l'autorité qui s'attache à une longue expérience, décrit successivement toutes les opérations de l'impression proprement dite, en commençant par celles qui les précèdent (blanchiment et mordançage); puis vient l'impression à la main, à la perrotine, au rouleau, à l'aide de pierres lithographiques. Des chapitres spéciaux sont consacrés au fixage, au lavage, à l'apprêt, à la fabrication des foulards, aux différents genres de dérivés, etc.

4. Manuel de la **Literie**, par M. Jean DE LATERRIÈRE, manufacturier. 1 vol., 180 pages, avec 14 planches. 2 fr.

Ce manuel contient : 1° la description analytique, le genre de fabrication et le mode de traitement des meubles et objets mobiliers usités dans la literie; 2° une série d'observations pratiques sur la composition et l'installation des lits dans les hôpitaux.
Quelque aride que puisse paraître le sujet traité par M. de Laterrière, abstraction faite de son incontestable utilité, l'auteur a su le parsemer de réflexions humoristiques qui font du *Manuel de la literie* une lecture attrayante.

5. Traité théorique et pratique de la recherche, du travail et de l'exploitation commerciale des **Matières résineuses** provenant du pin maritime, par M. E. DROMART, ingénieur civil à Bordeaux. 1 vol., VIII-96 pages, 3 planches. 4 fr.

Après quelques mots sur le pin en général, M. Dromart donne les caractères chimiques de la gemme qui en découle, ainsi que ceux des essences de térébenthine et de la colophane qui en dérivent. Il compare les deux systèmes de gemmage usités dans les Landes et décrit tous les appareils nécessaires à la fabrication des produits résineux, avec les perfectionnements qu'on y a apportés. Le livre se termine par un aperçu de l'emploi des essences et des colophanes dans les principales industries.

6. Guide pratique de l'**Ouvrier Mécanicien**, par A. Ortolan, mécanicien en chef de la flotte, avec la collaboration de MM. Bonnefoy, Cochez, Dinée, Gibert, Guipont, Juhel, mécaniciens de la marine. 1 vol., x-627 pages, nombreuses figures dans le texte et atlas de 52 planches. Broché, 10 fr. Relié. 12 fr.

7. Manuel du **Chauffeur**. — Guide pratique à l'usage des mécaniciens, des chauffeurs et des propriétaires de machines à vapeur, exposé des connaissances nécessaires, suivi de conseils afin d'éviter les explosions des chaudières à vapeur, par Jaunez, ingénieur civil. 1 vol. 212 p., 37 fig. dans le texte et pl. 2 fr. Relié. 3 fr.

Cet ouvrage est spécialement destiné aux chauffeurs, comme l'indique son titre. Les bons chauffeurs pour l'industrie privée sont rares et, par conséquent, recherchés. Les personnes qui ont des machines à vapeur ne sont que trop souvent obligées d'employer pour chauffeurs des hommes qui manquent, non-seulement des connaissances pour un tel emploi, mais quelquefois même de toute pratique, dans de telles circonstances, il y a évidemment danger, et c'est pourquoi nous avons publié cet ouvrage afin qu'il soit mis dans les mains de tous les ouvriers qui, sans savoir le premier mot de la théorie de la chaleur ni de la mécanique, sont mis à même de conduire une machine à vapeur. Cet ouvrage doit être dans leurs mains comme un catéchisme qui viendra leur apprendre leur métier.

8. Guide pratique de la **Fabrication des vernis**, par M. Henry Violette, ancien élève de l'Ecole polytechnique, commissaire des poudres et salpêtres, membre de plusieurs sociétés savantes. 1 vol., 401 p., avec de nombreuses figures dans le texte. 5 fr. Relié. 6 fr.

« Nous avons cherché à faire connaître, dit M. Violette, les causes et les effets des réactions, les conditions du succès ; nous nous sommes efforcé de faire sortir l'art du vernisseur des obscurités de l'empirisme, pour le faire entrer dans le domaine de la science. Faire connaître les conditions nécessaires et suffisantes à remplir, en écartant les faits accessoires et inutiles, simplifier les recettes, faciliter et assurer les opérations, tel est le but que nous avons cherché à atteindre. »

Ce plan, largement conçu, a été ponctuellement réalisé, et M. Violette a passé successivement en revue les vernis à l'éther, à l'alcool, là l'essence et les vernis gras.

9. **Connaissance et Exploitation des Corps gras industriels**, contenant l'histoire des provenances, des modes d'extraction, des propriétés physiques et chimiques, du commerce des corps gras, des altérations et des falsifications dont ils sont l'objet, et des moyens anciens et nouveaux de reconnaître ces sophistications, par M. Théodore CHATEAU, chimiste, ex-préparateur au Muséum d'histoire naturelle; ouvrage à l'usage des chimistes, des pharmaciens, des parfumeurs, des fabricants d'huiles, etc., des épurateurs, des fondeurs de suif, des fabricants de savon, de bougie, de chandelle, d'huiles et de graisses pour machines, des entrepositaires de graines oléagineuses et de corps gras, etc., 2ᵉ édition, revue et augmentée. 1 vol., 386 pages ou tableaux, 2ᵉ édition suivie d'un appendice nouveau. Br. 4 fr. Relié. 5 fr.

M. Chateau, en publiant la première édition de cet ouvrage, avait eu pour but de donner aux chimistes et aux manufacturiers une histoire aussi complète que possible des corps gras industriels employés tant en France qu'à l'étranger, et considérés au point de vue de leur provenance, de leur extraction, de leur composition, de leurs propriétés physiques et chimiques, de leur commerce et de leurs altérations spontanées ou frauduleuses.

Dans la nouvelle édition publiée dans notre *Bibliothèque*, M. Chateau a ajouté à sa monographie des corps gras un appendice renfermant quelques corrections indispensables et d'importantes additions.

10. **Guide du Brasseur**, par MULDER. 1 vol. 6 fr.

11. **Armes et poudres de chasse**, par M. Louis ROUX, ingénieur des poudres. 1 vol. de 138 p., 2 fr. Relié. 3 fr.

Ce livre renferme des indications précieuses pour tout chasseur qui veut se rendre compte des qualités de sa poudre et de l'arme qu'il emploie. Par sa position, M. Roux a pu puiser ses renseignements aux sources officielles, et n'oublions pas que la fabrication de la poudre étant un monopole du gouvernement, il fallait un homme qui occupât une semblable position pour connaître les détails de toutes les expériences comparatives dont il rend compte. De plus, l'auteur du livre est un fervent chasseur et ce sont les observations qu'il a pu faire lui-même qu'il communique au lecteur.

12. **Trois sources d'économies de combustible. Guide pratique du Constructeur d'appareils économiques de**

SÉRIE G. PROFESSIONS INDUSTRIELLES. 49

chauffage pour les combustibles solides et gazeux, traitant des générateurs à gaz fixes et locomobiles, de l'application de la chaleur concentrée et du calorique perdu aux chaudières à vapeur et aux fours de toute espèce, à l'usage des ingénieurs, architectes, fumistes, verriers, briquetiers, des forges, fabriques de zinc, de porcelaine, de faïence, d'acier, de produits chimiques; des raffineries de sucre, de sel; des industries métallurgiques et autres employant la chaleur; par M. Pierre FLAMM, manufacturier, auteur d'un ouvrage qui a pour titre : *Le Verrier au dix-neuvième siècle*, 157 pages et 4 pl. 4 fr.

M. Flamm a pris pour épigraphe de son livre : *Non multa, Sed multum*. Jamais devise n'a été plus fidèlement respectée. Dans ce traité, tout est substantiel, rien n'est inutile. Les constructeurs y trouveront des données pratiques, et les grands industriels pourront, après l'avoir lu, se rendre compte des qualités que doivent posséder les appareils qu'ils font établir dans leurs usines ou dans leurs fabriques.

Le même auteur a publié dans le même format une excellente petite brochure qui a pour titre : Un chapitre sur la *verrerie*, ou transformation complète de la *fabrication* actuelle du *verre* donnant les méthodes du chauffage aux gaz combustibles, les modes nouveaux de *couler les glaces*, le *cristal*, le *flint* et le *crown-glass*; de travailler le *verre à vitres*, la *gobeletterie* et les *bouteilles*, de supprimer les creusets et le cueillage du *verre* sur les *pots*. 1 vol., 44 pages et 1 planche. 1 fr. 50.

13. Le **Livre de poche du Charpentier**, application pratique à l'usage des CHANTIERS, des ÉLÈVES DES ÉCOLES PROFESSIONNELLES, etc. Collection de 140 ÉPURES, avec texte explicatif en regard, par M. J.-F. MERLY, charpentier, entrepreneur de travaux publics, membre de la Société industrielle d'Angers et de l'Académie nationale de Paris, auteur de l'album du Trait théorique et pratique, etc. 1 vol., 287 p., 5 fr. Relié. 6 fr.

A propos du *Livre de poche du Charpentier*, nous répétons ce qui a été dit d'un autre livre de M. Merly. Les deux ouvrages méritent les mêmes éloges.

« M. Merly n'est pas un savant qui doit s'efforcer d'oublier la technologie de l'Ecole pour parler le langage ordinaire de la plupart de ses auditeurs, M. Merly est, au contraire, un ouvrier, un homme pratique, qui a cherché à se faire comprendre par les compagnons de travail auxquels il s'adressait, et qui est arrivé à des démonstrations si claires, à des explications si naturelles, que les théoriciens eux-mêmes ont bientôt eu à s'inspirer de ses travaux. Rien de plus net que ses dessins, rien de plus simple que ses préceptes : c'est en quelque sorte en se jouant qu'il arrive aux épures les plus compliquées. L'*Album du Traité théorique et pratique* restera comme une preuve des résultats que peuvent donner l'intelligence, la persévérance et l'amour du travail.

14. Guide du **Teinturier**, par Fol, 1 fort vol. avec nombreuses fig. Sous presse. Pour les souscripteurs. 8 fr.

23. Guide pratique du **Bijoutier**. Application de l'harmonie des couleurs dans la juxta-position des pierres précieuses, des émaux et de l'or de couleur, par M. L. Moreau, bijoutier et dessinateur. 1 vol., 108 pages avec 2 planches. 2 fr.

Ce petit livre est une protestation hardie contre l'esprit de routine. L'auteur a réuni les données fournies par la science sur l'harmonie et le contraste des couleurs, et comparant ces données aux observations faites dans la pratique du métier, il a formé une théorie applicable à la bijouterie.

26. Guide pratique du **Joaillier**, ou Traité complet des pierres précieuses, leur étude chimique et minéralogique, les moyens de les reconnaître sûrement, leur valeur approximative et raisonnée, leur emploi, la description des plus extraordinaires et des chefs-d'œuvre anciens et modernes auxquels elles ont concouru, par M. Ch. Barbot, ancien joaillier, inventeur du procédé de décoloration du diamant brut, membre de plusieurs sociétés savantes. 1 vol., 567 pages, 3 planches renfermant 178 figures représentant les diamants les plus célèbres de l'Inde, du Brésil et de l'Europe, bruts et taillés, et les dimensions exactes des brillants et roses en rapport avec leur poids, depuis un carat jusqu'à cent carats (*rare*). Relié. 10 fr.

Ecrit tout à la fois pour les praticiens et les gens du monde, ce guide donne, par ordre alphabétique, la description ed toutes les pierres précieuses, en en indiquant l'aspect, la couleur, la dureté, l'éclat, la pesanteur spécifique, la composition chimique, la forme géométrique, le gisement, l'abondance et la rareté, l'emploi et le prix. — Un article spécial a été consacré au diamant, la pierre de prédilection de nos jours.

SÉRIE G. PROFESSIONS INDUSTRIELLES. 51

35. **Fabrication du Papier et du Carton**, par M. A. PROU-
TEAUX, ingénieur civil, ancien élève de l'Ecole centrale
des arts et manufactures, directeur de la papeterie de
Thiers (Puy-de-Dôme). 1 vol., 273 pages et atlas de 7 pl.
doubles, gravées sur acier avec leurs légendes en regard.
4 fr. Relié. 5 fr.

Après avoir énuméré et classé méthodiquement les diverses
matières premières, l'auteur nous initie aux détails de fabrication et nous décrit les nombreuses transformations que subit le
chiffon avant de sortir de la cuve ou de la machine sous forme
de papier. Il nous apprend à connaître et à distinguer les différentes espèces de papier, leurs formats, leurs poids, leurs dimensions, et décrit les diverses machines qui constituent le matériel d'une papeterie. — Un éditeur américain s'est empressé
de faire traduire en anglais l'ouvrage de M. Prouteaux.

43. Guide pratique du **Parfumeur**. Dictionnaire raisonné
des **Cosmétiques** et **Parfums**, contenant la description
des substances employées en parfumerie, les altérations
ou falsifications qui peuvent les dénaturer, etc., les formules de plus de 500 préparations cosmétiques, huiles
parfumées, poudres dentifrices dilatoires, eaux diverses,
extraits, eaux distillées, essences, teintures, infusions,
esprits aromatiques, vinaigres et savons de toilette, pas-
tilles, crèmes, etc. Ouvrage entièrement nouveau, présentant des considérations hygiéniques sur les préparations cosmétiques qui peuvent offrir des dangers dans
leur emploi, par M. le docteur Adolphe-Benestor LUNEL,
chimiste, membre des Académies des sciences de Caen,
Chambéry, etc., ancien professeur de chimie et d'histoire
naturelle. 1 vol., XXVII-340 pages. Relié. 5 fr.

44. Guide pratique de l'**Épicerie**, ou Dictionnaire des denrées indigènes et exotiques en usage dans l'économie
domestique, comprenant : l'étude, la description des objets consommables ; les moyens de constater leurs qualités, leur nature, leur valeur réelle ; les procédés de
préparation, d'amélioration et de conservation des denrées, etc., contenant, en outre, la fabrication des liqueurs, le collage des vins, etc., enfin les procédés de fabrication d'une foule de produits que l'on peut ajouter au
commerce de l'épicerie, par le Dr Benestor LUNEL, membre de plusieurs sociétés savantes. 1 v. de 256 p. 3 fr.

Nous n'avons rien à ajouter aux titres de ces deux ouvrages, qui indiquent leur utilité. Nous devons seulement constater que le docteur Lunel a consciencieusement rempli le cadre qu'il s'était tracé.

48. Guide pour l'essai et l'analyse des **Sucres** indigènes et exotiques, à l'usage des fabricants de sucre. Résultats de 200 analyses de sucre classés d'après leur nuance, par M. Emile Monier, ingénieur chimiste, ancien élève de l'École centrale des arts et manufactures, membre de la Société de chimie de Paris. 1 vol., 96 p., avec figures dans le texte et tableaux. 2 fr.

L'auteur, après avoir rappelé les propriétés générales des substances saccharifères, donne les méthodes les plus simples qui permettent de doser avec précision ces mêmes substances. Quelques notes sur l'altération et le rendement des sucres soumis au raffinage terminent le travail de M. Monier, dont M. Payen a fait un éloge mérité devant l'Académie des sciences.

(Pour la culture de *la Canne à sucre*, voir série H, n° 50.
(Pour *la Culture et l'alcoolisation de la Betterave*, voir série G, n° 1.)

48 bis. Guide pratique du **Féculier** et de l'**Amidonnier**, suivi de la conversion de la fécule et de l'amidon en dextrine sèche et liquide, en sirop de glucose, sirop de froment, sirop impondérable ; en sucre de raisin, sucre massé, sucre granulé et cassonade, en vin, bière, cidre, alcool et vinaigre, ainsi que leur application dans beaucoup d'autres industries, par M. L.-F. Dubief, chimiste. 1 vol. de 267 pages. 5 fr.

50. Traité de la fabrication des **Liqueurs** françaises et étrangères sans distillation. 3ᵉ édition, augmentée de développements plus étendus, de nouvelles recettes pour la fabrication des liqueurs, du kirsch, du rhum, du bitter, la préparation et la bonification des eaux-de-vie et l'imitation de celles de Cognac, de différentes provenances, de la fabrication des sirops, etc., etc., par M.-L.-F. Dubief, chimiste œnologue. 1 vol., 288 pages. 5 fr.

Ce traité est formulé en termes clairs et familiers ; la personne la moins expérimentée dans l'art du distillateur qui en lira attentivement les préceptes pourra, sans aucun guide, devenir un bon fabricant après quelques essais.

SÉRIE G. PROFESSIONS INDUSTRIELLES. 53

57. **Manuel des constructions rurales**, par T. Bona, auteur du tracé et ornementation des jardins. 3ᵉ édition.
5 fr.

60. **Essai et dosage des huiles** employées dans le commerce ou servant à l'alimentation des savons et de la farine de blé ; manuel pratique à l'usage des commerçants et des manufacturiers, par Cyrille Cailletet, pharmacien de première classe, etc. 1 vol., 104 pages. 4 fr.

Ce guide décrit avec clarté des procédés nouveaux et pratiques pour découvrir la sophistication des huiles, pour l'analyse prompte des savons et pour l'essai commercial de la farine de blé. Les procédés de M. Cailletet ont à leur tour subi la pierre de touche de l'expérience ; la Société industrielle de Mulhouse a couronné en 1857 et en 1859, le dosage des huiles mélangées et celui des savons. La Société des arts, sciences et belles-lettres de Paris a couronné en 1855 l'essai de la farine de blé.

En préparation : Fabrication des couleurs. — Le forgeron et l'Ouvrier forgeron. — Menuisier modeleur. — Ebéniste. — Tourneur en bois. — Sculpteur. — Tapissier, ameublement, etc. — Serrurier. — Ajusteur et tourneur de métaux. — Fondeur et mouleur. — Ferblantier. — Marqueteur. — Chaudronnier. — Horloger-mécanicien. — Graveur. — Luthier. — Brocheur, relieur et cartonnier. — Vitrification et fabrication des glaces. — Porcelaines (Fabrication des). — Faïencier. — Peinture sur verre et sur porcelaine. — Imprimeur typographe. — Imprimeur-lithographe et en taille douce. — Charbonnage, coke, tourbe. — Fabrication du gaz. — Huiles. — Bougies et chandelles. — Fabrication des savons. — Meunerie et Boulangerie. — Saunier. — Cuisinier. — Sommelier. — Pâtissier. — Distillation. — Pharmacien. — Fabrication du sucre. — Raffinage. — Chocolatier, confiseur, etc. — Pharmacien-droguiste. — Instruments de précision. — Préparation et filature du chanvre et du lin. — Blanchiment. — Blanchissage et buanderie. — Naturaliste préparateur. — Herboriste. — Conservation des bois.

SÉRIE H.

AGRICULTURE, JARDINAGE, HORTICULTURE. — EAUX ET FORÊTS. — CULTURES INDUSTRIELLES, ANIMAUX DOMESTIQUES. — APICULTURE, PISCICULTURE, ETC.

1. Guide pratique d'**Agriculture générale**, par A. GOBIN, professeur de zootechnie, ancien sous-directeur de ferme-école, etc. 1 vol. x-448 pages avec figures dans le texte. Broché 3 fr. Relié.   4 fr.

2. **Taille du Rosier**, sa culture, etc. par FORNEY. 1 vol.   3 fr.

3. **Ingénieur agricole** (L'), hydraulique, dessèchement drainage, irrigations, etc. ; suivi d'un appendice contenant les lois, décrets, règlements et instructions ministérielles qui régissent ces matières et de l'hydraulique urbaine, par M. Jules LAFFINEUR, ingénieur civil et agronome, membre de plusieurs sociétés savantes, etc. 1 vol., 398 pages et 5 planches   6 fr.
Deux parties se vendent séparément.

Le *Guide pratique d'hydraulique* (série H, n° 31) du même auteur, s'adresse plus particulièrement aux habitants des villes, aux grands propriétaires, à ceux qui ont mission d'étudier ou d'établir des conduites d'eau. L'*Ingénieur agricole* s'occupe plus spécialement des travaux de la campagne. Les agriculteurs y trouveront des notions précises sur les travaux qu'il est de leur intérêt de faire exécuter, et des renseignements exacts sur leurs droits et leurs devoirs.

4. Guide pratique pour la construction et le bon aménagement des **Habitations des animaux**, par M. Eug. GAYOT, membre de la Société centrale d'agriculture de France. 1 fort vol. avec nombreuses fig.   7 fr.
Deux parties se vendent séparément.

Les Bergeries, les Porcheries, les Habitations des animaux de la basse-cour, Clapiers, Oiseleries et Colombiers. 1 volume de 355 pages et 31 figures dans le texte.   3 fr.

Les Ecuries et les Etables, par le même. 1 vol., 208 pages et 65 figures dans le texte. 3 fr.

Aucun animal ne saurait être développé dans ses facultés natives, dans ses aptitudes propres, et produire activement dans le sens de ces dernières, si on ne le place dans les meilleures conditions d'alimentation, de logement, de multiplication. M. Gayot, avec l'autorité d'une longue expérience, a réuni dans ces deux volumes les conditions générales d'établissement et les dispositions particulières aux diverses espèces d'animaux.

6 et 7. Eléments des **Sciences physiques** appliquées à l'agriculture, par M. A.-F. POURIAU, docteur ès-sciences, ancien élève de l'Ecole centrale, etc., en deux volumes, savoir :

6. 1º *Chimie inorganique*, suivie de l'étude des marnes, des eaux et d'une méthode générale pour reconnaître la nature d'un des composés *minéraux* intéressant l'agriculture ou la médecine vétérinaire. 1 vol., 912 p., 153 figures dans le texte et tableaux. Br. 6 fr. Relié. 7 fr.

7. 2º *Chimie organique*, comprenant l'étude des éléments constitutifs des végétaux et des animaux, des notions de physiologie végétale et animale, l'alimentation du bétail, la production du fumier, etc., par le même. 1 vol., 541 p., 66 figures dans le texte et tableaux. Br. 6 fr. Relié. 7 fr.

On ne fait plus l'éloge des livres de M. Pouriau. M. Pouriau est professeur et sous-directeur à l'Ecole d'agriculture de Grignon ; l'élection l'a fait secrétaire général de la Société d'agriculture de Lyon : voilà quelques-uns des titres de l'homme ; quant à ses ouvrages, ils sont promptement devenus classiques, et ils sont en même temps consultés avec fruit par les gens du monde.

(Voir aussi plus loin nº 55).

8. **Drainage**, résultats d'observations et d'expériences pratiques faites par M. C.-E. KIELMANN, directeur de l'Ecole agricole de Haasenfeld (Prusse), et publiées à l'usage des agriculteurs français, par C. HOMBOURG. 1 vol., 104 pages avec figures dans le texte. 1 fr.

SÉRIE H. AGRICULTURE. 57

La plupart des ouvrages publiés sur le drainage sont le résultat d'études théoriques que l'expérience n'a pas encore sanctionnées. M. Kielmann est entré dans une autre voie : il n'a eu recours à la théorie qu'autant que cela était nécessaire pour expliquer certains phénomènes. Comme il le dit dans sa préface, il voulait offrir à ceux qui commencent à s'occuper du drainage, et même au simple paysan, un manuel tel que le lecteur pût dire, après l'avoir parcouru : C'est facile à comprendre, désormais je pourrai travailler. — Ce but, le succès du *Guide pratique du drainage* le prouve, a été largement atteint.

9. **Chimie agricole.** Leçons familières sur les notions de chimie élémentaire utiles au cultivateur et sur les opérations chimiques les plus nécessaires à la pratique agricole, par M. N. BASSET, auteur de plusieurs ouvrages d'agriculture et de chimie appliquée. 1 vol., 336 p. avec figures dans le texte. Broch. 3 fr. Relié. 4 fr.

L'auteur, laissant de côté les grands mots et les formules scientifiques, a cherché, avant tout, à se rendre intelligible à tous. Dans une série de leçons familières, après avoir prouvé la nécessité de la chimie pour l'agriculture, il a successivement traité de l'analyse des sols, des amendements, de la composition des plantes, de celles des animaux, de quelques industries agricoles, etc. Des observations succinctes et des notions intéressantes sur divers sujets complètent cette *Chimie agricole*.
(Voir aussi même série, n° 55).

11. Guide pratique des **Conférences Agricoles**, par M. Louis GOSSIN, cultivateur, professeur d'agriculture dans l'Oise, etc. 1 vol., XII-112 pages. 1 fr.

(Ouvrage recommandé officiellement pour les écoles normales etc).

14. Guide pratique pour le choix de la **Vache laitière**, par M. Ernest DUBOS, vétérinaire de l'arrondissement de Beauvais, professeur de zootechnie à l'institut agricole de la même ville. In-18, 132 p. et pl. Br. 2 fr. Rel. 3 fr.

Les diverses méthodes pour le choix des vaches laitières sont résumées dans ce livre. Les agriculteurs et les éleveurs y trouveront l'indication des signes qui peuvent les guider pour la conservation et l'acquisition des animaux qui conviennent le mieux à leurs exploitations.
— Les figures représentant les diverses races de vaches laitières sont remarquables.

17. Éducation lucrative des lapins, ou Traité de la race cuniculine, suivi de l'Art de mégisser leurs peaux et d'en confectionner des fourrures, par M. MARIOT-DIDIEUX, vétérinaire en premier attaché aux remontes de l'armée, membre de plusieurs sociétés savantes. 1 vol., 156 p. 2 fr. 50

L'industrie de l'éducation de la race cuniculine est créée et elle marche vers le progrès. C'est dans le but de la voir se propager dans les campagnes comme une des industries peut-être les plus propres à tarir les sources du paupérisme et de la misère que l'auteur a publié cette nouvelle édition de son *Guide pratique*, en l'enrichissant d'un grand nombre de données nouvelles. En résumé, l'auteur démontre qu'aucune viande ne peut être produite à aussi bon marché que celle du lapin.

18. Basse-cour, Éducation lucrative des poules, des oies, des canards, etc., etc. 1 fort vol. avec pl. 6 fr.
Deux parties se vendent séparément.

18bis. 1o **Éducation lucrative des poules**, ou Traité raisonné de gallinoculture, par le même. 1 vol., 444 p. 4 fr.

L'éducation, la multiplication et l'amélioration des animaux qui peuplent les basses-cours ont fait depuis une quinzaine d'années de notables progrès. Répondant à un besoin de l'économie domestique, l'auteur de ce guide pratique a voulu faire un traité complet de gallinoculture dans lequel, après des considérations historiques, anatomiques et physiologiques sur les poules, il décrit les caractères physiques et moraux de quarante-deux races, apprend à faire un choix parmi ces races si diverses et indique les moyens de conservation et de multiplication des individus. Des chapitres spéciaux sont consacrés aux maladies, à la pharmacie gallinée, à la statistique des poules et des œufs de la France, etc.

19. 2o Éducation lucrative des Oies et des Canards, par le même, 1 vol., 180 p. avec de nombreuses figures dans le texte. 2 fr.

Ces deux monographies sont à la fois utiles, instructives et amusantes. L'auteur décrit les mœurs particulières de chaque espèce et indique le genre de nourriture favorable à leur multiplication et propre à donner des bénéfices aux éleveurs. Toutes ces notions, parsemées de données historiques, d'anecdotes, de réflexions philosophiques, offrent une lecture des plus attrayantes.

SÉRIE H. AGRICULTURE. 59

20. Guide pratique du **Pisciculteur**, par M. Pierre CARBONNIER, pisciculteur, fabricant d'appareils à éclosion, membre de la section des poissons de la Société d'acclimatation et de plusieurs sociétés savantes, etc. 1 vol. 200 pages, avec de nombreuses figures dans le texte. Br. 2 fr. Relié. 3 fr.

Ce n'est pas comme un théoricien ou un savant systématique que M. Carbonnier se présente à ses lecteurs : ce sont les résultats pratiques qu'il a obtenus dans la *piscifacture* construite et exploitée par lui à Champigny, qui lui donne le droit d'indiquer les méthodes et les systèmes qui lui ont le mieux réussi, c'est-à-dire qui lui ont donné les résultats les plus profitables. Le *traité de pisciculture* est suivi d'une notice sur les poissons d'eau douce qui vivent dans nos climats, leurs formes, leurs habitudes, enfin les particularités relatives à la culture artificielle de chacun d'eux. Un appendice est consacré aux *aquariums* d'appartement.

(Pour l'*Ostréiculture*, voir même série, n° 52.)

21. Guide pratique du **Chasseur médecin**, ou traité complet sur les maladies du chien, par M. Francis CLATER, vétérinaire anglais ; traduit de l'anglais sur la 27e édition. 3 édition française, corrigée et augmentée, par M. MARIOT-DIDIEUX, vétérinaire en premier attaché aux remontes de l'armée, etc. 1 vol., 189 pages. 3 fr.

La mention que ce livre a eu en Angleterre, vingt-sept éditions, dispense de tout commentaire. Le guide que nous avons placé dans notre Bibliothèque en est la troisième édition française. M. Mariot-Didieux, le savant vétérinaire, en acceptant la révision de cette édition, s'est attaché à supprimer dans le texte original des formules trop compliquées, à en simplifier d'autres et à en ajouter de nouvelles. Ainsi entièrement refondu, l'ouvrage est véritablement un traité complet sur les maladies du chien, traité auquel un chapitre sur l'art de mégisser les peaux pour en faire des tapis sert de complément.

22. Traité de l'**Elevage et de l'éducation du Chien**, par E. de TARADE. 1 vol. 360 p. 4 fr.

23. Guide pratique d'**apiculture** (culture des abeilles), cours professé au jardin du Luxembourg, par H. HAMET, apiphile. 1 vol., 336 pages, figures dans le texte. 5 fr.

28. Manuel pratique de **Culture maraîchère**, par M. Courtois-Gérard, marchand grainier, horticulteur. 5e édition, augmentée d'un grand nombre de figures et de plusieurs articles nouveaux. Ouvrage couronné d'une médaille d'or par la Société et centrale d'agriculture, d'une grande médaille de vermeil par la Société et centrale d'horticulture. 1 vol., 396 p. 88 figures dans le texte. Br., 3 fr. 50. Relié. 5 fr.

Outre les récompenses honorifiques qui viennent d'être mentionnées, l'auteur de ce manuel a obtenu une attestation qui garantit la valeur de son travail aux yeux du public, en même temps qu'elle constate l'exactitude de ses recherches et l'utilité des notions renfermées dans son ouvrage. Cette attestation émane de vingt-cinq jardiniers maraîchers de la ville de Paris qui, après avoir entendu la lecture du travail de M. Courtois-Gérard, déclarent qu'ils lui donnent toute leur approbation, comme étant conforme aux bonnes méthodes de culture en usage parmi eux et autorisent l'auteur à le publier sous leur patronage.

Cet ouvrage est officiellement recommandé pour les écoles normales, etc.

Cette nouvelle édition a été augmentée d'un chapitre sur la culture des portes-graines et d'un vocabulaire maraîcher.

31. Guide pratique d'**Hydraulique** urbaine et agricole, ou Traité complet de l'établissement des conduites d'eau pour l'alimentation des villes, des bourgs, châteaux, fermes, usines, etc., comprenant les moyens de créer partout des sources abondantes d'eau potable, par M. Jules Laffineur, ingénieur civil, etc. Ouvrage formant le complément du *Guide pratique de l'Ingénieur agricole* (voir plus haut, série H, n° 3). 2e tirage, augmenté d'un supplément. 1 vol., 130 pages et 2 pl. 3 fr.

En publiant cet ouvrage, M. Laffineur a eu pour but de réunir en un faisceau les principales données de la science hydraulique expérimentale. On y trouvera réunis tous les renseignements, toutes les formules, toutes les applications pour la conduite des eaux.

32. Guide pratique pour la **Culture des plantes fourragères**, par M. A. Gobin, ancien élève de l'Ecole de Grand-Jouan, directeur de la colonie péniten-

tiaire du Val-d'Yèvres (Cher). 1 très-fort vol. 680 p. avec fig. 8 fr.

Deux parties se vendent séparément.

1° PRAIRIES NATURELLES, irrigations, pâturages, avec un appendice reproduisant la loi du 21 juin 1866 sur les associations agricoles. 1 vol., 284 pages, avec nombreuses figures. 3 fr.

2° PRAIRIES ARTIFICIELLES. *Plantes-racines.* 1 vol. de 388 p. et 87 figures. 3 fr. 50

Les fourrages sont la base de toute culture, et il est admis aujourd'hui, par tous les agriculteurs intelligents, que pour avoir du blé il faut faire des prés. M. Gobin a voulu rédiger un guide tout pratique indiquant tout ce qui doit être observé pour obtenir les meilleurs résultats et éviter les dépenses inutiles : mais comme il le dit dans sa préface, si le titre même de son livre lui a fait une loi de se restreindre à la culture des plantes fourragères et de s'abstenir de considérations scientifiques inutiles au but qu'il poursuit, il ne s'est pas interdit les applications pratiques des sciences en tant qu'elles se rapportent à l'explication des phénomènes ou à l'amélioration des méthodes de culture. « C'est là, en effet, dit-il, ce que nous entendons par la pratique, et non point seulement la routine manuelle, qui consiste à savoir tenir les mancherons de la charrue, charger une voiture de gerbes ou manier la faux, celle-ci suffit à un ouvrier, celle-là est nécessaire au moindre cultivateur intelligent. »

C'est donc la *pratique intelligente* qui a dicté ce guide qui a obtenu promptement le succès qu'il mérite.

38. **Culture de l'Olivier**, son fruit et son huile, par M. Joseph REYNAUD (de Nîmes), négociant et manufacturier. 1 vol., 300 pages. 4 fr.

Ce livre est le fruit de trente-cinq années de durs travaux, de longues veilles, de nombreux voyages, de recherches patientes, de minutieuses expériences : aussi a-t-il été l'objet de nombreuses distinctions et les procédés de M. Reynaud n'ont pas tardé à être pratiqués chez un grand nombre d'extracteurs d'huile.

40. Guide pratique du **Vigneron**, culture, vendange et vinification, par FLEURY-LACOSTE, président de la Société centrale d'agriculture du département de la Savoie, membre de plusieurs sociétés savantes. 1 vol., 137 pages. 3 fr.

Il existe un grand nombre de livres sur l'art de faire le vin. Malheureusement, il en est beaucoup qui ne sont que des reproductions presque serviles d'ouvrages antérieurs, tandis que d'autres ne présentent que le résultat d'expériences personnelles de systèmes individuels.

M. Fleury-Lacoste est à la fois un homme instruit et un homme pratique. Dans son *Guide du Vigneron*, il a su éviter ces deux écueils ; son livre sera consulté avec fruit, et l'on peut avec confiance en adopter les préceptes. Au surplus, S. Exc. M. le ministre de l'agriculture, certes plus compétent que nous, vient d'engager M. Fleury-Lacoste à poursuivre ses études en souscrivant à cet excellent petit traité. C'est bien là le meilleur éloge que l'on puisse faire de cet ouvrage.

41. Manuel pratique de **Jardinage**, contenant la manière de cultiver soi-même un jardin ou d'en diriger la culture, par M. COURTOIS-GÉRARD, marchand grainier, horticulteur, 6ᵉ édition. 1 vol., 396 pages, 1 planche et de nombreuses figures dans le texte. Br., 3 fr. 50. Relié.   5 fr.

Nous renvoyons à la note accompagnant le n° 28 (*Manuel de culture maraichère*) pour les titres de M. Courtois-Gérard à la confiance publique. Dans le *Manuel du jardinier*, les jardiniers de profession trouveront des conseils, des détails nouveaux et des renseignements pratiques qu'ils peuvent ignorer ; le propriétaire et l'amateur de jardin y puiseront des instructions précises et claires qui leur éviteront toute espèce de méprises et d'erreurs.

42. Guide pratique de la culture du **Saule** et de son emploi en agriculture, notamment dans la création des oseraies et des saussaies, avec un appendice sur la culture du **Roseau**, par M. M.-J. KOLTZ, chevalier de l'ordre R. G. D. de la Couronne de chêne, agent des eaux et forêts, etc., etc. Vol. in-18, 144 pages et 35 figures dans le texte. Br. 2 fr. Relié   3 fr.

Ce travail a pour objet de faire ressortir les avantages que procure la culture du saule dans les terrains qui lui conviennent, et qui, le plus souvent, ne peuvent être rendus productifs qu'à l'aide de cette essence. M. Koltz donne donc le moyen de mettre en produit des terrains vagues ; et à ce point de vue, son traité est un véritable service rendu à l'agriculture.

Dans certains parages, le roseau commun forme le complément obligé de l'osier : l'appendice que M. Koltz a consacré à cette plante renferme des détails intéressants, surtout pour les propriétaires de terrains aujourd'hui tout à fait improductifs.

43. Guide pratique de la **Culture du coton**, par le docteur Adrien Sicard, secrétaire général de la Société d'horticulture et du comité d'aquiculture pratique de Marseille, etc. 1 vol., 143 pages, avec figures dans le texte. 3 fr.

Ce guide, écrit par un homme compétent, est le fruit de longues études pratiques. Lorsque M. Sicard fait une affirmation, c'est qu'il parle de *visu* et d'après ses propres expériences. Ainsi, les figures intercalées dans le texte, et qui donnent une idée exacte du cotonnier et des détails du coton, ont été photographiées d'après nature par lui-même et par l'un de ses fils.

45. Guide pratique du tracé et de l'ornementation des **Jardins d'agrément**, par M. T. Bona, ancien architecte, directeur de l'Ecole de dessin industriel de Verviers. 1 vol., 304 pages. 4ᵉ édition, complétement refondue et ornée de 238 figures dans le texte. Br., 2 fr. 50. Relié. 3 fr. 50

Il existe quelques ouvrages spéciaux sur la composition et l'ornementation des jardins : malheureusement, ils sont généralement d'un prix élevé, et puis la plupart des auteurs arborent des prétentions qui se traduisent par la classification qu'ils ont adoptée : ils ont, en fait de jardins, des genres *graves*, *terribles*, *mélancoliques*, *riants*, *lugubres*, etc.; M. Bona pense qu'il faut oublier le terrain dont on dispose et l'embellir par des créations conformes à sa situation.

46. Guide pratique de la **Culture du caféier et du cacaoyer**, suivi de la fabrication du chocolat, par M. P.-H.-F. Bourgoin d'Orli, 1 vol. 100 pages. 3 fr.

Ce livre est le fruit d'une longue expérience acquise par l'auteur dans une pratique de plusieurs années et par ses propres observations en Asie et en Amérique.

46 et 50. Le **Caféier** et la **Canne à sucre**, ensemble, relié. 5 fr.

48. Acclimatation des animaux domestiques. Étude des animaux destinés à l'acclimatation, la naturalisation et la domestication ; Animaux domestiques, méthodes de perfectionnement, mammifères, oiseaux, poissons, insectes, vers à soie ; précédée de Considérations générales sur les climats, de l'Exposé des diverses classifications d'histoire naturelle, etc., pouvant servir de *Guide au Jardin d'acclimatation* ; par M. le docteur B. Lunel, ancien professeur d'histoire naturelle. 1 vol., 188 pages, avec figures dans le texte. 3 fr.

M. le docteur Lunel a résumé d'une manière concise dans ce guide les notions concernant l'acclimatation disséminées dans un grand nombre d'ouvrages volumineux. Ce livre sera consulté avec fruit par toutes les personnes qu'intéresse la grande question de l'acclimatation.

49. Guide pratique d'**Entomologie agricole**, et petit traité de la destruction des insectes nuisibles, par M. H. Gobin. 1 vol., 279 pages, avec fig. dans le texte.   4 fr.

Ce traité, d'une lecture attrayante, dissimule un grand fond de science sous des apparences légères. Le volume se compose de lettres familières adressées à un nouveau propriétaire rural. Tous les insectes qui s'attaquent aux champs et à leurs produits et aux animaux y sont passés en revue, et, ce qui est mieux encore, l'auteur a indiqué le moyen de se débarrasser de cette engeance envahissante. Le livre est terminé par des nomenclatures scientifiques avec les noms français.

50. Guide pratique de la **Culture de la canne à sucre** et Traité de la sucrerie exotique, par M. P.-H.-F. Bourgoin. d'Orli. 1 vol. de 156 pages.   3 fr.

Ce guide n'est pas, comme beaucoup de manuels, un livre fait avec d'autres livres. M. Bourgoin d'Orli s'est, pendant de longues années, livré à une étude toute spéciale de la canne à sucre et de sa culture dans plusieurs contrées équatoriales et tropicales. Il a réuni dans ce volume, comme il l'a fait pour le caféier, le résultat de son expérience et de ses observations personnelles.

La manipulation du sucre est complétement traitée dans cet ouvrage, indispensable aux propriétaires et aux cultivateurs qui veulent mettre en sucreries tout ou partie de leurs possessions dans les colonies.

(Pour l'*Essai des sucres*, voir série G, n° 48.)
(Pour la *Betterave et son alcoolisation*, voir série G, n° 1.)

52. Guide pratique de l'**Ostréiculteur**, ou Culture des huîtres et procédés d'élevage et de multiplication des races marines comestibles, par M. Félix Fraiche, professeur de sciences mathématiques et naturelles. 1 vol. 175 pages, avec figures dans le texte.   4 fr.

Les chemins de fer et la navigation, en diminuant les distances, ont créé pour les races marines comestibles des débouchés qui leur avaient manqué jusqu'alors. De là, et d'autres causes que M. Fraiche indique, l'appauvrissement des bancs d'huîtres. L'auteur, qui s'est inspiré des travaux de M. Coste, démontre que l'ostréiculture est une industrie facile à créer et à développer, et qui donne des résultats rémunérateurs à ceux qui savent l'exploiter.

(Pour la *Pisciculture*, voir même série, n° 20.)

SÉRIE H. AGRICULTURE.

52 bis. Richesse de l'agriculture. — Guide pratique de la **Vidange agricole**, à l'usage des agronomes, propriétaires et fermiers. Description de moyens faciles, économiques, salubres et pratiques de recueillir, de désinfecter et d'employer utilement en agriculture l'engrais humain, par M. J.-H. Touchet, ancien chef de service à la compagnie Richer. 2ᵉ édition. 1 vol. de 88 pages avec figures. Br. 1 fr. Relié. 2 fr.

Les pages de M. Touchet sont riches en enseignement : son guide, en ce qui concerne les vidanges et les différentes manières d'employer l'engrais humain, est le résumé des meilleures méthodes pratiquées actuellement. Les constructeurs, les entrepreneurs, les propriétaires, les fermiers y trouveront tous des indications utiles.

53. Etude pratique sur les **Fumiers de ferme** et les engrais en général, précédée d'une introduction sur les éléments nutritifs généraux des plantes, par le docteur Emile Wolff, professeur à l'Académie agricole de Hohenheim, traduit de l'allemand par Ad. Damseaux, professeur à l'Institut agricole de l'Etat (Belgique). 1 v., 204 pages. 3 fr

55. Manuel du **Chimiste-Agriculteur**, par A.-F. Pouriau, docteur ès-sciences, ancien élève de l'Ecole centrale, etc. 1 vol., 460 pages, 148 figures et de nombreux tableaux, suivi d'un appendice. Br. 5 fr. Relié. 7 fr.

Ce volume forme en quelque sorte le complément de la *Chimie organique* et de la *Chimie inorganique*. Il fait connaître les diverses manipulations qui sont décrites avec un très-grand soin. Il contient, en outre, un grand nombre d'indications d'une utilité toute pratique. (Voir plus haut, série G, nᵒˢ 6 et 7.)

56. Guide pratique élémentaire de **Botanique** et Traité de **Physiologie végétale** appliquée à la culture des plantes, par M. Léon Lerolle, ancien élève de l'Ecole d'agriculture du Grand-Jouan, membre de la Société d'horticulture de Marseille. 1 vol., viii-464 pages, 108 fig. dans le texte. 5 fr. Relié. 6 fr.

Dans ce traité, simple dans sa forme, mais rigoureusement exact quant au fond, l'auteur a eu pour but de donner la science en guide à la pratique, et il présente au cultivateur des explications rationnelles sur les phénomènes qui s'accomplissent journellement dans les champs, les forêts et les jardins. M. Lerolle s'est étendu principalement sur les points de la physiologie végétale où les différentes branches de culture trouveront d'utiles applications. Les nombreuses gravures sur bois qui élucident le texte en rendent la lecture attrayante, même pour les gens du monde.

En préparation : Traité complet d'agriculture. — Fabrication, choix et emploi des engrais. — Guide pratique de l'éleveur du cheval (production, élevage et utilisation). — Elevage des bœufs. — Elevage des moutons. — Elevage des porcs. — Elevage et entretien des oiseaux de volière. — Le berger. — Sériciculture. — Animaux de basse-cour en général. — Fabrication du fromage. — Laiterie et fabrication du beurre. — Culture des céréales. — Défrichement des landes et des bruyères. — Culture du sorgho. — Culture du tabac. — Culture du mûrier. — Culture du houblon. — De la culture et de l'aménagement des forêts. — Pépiniériste. — Arboriculture.

SÉRIE I.

ÉCONOMIE DOMESTIQUE, COMPTABILITÉ, LÉGISLATION, MÉLANGES.

1. Guide pratique de la **Fabrication des vins factices** et des boissons vineuses en général, ou Manière de fabriquer soi-même les vins, cidres, poirés, bières, hydromels, piquettes et toutes sortes de boissons vineuses, par des procédés faciles, économiques et des plus hygiéniques, par M. L.-F. DUBIEF, chimiste, auteur de plusieurs ouvrages qui ont mérité les honneurs de la réimpression en France et à l'étranger. 1 vol., 72 pages. 2 fr.

L'auteur a publié ce petit ouvrage, non-seulement pour venir en aide aux personnes économes, mais encore, et plus, pour celles dont l'économie est une nécessité. Si elles suivent les prescriptions qui y sont indiquées, elles peuvent être assurées de bien fabriquer elles-mêmes et avec facilités toutes sortes de vins, bières, cidres, etc.

2. Guide pratique d'**Économie domestique**, publié sous forme de dictionnaire, contenant des notions d'une application journalière, chauffage, éclairage, blanchissage, dégraissage, préparation et conservation des substances alimentaires, boissons, liqueurs de toutes sortes, cosmétiques, soins hygiéniques, médecine, pharmacie, etc., par M. le docteur B. LUNEL, médecin-chimiste, etc., 1 v., 227 pages. 2 fr.

L'économie domestique, longtemps dédaignée, est élevée aujourd'hui au rang de sciences. Le guide de M. le docteur Lunel, sous la forme commode de dictionnaire, constitue une véritable encyclopédie de cette science nouvelle.

3. Le **Mouvement industriel et commercial** en 1864-1865 (Chemins de fer, — Navigation intérieure, — Navigation maritime), par M. Amédée SÉBILLOT, ingénieur, ancien élève de l'École centrale des arts et manufactures. 1 vol., XVI-216 p. 2 fr.

M. Sébillot ne s'est pas contenté d'être l'historiographe du mouvement industriel, il indique les voies ouvertes à la grande industrie. Son livre abonde en conseils qui méritent d'être médités.

4. Le **Liquoriste des Dames** ou l'art de préparer en quelques instants toutes sortes de liqueurs de table et des parfums de toilette avec toutes les fleurs cultivées dans les jardins, suivi de procédés très-simples et expérimentés pour mettre les fruits à l'eau-de-vie, faire des liqueurs et des ratafias, des vins de dessert, mousseux et non mousseux, des sirops rafraîchissants, etc., par L.-F. Dubief, 1 vol., 120 pages. Br. 2 fr. 50. Relié. 3 fr.

5. La **science populaire**, par Rambosson. 4 vol. 14 fr.

6. Les droits des **inventeurs en France et à l'étranger**. Conseils généraux, — Brevet d'invention, — Péremption, — Vente, — Licences, — Exploitation, — Géographie industrielle, — Marques de fabrique, — Dessins, — Objet d'utilité, par M. H. Dufrené, ingénieur civil, ancien élève de l'Ecole des arts et manufactures, et vol. de 108 pages. 3 fr.

Ce livre est un guide indispensable pour les inventeurs qui veulent demander un brevet et pour ceux qui en possèdent déjà, soit en France, soit à l'étranger. Pour tous, M. Dufrené a de bons conseils. D'après ses indications, résultant d'une longue pratique, on peut prévoir presque avec certitude les résultats que doivent ou que peuvent produire les inventions ou les perfectionnements, d'après la nature des brevets et les pays où on veut les exploiter.

7. **La liberté et le courtage des marchandises**, commentaire pratique de la loi du 18 juillet 1866, par Victor Emion, avocat à la Cour de Paris. Vol. de 125 pages. 2 fr.

L'application pratique de la nouvelle loi sur le courtage des marchandises devait donner lieu à de nombreuses difficultés ; ce sont ces difficultés que M. V. Emion s'est étudié à prévoir et à résoudre dans son commentaire, suivi d'un appendice qui renferme de nombreux documents intéressant tout les commerçants.

8. **Leçons de sténographie**, par Tondeur. 1 fr.

9. **Géographie** à l'usage des écoles d'architecture, d'arts et métiers, des artistes et des gens du monde, par O. Lescure, professeur, 1 vol., 351 pages. 3 fr.

12. Manuel pratique et juridique des **Expropriés pour cause d'utilité publique**, suivi de deux tableaux donnant le chiffre de la valeur du mètre de terrain dans

Paris, et faisant connaître les principales indemnités accordées aux industriels négociants et commerçants expropriés, par M. Victor EMION, avocat à la Cour de Paris. Vol. de 125 pages. 1 fr.

Ce manuel est le résumé simple et concis des règles pratiques que les expropriés ont intérêt à connaître pour se diriger dans la défense de leurs droits. En étudiant ce manuel, les expropriés sauront qu'avant de se présenter devant le jury, ils n'ont que peu ou point de formalités à remplir et *pas de frais* à débourser. Ils y apprendront encore qu'en général les traités souscrits d'avance avec des intermédiaires ne sont *habituellement* avantageux *que pour ceux qui contractent avec l'exproprié.*

Les tableaux de la valeur du mètre dans les différents arrondissements de Paris et des principales indemnités accordées par le jury offrent un très-grand intérêt pour les propriétaires et les locataires.

14. Guide pratique d'**Hygiène et de Médecine usuelle**, complété par le traitement du choléra épidémique par le docteur B. LUNEL, chimiste, membre des Académies des sciences de Caen, etc., ancien médecin commissionné pour les épidémies, etc. 1 vol., 209 pages. 2 fr.

Ce livre ne s'adresse à aucune spécialité de lecteurs et convient à tout le monde. Il se subdivise en hygiène privée et en hygiène publique. Dans la première partie, l'auteur examine dans quelle mesure l'homme qui veut conserver sa santé doit, selon son âge, sa constitution et les circonstances dans lesquelles il se trouve, user des choses qui l'environnent et de ses propres facultés, soit pour ses besoins, soit pour ses plaisirs. Dans la seconde, il s'occupe de tout ce qui concerne la salubrité publique. Un chapitre spécial est consacré à la médecine des accidents.

16. Manuel pratique d'**Ethnographie**, ou description des races humaines ; les différents peuples, leurs caractère naturels, leurs caractères sociaux, divisions et subdivisions des différentes races humaines, par M. le baron J. D'OMALIUS D'HALLOY. 5e édition. 1 vol., 127 pages, avec 1 planche coloriée. 4 fr.

Après avoir exposé les principes généraux de l'ethnographie, l'auteur décrit les races, rameaux, familles et peuples que l'on distingue dans le genre humain. Le *Manuel d'ethnographie* est terminé par des tableaux synoptiques représentant les diverses divisions, avec l'indication approximative de la force de chaque peuple et de la distribution des familles dans les cinq parties de la terre. Cet ouvrage est accompagné de nombreuses notes dans lesquelles l'auteur discute les diverses questions sur lesquelles il ne partage pas les opinions de la plupart des ethnographes.

21. **L'immense trésor des vignerons et des marchands de vin**, indiquant des moyens inédits pour vieillir instantanément les vins, leur enlever les mauvais goûts, même d'une manière hygiénique, sans aucun coupager éviter leur dégénérescence, partant plus de vins aigres amers, gras, ou poussés ; découverte d'un agent supérieur à l'acool pour le maintien, la conservation et l'expédition lointaine des vins. Nouvelle édition considérarablement augmentée, par M. L.-F. Dubief, vol. in-18, de 234 pages. 5 fr.

25. Essai sur l'**Administration des entreprises industrielles et commerciales**, par M. Lincol, vol. de 343 pages. 4 fr. Relié. 5 fr.

Il nous suffira de reproduire le titre de quelques chapitres pour faire juger de l'importance de cet ouvrage et de l'intérêt des personnes qui s'occupent de commerce et d'industrie.

Constitution des entreprises. — Conception du capital et de ses emplois : 1º dans l'industrie ; 2º dans le commerce. — Des rapports entre entrepreneurs ou chefs de maison et leurs employés. — Des services administratifs (direction, secrétariat, correspondance, caisse, portefeuille, comptes courants, factures, main-d'œuvre, etc.). — De l'inventaire annuel. — De la liquidation.

En préparation. Comptabilité manufacturière. — Comptabilité agricole. — Législation agricole. — Géographie commerciale. — Géographie industrielle. — Droit usuel. — Créancier hypothécaire. — Économie industrielle. — Maires et adjoints. — Électricité médicale. — Pêcheur. — Conservation des substances alimentaires. — Chimie amusante. — Physique amusante. — Extinction des incendies, ou Guide du sapeur-pompier. — Personnel des chemins de fer.

Librairie scientifique, industrielle et agricole de E. Lacroix

A PARIS, 54, RUE DES SAINTS-PÈRES

CATALOGUE ABRÉGÉ

DES PRINCIPAUX OUVRAGES

Autres que ceux publiés dans la Bibliothèque

A

Adhémar. Chemins américains dits à la traction de cheval. 1 vol. gr. in-8 avec fig. dans le texte et 1 pl.   5 fr.
Aérostat dirigeable. In-8, pl.   2 fr. 50
Album de papier quadrillé pour plans et croquis.   2 fr. 50
Album de machines-outils. 40 planches in-4.   20 fr.
Album encyclopédique des chemins de fer. Cette publication paraît par livraisons, chacune se vend séparément 4 fr ; douze livraisons forment une série. 40 livraisons sont publiées.
Album de fers spéciaux de Dupont et Dreyfus. In-f°.   10 fr.
Alcan. Industries textiles. 1 vol. in-8 et atlas in-4 de 36 pl.   32 fr.
Allibert. Alimentation des animaux domestiques. 1 vol. in-8   2 fr. 50
Annales du Conservatoire des arts et métiers. Recueil d'articles par les professeurs du Conservatoire. 5 vol.   80 fr.
  Chaque volume.   20 fr.
Annales du Génie civil. Cette revue mérite une mention toute spéciale ; son premier numéro a été publié le 1ᵉʳ janvier 1862, elle a ensuite continué de paraître sans interruption et mensuellement jusqu'à cette époque.
  Elle commence donc sa huitième année, et ce sont tous ses collaborateurs réunis qui ont su, sans aucun appui officiel et sans le secours d'une publicité intéressée, faire un rapport consciencieux sur l'Exposition de 1867. Ce travail remarquable sera probablement le seul souvenir recommandable qui nous

restera de la grande exhibition de 1867. Une table générale des matières de cette œuvre remarquable, comprenant également et par ordre méthodique tous les articles publiés dans les *Annales du Génie civil* de 1862 à 1868 inclus, est distribuée à la librairie Lacroix.

Le prix de la collection des *Annales du Génie civil*, 1862 à 1871 inclus, y compris le supplément pour les années 1867 et 1868 ou *Études sur l'Exposition de 1867*, le tout formant 17 vol. et 11 atlas, est de 300 fr.

Chaque année se vend séparément, texte et atlas 25 fr.

Le supplément ou *Études sur l'Exposition* se vend séparément. 8 vol. et 2 atlas de 300 pl. 120 fr.

La collection du *Génie civil*, 1862 à 1870 inclus, sans le supplément, 10 années, 9 vol. texte et 9 atlas. 180 fr.

Abonnement à l'année courante, Paris, 20 fr. Départements, Alsace-Lorraine et Algérie, 25 fr. Étranger, 30 fr. Pays d'outre-mer, 35 fr.

Annales télégraphiques. 1 vol. in-8 et fig. 9 fr.
Annuaire de la Société des anciens élèves des Écoles d'arts et métiers ; paraît tous les ans, depuis 1848, en 1 vol. in-8. Prix de chaque année. 6 fr.

Par exception, l'année 1867 coûte 10 fr.
Ansiaux. Fabrication du fer et de l'acier. 1 vol. et atlas. 10 fr.
Arcet (d'). Assainissement des ateliers, etc. 1 vol. et atlas in-4. 15 fr.
— Latrines modèles, br. in-4. 2 fr. 50
Archambault et Violette. Dictionnaire des analyses chimiques 2 vol. 12 fr.
Arlot. Guide du peintre en voiture. 1 vol., fig. coloriées 6 fr. 50
Armengaud. L'Industrie des chemins de fer. 1 vol. in-4 et atlas grand in fol. 80 fr.
Art (l') de l'Ingénieur. (Voir *Vigreux*.)
Arthaud. De la vigne et de ses produits. 1 vol. 5 fr.
Aubré. Cours de géométrie descriptive. In-4 10 fr.
Audibert. Tableau pour la racine carrée et la racine cubique. 1 vol. 1 fr. 50
Audiganne. Les ouvriers d'à-présent. 1 vol. 6 fr.
Aulagnier. Études sur la navigation de la France et de la Belgique. 2 vol. in-4. 20 fr.
Aymard. Études sur les grands travaux hydrauliques. 1 vol. in-8 et atlas. 30 fr.

B

Baltet. Arboriculture fruitière et viticulture. Gr. in-8°, 45 fig., 3 pl. 4 fr. 50
Barbot. Guide du joaillier. 1 vol. grand in-18 et pl. 10 fr.

Bardin. Cours de dessin industriel adopté pour les écoles de la ville de Paris, publié en trois parties:
1re partie: Géométrie graphique. — 3 fr.
2e — Etudes des solides. — 5 fr.
3e — Construction des machines. — 5 fr.
Barrault. La fonte. Voir *Flachat*.
Barreswil. Répertoire de chimie appliquée. 1 vol. — 7 fr.
Barretta. Manuel du chocolatier et du confiseur. 1 vol. in-8. — 10 fr.
Basset. Guide de chimie agricole. 1 vol. avec fig. — 4 fr.
— Culture et alcoolisation de la betterave. 1 vol. — 4 fr.
— Le pain par la viande. 1 vol. — 2 fr.
— La sucrerie indigène, étrangère et exotique. Gr. in-8. — 50 c.
Bast. (A. de). Les merveilles du génie de l'homme. 1 vol. in-8 avec fig. — 10 fr.
Beau de Rochas. Machines locomotives à grande pression 1 vol. in-4. — 9 fr.
— Recherches sur l'utilisation de la vapeur. 1 vol. in-4. — 6 fr.
Bellenez. Théorie des parallèles. In-8 et pl. — 3 fr.
Belleville. Générateurs à vapeurs inexplosibles. In-8. — 1 fr.
Benoît. Cours complet de topographie et de géodésie. 1 vol. in 8° et pl. — 7 fr. 50
— Théorie des pèse liqueurs. 1 vol. in-8 et pl. — 3 fr. 50
Benoît Duportail, Morandière et Sambuc. Chemins de fer. Voitures, wagons, matériel de la voie. In-8, fig. et 6 pl. — 10 fr.
Berlioz. Etude sur l'horlogerie. Gr. in-8 et fig. — 5 fr.
Berthelot. Industrie de la cochenille. In-8. — 75 c.
Berthieu (De). Constructions maritimes. Gr. in-8, fig. et 4 pl. — 4 fr.
Bertrand. (Le général). Campagne d'Egypte. 2 v. in-8 et atlas. — 60 fr.
Besnard. Traité d'éclairage minéral. In-8. — 1 fr.
Bezon. Dictionnaire général des tissus anciens et modernes; traité complet du tissage de toutes les matières textiles. 8 tomes brochés en 4 vol. in-8 et atlas de 151 pl. in-4. — 80 fr.
Bibliothèque des professions industrielles et agricoles. Pour le détail des volumes publiés, demander le catalogue à la librairie Eug. Lacroix.
Bideault. Etudes sur les mines de houille. In-4 — 10 fr.
Bintzer. Description de la Cathédrale de Cologne. In-4 avec pl. (*Rare*). — 25 fr.
Birot. Guide du conducteur des ponts et chaussées et de l'agent voyer. 1 vol. grand in-18 et atlas. — 10 fr.
Bisson. Accidents des chemins de fer. In-8. — 2 fr.

Blanchère (De la). Répertoire de photographie; véritable traité pratique de photographie. 3 vol. in-8 avec fig. 18 fr.
Blavier. Traité de télégraphie électrique; cours complet théorique et pratique. 2 vol. gr. in-8 compacte, 600 figures. 20 fr.
Bochet. Comptabilité commerciale. Grand in-8. 5 fr.
Boileau. Instructions sur les scieries. 1 vol. in-8 avec 5 pl. 5 fr.
Boitard. Instructions sur les chronomètres. In-8. 3 fr.
Boland. Traité de boulangerie. In-8 avec pl. 5 fr.
Bona (Christave). Combustion du charbon. 1 v. in-8 avec fig. 7 fr.
Bona (T.), architecte, ancien directeur de filature. Tracé et ornementation des jardins d'agrément. 1 vol. gr. in-18, fig. 3 fr. 50
— Traité des constructions rurales. 1 vol. grand in-18. 3 fr. 50
— Traité complet de tissage. 1 vol. et 1 atlas grand in-18. 10 fr.
Bonnard. De l'art de lever les plans. In-4 et 8 planches. 15 fr.
Bonnefoux (P.). Traité du vaisseau à la mer. 1 vol. in-8. 7 fr. 50
Bonneville. Tuiles et briques. 61 pages, 8 fig., 6 pl. 5 fr.
Borde. Tables des surfaces pour les déblais et remblais. 3 vol. in-8. (*Rare*.) 100 fr.
— Machines élévatoires pour la construction, des grands bâtiments et des habitations civiles. Grand in-f°, texte anglais et français, avec pl. 25 fr.
Bouchacourt. Notice industrielle sur la Californie. Br. in-8, 72 p. 1 fr. 25
Boucherie. Conservation des bois. In-8, 39 fig. 2 fr. 50
Boucherie. (M.) Les conserves alimentaires. Gr. In-8. 1 fr.
Boudet. L'expédition des dépêches télégraphiques. In-32. 50 c.
Boudin. Technologie du constructeur-mécanicien. In-8. Autographie. 20 fr.
Bouduin (B). Instruments de musique. Gr. In-8, 27 fig. 2 fr.
Bouniceau. Les constructions à la mer. 1 vol. de 500 pages avec atlas et 50 pl. doubles. 15 fr.
— Navigation des rivières à marées, et conquête des lais et relais de leur embouchure. 1 vol. in-8, 304 p. 7 fr. 50
Boussac. Télégraphie électrique. In-8, 503 p., fig. 7 fr.
Bréart. Gréement et manœuvre des bâtiments à voiles et à vapeur. 1 vol. gr. in-8, 447 p., avec atlas. 10 fr.
Brees. Science pratique des chemins de fer. 1 vol. in-4 de 164 pages et 77 pl. in-f° (*Rare*). 50 fr.
Breton. aîné. Guide forestier. In-18. 3 fr.
Breton (Ph.) et **Beau de Rochas**. Télégraphe sous-marin. In-8, 72 p. et 2 pl. 5 fr.

Breton (de Champ). Description de courbes à plusieurs centres In-4, 63 p. 5 fr.
Briques (Fabrication des). des produits céramiques de chaux et ciment. Br. in-8, 48 p. 2 fr.
Bruère. Consolidation des talus, routes, canaux et chemins de fer. 1 v. in-12 de 312 p.; accompagné d'un atlas in-4 de 25 pl. 10 fr.
Brull. Locomotives de marchandises de grande puissance. 1 vol. in-8, 39 p. et 5 pl. 7 fr.
Bujault. Oeuvres complètes. Gr. in-8, avec fig. 6 fr.
Bulletin de la Société industrielle de Mulhouse, 12 livraisons mensuelles. Abonnement annuel, Paris 15 fr. prov., 18 fr. Les numéros séparés à prix divers.
Burat (A.). Matériel des houillères en France et en Belgique. 1 vol. gr. in-8 et atlas de 77 pl. 60 fr.

C

Campagnac. Navigation par la vapeur. In-4, 335 p. et 5 pl. 26 fr.
Camus. Trempe des fers et des aciers. In-8, 390 p. 6 fr.
Cardon. Agriculture et colonisation de l'Algérie, in-8 1 fr. 50
Carnet de l'ingénieur. Recueil de tables, de formules, etc., etc. Cartonné, 4 fr. ; relié en portefeuille, 6 fr.
Carnet du mécanicien de la marine nationale. 150 p. Relié en portefeuille avec poches, porte-crayon, etc. 5 fr.
Carteron. Ininflammabilité des feuilles, papiers, etc. 63 p. 1 fr.
Cartier (E). Album et calculs de résistance de fers marchands et spéciaux, in-fol. 5 fr.
Cartier (J.). Les sels alcalins et agriculture. In-8, 135 p. 2 fr.
Castor. Recueil d'appareils à vapeur. In-8, XII 127 p. et atlas. 40 fr.
Castro (De). L'électricité et les chemins de fer. 2 vol., 1160 p., avec 351 fig. 16 fr.
Catéchisme des chauffeurs et machinistes, orné de 19 gravures, In-8, 110 p. 3 fr.
Cavelier de Cuverville. Cours de tir. In-8, 754 p., avec fig. et 16 pl. 15 fr.
Cavos. Construction des théâtres. 1 vol. in-8, 212 p. et atlas de 25 planches in-fol. 35 fr.
— *Le même ouvrage*, avec l'*Architectonographie* des théâtres, de Kaufmann. 90 fr.
Cavrois. Manuel des agents voyers experts. 1 vol. in-8, 160 p. 3 fr. 50

Cazot. Barême commercial. 1 v. in-8, 280 p. 5 fr. 50
Céramique. Tarif de décoration. In-4 oblong. 6 fr.
Cerclet. Code des chemins de fer. In-8 636 p. 8 fr.
Cerfbeer de Mendelsheim. La métallurgie en Europe. In-8, 447 p. 6 fr.
Chairgrasse. Niveau Chairgrasse, brochure explicative. 54 p. 1 fr.
Challeton de Brughat. De la tourbe. In-8, 500 p. 7 fr. 50
— Le Briquetier. In-8, 356 p., et atlas in-8 de 32 planches doubles. 7 fr. 50
Chappe (l'ainé). Histoire de la télégraphie. In-8, 270 p. et atlas in-4 de 54 pl. 12 fr.
Charbonnier. Du volant et du régulateur à boules. In-8, 148 p. et 4 pl. 5 fr.
Charpentier. Matériel de l'artillerie de nos navires de guerre. In-8, 474 p. 6 fr.
Chateau (L.). Etude sur l'enseignement primaire et professionnel. Gr. in-8. 3 fr.
— L'industrie de l'ébénisterie, meubles, etc. Gr. in-8, 3 pl. 3 fr.
Chauveau des Roches et Belin. *Hydraulique*. Des divers appareils servant à élever l'eau. Gr. in-8, 8 pl. 6 fr.
Chemins de fer à fortes rampes de 5 à 6 pour 100. Avec 4 pl. in-fol. 3 fr.
Chevreul. Théorie des effets optiques que présentent des étoffes de soie. In-8. 5 fr.
Choimet. Filature du lin et du chanvre. In-8, 448 p., avec tableaux et planches. 10 fr.
Chrétien. Des machines-outils. 3 pl. gr. in-fol. In-8, 55 p. 5 fr. 50
Claessens de Jongste. Mathématiques marines, 1 vol. oblong, 72 p. et 1 pl. 3 fr.
Clarinval. Amortissement des obligations de chemins de fer. In-4, 72 p. 5 fr.
Clegg. Fabrication et distribution du gaz d'éclairage et de chauffage. Traduit par Servier. In-4, 505 p. Nombreuses fig. et 28 pl. 40 fr.
Cogniet. Les huiles minérales. Gr. in-8. 1 fr.
Coigniet. Allumettes chimiques. In-4 39 p. 1 fr.
Coignet (F.). Sur l'emploi des bétons agglomérés. In-4. 1 fr.
Colladon et **Sturm.** Compression des liquides. In-4, 81 p. 10 fr.
Collin. Les voies navigables de la France et de la Belgique, etc. in-8, 61 p. — Avec une carte coloriée. 12 fr.

Colson. Hydrocarbures des schistes bitumineux lignifères. In-8.
1 fr.
Combes (H.). De l'éclairage au gaz. In-18, 174 p. 2 fr.
Comby. Conduite des machines locomotives. In-12, 47 p. 1 fr.
Compagnon. Transaction sur les blés et farines. In-12, 148 p.
3 fr. 50
— Contrôle du traité des transactions. 2 fr.
(Les deux ouvrages 5 francs.)
Conseils de santé, par le docteur Dupuy, in-32. 20 c.
Construction (La). Cours pratique d'architecture civile, architure rurale, etc., par M. Toussaint-Lemaître. L'ouvrage complet (48 livr.), 200 fr. ; une série (12 livr.), 60 fr. ; une livraison. 6 fr.
Coquelin. Filature mécanique du lin et du chanvre. In-8, 356 p.
(rare) 30 fr.
Cosnuel. Machines locomotives et fixes. In-4, 44 p. et 3 pl. in-fol. 3 fr.
Cottrau. Trente-six ponts métalliques des chemins de fer italiens. Atlas gr. in-fol. de 30 pl. 32 fr.
Couche. Emploi de la houille dans les machines locomotives. In-8, 75 p. 5 fr.
Courtois. Traité des moteurs hydrauliques. 1 vol. in-8. 5 fr.
— Routes, voitures, attelages. 3 fr.
— Voies de communications. 2 fr. 50
— Hydraulique rationnelle. In-8, 52 p., 1 pl. 2 fr.
Cousinery. Sur le propulseur hélicoïde. In-8, 31 p., 1 pl.
1 fr. 50
Coussin. Catéchisme agricole. 162 p. 1 fr.
Craufurd. Dépolarisation des navires de fer. Avec 1 pl. 3 fr.
Crinier. Frais d'entretien des chaussées en empierrement. In-8
2 fr.
Crisenoy (De). Marine. Description et manœuvre de tous les appareils de sauvetage. Gr. in-8, 27 fig. 4 fr. 50
Cronier. Les chemins de fer de la France. In-8, 648 p. 5 fr.
Crussard. Agriculture rationnelle. In-8. 9 fr.
Crussy. Nivellement de Clamart. Br. in-8. 50 c.

D

Daguzan. Les beaux-arts et l'industrie. Gr. in-8 et 5 pl.
3 fr. 50

Dalemagne. Matériaux silicatisés. In-18.   50 c.
Dallot. Ponts métalliques. 47 p. 4 pl.   6 fr.
Dalloz. Propriété des mines. 2 vol. in-8, 1370 p.   20 fr.
Dalloz (P.). Générateurs Belleville.   1 fr.
D'Auberville. Conversion des monnaies, poids, etc.   2 fr. 50
Décret (1865) concernant les machines à vapeur.   50 c.
De Granges de Rancy. Comptabilité agricole. In-8, 124 p.
                                                                3 fr.
Delamarche. Télégraphie sous-marine. 83 p.   2 fr.
Delagarde. De l'engrais pour rien. 1 vol. in-18, 216 p. 2 fr. 50
Delbos et Kœchlin-Schlumberger. Géologie et minéralogie
   du Haut-Rhin. 2 vol. in-8. 1031 p. et 1 carte.   30 fr.
Delesse. Carte lithologique des mers de l'Europe, imprimée en
   plusieurs couleurs sur papier grand-aigle.   12 fr.
   — Carte lithologique des mers de France, imprimée en couleurs
   sur papier grand-aigle.   12 fr.
   — Matériaux de construction. In-8, 275 p.   2 fr.
Delprino. Sériciculture. In-4, 80 p. et 20 pl.   4 fr.
   — Perte sur le produit de la soie.   1 fr.
Delvincourt. Le livre des entrepreneurs. 1 vol. gr. in-8,
                                                                10 fr.
Demanet (A.). Cours de construction. 2 vol. gr. in-8, 1139 p.
   avec in-fol. et 61 pl.   70 fr.
   — Architecture des églises. In-4, 90 p.   5 fr.
Desbains. Tracé des chemins de fer. Vol. pet. in-18.   3 fr.
Desnos. Le barillet producteur du mouvement circulaire. 19 p.
                                                                1 fr.
Desrousseaux. Electricité dévoilée. In-8.   4 fr.
Dessoye. Emploi de l'acier. Vol. in-18. 303 p. Relié.   4 fr.
Destrem (D.). L'industrie minérale de la France. In-8, 147 p.
   et 10 pl. in-4.   6 fr.
Devillez. Théorie des machines à vapeur, 1 v. et atlas in-8.
                                                                18 fr.
D'Hurcourt. Industrie du gaz. Gr. in-8, fig. et pl.   2 fr. 50
Dictionary of engineering, civil, mechanical, military and na-
   val. 60 livraisons très-gr. in-8. Chacune   1 fr. 25
   55 livraisons publiées
Dictionnaire encyclopédique usuel (histoire, biographie, géographie, etc.), par Ch. Saint-Laurent. 2 vol. gr. in-8, 1487 p.
                                                                25 fr.
Dictionnaires technologiques (Essai de). Machine à vapeur et
   construction mécanique, français-anglais, anglais-français ;
   nomenclature en quatre langues des termes de la mécanique
   etc.   3 fr.

Didier-Goyard. Solivage métrique des bois en grume. 1 fr.
— Tarif du poids des fers et des fontes. In-8. 1 fr.
Distribution de l'eau potable à Berlin. 25 pl. *in-plano* et 18 p. (allem.-franc.). 40 fr.
Documents statistiques, réunis par l'administration des douanes, sur le commerce de la France, publication mensuelle 36 fr. pour Paris, 42 fr. pour la province ; pour l'étranger le port en plus.
Dorsaz et Captier. Traversée des Alpes en chemins de fer. Avec carte. 2 fr.
Douliot. Cours de construction. Mathémétiques. In-4 548 p. et 16 pl. 15 fr.
— Charpente en bois. In-4, 274 pl. et atlas de 136 pl. 20 fr.
— Stabilité des édifices. In-4 et 7 pl. 15 fr.
Droux. Etude sur les produits chimiques et le matériel des arts chimiques. Gr. in-8, et pl. 6 fr.
Dubief. Traité de vinification. In-8, 450 p., fig. et 1 pl. 7 fr. 50
Dubois. Nouveau Cosmos. 1 vol. in-8, 114 p. 2 fr.
Dubos. Animaux domestiques. In-8, 200 p. 3 fr.
Duchesne. Domaine public maritime. In-8, 130 p. 5 fr.
— Manuel du capitaine au long cours. In-8, 628 p. 7 fr. 50
Duffau. Analyse de prix de travaux de bâtiment. In-8, 316 p. 8 fr.
Dufour. Description d'un pont suspendu en fil de fer. In-4, 89 p., 3 pl. 5 fr.
Dufour (B.). Sériciculture simplifiée. In-4, et pl. 3 fr.
Dufour, Champion et Rous. Les industries de l'Orient et de l'extrême Orient. Gr. in-8, 11 fig. et 8 pl. 6 fr. 50
— Les monnaies, historique, fabrication. Gr. in-8, 26 gr. 1 fr. 50
— Les métaux bruts, extraction, exploitation et manipulation. Gr. in-8, et 2 pl. 2 fr.
— Fabrication de la glace artificielle. Gr. in-8, 1 pl. 1 fr.
— L'histoire du travail. Etude de la galerie de l'Exposition de 1867. Gr. in-8. 1 fr.
Dumas. La science des fontaines. 1 vol. in-8, 447 p. et 12 pl. 10 fr.
— Inondations, causes et remèdes. In-8 75 p. et 4 pl. 4 fr. 50
Du Mesnil-Marigny. Le râle de l'industrie française 2e édition. In-8, 316 p. 3 fr.
Du Moncel (le comte). Applications de l'électricité. 5 vol. in-8. 46 fr.
— Sur l'électro-magnétisme. In-8. 3 fr.
— De la perspective apparente. In-8. 2 fr.

— Sur les manomètres. In-8. 1 fr. 50
— Etude sur la télégraphie. Télégraphes écrivants, système Morse, Bonneli, etc. Gr. in-8, 19 fig. 2 fr. 50
— Sur les courants induits. 1 fr. 50
Dumont. De l'organisation légale des cours d'eau. 1 vol. in-8, 556 p. 8 fr.
Duponchel. Traité d'hydraulique et de géologie agricoles. In-8 et 5 pl. 10 fr.
Du Suzeau. Lectures choisies. In-12, 151 p. 60 c.
— Choix de poésies. In-12, 136 p. 60 c.
— Premières connaissances en agriculture. 125 p. 50 c.

E

Écoles de Mulhouse (Notice sur les). In-8, 105 p. 1 fr. 50
Ether, électricité, matière. 552 p. 5 fr.
Etudes sur l'Exposition universelle de 1867, par MM. les rédacteurs des *Annales du Génie civil*, M. Eug. Lacroix, directeur de la Publication ; avec environ 300 pl. et nombreuses gravures dans le texte.
    Prix des 8 vol. et de la table. 120 fr.
    Prix de chaque volume. 20 fr.
    Prix de chaque fascicule. (Plusieurs fasc. sont doubles.) 5 fr.
    (Voir plus haut *Annales du Génie civil*.)
Etude de l'exposition de 1862, par MM. Alcan, Becquerel, etc. In-8 de 912 p. avec un grand nombre de grav. et de pl. 16 fr.
Etzel. Grands chantiers de terrassement. 48 p. avec pl. 15 fr.
Eveillard. Navigation de plaisance. 12 p., 1 pl. 1 fr.

F

Fabré. Notions économiques (chemins de fer). 47 p. et 1 pl. 2 fr. 50
— Corps fibreux. 5 fr.
Fabré. Formules relatives aux ponts métalliques. 2 fr. 50
— Mouvements des eaux. 2 fr. 50
— Théorie des voûtes. 61 p. et 1 pl. 3 fr.
Faivre. Courbes de raccordement, 90 p. et 1 pl. 3 fr.
Ferguson. Tulles et dentelles mécaniques 212 p. et pl. 3 fr.
Ferry (Hyp.) L'obélisque de Louqsor, 1 vol. in-32. 1 fr.

Five hundred and seven mechanical movements. Cinq cent-sept mouvements mécaniques. Petit in-4. 20 fr.
Flachat. De la traversée des Alpes. In-8, 295 p. et 5 pl. 5 fr.
— Questions de tracé et d'exploitation. 83 p. 3 fr.
— Usure et renouvellement des rails. In-8, 26 p. 2 fr.
— Travaux de l'isthme de Suez. 1 fr. 50
Flachat, Barrault et Petiet. Fabrication de la fonte et du fer 3 vol. in-4, ensemble de 1439 p., avec atlas. Gr. in-fol. de 92 pl., dont 6 doubles. 200 fr.
Flachat (J.). Le fleuve du Darien et les canaux interocéaniques. In-8, avec pl. 6 fr.
Flachat (Y). Chemins de fer départementaux du Cantal. In-8, avec carte. 1 fr.
Flamm. Le verrier au dix-neuvième siècle. Gr. in-8, 511 p. 12 fr.
— Un chapitre sur la verrerie. 44 p. avec pl. 1 fr. 50
Flinz. Le distillateur praticien, in-18, 61 p. 5 fr.
Fontenay. Combustible des chemins de fer français. In-8. 1 fr. 50
Foucher de Careil (le comte) et Puteaux. Habitations ouvrières et constructions civiles. Gr. in-8 fig. et pl. 9 fr.
Fournel. Théorie chimique des fumiers. 1 fr. 50
Fraiche. L'ostréiculteur. In-18, 175 p. avec fig. 3 fr.
François. Manuel du débitant de boissons. In-12. 2 fr.
Frochot. Etude de sylviculture. Gr. in-8 avec fig. 1 fr.
Frot. Note sur une machine à ammoniaque. 1 fr 25
Fuchs. Stéréochromie. In-8. 2 fr.

G

Gadriot. L'ouvrier menuisier. 1 vol. in-8, 334 p., 90 pl. in-fol. 55 fr.
Gaillard. Sténographie. In-8. 4 fr.
Gand. Cubage des bois en grume. In-12. 2 fr. 50
Garnault. Leçons d'électricité de M. Snow-Harris (traduit de l'anglais). In-18, avec fig. Relié 3 fr.
— Instruments de Physique, de navigation, etc. Gr. in-8, 11 fig. et 11 pl. 9 fr.
Gastineau. Histoire des chemins de fer. In-12. 50 c.
Gaudard. Système de ponts en fer. Gr. in-8, 140 p., 14 tableaux avec atlas de 9 planches doubles. 12 fr.
Gaudry et Ortolan. *Machines à vapeur*, visites faites à l'Exposition de 1867 et dans les principales usines. Gr. in-8 avec 47 fig. et pl. 15 fr.

Gaultier de Claubry et **Martin**. Chimie, physique et applications. 5 vol. in-8, avec pl. (*Rare*). 60 fr.
Gautey. Construction des ponts. 3 vol. in-4, avec 36 pl. 57 fr.
Gayot. L'agriculture en 1862. 358 p. 3 fr.
— L'agriculture en 1863. In-12, 316 p. 3 fr.
— Les animaux domestiques. Études faites à l'Exposition de 1867. Gr. in-8, 5 fig., 9 pl. 7 fr.
Gilet-Hainaux. Système métrique d'égalité. In-18, 544 p. 3 fr. 50
Girard. Moteur à air chaud. 1 vol. in-4 et pl. in-fol. 30 fr.
Girault. Éclairage, chauffage, ventilation, etc. 1 fr. 25
— Les insectes utiles et nuisibles ; propagation et conservation des premiers, destruction des seconds. Gr. in-8 avec 11 fig. 2 fr. 50
Gobin (H.). Étude sur la gravure ; gravure sur bois, sur pierre, la taille douce. Gr. in-8. 1 fr. 50
Godard. Vie rurale. In-12 de 200 p. 3 fr.
Godillot. Résistance des poutres en tôle. 72 p. et 1 pl. 2 fr. 50
Gonfreville. Art de la teinture des laines. In-8 de 700 p., avec atlas et 128 échantillons. 15 fr.
Gouilly. Résistance des matériaux. 158 p. et 3 pl. 6 fr.
Graef. Construction des canaux et des chemins de fer. In-8, 571 p. et atlas de 6 pl. in-folio. 15 fr.
Grandvoinnet. Le génie rural. Gr. in-8 de 396 p. avec fig. et atlas de 62 pl. 15 fr.
Grandvoinnet. Génie rural et machinerie agricole, à l'Exposition de 1867. Gr. in-8, avec pl. et fig. 6 fr.
Granjez. Perception des droits de navigation, etc. In-8, 6 fr.
Griffon. Voilerie. In-8 de 188 p. et 8 pl. 5 fr.
Gruby. Appareils et instruments de l'art médical. Gr. in-8, 28 fig. 1 fr. 50
Guérard. Marine à vapeur. In-8. 1 fr. 25
Guettier. Organisation de l'enseignement industriel. In-8, 16. p. 1 fr.
— De l'emploi de la fonte de fer. In-8, 550 p. et atlas de 24 pl. 30 fr.
— De la fonderie. In-4, 395 p. et 13 pl. (*Rare*). 60 fr.
— Histoire des Écoles d'arts et métiers. In-8, 444 p. 6 fr.
— Bronzes et fonte d'arts. Gr. in-8 1 fr. 50
Guillaume. Tableau des fers à T. In-fol. 3 fr.
Guy. Le géomètre arpenteur. 1 vol., 272 p. avec 5 pl. 3 fr.

H

Harant. Enseignement populaire. Gr. in-8. 1 fr.
Henvauv. Construction des laminoirs. 72 p. et 7 pl. 10 fr.
Herlanx. Chimie usuelle. 592 p. et pl. 7 fr.
Hervé de Lavaur. Guide d'agriculture. 253 pages. 2 fr.
Hervieux. Hausse et baisse des céréales. In-8. 3 fr.
Heudicourt. Comptabilité industrielle. 50 c.
Heylandt. Emploi des instruments d'agriculture. 1 fr.
Hirn. Arithmomètre. In-8 avec pl. 3 fr.
Hochereau. Calcul des poids, des volants. In-8, 144 p. 4 fr. 50
Hodge, Rendwich, David et **Stevenson.** Des machines à vapeur. In-4, 310 p. avec fig. et atlas de 46 pl. 60 fr.
Hotessier. Fabrication du sucre exotique. 48 p. et 2 pl. 2 fr. 50
Huet et **Geyler.** Outillage nouveau (minerais). In-8 et 2 pl. 5 fr.
Huguenet. Asphaltes et naphtes. In-8, 404 pages. 10 fr.
Hugues. Table des terrassements. In-4 avec tableaux et planches. 18 fr.

I

Industrie au dix-neuvième siècle. Voir *Études sur l'Exposition*.

J

Jaquemin. Barême. 1 vol. in-8. 5 fr.
Jariez. Arithmétique. 3 fr. 50
Jariez. Algèbre et trigonométrie. Avec planches. 5 fr.
— Géométrie descriptive. Avec atlas et 13 planches. 6 fr.
— Mécanique industrielle. 2 vol. avec pl. (*Rare*.) 20 fr.
— Arithmetica. In-8, 252 p. 5 fr.
— Aljebra y trigonométrie. In-8, 348 p. et 50 fig. 6 fr.
— Jeometria elemental, tercere edition, revista y correjida. In-8, 498 pages et 831 fig. 8 fr.
— Jeometria descriptiva, segunda edition, revista y correjida. In-8, 183 p., 13 pl. 7 fr.
— Mecanica industrial. 2 vol. in-8 de 800 p., 12 pl. 18 fr.
Jaunez. (A et L). Revue des produits céramiques. Gr. in-8 1 fr. 50
Jeunesse. La chasse et la pêche. Gr. in-8. 1 fr.
— L'imprimerie et les livres. Gr. in-8. 2 fr. 50
— Fonderie en caractères, stéréotypie, etc. 1 fr.
Julien. Nivellement. In-8. 1 fr. 50

K

Kœppelin. Blanchiment et blanchissage. Gr. in-8, fig. et 3 pl. 2 fr. 50.
— Fabrication des papiers peints. Gr. in-8, fig. 1 fr.
— Etudes sur la lithographie, l'autographie, etc. In-8, fig. 1 fr.
— Impression et teinture des tissus. Gr. in-8, fig. et 5 pl. 5 fr.
Kauffmann. Architectonographie des théâtres. 2 vol. 750 p. et 2 atlas. 80 fr.
— Le même ouvrage, avec celui de Cavos. (Constructions des théâtres). 90 fr.
Kessler. Distilleries agricoles. 1 fr. 50
Knab. Sept tableaux (Machines, moteurs, turbines, presses, locomotives, etc.). Chaque tableau monté sur toile, sur rouleau et verni, etc. 35 fr.
— Les goudrons et leurs nombreux dérivés. Gr. in-8 et figures. 1 fr. 50

L

Lacroix (Eug.). Bibliographie des ingénieurs, des architectes, etc. 1re série, in-4 (Ouvrages antérieurs à 1857). 50 fr.
(L'achat de cette série donne droit à l'abonnement gratuit aux suivantes.)
2e série, in-4 (1857 à 1861). 10 fr.
3e — — (1882 à 1865). 10 fr.
4e — — (En cours de publication.) 10 fr.
Lacroix (Eug.). La construction du Champ de Mars. Gr. in-8, avec le plan du palais et du parc. 1 fr. 50
Lahaye. Maladies organiques des arbres fruitiers. 1 fr. 50
Lallour. Stabilité et consolidation des terrassements. In-8 avec 5 pl. 5 fr.
Lambert. Art céramique. Gr. in-8, 380 p. et 27 pl. 7 fr. 50
La Salle. Sur le procédé Bessemer. 2 fr.
Laterrière (De). La literie. 180 p. avec 14 pl. 2 fr.
Leblanc. Recueil des machines, instruments et appareils (Chemins de fer, etc.). Chaque livraison. 7 fr.
— Choix de modèles (Enseignement du dessin) 152 p. et 60 pl. 22 fr.
— Le mécanicien-constructeur. 153 p. et 59 pl. in-fol. 20 fr.
Le Blon. Les abeilles. 25 c.
Lecoq. Prix de réglement (Jardinage). 3 fr.
Lefour. Trois cents problèmes agricoles. 50 c.

Léon. Les falsifications. 159 pages. 2 fr.
 eroux. Filature de la laine. In-8, 289 p. et atlas (*Rare*). 30 fr.
— Rouissage et teillage du lin, etc. 3 fr.
Le Senne. Code des brevets d'invention. 568 pages. 5 fr.
Liebig. (Baron). Analyse des corps organiques. 44 p., 1 tabl.
 et 2 pl. 2 fr.
Liége de Puichaumex. Débitants de boissons. 80 p. 1 fr.
Limnell. Tracé des courbes. 1 fr. 50
Love. Résistance de la fonte, du fer, de l'acier, etc. 591 p. et 2
 tableaux avec fig. 8 fr. 50
— Identité des agents qui produisent le son, la chaleur, etc. 6 fr.
Lutterbach. Révolution dans la marche. 707 pages. 5 fr.
— Principes pour marcher. 75 c.
— Entretien de la beauté. 1 fr.
Luvini. Logarithmes à 7 décimales. 4 fr.

M

Magne. Traité d'agriculture et d'hygiène vétérinaire. 3 vol.
 12 fr.
Mailand. Anciens vernis italiens pour les instruments de musi-
 que. 3 fr. 50
Malaguti. Leçons de chimie. 4 vol. in-18. 16 fr.
Male. Levé des plans de mines. In-8, 96 p., 4 pl. 5 fr.
Mangeot. Traité du fusil de chasse. In-8, 519 p. avec fig. 5 fr.
Marcel de Serres. Roches simples et composées. In-18, 288
 pages. 3 fr.
Mareau. Culture et préparation du lin et des chanvres. Grand
 in-8, 387 p., 28 pl. et 1 carte. 15 fr.
Marmay. Meunerie et boulangerie. Gr. in-8, 145 p. et atlas de
 9 pl. 8 fr.
Martin de Vervins. Nouvelle électro-chimie. In-8, 487 pages.
 7 fr. 50
— L'atomisme opposé au dynamisme. In-8, 228 p. 5 fr.
— Les théories dynamiques idéales. 50 c.
Masselin. Dictionnaire du Mêtré. 1 vol. gd. in-8 et 25 pl. 25 fr.
— Série des prix. (Maçonnerie). 5 fr.
Mathias. Machines locomotives de Sharps et Roberts. 280 p.,
 1 pl. et atlas de 11 pl. 25 fr.
Mathias et Callon. Navigation fluviale par la vapeur. 505 p.
 avec tabl. et pl. 6 fr.

Mazaudier et Lombard. Bateaux à vapeur, à roues, à hélice. In-8 avec 60 fig. 10 fr.
Mémoires et compte rendu de la Société des ingénieurs civils. Abonnement annuel : pour la France. 20 fr.
Pour l'étranger.
Les numéros séparés : France, 7 fr ; étranger, 9 fr.
Mémoires et travaux des mécaniciens de la marine. In-8 avec pl. 6 fr.
Merault. Arbres fruitiers. 2 fr. 50
Merly. Album du trait théorique et pratique. 2 vol. 20 fr.
Chaque partie séparée. 10 fr.
Meunerie. Moulins de Saint-Maur. 47 p. et 10 pl. 10 fr.
Meunier. Causes de sinistres dans les usines. In-8. 6 fr.
Miège. Physique et chimie. 239 p. avec gravures. 2 fr. 50
Molinos et Pronnier. Construction des ponts métalliques. In-4, 341 p. avec grav. et atlas de 48 demi-feuilles gr. aigle. 125 fr.
Monbro. La chaudière de Field. 1 fr.
Mongé. Constructions en fer. In-4, 60 p. et 9 planch. doubles. 12 fr. 50
— Analyse des sucres. (Études sur l'Exposition de 1867.) Gr. in-8. 50 c.
Montefiore Lévy. De la règle à calcul, par Quintino Sella. 1 vol. avec table. Relié. 3 fr.
Morandière. Exploitation et matériel des chemins de fer anglais. 4 fr.
Moreau (J.-P.). Le bon Meunier. 1 fr. 50
Moreau. (L.). Guide du bijoutier. 108 p. et 2 pl. coloriées 2 fr.
Morin. La ventilation. 2 vol. in-8. 18 fr.
Moskowa (N. de la). Du papier-monnaie. In-8, 80 p. 2 fr.
Mulat. Géométrie pratique. 1 fr. 25
Muller. Habitations ouvrières et agricoles. 370 p. et atlas de 40 pl. (Rare). 50 fr.

N

Nicklès. Électro-aimants. In-8. 5 fr.
Nicolet. Atlas de géographie de la France. In-fol. pl. coloriées. 40 fr.
Normand. Vignole des architectes.
1re partie., 36 pl. in-4 et 6 pl. ombrées. 12 fr.
2e partie, détails, 36 pl. et texte. 10 fr.

— Vignole des ouvriers.
  1re partie. Cinq ordres d'architecture. 10 fr.
  2e partie. Plans de maisons. 12 fr.
  3e partie. Habitations particulières. 12 fr.
  4e partie. Escaliers. 10 fr.
— Plans et façades. 25 fr.
— Parallèle des ordres d'architecture. 40 fr.
— Guide de l'ornemaniste. 36 pl. 25 fr.
— Perspective pratique, texte et atlas. 30 fr.
Normand et **Reboult**. Ombres et lavis. 15 pl. et texte. 18 fr.
Notice sur les écoles de Mulhouse, 1 vol. gr. in-8. 1 fr. 50
Nouveau portefeuille des principaux appareils, etc. Cette publication se compose de deux années. 96 p., 96 pl. 20 fr.

O

Olivier. Déraillement des wagons. 92 p., 2 pl. 2 fr. 50
Oppelt. Comptabilité commerciale, industrielle et administrative. In-8 367 p. et tabl. 5 fr.
Ortolan. Traité des machines à vapeur. 471 p. et atlas. 12 fr.
— Code de l'acheteur de machines à vapeur. 5 fr.
— Etudes des machines à vapeur. Tableaux de grande dimension, vernis, montés sur toile. 25 fr.
— Cuisines et appareils distillatoires. 53 p. et fig. 2 fr.
Ortolan, **Lotte** et **Lacarrière**. Cours de machines à vapeur. Gr. in-8, 344 p., atlas de 11 pl. 10 fr.

P

Palaa. Dictionnaire législatif des chemins de fer. Gr. in-8, 736 pages 12 fr.
— Complément du dictionnaire. 5 fr.
— Supplément au dictionnaire. 5 fr.
— Engins et appareils des grands travaux publics. 1 vol. gr. in-8, fig. 13 pl. 9 fr.
Paladio. OEuvres complètes. Les quatre livres, etc., 1 vol. in-fol. relié. 200 fr.
Papier quadrillé de 2 en 2 millimètres. Chaque carnet, 2 fr.; la main. 6 fr.
Parant. Filature et tissage. 1 vol. gr. in-8, fig. et 4 pl. 7 fr.
Paul. Détail de fabrication des pierres artificielles. Gr. in-8, 50 c.

Paulet. L'engrais humain. In-8. 516 p. 6 fr.
Peligot. Composition chimique de la canne à sucre. 3 fr.
— Douze leçons sur l'art de la verrerie. In-8. 6 fr.
Pelissier. Conduite des locomotives. 172 p. 3 fr.
Pelouze. Art du maître de forges. 2 vol. 806 p., 10 pl. 15 fr.
Penot. Institutions privées du Haut-Rhin. 103 p. 1 fr. 50
— Les cités ouvrières de Mulhouse. 178 p. et 9 pl. 3 fr. 50
Perdonnet. Portefeuille de l'ingénieur. 3 vol. in-8 (texte, documents, légendes), album de 170 pl. 150 fr.
— Le nouveau portefeuille. 225 fr.
    Les deux pris ensemble. 350 fr.
— Chemins de fer vicinaux. 1 fr.
Peroche. Manuel des distilleries. 340 p. et tableau. 6 fr.
Perpigna, Robinet, Dussart. Industrie étrangère, dessins et description, 290 p., avec atlas de 54 pl. 60 fr.
Petit. Tracé des courbes circulaires et elliptiques, avec pl. 4 fr. 50
Petitcollin et Chaumont. Portefeuille des principaux appareils. 1 vol. de texte et 1 atlas de 88 pl. 40 fr.
    Chaque planche séparément. 75 c.
Phocas Lejeune. Défrichement des bruyères. 136 p. 1 fr. 50
Pichon. Série des prix (serrurerie.) 4 fr.
Picot. Défense des places. 3 fr. 50
Pierragi. Enseignement professionnel : la construction des cartes et les globes. Gr. in-8. 1 fr.
Piobert. Roues hydrauliques, 40 p., 4 pl. 5 fr.
Plazanet. (A. de). Hydroplastie, électro-chimie, galvanoplastie. Gr. in-8, fig. et 2 pl. 2 fr. 50
Poirel (Victor). Essai sur les discours de Machiavel avec les Considérations de Guicciardini. In-8. 7 fr. 50
Polonceau. Améliorations des routes. 92 p., 5 pl. 5 fr.
— Régularisation de la Loue et du Doubs. 5 fr.
— Débordement des fleuves. 1 fr. 50
— Causes des ravages produits par les rivières. 4 fr.
Portefeuille des conducteurs des ponts et chaussées et des gardemines. — Par an : 15 fr. Paris, 18 fr. départements, 22 fr. étranger.
Pouriau. Construction et emploi des appareils météorologiques enregistreurs. Gr. in-8, fig. et 5 pl. 5 fr.
Poussin. Les chemins de fer en France et à l'étranger. 160 p. 3 fr. 50
Poussin. Les chemins de fer anglais. 180 p. 3 fr. 50
Puteaux et Foucher de Careil (le comte). Constructions civiles, habitations à bon marché et cités ouvrières. 1 vol. gr. in-8 avec fig. et 13 pl. 9 fr.

Q

Question des subsistances. 1 vol. in-4. 5 fr.

R

Raillet. Origine de la grêle. 1 fr.
Railway-reform. 115 p. 2 fr. 50
Ramée. Le palais de l'Exposition. 1 fr.
Rambosson. La Science populaire. 4 vol. in-18, ensemble. 14 fr.
    Chaque volume séparé 3 fr. 50
— Les ouragans, avec une carte. 3 fr.
Rapport des délégués à l'Exposition de Londres. 885 p. 8 fr.
Raucourt de Charleville. Art de faire de bons mortiers. In-8. 368 p., 2 pl. 7 fr. 50
Renoir. Éléments de géognosie. In-8, 252 p. 4 fr.
Richard. (Tom). Extraction immédiate du fer des minerais. In-4. 3 fr.
— Aide-mémoire des ingénieurs, 2 vol. in-8, 1531 p. et atlas de 112 pl. 30 fr.
Richon. Le pétrole. Br. in-8. 1 fr.
Richoux. Changements de voies. Gr. in-8, 57 p. et 3 pl. 5 fr.
Ringuelet. Système métrique. In-8, 348 p. 3 fr. 50
Robinet. Cours de lavis. Texte et 50 pl. 25 fr.
Robinson. Les corps gras alimentaires, le beurre, le fromage, les œufs, etc. Gr. in-8, fig., 5 pl. 4 fr. 50
— Aménagmeent des bois et forêts. Gr. in-8. 1 fr.
Rohault de Fleury. La Toscane au moyen âge. *Souscription annuelle. 4 livraisons. 30 fr.
    Une livraison séparée. 9 fr.
L'ouvrage comprendra environ 20 livraisons.
Rondelle. Album de l'ameublement, avec 400 modèles. In-8. 6 fr.
Roseleur. Manipulations hydroplastiques. 212 p. avec fig. 15 fr.
Roswag. Les métaux précieux. In-8, 424 p., 28 gr., 16 pl. 25 fr.
— Le même, édition de luxe. In-4. 40 fr.
Rouget de Lisle. L'industrie des vêtements. 1 vol. gr. in-8 et figures. 2 fr. 50
—Etudes sur les appareils et les produits agricoles, pour l'alimentation et les arts industriels. Gr. in-8. 50 c.

Rous (capitaine). Abaque népérien. In-8, 52 p. 3 fr.
— Fabrication et usage des machines à calculer. Gr. in-8 et fig. 1 fr.
Rous et Schwaeblé. Art militaire. Armes blanches, armes à feu, armes de chasse, armes de guerre. L'artillerie. 1 vol. gr. in-8, avec 22 pl. 14 fr.
Roy. Architecture des ponts et viaducs. 62 p. et 5 pl. 4 fr.
Royerre. Cartes des chemins de fer en 1868. 1 feuille gr. aigle 5 fr.

S

Sagebien. Roue hydraulique. In-8 avec pl. 1 fr. 50
Saint-Laurent. Dictionnaire encyclopédique, 1488 pages à 3 col. 25 fr.
Saint-Léon. Manuel des chemins de fer. 212 p. et 1 pl. 2 fr.
Samuda. Railways atmosphériques. 48 p. et 2 pl. 2 fr. 50
Salubrité publique. Epuration des eaux de la ville de Reims. Br. in-8, 47 p. 4 fr.
Sarah (Félix). La chevelure, 164 p. 2 fr.
Sauvage et Hamy. Terrains quaternaires du Boulonnais. In-8. 2 fr. 50
Schilling. Traité d'éclairage par le gaz, traduit par Servier. Un beau volume in-4, avec 72 pl. et 210 fig. 41 fr.
Schmit. Utilisation des engrais. 257 p. 6 fr.
Schwaeblé. Emploi des fers Zorès. 8 p. in-4 et 6 pl. 10 fr.
— *Idem*. 40 pages in-8 et 5 pl. 3 fr. 50
Sebillot. Le mouvement industriel et commercial. 216 p. 2 fr.
Sergent. Mesurages, métrages, jaugeages. 1406 p. avec gr. atlas de 44 pl. 35 fr.
Serrurerie. Album in-4 de 120 pl. 45 fr.
Sicard Culture du coton. 143 p. avec fig. 2 fr.
— Sorgho à sucre. In-8. 6 fr.
Siemens. Four à gaz. 16 p. et 2 pl. 1 fr. 25
Simms. Construction des tunnels. In-18, 167 p. et 10 pl. in-fol. 15 fr.
Simon. Niveau parallèle. In-8 avec pl. 3 fr.
Simonin. Le Creuzot. In-8. 2 fr.
Snow-Harris. Leçons d'électricité. 264 p., 72 fig. Relié. 3 fr.
Soulié. Gisement des métaux précieux dans les Etats du Pacifique. In-4. 2 fr.
— Le locomoteur funiculaire, système Agudio. Gr. in-8, 3 pl. 2 fr.
Soulié et Lacour. Matériel et procédés de l'exploitation des mines. Gr. in-8 avec fig. et 12 pl. 9 fr.

Soulié et **Haudoin**. Le pétrole. 332 p. avec fig. 3 fr.
Squier. Chemin de fer de Honduras. In-8, 59 pages, 1 carte. 3 fr. 50
Stamm. Des métiers à filer. In-8 et atlas in-4 de 10 pl. 32 fr.
Statistique du Haut-Rhin. Historique de l'indienne à Mulhouse, jusqu'à 1830. Vol. in-4. 3 fr.

T

— Anatomie et physiologie comparées. 549 p., 8 pl. 6 fr.
Tassin. Explosion des chaudières. In-18, 345 p. 3 fr. 50
Teisserenc. Voies de communications perfectionnées. 2 vol. 944 p. 16 fr.
— Prix de revient des transports. 4 fr.
— Travaux publics en Belgique. 8 fr.
— Politique des chemins de fer. 584 p. et 2 cartes. 12 fr.
Tessier. Chimie pyrotechnique. In-8, 438 p. 7 fr.
Thierry-Tollard. Guérison des pommes de terre. In-18. 1 fr.
Thomé de Gamond. (Pêche côtière). Institutions en faveur des marins. 4 fr.
Thomas. Fabrication des tulles et dentelles. Gr. in-8 et fig. 1 fr.
Tomassy. Géologie de la Louisiane. In-4 et 6 pl. 15 fr.
— **De la Salle**. Découverte du Mississipi. In-4 et cartes. 3 fr.
— Cartographie de la Louisiane. 3 fr.
— Hydrologie. In-4 et pl. 5 fr.
Thorain. Le chauffeur-mécanicien. In-18. 3 fr.
Tony-Fontenay. Construction des grands tunnels, 44 p. in-8 et 2 pl. 7 fr.
Tourneux. Les chemins de fer de l'Allemagne (législation). 57 p. In-8 et 1 carte. 7 fr.
Trelat. Études architecturales. 3 fr.
— Le théâtre et l'architecture. In-8. 2 fr.
Tremtsuk. Décrets, etc., sur les machines. 293 p. in-8 et 4 pl. 7 fr. 50
— Étude sur la photographie. Gr. in-8 et fig. 2 fr.
Troubat. Les vaches laitières et les taureaux reproducteurs. Br. in-8. 1 fr. 50

V

Vail. Télégraphe électro-magnétique. In-8, 263 p. et fig. 7 fr.
Van Berchen. Connaissance du sol. In-12, 217 p. 3 fr.
Van den Corput. Écoles pratiques professionnelles. 3 fr.

Vaucourt. Cube des bois, In-8, 399 p. 6 fr.
Vene. Loi que suivent les pressions. In-4, 13 p. et 1 pl. 2 fr.
Verguin. Chimie générale. In-12, 772 p., fig. 3 fr. 50
Vidard. Questions de sécurité et d'économie des chemins de fer. In-8. 2 fr.
Vigreux et Haux (A.). Théorie et pratique de l'art de l'Ingénieur, du constructeur de machines et de l'entrepreneur de travaux publics, ouvrages comprenant onze livraisons avec une introduction de M. Ch. Callon.
    Prix des onze livraisons : 28 fr.
    Chacune d'elles se vend séparément.

1re Livraison. Série *A*, 1re Introduction, **Résistance des matériaux.** 72 pages, 44 fig. dans le texte 2 fr.
2e — Série *A*, Mémoire du projet n° 1, **Transmission de mouvement par engrenages pour un laminoir.** 56 pages, 3 pl. grand aigle. 3 fr.
3e — Série *B*, 1re Introduction, **Cinématique.** 128 pages, 69 figures. 2 fr.
4e — Série *B*, Mémoire du projet n° 1, **Tracé des engrenages.** 80 p. et 3 pl. in fol. 3 fr.
6e — Série *A*, Mémoire du projet n° 2, **Comble en fer à grande portée,** du système Polonceau. 102 p. et 3 pl. grand aigle. 3 fr.
7e — Série *A*, 5e Introduction, **Résistance des matériaux.** Pages 127 à 196, fig. dans le texte. 2 fr.
8e — Série *A*, Mémoire du projet n° 3, **Murs de soutènement.** Pages 103 à 162 et 2 planches grand aigle. 3 fr.
9e — Série *E*, 1re Introduction, **Mécanique appliquée.** In-8, pages 1 à 104, fig. 1 à 54 2 fr.
10e — Série *E*, **Mécanique appliquée**, projet n° 1.— Calculs de frottement.— Étude d'un treuil à engrenages, muni du frein automoteur de MM. Tanney et Maitrejean 3 fr.
11e — Série *E*, Mémoire du projet n° 2, **Calcul des dimensions d'un frein de Prony.** In-8 p. 49 à 84 pl. 14 et 15 grand in-fol. 3 fr.

Vilain. boulangerie et pâtisserie, manutention, procédés, appareils. Gr. in-8. 1 fr. 50
— Etudes sur les cuirs et peaux, procédés du tannage, du corroyage, de la mégisserie. Gr. in-8. 2 fr.
Violette. Manipulations chimiques. 476 p. in-8, tableaux et fig. 7 fr. 50

Violette et Archambault. Dictionnaire des analyses chimiques.
2 vol. in-8. 12 fr.
Vuillemin, Guebhard et Dieudonné. De la résistance des trains, etc. In-8, 100 pages, tableaux et 8 pl. 10 fr.

W

Walter de Saint-Ange. Métallurgie du fer. In-4, 600 pages, atlas de 66 pl. 125 fr.
Weckerlin. Bêtes ovines, 366 p. 3 fr. 50
Williams. (Wye). Combustion du charbon, 320 p. in-8. 7 fr.
Woehler. Chimie inorganique et organique. 591 pages in-8. 7 fr. 50

Z

Ziegler. Etudes céramiques, In-8, 348 pages, grav., atlas de 12 pl. (*Très-rare.*) 100 fr.
Zorès (fers). In-8. 3 fr. 50
— In-4. 10 fr.
— Recueil de fers spéciaux 15 fr.
— Système de voies ferrées. 10 fr.

ANNALES
DU GÉNIE CIVIL
ET RECUEIL DE MEMOIRES

Sur les Ponts et Chaussées, — les Routes et Chemins de fer
les Constructions et la Navigation maritime et fluviale
l'Architecture, — les Mines, — la Métallurgie, — la Chimie
la Physique, les Arts mécaniques, — l'Économie industrielle
le Génie rural

Renfermant des données pratiques sur les Arts et Métiers et les Manufactures

Annales et Revue descriptive de l'industrie française et étrangère ; Répertoire de toutes les inventions nouvelles, publiées par une réunion d'ingénieurs, d'architectes, de professeurs et d'anciens élèves des Écoles d'Arts et Métiers, avec le concours d'ingénieurs et de savants étrangers.

EUGÈNE LACROIX

Membre de la Société industrielle de Mulhouse, de l'Institut royal des Ingénieurs hollandais et de la Société des Ingénieurs de Hongrie

DIRECTEUR DE LA PUBLICATION

Les **Annales du Génie civil** paraissent mensuellement depuis le 1ᵉʳ Janvier 1862, par brochures de 5 feuilles grand in-8, avec figures intercalées dans le texte et 4 planches in-4 ou in-folio, de manière à former chaque année un volume d'environ 900 pages et un atlas de 40 planches.

Prix de l'abonnement annuel :

Paris	20 fr. »
Départements, Alsace-Lorraine et Algérie	25 fr. »
Étranger.	30 fr. »
Pays d'outre-mer.	35 fr. »
Les numéros ou articles se vendent séparément	4 fr. »
Pour l'étranger et les pays d'outre-mer	5 fr. »
Les années 1862 à 1871 inclus (10 années), forment 9 volumes et 9 atlas à 20 fr	180 fr.

Il n'a été publié pour les années 1870 et 1871, qu'un seul volume et un seul atlas. (La guerre l'a voulu ainsi.)

Le complément à 1867 et 1868 ou Etudes sur l'Exposition de 1867, 8 volumes et 300 planches.	120 fr.
Total	300 fr.

Les recouvrements sur la province étant très-onéreux pour des sommes au-dessous de 100 francs, et quelquefois impossibles pour certaines localités, nous prions instamment nos abonnés de suivre le mode que nous leur indiquons :

On s'abonne en adressant (franco), *à l'ordre de M. Eugène LACROIX, propriétaire-gérant, demeurant à Paris, 54, rue des Saints-Pères, un mandat sur la poste ou un effet à vue sur Paris de la somme de VINGT FRANCS. Les nouveaux abonnés qui prennent en même temps ou qui s'engagent à prendre dans un temps déterminé les années parues, ne les payeront que VINGT FRANCS.*

LES ABONNEMENTS PARTENT DU 1ᵉʳ JANVIER DE CHAQUE ANNÉE.

EN VENTE
A LA LIBRAIRIE SCIENTIFIQUE, INDUSTRIELLE ET AGRICOLE
Eugène **LACROIX**, Imprimeur-Éditeur
54, rue des Saints-Pères, 54

BIBLIOTHÈQUE DES PROFESSIONS INDUSTRIELLES ET AGRICOLES
Série, G. N° 6

LA MÉCANIQUE DE L'ATELIER

GUIDE PRATIQUE

DE

L'OUVRIER MÉCANICIEN

PAR

M. A. ORTOLAN

Mécanicien en chef de la Flotte

AVEC LA COLLABORATION

DE

MM. BONNEFOY, COCHEZ, DINÉE, GIBERT, GUIPONT & JUHEL
Mécaniciens de la Marine, ex-élèves des Écoles d'arts et métiers

Un volume in-18 jésus de 627 pages, avec 61 figures dans le texte, et un atlas de 52 planches. L'atlas et le texte, reliés à l'anglaise. Prix . . . . 12 fr.

Quelque brillantes que soient les facultés natives de celui qui se trouve jeté aujourd'hui dans le grand courant des carrières industrielles, que son point de départ soit l'établi de l'ouvrier ou le bureau du dessinateur, qu'il arrive de l'humble école mutuelle ou de grandes écoles professionnelles, le succès ne lui est possible qu'à la condition d'ajouter aux suggestions de son intelligence ou à son instruction théorique, la connaissance des faits acquis par l'expérience de tous, les méthodes abrégées en usage dans les grandes usines. Les publications, les livres spéciaux, les dessins accompagnés de légendes sont indispensables pour abréger le temps de ce nouvel apprentissage, mais à la condition qu'ils soient à la portée des connaissances déjà acquises par les personnes qui y cherchent le complément de leur instruction professionnelle.

Les *Guides pratiques* conviennent au plus grand nombre (apprentis, ouvriers, contre-maîtres). Ils sont très-souvent utiles aux personnes familiarisées avec la démonstration des principes et les données mathématiques qui conduisent aux meilleures applications.

C'est à ces deux titres que l. Guide pratique de l'*Ouvrier mécanicien* vient prendre sa place dans la *Bibliothèque des professions industrielles* fondée par nous depuis six années et comptant plus de cent volumes favorablement accueillis par le public.

S'il était d'usage de placer une épigraphe en tête d'un livre de cette nature, comme il l'est lorsqu'il s'agit de littérature et de philosophie, nous aurions choisi cette vérité caractéristique du progrès :

Le mieux qui succède *au bien*, doit lui être préféré.

Nous attendons avec confiance le droit de dire que l'œuvre modeste et consciencieuse à laquelle nous avons pris part dans une certaine mesure, justifie la promesse de cette épigraphe.

L'Éditeur.

Extrait de la Préface. L'ouvrier mécanicien est un recueil de faits réunis sous la forme de calculs arithmétiques accessibles à toutes les personnes qui savent faire les quatre premières règles. Nous ne saurions trop recommander aux ouvriers qui ne sont plus familiarisés avec les signes et les annotations des mathématiques élémentaires, de ne pas croire qu'il y a pour eux quelque difficulté à comprendre les formules écrites dans ce livre et à s'en servir. Les calculs qu'elles résument sous la forme la plus simple, sont suivis d'un ou de plusieurs exemples d'application.

Les parties du texte imprimées en petits caractères, traitent le côté plus théorique que pratique des questions ou contiennent l'exposé des principes et les dispositions. On peut se dispenser de les étudier, si on ne veut trouver dans l'Ouvrier mécanicien que le secours d'un formulaire pour l'application immédiate.

Les parties du texte imprimées en caractères plus fort, contiennent les indications simples et précises sur le plus grand nombre de cas d'application de la mécanique aux professions industrielles. Ces indications proviennent de l'expérience des ingénieurs et des constructeurs en renom et de celle des auteurs du livre.

Imprimerie Polytechnique de E. Lacroix, à Saint-Nicolas-Varangéville (Meurthe).

www.ingramcontent.com/pod-product-compliance
Lightning Source LLC
Chambersburg PA
CBHW051353230426
43669CB00011B/1626